KB177178

기후위기와 자본주의

이 도서의 국립중앙도서관 출판예정도서목록(CIP)은 서지정보유통지원시스템 홈페이지
(http://seoji.nl.go.kr)와 국가자료종합목록 구축시스템(http://kolis-net.nl.go.kr)에서 이용
하실 수 있습니다. (CIP제어번호 : CIP2019035848)

기후위기와 자본주의

체제를 바꿔야 기후변화를 멈춘다

조너선 닐 지음 | 김종환 옮김

책갈피

Stop Global Warming: Change the World — Jonathan Neale
First published in July 2008 by Bookmarks Publications
Copyright © Jonathan Neale

Korean translation edition © 2019 by Chaekgalpi Publishing Co.
Bookmarks와의 협약에 따라 이 책의 한국어 판권은 책갈피 출판사에 있습니다.

기후위기와 자본주의
체제를 바꿔야 기후변화를 멈춘다

지은이 | 조너선 닐
옮긴이 | 김종환

펴낸곳 | 도서출판 책갈피
등록 | 1992년 2월 14일(제2014-000019호)
주소 | 서울 성동구 무학봉15길 12 2층
전화 | 02) 2265-6354
팩스 | 02) 2265-6395
이메일 | bookmarx@naver.com
홈페이지 | http://chaekgalpi.com
페이스북 | http://facebook.com/chaekgalpi

첫 번째 찍은 날 2019년 9월 21일
네 번째 찍은 날 2022년 1월 17일

값 20,000원

ISBN 978-89-7966-167-5

잘못된 책은 바꿔 드립니다.

차례

3부 왜 부자들과 권력자들은 아무것도 하지 않는가

4부 기후변화의 정치학

5부 다른 미래

일러두기

1. 이 책은 *Jonathan Neale, Stop Global Warming: Change the World*(Bookmarks, London, 2008)를 번역한 것이다.

2. 인명과 지명 등의 외래어는 최대한 외래어 표기법에 맞춰 표기했다.

3. 《 》부호는 책과 잡지를 나타내고, 〈 〉부호는 신문, 주간지, 영화를 나타낸다. 논문은 " " 로 나타냈다.

4. 본문에서 [ ]는 옮긴이가 우리말로 옮기면서 독자의 이해를 돕고 문맥을 매끄럽게 하려 고 덧붙인 것이다. 인용문 등에서 지은이가 덧붙인 것은 [— 지은이]라고 표기했다.

5. 본문의 각주는 독자가 이해하기 쉽도록 옮긴이가 설명을 첨가한 것이다.

옮긴이 머리말

처음 이 책을 소개받을 때 들은 말은 "매우 쉬운 말로 쓴 책"이라는 것이었다. 그래서 내가 번역한 이 책(2011년 《기후변화와 자본주의》라는 제목으로 처음 출판됐다)이 일부 대학에서 교양과목 교재로, 즉 과학을 전공하지 않은 사람들에게도 읽힌다는 말을 들었을 때 무척 기뻤다. 출간 직후 환경책큰잔치에서 이 책을 '올해의 환경책'으로 선정하면서 "그냥 술술 읽히는 대중 교육용 책자"라고 추천해 준 것도 그랬다.

지은이 조너선 닐이 이 책을 쓴 지 10년이 넘었지만, 이 책의 내용은 대부분 유효할 뿐 아니라 어떤 점에서는 설득력이 더 커졌다.

이 책의 핵심은, 현존하는 기술만으로도 온실가스를 80퍼센트 줄여 기후 재앙을 얼마든지 막을 수 있다는 것이다. 그것도 평범한 사람들이 경제적으로 더 풍요로워지면서 말이다. 2부 "당장 실현 가능한 해결책"의 내용이 여기에 해당한다.

그런 대안이 2008년에도 가능했다면(당시는 스마트폰도 보급되지 않았었다!), 2019년에는 더더욱 가능하다. 풍력·태양 발전 같은 재생 가능 에너지 기술(5장), 건물 단열 기술(6장), 운송 연비와 제조업 전력 효율을 높이는 기술(7장과 8장)은 오늘날 더 발전했기 때문이다.

또 "제대로 된 해결책이 될 수 없는 기술들"(9장)로 핵 발전, 바이오 연료, 수소, 탄소 포집·저장 등을 지목한 것도 여전히 유효하다. 신기술을 개발하면 사회를 바꾸지 않고도 기후변화 문제를 해결할 수 있을 것이라던 보수적 세력의 주장은 틀렸음이 확인된 것이다.

이 책의 또 다른 핵심 주장, 즉 부자들과 권력자들이 스스로 기후위기에 대처하는 일은 결코 벌어지지 않을 것이라는 주장도 들어맞았다. 물론 이는 실로 불행한 일이다.

전 세계 권력자들은 온실가스를 줄이기 위한 2015년 파리 협정을 "역사적 전환점"이라 불렀지만 실제로는 화석연료 투자를 해마다 늘렸다. 미국·중국·유럽·일본·캐나다의 은행 33곳이 투자한 돈만 헤아려도 2016년 6120억 달러(약 730조 원), 2017년 6460억 달러, 2018년 6540억 달러.[1] 유럽 에너지 수요의 30퍼센트를 재생 가능 에너지로 공급하는 데 필요한 비용(10년간 750억 달러, 자세한 내용은 5장 참조)의 10배 가까운 금액을 해마다 화석연료에 투자하고 있는 것이다. 평범한 사람들이 아무리 절약해도 세계 온실가스 배출량이 줄지 않는 것은 전혀 이상한 일이 아니다.

문제는 이것만이 아니다. 이미 시작된 기후변화에 대응하려면 사회 안전망과 안전 규제를 강화해야 한다. 그러나 많은 부분에서는 정반대로 가고 있다. 유명한 반자본주의 환경운동가인 나오미 클라인이 《이것이 모든 것을 바꾼다: 자본주의 대 기후》에서 썼듯이,

심각한 위협으로 부상한 기후변화 문제에 집단적으로 대응하려고 시도했던 바로 그 시점에 전성기에 도달한 시장 근본주의가 처음부터 기후 대응을 계획적으로 방해해 왔다는 사실 … 공공 부문의 해체와 민영화가 체계적으로 진행되는 마당에, 과연 탄소 제로형 공공서비스와 기간 시설에 대대적인 투자가 시행될 수 있을까?[2]

심지어 이런 일도 있었다. 미국 원자력규제위원회NRC는 2011년 일본 후쿠시마 핵 발전소 폭발 사고 후 전국 핵 발전소들을 대상으로 홍수·지진으로 인한 위험을 평가했다. 그 결과, 61개 중 55개 핵 발전소가 잠재적으로 위험하다고 파악됐지만(!) NRC는 핵 발전소 폐쇄는커녕 설계 변경조차 강제하기 않기로 했다.[3]

3부 "왜 부자들과 권력자들은 아무것도 하지 않는가"는 어째서 지배자들이 이토록 정신 나간 짓을 계속하는지 설명한다.

변화된 상황

4부 "기후변화의 정치학"의 앞부분(14~15장)은 젊은 독자들에게는 다소 생소할 수 있다. 1990년대부터 2008년 봄까지의 기후 정치 문제를 다루고 있기 때문이다.

더욱이 2008년 봄과 그 이후 시기 사이에는 큰 단절이 있다. 유엔 '기후변화에 관한 정부 간 패널IPCC'이 2007년 노벨 평화상을 받고 그것이 엄청난 이슈가 됐을 때만 해도, 아무도 기후변화 문제를 더는 외면할 수 없을 것처럼 보였다. 그러나 2008년 9월 미국 굴지의 금융회사 리먼브러더스가 파산하면서 세계경제 위기가 본격화했다. 그러자 기후변화를 대놓고 부인하거나 온실가스 배출을 한꺼번에 너무 많이 줄이려 해서는 안 된다는 목소리가 다시금 커졌다.

경제 위기가 닥치자 전 세계 부자들과 권력자들은 기후변화 문제를 후순위로 미뤘다. 교토의정서를 대신할 새로운 온실가스 감축 협정은 약속했던 2009년이 아니라 2015년에야 만들어졌는데(파리 협정), 그 내용이 더 가관이다. 바로 각국의 자발적 노력에 맡긴다는 것이다! 앞선 교토의정서는 '선진국의 온실가스 배출을 1990년보다 5.2퍼센트 줄인다'는 객관적 목표가 있었는데 이보다 더 후퇴한 것이다. 파리 협정이 온실가스 배출을 막는 데 별다른 구실을 하지 못하는 것은 사실상 처음부터 예정됐던 셈이다. 각국의 온실가스 감축 계획을 검토한 과학자들은 이대로라면 "평균기온 상승을 산업화 이전 대비 섭씨 2도 이내로 막는다"는 파리 협정의 목표를 결코 충족할 수 없고 갑작스러운 기후변화를 맞이할 것이라고 경고했다. 그런데도 트럼프는 협정 탈퇴를 선언하며 기후변화를 멈추기 위한 노력이 필요하다는 사실 자체를 부정하려 했다.

트럼프는 기후변화 부정론자이지만 사실 더 많은 미국 지배자들은 기후변화로 인한 위협과 자본주의의 전망에 대해 깊이 고민하고 있다.

예컨대 지배자들은 온실가스 감축 요구를 새로운 이윤 획득 기회로 활용하려고도 한다. 재생 가능 에너지 기술에서 우위를 점한 미국과 독일, 태양광 전지·배터리 생산량에서 세계 1위를 차지하고 있는 중국의 권력자들도 저마다 재생 가능 에너지 산업을 내세워 국가 간 힘겨루기에서 이기려 한다. 에너지를 어마어마하게 소비하지만 화석연료 개발 사업에 지분이 적은 IT 기업들, 전기차·자율주행차를 미래의 성장 동력으로 삼으려는 자동차·IT 기업들도 그런다.

동시에 미국 국방부는 2014년에 작성한 보고서에서 기후변화가 미국의 이익을 위협하는 여러 위험을 낳을 것이라고 지적한 바 있다. 즉, 물리적 환경의 변화로 군사작전의 범위와 가능성이 달라지고, 자원 부족으로 전면전의 가능성이 커지고, 기간 시설이 부족한 개도국에서 전염병이 창궐해 인접국까지 불안정해질 수 있으며, 이런 상황 때문에 '극단주의'적 이데올로기와 테러리즘이 만연해질 수 있다는 것이다.

그러나 이런 지배자들의 목적은 기후변화를 막는 것이 아니라 이윤 경쟁에서 이기는 것이다. 따라서 지배자들은 급격한 전환은 바라지 않는다. 급격한 전환은 경제의 우선순위 자체를 바꿔서 이윤 추구 행위 자체를 위협한다고 보기 때문이다. 재생 가능 에너지는 세계적으로 비중이 늘고 있지만 현 추세대로라면 20~30년 뒤에도 세계 에너지의 3분의 2는 여전히 화석연료에 기대야 한다.[4] 이런 속도로는 기후 재앙을 막을 수 없다.

대중운동과 기후 정치

그러면 얼마나 빠르게 온실가스 배출을 줄여야 할까? 이 책의 1부가 바로 이 문제를 다룬다. 이 책은 권위 있는 연구 결과들을 바탕으로 짧으면 7년, 길어야 31년밖에 남지 않았다고 예측했었다. 그런데 그로부터 이미 11년이 지났다. 갑작스러운 기후변화를 막기에 이미 늦었을 수도 있고, 가장 낙관적으로 보더라도 20년 안에 온실가스 배출량을 80퍼센트 줄여야 한다는 뜻이다.

실제로 2018년에는 IPCC가 특별 보고서를 채택했는데, 과학자들은 파리 협정의 목표(기온 상승을 섭씨 2도 이내로 막기)가 너무 위험천만한 것이며 온난화를 1.5도 이내로 억제해야만 한다는 입장을 밝혔다. 또, 이를 성취하려면 2030년까지 전 세계 온실가스 배출을 2010년 대비 45퍼센트 줄여야 하고, 2050년에는 탄소 배출 '제로'에 도달해야 한다고 지적했다. 과학자들은 관측 결과를 토대로, 지금처럼 온실가스를 배출하면 앞으로 8년 안에 1.5도 상승에 도달할 만큼 온실가스가 대기 중에 축적될 것이라고 경고했다.

이 보고서는 세계적으로 커다란 충격을 줬다. "수십 년"이 아니라 10년 안에 인류 전체의 미래가 결정될 것이라는 얘기이기 때문이다. 영국 컴브리아대학교에서 지속 가능성 연구를 해 온 젬 벤델 박사는 같은 해 발표한 논문에서 IPCC의 예측조차 지나치게 낙관적이고 보수적이라며, 최근의 연구 조사 결과들을 보면 이미 문제를 바로잡기 어려워졌을 수도 있다고 주장한다. 어쨌든 수많은 과학자들이 동의하는 바는 '정말로 시간이 얼마 남지 않았다'는 점이다.

스웨덴 청소년 그레타 툰베리는 이를 널리 알리는 데 큰 기여를 했다. 툰베리의 절박한 호소는 유럽 곳곳에서 청소년들의 등교 거부 시위를 촉발했다. 2018년 말과 2019년 초에는 호주와 영국에서 학생들이 대규모 시위를 벌였다. 2019년 4월에는 '멸종 반란' 시위대가 '2025년까지 탄소 순배출 제로'를 요구하며 열하루 동안 영국 런던의 주요 거점과 도로를 봉쇄해 전 세계를 놀라게 했다. 이 시위로 1000여 명이 경찰에 연행됐지만 시위대는 굴하지 않고 투쟁을 이어 가고 있다. 특히 2019년 9월 21일에 전 세계에서 기후 파업과 등교 거부, 시위를 하자고 호소했다.

'멸종 반란'을 포함해 새로운 기후 운동의 참가자들은 기존 환경 단체들의 방식(정치권에 로비하기, 시장 원리 해결책에 의존하기, 개인의 '작은 실천' 강조하기, 기업들의 후원을 받으며 그린워시* 도와주기 등)을 비판하며 국가가 당장 해결책을 내놓으라고 요구하고 있다. 이 운동은 장차 한국에도 영향을 끼칠 것이다.

물론 각국 정부에 기후변화 대처 노력을 촉구하는 운동이 갑자기 하늘에서 떨어진 것은 아니다. 나라마다 격차가 크고 특히 한국에서는 실감하기 쉽지 않지만 국제적 수준에서는 분명 기후 운동이 벌어져 왔다.

대표적인 몇 가지 사례만 소개하겠다. 2009년 각국 대표들이 덴마크 코펜하겐에 모여 온실가스 감축을 논의할 때, 수만 명이 회담장 바깥에 모여 시위를 했다. 전 세계에서 10만 명이 이날 시위에 동참했다. 2014년 뉴욕에서도 기후회의 회담장 바깥에서 30만 명이 시위를 벌였다.[5]

이후 운동은 기후 정상회담 일정을 쫓는 것 이상으로 발전했다. 생태적으로 더 나쁜 신종 화석연료인 셰일오일·타르샌드 개발을 정부가 뒷받침하는 나라들에서 특히 그랬다.

2015년 3월 영국 런던에서는 '기후변화 저지 운동ccc'의 주도 아래 2만 명이 시위를 벌였다. 같은 해 캐나다에서는 4월 퀘벡시에서 2만 5000명이 모였고, 7월 또 다른 도시 토론토에서 1만 5000명이 시위에 나섰다. 이 시위에는 긴축 반대 운동과 인종차별 반대 운동 등 사회정

---

* 그린워시(greenwash) 환경을 파괴하는 기업이 마치 환경보호에 열의가 있는 것처럼 속이기 위해 광고나 마케팅을 하는 것.

의를 요구하는 다양한 부문의 활동가와 지지자가 결집했고 노동조합에서 참가한 경우도 많았다.

이제 운동은 새로운 청년들의 에너지에 힘입어 새로운 단계로 성장하고 있는 듯하다.

지배자들은 경제 위기를 핑계 삼아 기후변화 문제를 후순위로 미루지만, 이런 운동은 기후변화 문제를 경제 위기 속에 더 악화하는 사회 정의와 결합한다. 이 책 18장 "다른 세계는 가능하다"에서 호소했던 모습으로 성장하고 있다.

기후변화 운동은 결코 단일 세력이 아니다. 다양한 사람들이 저마다 다른 관심사와 배경을 갖고 모인 만큼 논쟁할 거리도 많다. 그러나 큰 틀에서 봤을 때, 체제 자체가 문제라고 여기는 사람이 분명히 많아지고 있다. "기후변화가 아니라 체제 변화"라는 슬로건이 갈수록 호응을 얻고 있다.

물론 "체제"가 가리키는 게 구체적으로 무엇이고 대안이 무엇인지를 놓고는 논쟁이 많다. 그렇지만 '평범한 사람들이 생각 없이 자원을 펑펑 써 대는 것이 문제의 원인'이라는 진단이 지배적이었던 전통적 환경 운동과 비교했을 때 큰 전진이자 급진 좌파들의 목소리가 힘을 얻고 있다는 것도 분명 고무적이다.

한국에서는 이런 양상이 뚜렷하지 않다. 적어도 아직까지는 말이다. 많은 온건 환경 단체들은, 예컨대 평범한 사람들이 폭염에 대비할 수 있도록 전기 요금을 인하하라는 요구에 냉소적이거나 심지어 반대하기도 한다. 이 책의 3장 "희생은 대안이 될 수 없다"와 16장 "개인적 실천과 시장 원리 해법"은 운동을 발전시키고 잘못된 주장을 반박하는 데 필요한 논리를 제공한다.

대중운동만으로 충분할까?

이 책을 맨 마지막 쪽까지 읽는 독자라면 지은이의 예측이 다소 빗나간 부분도 발견할 수 있을 것이다. 지은이는 미군이 이라크에서 패배하고 철군할 때 기후변화에 맞선 운동이 크게 전진할 것이라고 봤다. 그러나 현실은 그렇게 단순하지는 않았다.

나는 지난 몇 년 동안 〈노동자 연대〉에서 국제 기자로 활동한 덕분에 이런 예측이 왜 빗나갔는지 생각해 볼 기회를 얻을 수 있었다. 중동 정세는 이 글의 범위를 벗어나므로 핵심만 말하자면 다음과 같다.

이라크에서는 조너선 닐의 예상대로 대규모 저항운동 때문에 미군이 궁지로 몰렸다. 그러나 미국은 철군하는 와중에도 책략을 부려 이라크를 또 다른 지옥으로 만들었다. 미국은 분명 패배하고 물러났지만 그렇다고 저항에 나선 사람들이 바라던 사회가 되지도 않았다. 많은 경우 평범한 사람들은 더 큰 고통 속에 처했다.

중동의 또 다른 국가 이집트에서는 이런 비극이 더 큰 규모로 재현됐다. 2011년에 전 세계의 평범한 사람들을 열광시킨 혁명이 터져 나와 미국이 지원한 독재자를 끌어내렸지만 역시 또 다른 책략에 당해 (불안정할지언정) 새로운 독재자가 집권했다.

반복된 패턴이 보여 주는 것은, 최상층 부자들과 권력자들은 저항이 커지면 커질수록, 심지어 자신들의 지배력을 더는 온전히 유지할 수 없다는 게 확연해질 때조차 권력을 순순히 포기하지 않는다는 것이다. 그러기는커녕 평범한 사람들의 삶을 처참히 파괴해서라도 자신의 권력을 지키거나 되찾으려 했다.

그런데 기후변화를 막기 위한 운동은 개별 국가의 민주화나 혁명을 요구하는 것보다 훨씬 더 큰 변화를 요구한다. 기후 운동이 그처럼 큰 변화를 실질적으로 요구할 수 있는 수준으로 강력해진다면, 부자들과 권력자들은 이라크나 이집트에서 한 것보다 훨씬 더 잔인하고 흉악하게 대응할 것이 불 보듯 뻔하다. 대중운동은 거대할수록 그 안에 이질적 요소가 많기 마련이고 지배자들은 그 약점을 또 파고들 것이다.

따라서 기후 운동이 체제 자체에 맞서는 운동으로 성장하고 결국 체제에 맞서 승리하려면, 기존 지배 질서를 무너뜨릴 전략과 전술이 필수적이다. 혁명적 사회주의자들이 이 운동에 뛰어들어야 하는 이유다. 가장 능동적인 활동가들은 운동의 성장을 위해 고군분투하는 동시에 운동을 최종 승리로까지 이끌 지도력을 구축하는 일에도 헌신해야 한다. 이 책을 읽는 독자들이 이 점을 꼭 유념하기를 온 마음으로 바란다.

2019년 9월 1일

김종환

머리말

기후변화를 완전히 막을 수는 없다. 그러나 기후변화의 결과가 다시 원인으로 작용(feedback, 되먹임)하면서 더 큰 기후변화로 이어지고, 그 결과 갑작스럽게 기후가 바뀌는 기후 재앙은 막을 수 있다. 이런 갑작스러운 변화를 막지 못하면 많은 생물종種이 멸종하고 가뭄, 기근, 물 부족, 질병, 억압과 전쟁 때문에 수억 명이 죽게 될 것이다.

지구온난화의 주된 원인은 석유와 가스, 석탄을 태울 때 발생하는 이산화탄소(CO_2)다. 대기 중 이산화탄소 농도를 안전한 수준으로 유지하려면 부유한 나라들에서 국민 1인당 화석연료 사용량을 최소한 80퍼센트 줄여야 하고, 이를 30년 안에 달성해야 한다. 꽤 큰 목표지만 불가능한 것은 아니다. 전 세계 에너지 사용량을 감당할 수 있을 만큼 풍력발전과 태양발전을 보급해야 한다. 에너지 사용 역시 줄여야 한다. 에너지는 대부분 건물, 운송, 공업에 쓰인다. 따라서 건물에 단열재를 설치하고, 에어컨을 끄고, 승용차를 버스와 기차로 대체하고, 산업을 규제하는 것이 가장 중요한 기후변화 해결책이다.

조지 부시를 비롯한 세계 지도자들은 이런 변화가 불가능하다고 말한다. 비용이 너무 많이 든다는 것이다. 부시는 [그런 조처들을 취하면] 미국인들이 일자리를 잃을 것이라고 말한다. 또 사람들의 생활수준이 떨어질 것이고, 평범한 사람들은 그런 생활수준 하락을 감당할 수 없을 것이라고 말한다. 그래서 그들의 결론은, 정치인들이 할 수 있는 일은 없다는 것이다.

그러나 잠깐, "비용이 너무 많이 든다"는 말이 무슨 뜻일까? 그것은 바로 풍력발전기를 세우고 건물에 단열재를 설치하고 철길을 놓는 노동자들에게 달러와 파운드, 루피가 지급된다는 뜻이다. 다시 말해서 비용이 너무 많이 든다는 말은 일자리가 더 생긴다는 뜻이다.

제2차세계대전 때 무슨 일이 있었는지 보자. 당시 주요 열강들은 전쟁에 이기려고 가능한 많은 사람을 죽일 수 있는 무기를 만들어 댔고, 이를 위해 경제를 통째로 변화시켰다. 그 결과 수많은 일자리가 생겼고 세계경제는 대공황에서 빠져나올 수 있었다. [기후변화를 멈추려면 전 세계적으로] 이와 비슷한 규모의 변화가 필요하지만, 이번엔 가능한 많은 사람을 살리려 한다는 점이 다르다.

재원은 있다. 해마다 전 세계에서 무기와 군사비로 1조 달러가 지출된다. 또 일자리가 필요한 사람은 차고 넘친다. 지구온난화를 막으려고 우리가 희생을 감수해야 하는 것은 아니다. 오히려 전 세계 빈곤 문제를 해결해야 한다.

그러나 거의 모든 정부와 기업은 지난 30년간 '신자유주의'와 '세계화'만을 주장해 왔다. 이 단어들의 근저에는 몇 가지 단순한 생각들이 자리 잡고 있는데, 첫째는 "민영화는 좋고 공공성은 나쁘다"는 것이다. 둘째는 "인간의 필요보다 이윤이 더 중요하다"는 것이고, 가장 중요한 셋째는 "군이 시장을 좋아할 필요는 없지만, 시장에 맡기는 것 말고는 대안이 없다"는 것이다.

오늘날, 아무도 시장에 도전할 수 없다는 생각이 지배적이다. 이런 생각이야말로 부자들과 권력자들의 가장 큰 무기다. 그들은 이런 생각을 끊임없이 강조해 왔고 앞으로도 그럴 것이다. 그런데 전 세계 정부들이 기후변화를 막기 위해 시장에 개입하기 시작하면, 사람들은 다음과 같이 생각할 것이다. '기후 때문에 정부가 나설 수 있다면, 병원을 위해서도 그럴 수 있지 않을까? 학교는? 내 연금은?'

부자들과 권력자들은 사람들이 그런 생각을 하는 것을 원치 않는다.

지구온난화 방지 대책에 반대해야 하는 특별한 사정이 있는 기업들도 있다. 2007년 세계 10대 기업은 월마트를 선두로 해서, 엑슨모빌(2위), 셸(3위), BP(4위), 제너럴모터스(5위), 토요타(6위), 셰브런(7위), 다임러크라이슬러(8위), 코노코필립스(9위), 토탈(10위)이었다.[1] 즉, 여섯 개는 석유 기업이고, 세 개는 자동차 기업이며, 한 개는 대규모 주차장을 운영하는 대형 마트다.* 이들은 막강한 기업 권력 집단이기도 하다. 이들에게 기후변화 방지 대책은 회사 문 닫으라는 소리처럼 들린다.

조지 부시, 딕 체니, 콘돌리자 라이스는 이 탄소 기업들을 대변한다. 이들은 기후변화 방지 대책을 차단하기 위해서라면 물불을 가리지 않는다. 그러나 다른 많은 부자들과 권력자들은 이제는 기후변화를 막기 위한 조치가 필요하다고 느낀다. 자신들이 지배하는 세계가 망가지면

---

* 2019년에 발표된 세계 10대 기업에는 중국과 사우디아라비아 기업들이 포함됐는데, 모두 석유·에너지 기업이다.

그들도 손해이기 때문이다. 그러나 그들은 시장 자체가 문제라는 것을 인정하지 않는다. 그래서 그들이 옹호하는 대책들은 늘 문제의 핵심을 비껴간다.

한 예로, 교토의정서는 세계적으로 [온실가스 배출량을] 적어도 60퍼센트 감축해야 하는 상황에서 5퍼센트 감축을 요구한다. 그런데 교토의정서에는 그 5퍼센트조차 강제할 방법이 없다. 앨 고어의 영화 〈불편한 진실〉을 봐도 사정은 비슷하다. 영화는 90분 동안 기후변화의 끔찍한 위험을 훌륭하게 세계에 알리지만 마지막 1분 동안에는 현실을 바꾸기 힘든 미미한 실천만을 말할 뿐이다.

우리가 행동에 나서지 않는다면, 시장과 기업들이 기후변화라는 천재天災를 인재人災로 만들어 버릴 것이다. 지구온난화 때문에 폭염, 초대형 폭풍, 홍수와 가뭄이 늘어날 것이다. 오늘날 우리가 살고 있는 국제사회는 가난한 나라에 흉년이 들면 사람들이 굶주리게 내버려 둔다. [도움을 청하는] 난민들은 기관총으로 무장한 남녀가 경비를 서는 국경에 가로막힌다. 이들이 사는 난민촌은 몇 킬로미터씩 뻗어 있고 그렇게 몇 년씩 방치된다. 국경 반대편에서는 그런 상황을 정당화하려고 인종차별이 부추겨진다. 이런 사회에서 지구온난화는 전쟁 가능성을 키울 것이다. 지정학적 세력 관계가 바뀌면 크고 작은 패권 국가들이 세력 다툼에서 밀리지 않으려고 전쟁을 일으킬 수 있기 때문이다. 지금도 석유를 위한 전쟁이 벌어지고 있다. 조만간 우리는 물을 차지하기 위한 전쟁도 보게 될 것이다.

뉴올리언스, 다르푸르, 방글라데시와 그 밖의 여러 지역에서 일어난 기후 재난들은 다가올 미래를 힐끗 보여 줄 뿐이다.[2] 부자들과 권력자들은 평범한 사람들이 기후변화의 대가를 치르도록 할 것이다. 그렇게 되면 가난한 사람들은 부자들이 남겨 놓은 작은 부스러기를 놓고 서로 죽고 죽이게 될 것이다. 해수면 상승 때문에 인간의 존엄성마저 익사하는 것이다.

정리하자면, 우리에게는 문제를 해결할 기술이 있지만, 기업들과 권력자들은 그것을 실행에 옮길 능력도 의지도 없다. 따라서 우리는 이들에 맞설 수 있는 유일한 세력인 60억 인구를 결집시켜야 한다. 지금까지 환경운동가들은 주로 정부에 로비하고 대중을 교육하는 일에 치중했다. 그러나 이제는 정치인들을 행동하게 만들거나 행동하지 않는 정치인들을 갈아 치울 대중운동이 필요하다. 이미 그 운동은 시작됐다. 아직은 작지만 모든 대륙에서 시작됐고, 빠르게 성장하고 있다. 이 책 역시 그런 운동의 일환으로 씌었다.

1부
문제의 규모

1장 갑작스러운 기후변화

  1장에서는 갑작스러운 기후변화가 왜 중요하고 얼마나 위험한지 설명할 것이다. 이 책은 기후변화의 정치적 측면에 관한 책이지만, 정치를 이해하려면 과학적 사전 지식이 있어야 한다. 문제의 해결책을 찾으려면 기후변화가 얼마나 어마어마한 규모의 문제인지 알아야 하기 때문이다. 이 책에서 내가 광범하고 강도 높은 대책을 촉구하는 이유는 그것을 특별히 선호하기 때문이 아니라, 갑작스러운 기후변화가 초래할 재앙을 감안할 때 특단의 해결책이 필요하기 때문이다. 갑작스러운 기후변화에 관한 과학 지식이 있는 독자라면, 이 장을 건너뛰거나 쓱 훑어보고 다음 장으로 넘어가도 된다.

갑작스러운 변화가 왜 문제인가

  처음 듣는 이들에게는, 기후가 갑자기 변한다는 얘기가 공상과학소

설 같거나 환경운동가들이 사람들을 겁주려고 만들어 낸 엉터리 얘기처럼 들릴 것이다. 그래서 많은 사람들은 이 문제를 진지하게 받아들이지 않는다. 그러면서도 한편으로는 혹시나 하면서 불안해한다. 따라서 전문 지식을 갖춘 과학자들이 왜 갑작스러운 기후변화를 두려워하는지 이해하는 것이 필요하다. 과학자들이 두려워하는 이유는 흔히 생각하는 것과 달리 컴퓨터 시뮬레이션으로 미래를 추측한 결과 때문이 아니다. 이미 예전에 지구온난화가 매우 빠르게 여러 차례 진행됐던 사실을 알게 됐기 때문에 과학자들이 두려워하는 것이다. 과거 지구온난화는 보통 20년도 채 안 되는 기간에 진행됐고 때로는 3년 만에 일어난 적도 있다. 그런데 그런 급격한 기후변화가 다시 일어날 가능성이 점점 커지고 있다는 것이 오늘날 과학자들의 관측이다.

갑작스러운 기후변화는 해수면 상승과 기온 상승, 생태계 변화가 지금보다 훨씬 빠르게 진행되는 것을 뜻한다. 이는 단지 속도만의 문제가 아니다. 열대 폭풍, 홍수, 폭염과 가뭄처럼 극단적인 기상이변이 더 잦아지고 강도도 더 높아지는 등 기후가 전체적으로 더 불안정해지는 것을 의미한다. 갑작스러운 기후변화의 시기에는 엄청나게 센 허리케인, 수많은 홍수와 가뭄이 한 해에 모두 일어나고, 그다음 해와 그다음 해에도 반복될 것이다.

미국 루이지애나주를 강타한 허리케인 카트리나의 참상을 떠올려 보라. 또, 1970년 방글라데시에서 30만 명의 사망자를 낸 사이클론과, 에티오피아에서 말리에 이르는 아프리카 사헬지역에서 40년이나 지속되고 있는 가뭄도 떠올려 보라. 그런데 지금까지의 이런 기록을 뛰어넘는 초대형 사이클론이 한두 개가 아니라 열 개가 넘게 3년 안에 불어닥친다면? 그리고 뉴욕, 런던, 상하이, 암스테르담, 뭄바이를 비롯한 전 세계 도시 수십 개와 삼각지, 해안평야가 동시에 해수면 상승으로 물에 잠긴다면? 거기다 남아시아에서 계절풍이* 사라지고, 도시에는 폭염이, 숲에는 산불이 세계 도처에서 일어나는 재난까지 한꺼번에 겹친다면?

그 결과 사람들이 얼마나 많이 죽을지는 가늠할 수조차 없다. 적어도 수억 명은 될 것이다. 그보다 더 많은 사람들은 이런 처참한 상황을 목도하고, 살아남기 위해 서로에게 더 잔인해질 것이다. 단지 자연재해만이 문제가 아니다. 이런 재난의 엄청난 대가를 가난하고 평범한 노동자들에게 떠넘기기 위해 각국 정부는 무력을 사용할 가능성이 크다. 사람들은 여기에 집단적으로 저항할 수도 있지만, 그 반대로 남은 부스러기를 놓고 살아남기 위해 서로 싸우게 될 수도 있다. 궁핍해지면 잔인해지기도 쉽기 때문이다.

핵심 문제는 시간이 없다는 것이다. 우리는 사회적 합의를 통해 재해에 대처할 수 있고 또 극복할 수도 있다. 그런데 그러려면 지금껏 겪어보지 못한 새로운 문제들에 관해 다 같이 모여서 배우고 토론하고 정치적 해결책을 모색해야만 한다. 그러나 지구온난화 문제는 그럴 시간적 여유가 없고, 부자들과 권력자들은 허둥지둥하다 시간을 다 허비하게 될 것이다.

인류가 통째로 멸종하지는 않을 것이다. 아마도 일부가 살아남아서 새로운 기후에 적응하게 될 것이다. 그러나 다른 많은 생물은 그러지 못할 수도 있다. 꽃, 나무, 들짐승과 물고기는 다른 장소로 이동함으로써 기후변화에 적응하려 든다. 그중 일부는 더 높은 곳으로 올라가는

---

* 계절풍 건기와 우기를 관장한다.

28 기후위기의 자본주의

경향이 있는데, 그럴 경우 산 정상에서 최후를 맞게 될 것이다. 이미 북극이나 남극 지방에 서식하는 생물은 달리 갈 곳도 없다. 동물이 한 해에 움직일 수 있는 거리는 제한적이며, 식물의 경우는 말할 것도 없다. 기온이 너무 빨리 상승하면 오도 가도 못하고 고립돼 멸종하게 될 것이다.

물론 과거에도 갑작스러운 기후변화 속에서 살아남은 생물들이 있다. 그러나 인간이 세운 도시와 갖가지 문명 구조물은 다른 생물의 잠재적 이동 경로를 차단하고 있다. 더욱이, 모든 생물은 복잡한 생태계의 구성원으로 살아간다. 그런데 만약 많은 생물이 멸종하거나 제때 대피하지 못한다면, 운 좋게 어느 한 생물종이 더 북쪽이나 더 높은 산으로 빠져나간다고 해도, 그곳에서 먹이를 찾지 못하게 되는 것이다.[1]

이산화탄소

이처럼 갑작스러운 기후변화는 매우 심각한 문제다. 과학자들이 두려워하는 이유를 알기 위해서는 지구온난화의 기초과학에서 출발해야 한다.[2]

지구온난화는 이산화탄소와 메탄이라는 두 가지 주요 온실가스 때문에 발생한다. 두 온실가스 중에 이산화탄소가 더 중요하다. 이산화탄소(CO_2)는 탄소 원자(C) 한 개가 산소 원자(O) 두 개와 만나서 만들어진다. 지구의 역사를 전체적으로 봤을 때, 대기 중 이산화탄소 농도가 높을수록 기온이 높아지는 패턴이 매우 뚜렷하다. 이는 이산화탄소가 태양에서 지구로 들어오는 에너지는 지면으로 통과시키지만, 지구에서 다시 우주 밖으로 나가는 에너지는 부분적으로 막기 때문이다. 우주로 빠져나가지 못한 에너지는 열이 되어 지구를 데우는 것이다.

이산화탄소는 대기 중에 흔하지 않다. 지구온난화가 심각하다는 지금도 공기 분자 100만 개당 겨우 380개에 불과하다. 과학자들은 이를 380피피엠(ppm, parts per million, 100만 개당 몇 개)이라고 부른다. 그러나 바로 이 적은 양이 그토록 큰 차이를 만들어 내는 것이다.

수십만 년 동안 지구는 여러 번의 빙하기와 간빙기를* 지나왔다. 빙하기에는 대기 중 이산화탄소 농도가 대략 180피피엠이었고, 간빙기에는 280피피엠이었다.

200년 전까지만 해도 지구는 평범한 간빙기를 지나고 있었다. 그러던 중에 산업혁명이 시작됐다. 인류는 갈수록 많은 석탄을 태웠고 곧이어 석유와 천연가스를 태우기 시작했다. 석탄은 대부분 탄소 성분이고, 석유와 천연가스는 탄소와 수소로 이뤄져 있다. 석탄, 석유, 천연가스를 태우면 탄소(C)가 대기 중의 산소(O)와 만나서 이산화탄소(CO_2)가 된다. 이런 과정을 통해 이산화탄소가 대기 중으로 나오는 것을 이산화탄소 '배출'이라고 한다.

이렇게 배출된 이산화탄소 중 일부는 자연의 두 가지 과정을 거쳐 다시 흡수된다. 하나는 나무와 풀이 이산화탄소를 흡수하는 것이다. 식물은 자신의 몸체를 구성하는 탄수화물을 만드는 재료로 이산화탄소를 사용한다. 따라서 이산화탄소가 대기 중에 많을수록, 나무와 풀도 더 많아지게 된다. 바다 역시 이산화탄소를 흡수하는데, 공기 중 이산화탄소는 물에 쉽게 녹아들기 때문이다. 바다에 서식하는 작은 생명

---

* 간빙기 빙하기와 빙하기 사이의 따뜻한 시기.

체들은 성장하고 껍질을 만들기 위해 이산화탄소를 재료로 사용한다. 이 생명체들이 죽으면 그 사체와 껍질 일부는 해저로 가라앉고, 결과적으로 탄소도 해저에 갇히게 된다. 이처럼 이산화탄소가 대기로부터 식물과 바다로 빠져나가는 과정을 '탄소 흡수'라고 부른다.

현재 기준으로 봤을 때, 인류는 매년 대기 중에 3.5피피엠의 이산화탄소를 배출하고 있다. 앞서 말한 두 가지의 흡수 과정을 통해 이 중 1.4피피엠이 흡수된다. 결국 약 2.1피피엠이 대기에 남게 되는 것이다. 그런데 이산화탄소의 분자 구조는 매우 안정적이어서 쉽게 부서지거나 사라지지 않는다. 이 때문에 매년 우리가 추가로 배출하는 2.1피피엠은 대기 중에 100~200년 동안 머무르게 된다.

우리가 본격적으로 석탄, 석유, 가스를 태우기 시작한 이래 지난 200년 동안, 대기 중 이산화탄소 농도는 280피피엠에서 385피피엠으로 높아졌다. 이 정도면 지구가 빙하기에서 간빙기로 넘어갈 때 나타났던 증가 폭과 견줄만하다.

메탄

메탄은 두 번째로 중요한 온실가스로 탄소 원자(C) 한 개와 수소 원자(H) 네 개로 이뤄져 있다(CH_4). 메탄의 대기 중 농도는 이산화탄소보다 훨씬 낮아서 이산화탄소가 메탄보다 200배나 더 많다. 메탄이 화학적으로 불안정해서 오존을 만나면 바로 파괴되기 때문이다. 그 결과 메탄은 대기 중에 12년 정도밖에 머무르지 못하는데, 이는 100~200년 머무르는 이산화탄소와 비교하면 매우 짧은 것이다.

이처럼 농도가 낮고 수명이 짧은데도 메탄이 문제가 되는 이유는, 이산화탄소보다 온실효과가 훨씬 강하기 때문이다. 메탄 분자 한 개는 대기에서 사라지기 전까지 이산화탄소 스무 개와 맞먹는 온실효과를 낸다. 더욱이 첫 10년 동안은 이산화탄소보다 100배나 더 큰 온실효과를 낸다.[3]

이산화탄소가 대기 중에 머무르는 시간이 더 길기 때문에, 전체적으로는 이산화탄소가 메탄보다 더 큰 온실효과를 일으킨다. 다시 말해, 장기적으로는 이산화탄소가 가장 큰 문제다. 현재 인류가 일으킨 지구온난화는 이산화탄소에서 기인한 것이 70퍼센트, 메탄이 13퍼센트다. 그러나 단기적으로는 메탄 배출량을 줄이면 당장 큰 효과를 볼 수 있기도 하다. 또한 갑작스러운 지구온난화 문제와 관련해서는 메탄이 특히 중요하다. 기후변화 소국면의 결과로 다량의 메탄이 배출되면, 그것이 다시 기후변화 원인 물질로 작용해서 기후가 매우 빠르고 급격하게 변할 것이기 때문이다. 이를 되먹임 현상이라고[*] 한다.

1800년과 비교했을 때, 대기 중 메탄의 농도는 갑절로 늘었다. 그나마 다행인 것은 메탄의 배출이 지금은 조금씩 줄어들고 있다는 것이다.[4][**]

메탄이 배출되는 경로는 주로 두 가지다. 천연가스는 대부분 메탄으로 이뤄져 있는데, 탄광·유전·가스전·가스관·발전소에서 새어 나온다. 또 다른 주요 배출원은 생물체의 부패 과정이다. 풀과 나무, 동물의 몸은 탄화수소로 이뤄져 있다. 이들이 죽어서 사체가 부패할 때 공기

---

[*] 되먹임 현상(feedback effect) 어떤 현상의 결과가 다시 원인으로 작용해서 결과를 더 크게 키우거나 작게 만드는 현상.

[**] 안타깝게도, 이 책의 원서가 출간되기 직전인 2007년부터 메탄 배출은 다시 증가하고 있다.

와 만나면 몸체를 구성하던 탄소(C)가 산소(O)와 만나서 이산화탄소(CO_2)가 된다. 그러나 만약 사체가 공기가 없는 곳에서 부패하면 탄소(C)가 수소(H)와 결합해 메탄(CH_4)이 만들어진다. 이런 과정은 쓰레기 매립지에 묻힌 음식 쓰레기에서 많이 일어난다. 또한 늪과 호수 바닥, 침수된 논에서도 일어난다. 음식을 천천히 소화시키는 동물의 위장, 특히 소처럼 되새김질을 하는 반추동물로부터도 메탄이 많이 배출된다. 다행히도, 이런 메탄 배출원은 대부분 극적으로 줄일 수 있고, 이산화탄소와 비교하면 줄이는 방법도 상대적으로 더 쉽다. 메탄 배출을 줄이기 위한 방법은 10장에서 설명하겠다.

다른 온실가스들

이산화탄소와 메탄 이외의 온실가스 중에서는 아산화질소가 가장 중요하다. 아산화질소는 비료 사용이나 자동차 매연, 산업 공정에서 주로 배출된다. 메탄과 마찬가지로, 아산화질소와 기타 온실가스의 배출을 줄이는 것은 상대적으로 쉽다.

과거에 있었던 갑작스러운 변화의 기록

다시 강조하지만, 과학자들이 우려하는 이유는 컴퓨터 시뮬레이션 결과 때문이 아니라, 과거에 실제로 일어났던 사건들의 기록이 남아 있기 때문이다.

전통적으로 과학자들은 과거의 기후변화가 느리게 진행됐다고 생각했다. 그런데 1989년 유럽과 미국 과학자들이 팀을 이뤄 그린란드 전체를 덮고 있는 빙상을* 드릴로 파고 내려가 연구를 시작한 후부터 생각이 바뀌기 시작했다.

그린란드는 과거 기후가 매년 어떻게 바뀌어 왔는지를 연구하는 데 지구 상 최적의 장소다. 그린란드에 내리는 눈은 여름과 겨울에 그 생김새와 화학 성분이 다르다. 이렇게 내린 눈이 얼음이 돼 굳으면서 얼음층에도 여름과 겨울의 흔적이 다르게 남게 된다. 그 덕분에, 과학자들이 빙상을 드릴로 뚫고 들어가 그 단면을 보면, 기후가 매년 어떻게 변해 왔는지 알 수 있다. 마치 나무의 나이테를 읽듯이 말이다. 이렇게 채취한 얼음과 그 안에 갇힌 공기 방울을 화학적으로 처리하면, 그해 기온이 어땠는지, 대기 중 이산화탄소와 메탄, 수증기 농도는 얼마였는지 알 수 있다. 그린란드 빙상의 경우, 그 두께가 3킬로미터가 넘는데 이는 무려 11만 년에 해당한다. 애초 과학자들은 기후가 천천히 변해 왔을 것이라는 결과를 기대하고 있었다. 그러나 실제로 얼음의 단면을 분석한 결과는 과거 총 스물네 차례에 걸쳐서 기온이 급격하게 변해 왔다는 것이었다. 특히 지구가 차가워지는 시기에는 기온이 천천히 떨어졌지만, 지구가 따뜻해지는 시기에는 기온 상승이 대부분 20년 이내에 진행됐다. 마지막 빙하기가 끝나던, 지금으로부터 1만 660년 전에는 그린란드 전체가 빙하기를 벗어나는 데 겨우 3년밖에 걸리지 않았다.[5] 기후가 매우 빠르고 갑작스럽게 변한 것이다.

1993년 과학자들은 그린란드를 통해 이런 결과를 알게 됐다. 그러나

---

* 빙상 육지 면적을 50만 제곱킬로미터 이상 덮고 있는 넓은 빙하.

처음에는 이것을, 그린란드가 캐나다 근처 멕시코 만류의 영향을 받아 생긴 예외적 현상이라고 생각했다. 그래서 다른 지역에서도 유사한 조사를 진행했다. 남극대륙을 덮고 있는 빙상, 페루·뉴질랜드·히말라야의 빙하, 베네수엘라·파키스탄·바하칼리포르니아·캘리포니아 인근 해역 대륙붕의 흙, 브라질·이스라엘/팔레스타인·프랑스·중국에 있는 오래된 동굴의 종유석과 석순을 조사했다. 이런 자료들은 모두 그린란드의 자료보다는 정밀도가 떨어지지만, 그린란드의 얼음층과 같은 시기에 같은 기간에 걸쳐 기온이 급격하게 상승했다는 결과를 보여 준다는 점에서는 모두 일치했다.[6]

그 결과 1990년대가 끝나 갈 무렵, 과학자들은 갑작스러운 기온 상승이 일부 지역이 아니라 지구 상의 모든 곳에서 일어난 현상이라는 사실을 알게 됐다. 그리고 과학자들은 개별 현상들을 종합해서, 이런 갑작스러운 기온 상승이 어떤 과정을 따라 진행됐는지 전체 그림을 그릴 수 있었다. 이런 현상은 매번, 수천 년에 걸쳐 지구 공전궤도가 바뀌면서 작은 변화들이 나타나는 것으로부터 시작됐다. 태양으로부터 지구에 도달하는 빛과 열의 양은 일정하지만, 빛이 지면에 도달하는 각도와 위치는 조금씩 바뀌었다. 그리고 그 결과, 남반구와 북반구 사이의 열 균형과 계절이 조금씩 천천히 바뀌었다.

지구가 따뜻해지면, 이산화탄소 농도도 함께 상승했다(메탄과 수증기 역시 마찬가지였다). 어떤 이유에서였든, 기온이 상승하거나 빛의 양이 증가하면, 이산화탄소 농도도 함께 높아졌다. 이처럼 늘어난 이산화탄소는 다시 기온을 상승시켰고, 그런 상호작용이 일정 수준에 도달하면 기온과 이산화탄소 농도가 단기간에 폭발적으로 증가했다. 그 결과 기후가 빠르고 갑작스럽게 변했던 것이다.

결국 기후는 빙하기와 간빙기라는 시소의 양 끝을 이처럼 오르락내리락하고 있었던 것으로 보인다. 그런데 현재 이산화탄소 농도는 마지막 간빙기보다도 100피피엠이나 더 높다. 그렇다고 갑작스러운 변화가 반드시 일어난다고 말할 수는 없다. 이산화탄소가 얼마나 많아야 기후가 한 번 더 뜨거운 상태로 '점프'하는지 알지 못하기 때문이다.

기온이 무한정 상승하지는 않을 것이다. 갑작스런 변화가 시동이 걸리면 기온이 가파르게 상승하고 이를 늦추기 어려운 것도 사실이지만, 언젠가는 지구가 더 뜨거워진 상태로 유지되는 평형에 도달할 것이고 기온 상승은 멈출 것이다. 비록 이렇게 뜨거워진 지구에서도 인간은 생존할 수 있겠지만, 지금보다는 훨씬 힘들게, 그리고 전혀 다르게 살아가야 할 것이다.

되먹임과 임계점

갑작스러운 기후변화의 위험은 이 정도로 해 두자. 그렇다면 이런 갑작스러운 변화의 시동을 거는 것은 무엇이고, 또 실제로는 언제 일어날까?

1993년 그린란드 얼음층을 처음 연구하던 바로 그때부터, 과학자들은 이것이 일종의 되먹임 현상이라는 것을 알게 됐다. 사실 그것 말고는 달리 설명할 방법이 없었다. 즉, 어떤 이유에서였든 기온이 높아지면서 이산화탄소 농도를 증가시켰고, 이는 다시 기온을 높였으며, 이렇게 더 높아진 기온이 다시 이산화탄소 농도를 증가시키는, 일종의 꼬리에 꼬리를 무는 과정이 반복된다. 그러다 어느 순간, 그 속도가 빨라지면서 기온과 이산화탄소 농도가 솟구치게 되는 것이다.

되먹임의 흔하고 단순한 예는, 록 콘서트 무대 위에 설치된 앰프와 마이크가 너무 가까울 때 찾아볼 수 있다. 마이크로 들어간 소리가 앰프로 나왔다가 다시 마이크로 들어가고, 그 결과 더 큰 소리가 앰프로 나와서 다시 마이크로 들어가게 되면, 불과 몇 분의 1초 만에 귀가 떨어져 나갈 정도로 소리가 커지게 된다.

이것이 바로 되먹임 현상이다. 다만 기후변화는 시간의 단위가 몇 초가 아니라 몇 년인 것이다.

갑작스러운 기후변화라는 개념이 과학자들에게 받아들여지기까지는 꽤 긴 시간이 필요했다. 그러나 일단 받아들여지기 시작하자, 놀라울 정도로 빠르게 과학계 전체에 확산됐다. 그린란드에 관한 첫 연구는 1993년에 발표됐는데, 그린란드 연구자들은 그때부터 갑작스러운 기후변화를 인지하고 있었다. 2000년 무렵에는 다른 분야의 많은 과학자들도 이해하기 시작했고, 2007년 유엔 '기후변화에 관한 정부 간 패널IPCC' 보고서에서는 과학자들 사이의 지배적 견해로 정식 인정받게 된다.

과학자들은 이제 몇 가지 기후변화의 되먹임 과정들을 실제로 발견했고, 상당수가 이미 진행 중이라는 증거도 찾아냈다. 이 중 어느 것이 더 치명적인지, 본격적으로 가속화할 시기가 언제인지에 대해서는 여전히 논쟁 중이다. 그러나 여러 되먹임 효과 중 꼭 하나를 선택해야 하는 것은 아니다. 이런 되먹임 과정들이 서로를 강화할 수 있기 때문이다.

이제 과학자들이 찾아낸 몇 가지 되먹임 과정들을 살펴보자. 먼저 수증기가 증가하는 것부터 예로 들겠다. 수증기(H_2O) 역시 온실가스 중 하나로서, 이산화탄소보다는 온실효과가 훨씬 약하지만 대기 중에 훨씬 더 많이 존재한다. 이산화탄소와 달리 대기 중 수증기 농도는 인간 때문에 직접적으로 증가하지는 않는다. 그러나 지구온난화의 간접적 영향이 있는데, 즉 공기가 따뜻할수록 바다에서 더 많은 물이 증발한다는 것이다. 더욱이 이렇게 따뜻해진 공기는 더 많은 수증기를 머금을 수 있다. 이렇게 많아진 수증기는 다시 더 큰 온실효과를 내고 기온이 더 올라가게 된다. 그 결과 이전보다 더 따뜻해진 공기는 다시 더 많은 물을 증발시키고 그것이 다시 기온을 높이는 과정을 반복하는 것이다.

이미 지구온난화 때문에 전체 지구 대기 중 수증기량은 평균 4퍼센트 높아졌다. 이런 수증기 증가는 주로 열대 지역에서 진행되는데, 허리케인과 사이클론의 강도가 점차 세지는 이유 중 하나다.

다른 되먹임 과정도 역시 진행 중이다. 예컨대, 이산화탄소가 자연에 다시 흡수되는 과정('탄소 흡수')은 더는 20년 전이나 심지어 10년 전만큼도 잘 작동하지 않는다.

아주 최근까지도 육지의 풀과 나무는 증가하는 이산화탄소를 대부분 흡수했다. 비록 대기 중 탄소가 증가하는 속도가 더 빨랐지만 말이다. 육상식물 역시 계속 증식해 왔으나 식물이 흡수할 수 있는 탄소의 양에는 한계가 있다. 일정 수준이 지나면, 더 증식하기에 필요한 물과 햇빛을 확보하기가 어려워질 수 있다. 즉, 기온이 너무 높아져서 번식 자체가 어려워질 수 있는 것이다. 따라서 어느 순간부터는 육지에서 흡수하는 탄소의 양이 줄어들기 시작할 것이다.

한편, 바다는 따뜻해지면서 화학적으로 점점 더 산성을 띠게 된다. 이산화탄소를 흡수하던 플랑크톤의 번식이 어려워지고, 딱딱한 껍질로 몸을 감싸는 어패류들 역시 곤경에 처하게 된다. 결과적으로 바다 역시 이산화탄소를 덜 흡수하게 된다.

육지와 바다가 전보다 적은 이산화탄소를 흡수한다는 명백한 증거는 지금도 발견할 수 있다. 바로 우리가 배출하는 이산화탄소 중 흡수되지 않고 대기에 남는 비율이 매년 높아지고 있는 것이다. 그리고 대기 중 이산화탄소가 많아질수록 육지와 바다가 흡수하는 양이 줄어들 것이라는 점에 대해서는 과학자들 사이에 이견이 없다.

육지와 바다의 이런 되먹임을 갑작스러운 기후변화의 여러 요인 중 하나일 뿐이라고 여길 수도 있다. 그러나 정말 우려스러운 것은 이런 과정이 임계점을 넘어서면, 더는 인간의 개입으로 기후변화를 막기 어렵게 된다는 것이다. 즉, 돌아올 수 없는 다리를 건너게 되는 셈이다. 현재 우리가 설정한 [온실가스 배출] 감축 목표량은 자연이 이산화탄소를 상당한 정도로 흡수해 줄 것이라는 전제 아래 만들어진 것이다. 우리가 정확하게 얼마나 감축해야 하는지는 뒤에서 언급하겠다. 문제는 우리가 지금 당장 이행하지 않으면, 자연의 흡수량이 줄어들어 우리가 더 많은 양을 감축해야 한다는 것이다. 지구를 이대로 계속 방치하면, 식물이 흡수하는 것보다 죽어 가면서 배출하는 이산화탄소와 메탄이 더 많아질 것이다.

지구 상의 모든 식물이 저장하고 있는 탄소보다 더 많은 탄소가 저장돼 있는 곳은 바로 토양인데, 이 때문에 생기는 되먹임도 있다. 흙 속의 박테리아는 탄소를 산화시켜 이산화탄소를 만든다. 이 박테리아는 적정한 온도에서는 느리게 번식한다. 그러나 기온이 올라가면 빠르게 늘어나서, 그에 따라 탄소의 산화도 빨라져 많은 양의 이산화탄소가 대기로 배출된다.

아마존은 이런 위협이 잠재적으로 도사리고 있는 곳이다. 영국 해들리 센터의 최근 연구에 따르면, 지구온난화 때문에 2100년에는 아마존 열대우림이 대부분 사막으로 바뀔 수도 있다고 한다. 그렇게 되면 전 세계 식물과 토양에 저장된 탄소의 8퍼센트가 대기 중으로 방출된다.[7] 2100년은 먼 미래의 일처럼 느껴질 수 있다. 그러나 열대우림은 지금도 곳곳에서 파괴되고 있기 때문에 꼭 기후변화 때문이 아니어도 사라질 수 있다. 그러면 많은 양의 탄소가 대기로 배출될 것이다.

아마존 효과는 장기적인 반면에, 눈과 얼음이 녹으면서 일으키는 '알베도(반사도)' 되먹임은 갑작스러운 변화를 훨씬 빠르게 불러올 수 있다. 눈과 얼음이 희고 밝게 빛나는 이유는 햇빛을 대부분 반사시켜 지구 밖으로 되돌려 보내기 때문이다. 즉, 열을 거의 흡수하지 않는다. 그런데 북극에서 기온이 상승하면서, 일 년 중 눈과 얼음이 녹기 시작하는 날짜는 앞당겨지고, 반대로 얼기 시작하는 날짜는 늦춰지고 있다. 북극을 중심으로 동토(凍土, tundra)와 얼음이 분포하는 지역이 점점 좁아지고 있다. 육지에서는 눈과 얼음이 있던 자리에 녹색 나무와 갈색 흙이 들어서고, 바다에서는 흰 얼음이 있던 자리에 어두운 바닷물이 들어서고 있다. 이들이 어둡게 보이는 이유는 햇빛과 열을 더 많이 흡수하기 때문이다. 따라서 육지와 대기는 더욱 뜨거워지고 그 결과 다시 더 많은 눈과 얼음이 녹는다. 그리고 이 때문에 대기는 다시 더 뜨거워지는 것이다.

이런 알베도 효과는 이미 진행되고 있는데, 지난 30년간 전 세계에서 북극이 다른 지역보다 월등히 빠르게 따뜻해진 이유이기도 하다. 미 항공우주국NASA의 제임스 한센과 그의 동료들은 최근 일련의 논문을 통해, 과거에도 지구에서 '알베도 역전' 현상이 일어났다고 주장해 설득력을 얻고 있다.[8] 되먹임 효과가 '임계점'을 넘어섰을 때, 거대한 대륙의 빙상이 단기간에 녹아 지구 온도를 끌어올렸고, 그 결과 전 세계 저지대가 침수됐다는 것이다.

현재 이런 알베도 역전 현상이 우려되는 장소는 그린란드와 남극대륙을 덮고 있는 거대한 빙상인데, 이곳에는 전 세계 얼음이 대부분 모여 있다. 10년 전만 해도 지질학자들은 이 빙상이 천천히 녹고 있다고 생각했다. 그러나 최근 주의 깊게 조사한 결과, 빙상이 쪼개지면서 예상보다 빠른 속도로 침수되고 있는 것이 확인됐다. 단순히 위에서 아래로 녹아내리는 것만이 아니라, 얼음 사이의 균열을 통해 따뜻한 물이 빙상 바닥으로 스며 들어가는 것이다. 항공사진으로 본 해안가 남극 얼음에는 이런 균열이 길게 나 있다. 게다가 아래쪽은 상대적으로 더 따뜻하기 때문에 미끌미끌하고 질퍽질퍽해진다. 이 때문에 균열로 갈라진 얼음이 미끄러운 아래쪽을 통해 통째로 미끄러져 바다로 유입되는 것이다.[9]

바로 이처럼 얼음이 녹는 과정이 기후변화를 임계점으로 몰아가는 결정적 요인이라고 여길 만한 유력한 근거들이 있다. 예컨대, 과거 기후변화를 보면, 찬 기후에서 따뜻한 기후로 옮겨 갈 때가 반대 경우보다 그 변화 속도가 훨씬 더 빨랐다는 것을 알 수 있다. 빙상이 단기간에 부서지는 일이 이런 차이를 설명해 주는 듯하다. 그런 일은 오로지 지구가 따뜻해지는 시기에만 일어나기 때문이다. 실제로, 한센과 그의 동료들이 이런 시나리오에 맞춰 컴퓨터로 과거 기후를 재현해 본 결과, 과거의 갑작스런 기후변화 과정과 잘 들어맞았다. 그리고 이런 알베도 역전 현상은 얼음과 눈이 바닥까지 다 녹지 않고 단지 푸른 바닷물에 얕게 잠기기만 해도 일어난다.

북극 주변 땅속에 있는 메탄도 매우 우려스러운 되먹임을 일으키기 시작했다. 이미 언급했듯이, 대기 중으로 방출된 메탄은 처음 몇 년 동안 매우 강한 온난화를 일으키기 때문에 급격한 변화 문제와 관련해 특히 우려스럽다. 만약에 어떤 계기로 다량의 메탄이 방출되면, 더 크고 빠른 다른 되먹임들이 연쇄적으로 일어날 수 있기 때문이다.

현재 시베리아와 캐나다의 많은 부분은 동토다. 그리고 앞서 말했듯이, 이런 북극 주변의 땅에서는 지구온난화가 전 세계 다른 곳보다 더 빨리 진행되고 있다. 그런데 이 동토에는 상당한 양의 메탄이 토탄土炭의 형태로 땅속에 존재한다. 토탄이 녹으면, 토탄 늪을 건너 본 사람이라면 누구나 알 수 있듯이, 땅이 부드럽고 폭신해져서 그 안에 있던 메탄이 쉽게 빠져나올 수 있게 된다. 이렇게 방출된 메탄은 기온을 더 높이게 된다. 그 결과 더 많은 땅이 녹고, 다시 더 많은 메탄이 나와서 더 많은 동토를 녹이는 과정이 반복된다. 이런 과정은 이미 시베리아의 넓은 지역에 걸쳐 진행되고 있다.[10]

앞서 말한 되먹임들은 이미 현재 진행 중인 것들이다. 이 밖에도 아직 시작되지는 않았지만 정말 심각한 문제를 일으킬 수 있는 되먹임이 있는데 바로 메탄 수화물methane hydrate에 관한 것이다. 엄청나게 많은 양의 메탄이 물과 함께 얼어붙은 형태로 해저에 가라앉아 있고 이런 '메탄 얼음'은 서로 달라붙어 큰 덩어리를 이루고 있다. 이것이 바로 메탄 수화물인데, 수심 500미터 이상의 깊은 바다에는 대부분 존재한다. 심층수의 낮은 수온과 물의 무게 때문에 해저에 고정돼 있지만, 만약 이렇게 깔려 있는 메탄 수화물 주변의 바닷물이 따뜻해지면, 그것이 녹으면서 메탄 거품이 해수면으로 나오게 된다. 마치 트림하듯 메탄이 바다에서 방출되는 것이다. 과거에 이런 일이 일어났다는 증거가 있다.

또 깊은 바다는 수압이 매우 강해서, 메탄 수화물 100만 리터가 해수면 밖으로 나오면 1억 6000만 리터가 된다. 게다가, 바다의 메탄 수화물에 저장된 탄소는 전 세계의 석탄, 석유와 천연가스에 저장된 모든 탄소의 갑절이나 된다.[11]

이처럼 해저의 메탄 수화물은 잠재적으로 지구온난화 폭탄과도 같다. 메탄 수화물이 해수면 밖으로 기포를 내보내면 기포 부근의 대기가 순식간에 데워지고, 이는 다시 더 많은 메탄 수화물을 녹게 만들어 다시 대기가 더워지는 과정이 반복되는 것이다. 불행하게도, 메탄 수화물은 극지방에 특히 많은데 북극은 이미 전 세계 어느 곳보다도 빠르게 더워지고 있다. 다행인 점은, 이 메탄 수화물이 바다 깊숙이 가라앉아 있다는 것이다. 그 덕분에 많은 양이 녹으려면 시간이 필요한데, 어쩌면 우리가 감지할 수 없을 만큼 먼 미래의 일이 될 수도 있다. 정리하자면, 동토가 녹으면서 나오는 메탄은 머지않아 심각한 온난화를 일으킬 것이다. 해저의 메탄 수화물이 녹으면 훨씬 더 심각한 문제가 발생해 재앙이 닥칠 테지만, 과학자들은 과연 그런 일이 일어날지 확신하지 못하고 있다.

이 외에도 많은 되먹임들이 있고, 앞으로도 더 발견될 것이다. 현실에선 여러 되먹임들이 동시에 나타날 텐데, 그것들이 모두 결합된 효과가 어떨지에 대해서는 일부만 알려져 있다.

온실가스를 얼마나 줄여야 할까

이처럼 갑작스런 기후변화는 우리에게 매우 심각한 위협이다. 지금까지는 과거에 그런 변화가 실제로 일어났다는 것과 이를 촉발시킨 되먹임과 임계점에 대해 알아봤다. 이런 경고를 무시하고 탄소 배출을 멈추지 않는다면, 결국 과거와 같은 갑작스런 기후변화가 다시 일어날 것이라는 점도 알았다. 또 몇 가지 되먹임들은 이미 시작됐다는 사실도 설명했다.

이처럼 우리가 행동하지 않으면 갑작스런 기후변화가 일어날 것은 분명하지만, 그 변화가 언제 본격적으로 시작될지는 모른다. 이를 알지 못하는 첫째 이유는, 여러 가지 되먹임 현상 중 갑작스런 기후변화를 일으킬 주된 요인이 어느 것인지 과학자들이 아직 모르기 때문이다. 또 다른 이유는 미래 기후변화 예측이 전적으로 컴퓨터 시뮬레이션에 의존하기 때문이다.

지구의 기후 체계는 매우 복잡하다. 컴퓨터 시뮬레이션은 기후 체계를 본뜬 모델을 만들어 미래를 예측하는 것이다. 모델이란 사실 여러 방정식의 모음인데, 이런 방정식은 이산화탄소 농도와 기온의 관계, 기온과 수증기의 관계, 빙하의 크기와 녹는 속도 등을 예측한다. 시뮬레이션의 예측 결과를 검증하기 위해선 '과거 예측' 기법을 사용하는데, 이는 과거에 실제로 일어났던 현상을 컴퓨터 모델이 잘 재현해 내는지 시험해 보는 것을 말한다. 만약 재현이 제대로 안 되면 제대로 될 때까지 방정식을 수정하게 된다.

여기서 한 가지 문제는 지구의 기후 체계가 다른 어떤 시뮬레이션보다도 복잡하다는 것이다. 이 때문에 각 대학에서 만든 시뮬레이션이 서로 다른 결과를 낸다. 그러나 갑작스런 기후변화를 예측하는 문제에서 진정한 어려움은 시뮬레이션의 근간을 이루는 방정식 자체가 문제를 일으킨다는 것이다. 방정식은 여러 기후요소 사이의 일정한 관계를 표현한 것인데, 갑작스런 기후변화가 일어나면 기온·수증기·이산화탄소 등의 관계 자체가 근본부터 바뀌기 때문이다. 설계 구조상 컴퓨터 방정식은 이와 같은 근원적 변화를 예측하기에는 적합하지 않다.

따라서 갑작스런 기후변화가 언제 시작될지는 전문가들도 짐작만 할 수 있을 따름이다. 그런데 요즘 들어, 1800년보다 기온이 섭씨 2.0~5.0도 오르면 결국 갑작스런 기후변화가 일어날 것이라는 전망이 과학자들 사이에서 넓은 지지를 받고 있다. 기온이 5.0도 상승하면 갑작스런 기후변화가 일어날 가능성이 매우 높다. 2.0도만 올라도 갑작스런 기후변화가 일어나기 시작할 것이기 때문에 지구온난화를 그 이하로 유지하는 게 현명하다는 의견이, 전부는 아니지만 대부분의 과학자들의 지지를 받고 있다.

기온은 1800년보다 이미 섭씨 0.7도 상승했다. 따라서 2.0도 상승한다는 말은 사실 지금보다 1.3도 상승한다는 뜻이다.

우리에게 좀 더 정확한 정보가 있으면 좋을 것이다. 그러나 그렇지 못한 것이 현실이고, 우리가 어떤 온도 값을 정하더라도 자의적일 수밖에 없다. 게다가 이런 선택에는 과학뿐 아니라 정치적 외압도 크게 작용한다.

하나의 예로, 2006년 니콜러스 스턴 경이 영국 정부를 위해 작성한 방대하고 권위 있는 기후변화 보고서를 들 수 있다.[12] 스턴 경은 주류 경제학자이며 당시 영국 재무부의 고위 공무원이었다. 그는 고위층 정치인들이 기후변화에 대처하는 데 필요한 중대한 결정을 내리도록 설득하고 싶어 했다. 그러나 한편으론, 정치인들이 실제로 받아들일 만한 조치를 제시해야 한다고 생각했다. 그래서 그는 평균기온이 섭씨 2.0~5.0도 상승하면 갑작스런 기후변화에 따른 위험이 증가할 것이라고 경고하면서도, 이산화탄소 농도를 얼마나 낮게 유지해야 안전한지에 대해서는 495피피엠을 선택했다. 그만큼의 이산화탄소라면 2.0도를 훨씬 웃돌 만큼 기온이 상승할 텐데도 말이다.

영국 기상청의 연구 담당 부서인 해들리 센터는 직접적 정치 외압을 덜 받는 곳인데, 아무리 높게 잡아도 기온 상승을 섭씨 2.0도 이내로 제한해야 한다고 한계 지점을 제시한 바 있다. 유럽연합 역시 2007년에 같은 한계를 공식 인정했으며, 유럽 과학자들은 대체로 안전한 기온 상승 범위의 최대값으로 2.0도를 받아들이는 듯하다.[13] 그러나 그렇다고 해서 2.0도가 오르면 자동으로 갑작스런 기후변화가 일어나는 게 아님을 이해하는 게 중요하다. 그보다는 2.0도가 오르면 갑작스런 기후변화가 일어날 가능성이 커지기 시작한다는 것이다.

이 모든 것을 종합해서 과학자들이 가장 신뢰할 만하다고 제시한 추정치에 따르면, 이산화탄소 농도가 400~450피피엠에 이르면 기온이 섭씨 2.0도 오른다고 한다. 따라서 갑작스런 기후변화가 일어나기까지 우리에겐 이산화탄소 농도가 15~65피피엠만큼 남아 있는 셈이다.[14]

현재의 이산화탄소 배출 속도와 자연의 탄소 흡수량을 기준으로 했을 때, 정확하진 않지만 7년 안에 이산화탄소 농도를 일정한 값으로 안정시킨다면 갑작스런 기후변화를 피할 수 있을 것이다. 길게 잡았을 때에는 31년 남았다고 할 수도 있다. 앞으로 이 책에서는 우리에게 행동할 시간이 10~30년 남았다고 줄여서 말하겠다. 가능성이 크진 않지만 그보다 더 많은 시간이 남아 있을지도 모른다. 반대로, 역시 가능성이 크진 않지만, 이미 우리가 때를 놓치고 정점을 지나 버렸을 수도 있다.

대기 중 이산화탄소가 더 증가하지 않고 일정한 값으로 안정되도록 하기 위해선, 매년 우리가 내뿜는 양을 줄여야 한다. 즉, 자연이 탄소를 흡수하는 수준으로 우리의 배출량을 줄여서, 우리가 배출하는 모든 탄소를 자연이 흡수하도록 해야 한다. 그렇게 되면 대기 중 이산화탄소가 안정적으로 일정한 값을 유지할 것이다. 이 말은 우리의 연간 배출량을 1.4피피엠으로 줄여야 한다는 것을 뜻한다. 이는 현재의 배출량을 60퍼센트 감축해야 한다는 의미다.

이마저도, 우리가 재빠르게 행동할 때만 유효한 것이다. 앞서 봤듯이 이산화탄소 농도가 증가하면 자연의 탄소 흡수는 감소한다. 그렇게 되면 배출량의 70퍼센트를 줄여야 할지도 모른다.

달리 말해, 갑작스런 기후변화의 공포에서 벗어나기 위해서는 현실적으로 세계 배출량을 60~70퍼센트 줄여야 한다. 그리고 이를 달성하기 위해 주어진 시간은 10~30년이다. 이것이 우리 앞에 놓인 정치 과제의 규모다.

2장 가난한 사람들에게 책임을 떠넘기지 마라

앞 장에서 우리는 갑작스런 기후변화의 위협에서 벗어나려면 이산화탄소 배출량을 60~70퍼센트 줄여야 한다는 것을 봤다. 꽤 많은 양이지만 충분히 가능하다. 이 장에서는 더 나아가, 가난한 나라들의 경제성장 필요성과 인구 증가를 고려하면 부유한 나라들의 감축량이 80~90퍼센트 정도는 돼야 한다고 주장할 것이다. 이것 역시 충분히 가능한 일이지만, 이를 위해선 세계경제가 근본적으로 변해야 한다.

또한 이 장에서는 전 세계 가난한 사람들에게 기후변화의 책임을 떠넘기는 주장도 반박할 것이다. 이런 종류의 주장은 쉽게 찾아볼 수 있는데, 인도와 중국이 매우 빠르게 성장하기 때문에 '우리' 같은 부유한 나라에서 배출량을 줄이기 위해 노력해 봐야 아무런 쓸모가 없다는 것이다.

절망적인 얘기만 늘어놓는 이런 주장들은 아무런 대책도 세우지 않으려는 기업과 정부의 이익을 대변한다. 나는 이 장에서, 단지 통계만 제대로 들여다봐도 이런 주장이 틀렸음을 알 수 있다는 사실을 보여 줄 것이다. 가난한 나라의 경제가 성장하고 인구가 늘더라도, 전 세계 배출량이 감축된다면 갑작스런 기후변화를 충분히 피할 수 있다는 것을 알게 될 것이다.

흔한 주장

사람들은 기후변화에 대처하길 원하는 동시에 빈곤도 없애고 싶어 한다. 그러나 이 둘을 동시에 할 수는 없다는 생각에 좌절하고, 또 둘 중 하나만 선택해야 한다는 압력 때문에 무력감을 느낀다. 그러나 우리는 누가 이런 주장을 전 세계에 퍼뜨리고 있으며 왜 그러는지를 따져 봐야 한다.

2012년에 교토의정서의 뒤를 이을 국제 기후 협약이 어떤 것이 돼야 할지를 놓고 현재 세계적으로 논쟁이 뜨겁다. 이 논쟁에는 세 가지 기본 견해가 있다. 하나는 환경운동가들과 기후 활동가들의 주장이다. 우리는 더욱 강력하고 더욱 효과적인 국제 협정을 원한다. 두 번째는 대부분의 정부와 정치인의 견해로, 이산화탄소 배출을 더 많이 감축해야 한다고 말하면서도 그것이 도가 지나치거나 기업들에게 너무 많은 것을 요구하지는 않기를 바란다.

세 번째는 아예 국제 협정이 필요 없다는 쪽이다. 지금 이런 쪽을 대표하는 인물은 조지 부시와 미국 정부다. 이들은 석유 기업, 석탄 기업, 자동차 기업을 대변한다. 그러나 이들은 인도와 중국 정부의 도움을 받으며 그런 주장을 펼치고 있다. 다음 장에서 보겠지만, 인도와 중국 정부는 부시와 마찬가지로 평범한 사람들의 처지를 대변하지 않고 있다. 세 정부는 모두 비슷한 이유로 기후변화 방지 대책에 반대한다.

2005년만 해도 조지 부시는 기후변화가 사실이 아니라고 쉽게 말할 수 있었다. 그러나 이제는 그럴 수 없게 되자, 부시처럼 아무것도 안 하길 원하는 이들은 교토의정서보다 강력한 국제 협정을 맺어 봐야 인도와 중국이 동참하지 않을 것이기 때문에 쓸모가 없다고 주장한다. 부시와 그 일당은 그 대신에 '우리'가 다른 종류의 협정을 만들어 인도와 중국을 끌어들이자고 한다. 이 새로운 협정이 교토의정서와 다른 점은, 이산화탄소 배출을 줄이는 내용은 빼고 그 대신에 배출을 억제할 새롭고 편안한 방법을 찾는 데 막대한 연구비를 투자하자는 것이다. 즉, 연구가 끝날 때까지 세계는 앉아서 기다리면서 계속해서 탄소를 태워도 된다는 것이다.

미국 정부는 그 이상을 하고 싶지만 인도와 중국 정부 때문에 그럴 수 없다고 한다. 인도와 중국 정부는 더 많은 기후변화 대책을 받아들이고 싶어도 자국의 수많은 빈민 때문에 못 한다고 얘기한다.

이처럼 다들 가난한 사람들의 삶을 파괴하는 정책을 추진하면서도 바로 그 가난한 사람들 탓이라고 말한다. 그들이 말하는 논리는 이런 식이다.

중국 경제는 해마다 10퍼센트 넘게 성장하고 인도 경제 역시 그만큼 빠르게 성장하고 있다. 중국에는 13억 명이 살고 인도에는 10억 명이 살고 있다.

중국은 어쩌면 이미, 아니면 조만간에 세계에서 가장 많은 이산화탄소를 배출하는 나라가 될 것이다. 문제는, 중국이 20년 안에 미국만큼이나 부유해질 것이라는 점이다. 그때가 되면 중국인들은 지금의 미국인들만큼이나 1인당 이산화탄소를 많이 배출하게 될 것이다. 약 280억 톤을 매년 배출할 텐데 이는 전 세계가 지금 배출하는 전체량과 같다.

인도는 중국보다 가난하지만, 인도 역시 나중에 경제가 성장해서 미국인들처럼 살게 된다면 230억 톤을 배출할 것이다.

게다가 세계 인구는 1800년에는 10억 명이었는데 현재는 65억 명이다. 가난한 나라 사람들이 계속 아기를 낳는다면 지구온난화를 멈출 수 있는 방법이 없다.

더 심각한 것은, 인도와 중국이 경제성장을 포기하지 않을 것이란 점이다. 이들이 동참하지 않는 한, 다른 나라에서 배출량을 줄이는 것은 의미가 없다. 그런데 이 두 나라는 협조하지 않을 것이다.

이처럼, '가난한 사람 탓, 인도 탓, 중국 탓'으로 요약되는 논리에는 인도와 중국이 미국과 똑같이 발전할 것이라고 가정하는 모순이 숨어 있다. 인도와 중국이 미국식 대신 유럽식으로 발전해서 부유해질 수 있다는 사실은 외면한다.

나는 우선 경제성장에 대한 구체적 수치들을 검토한 다음, 인구에 관해 얘기하려 한다.

지금까지 나는 주로 지구 전체 규모에서 이산화탄소 배출량을 얘기했다. 매년 3.5피피엠 이상을 배출하고 있다고 말이다. 앞으로는 각 국가별, 산업별 배출량을 얘기할 텐데, 이럴 때는 피피엠이란 단위가 적합하지 않다. 그래서 이산화탄소 배출량을 톤으로 제시할 것이다.

1피피엠은 대략 이산화탄소 80억 톤에 해당한다. 이 계산에 따르면, 매년 배출되는 이산화탄소는 280억 톤 정도다. 이 중 110억 톤은 자연계로 흡수되고 나머지 170억 톤은 매년 대기에 쌓이게 된다. 신뢰할

만한 통계치가 제시된 마지막 해는 2004년이었는데, 그해 세계 배출량
은 약간 줄어서 270억 톤이었다. 이를 전 세계 65억 인구로 나누면 1
인당 배출량이 4.2톤이라는 계산이 나온다.

2004년의 이 통계에서 1인당 이산화탄소 배출량이 나라마다 다르다
는 점을 주의 깊게 봐야 한다. 아래 표의 첫 번째 열은 1인당 이산화탄
소 배출량을 톤 단위로 표시한 것이고, 두 번째 열은 한 해 총 배출량
을 10억 톤 단위로 표시한 것이다.

2004년 국가별 연간 이산화탄소 총 배출량과 1인당 배출량[15]

	1인당(톤)	전체(10억 톤)
세계 전체	4.2	27.0
미국	20.2	5.9
캐나다	18.1	0.6
러시아	11.7	1.7
일본	9.9	1.3
독일	10.5	0.9
영국	9.6	0.6
스페인	9.0	0.4
프랑스	6.7	0.4
유럽	8.0	4.7
이탈리아	8.4	0.5
이란	6.4	0.4
중국	3.6	4.7
중앙아메리카와 남아메리카	2.4	1.1
브라질	1.8	0.3
아프리카	1.1	1.0
인도	1.0	1.1

유럽은 1인당 평균 8.0톤을 배출한다. 미국은 1인당 20.2톤을 배출하는데, 이는 유럽 평균의 2.5배이고 독일, 일본, 영국 평균의 갑절에 해당한다.

만약 중국이 미국식 경제를 따라서 미국만큼 부자가 된다면, 지금보다 다섯 배나 많은 이산화탄소를 배출하게 될 것이다. 그러나 만약 유럽식 경제로 유럽만큼 부자가 된다면, 현재 배출량의 두 배보다 약간 더 많은 정도로 그칠 것이다.

그러면 중국이 유럽식으로 개발되는 것이 가능할까? 흔히 중국의 에너지 소비는 매우 비효율적이고, 또 중국의 산업은 미국만큼이나 에너지를 낭비한다고 한다. 그러나 이는 이산화탄소 배출량과 국민총생산을 계산할 때 달러를 사용했기 때문이다. 금액으로 따지면, 분명 중국은 엄청나게 많은 이산화탄소를 비효율적으로 배출하고 있다. 그러나 여기에는 오류가 숨어 있다. 중국은 자국 상품의 가격 경쟁력을 위해 고정환율제를 사용한다. 그 결과, 중국인의 소득은 미국에서 얼마만큼을 살 수 있는지로 측정되기 때문에 실제 구매력이 과소평가된다. 실제로는 그보다 훨씬 많은 물건을 중국에서 살 수 있는 것이다.

따라서 중국의 연간 이산화탄소 배출량을 달러가 아닌 실제로 중국에서 생산되는 물건들의 가치로 나누면 중국의 1인당 배출량은 전 세계 평균보다 조금 높은 수준이다.[16] 세계 평균과 차이가 나는 것은 대부분 중국의 전기 생산이 석탄에 크게 의존하기 때문이다. 그러나 중국에는 햇빛이 풍부하게 내리쬐며, 서쪽 지역엔 풍력발전에 적합한 지역도 많다. 따라서 중국이 유럽과 비슷한 방식으로 경제를 개발하는 것은 충분히 가능하다.

만약 중국과 인도가 미국식으로 경제를 개발한다면, 지구온난화를 막을 수 없을 것이다. 그러나 그들이 유럽식을 따른다면 막을 수 있다. 어째서 그것이 가능한지 설명하려면 약간의 산수가 필요하다. 이탈리아를 예로 들어 설명하겠다. 이탈리아의 평균 배출량(1인당 8.4톤)은 세계 평균(1인당 4.2톤)의 정확히 두 배다.

실제로 그렇게 되진 않겠지만 상상력을 발휘해서, 향후 20년 안에 전 세계가 이탈리아만큼 부유해져서 유럽만큼 이산화탄소를 배출한다고 생각해 보자. 단지 인도와 중국만이 아니라 방글라데시, 파키스탄, 베트남, 아프리카, 라틴아메리카와 그 밖의 모든 나라가 그렇게 된다고 말이다. 또 미국처럼 배출량이 매우 많은 나라가 이탈리아 수준으로 낮아진다는 것도 포함한다.

그렇게 되면, 세계의 모든 나라가 1인당 평균 8.4톤의 이산화탄소를 배출하게 된다. 현재 1인당 4.2톤을 배출하므로 전 세계 모든 가난한 나라의 경제가 성장하게 되면 배출량이 두 배로 늘어난다는 것을 알 수 있다.

그러나 잠깐, 우리는 현재 수준에서 배출량을 60~70퍼센트 줄여야 한다는 것을 기억해야 한다. 그 말은 1인당 4.2톤의 이산화탄소를 1.3~1.7톤으로 줄여야 한다는 뜻이다. 전 세계 모두가 이탈리아만큼 1인당 8.4톤을 배출한다 해도 이를 1.3~1.7톤으로 줄여야 한다는 사실은 여전히 변함이 없다. 다만 감축해야 할 비율이 80~85퍼센트로 늘어날 뿐이다.

쉽게 말해, 빈곤이 없는 이상적 사회를 이루면서도 여전히 기후변화를 막을 수 있다. 그리고 이를 위해서는 부유한 나라들이 이산화탄소 배출을 1인당 80~85퍼센트 줄여야 한다. 불가능하게 들릴지도 모르겠다. 다음 장에서 이것이 분명 가능한 일이라는 사실을 보일 것이다.

그러나 앞서 상상한 이상적 세계의 비현실적 가정 두 개만큼은 짚고 넘어가야겠다. 첫째는, 지구 상의 모든 가난한 나라가 2027년까지 이탈리아만큼 부유해지지는 않을 것이라는 점이다. 인도와 중국의 경제성장률이 계속 높게 유지되지는 못할 것이라고 전망할 만한 충분한 근거가 있다. 지금까지 어떤 나라도 5퍼센트 이상의 경제성장률을 장기간 누린 적이 없다. 일반적으로 경제가 산업화되면 성장률이 떨어지기 때문이다. 설령 인도와 중국이 현재 수준으로 계속 성장한다고 해도, 방글라데시나 수단이 그만큼 성장할 것이라고 예상하는 사람은 없다. 따라서 부유한 나라에서 실제로 감축해야 하는 양은 80퍼센트보다 적을 것이다.

두 번째 비현실적 가정은, 미국과 캐나다, 호주 같은 나라들이 다른 나라보다 더 많이 감축할 것이라고 본 것이다. 내가 제시한 상상의 세계에서는 미국이 이탈리아 수준으로 감축한 뒤에 다시 80퍼센트나 그 이상을 감축했다. 이를 합하면 92~94퍼센트에 해당한다. 이는 매우 장기적인 관점에선 가능하지만 2038년까지는 현실적으로 어렵다. 이처럼 미국의 느린 감축 속도는 가난한 나라의 느린 경제개발 속도와 상쇄될 것이다.

현실에서는 이런 경제성장과 배출량 감축 사이의 상쇄 작용이 중국, 인도, 미국과 세계 모든 나라가 참여하는 복잡하고 어려운 갈등과 협상의 과정으로 나타날 것이다. 내가 여기서 보이려고 하는 바는, 급격한 기후변화를 막을 만큼 배출량을 줄이면서도 빈곤을 역사의 유물로 만드는 것이 가능하다는 점이다. 다시 말해, 가난한 사람들을 탓할 일이 전혀 아니라는 것이다.

인구 증가

지금까지는 경제성장에 관한 수치들을 살펴봤다. 지구온난화를 인도와 중국 탓으로 돌리는 사람들은 인구 증가가 기후에 미칠 영향에 대해서도 잘못된 수치들을 근거로 주장한다.

그러나 내가 지금부터 보일 사실은, 향후 25년간 세계 인구 증가 때문에 늘어날 배출량은 지금의 10~25퍼센트 정도밖에 안 될 것이라는 점이다. 얼핏 듣기엔 받아들이기 어려울 수도 있겠지만 이는 분명 개연성 있는 주장이다. 나는 현재를 기준으로 했을 때 60~70퍼센트를 줄이면 지구온난화를 막을 수 있다고 했다. 향후 25년 안에 이보다 더 많은 82~87퍼센트를 줄이면, 인구가 증가하면서도 모두가 부유한 세계를 만들 수 있다.

앞서 비판한 '가난한 사람들 탓, 중국 탓, 인도 탓'으로 요약되는 논리와 유사한 주장이 인구와 기후변화 문제에도 있다. 그들은 보통 이렇게 주장한다. '지난 100년 동안 세계 인구는 세 배가 됐다. 앞으로 100년 동안 또 세 배가 된다면 넘치는 사람들 때문에 대기가 이산화탄소로 뒤덮일 것이다.'

다행히도 이런 불안감은 별 근거가 없는 것이다. 세계 인구는 조만간 감소하기 시작할 것으로 보이기 때문이다.

물론 1800년 이래로 세계 인구가 여섯 배 증가한 것은 사실이다. 그러나 이런 인구 증가는 사람들이 자녀를 더 많이 가져서 생긴 것이 아니다. 그보다는 아이들이 덜 죽고 성인들이 더 오래 살게 되면서 나타난 현상이다. 그리고 이런 식으로 인구가 계속 성장할 것을 의미하지도 않는다. 실제로는 예측하지 못했던 일이 생기고 있기 때문이다. 인류의 상당 부분을 포함하는 많은 나라에서 인구 증가율이 낮아지고 있는 것이다. 모든 부유한 나라와 일부 가난한 나라에서 지금 세대의 여성들이 어찌나 자녀를 적게 갖는지, 인구가 조만간 줄어들기 시작할 것이다. 전반적 경향은 감소하는 쪽이고 이번 세기 언젠가부터는 세계 인구가 감소하기 시작할 것이다.

이를 확인하기 위해서는 간단한 산수만 할 줄 알면 된다. 만약 여성들이 평균적으로 아들과 딸 하나씩 자녀 둘을 낳는다면 장기적으로 세계 인구가 유지될 것이다. 그러나 현실에선 일부 여아는 성인으로 성장하지 못하며 모든 여성이 자녀를 낳는 것도 아니다. 현재의 사망률을 감안했을 때, 세계 인구가 일정한 값을 유지하기 위해선 성인 여성 한 명당 2.1명의 자녀를 낳아야 한다.

물론 세계 인구가 곧바로 줄어들지는 않을 것이다. 수명이 늘어남에 따라 노인들이 전보다 더 오래 살게 됐다. 평균수명이 출산 감소와 균형을 이룰 때까지 인구는 어느 정도 증가할 것이다. 30~50년 정도 걸릴 것인데, 이는 지금의 10대와 20대가 노년이 되기에 그만한 시간이 필요하기 때문이다. 그러나 출생률이 낮은 일부 나라에서는 전체 인구가 벌써 줄어들기 시작했다.

다음의 목록은 현재 국가별 여성 1인당 출산 자녀의 수다.[17] 장기적으로 2.1명보다 적으면 인구가 감소하게 된다는 것을 염두에 두시라. 평소 예상했던 것과는 사뭇 다를 것이다.

이 표에는 주류 언론이 말하는 이른바 '상식'과 상반되는 내용이 몇 가지 보인다. 우선, 종교가 출생률에 미치는 영향이 거의 없는 듯하다. 이탈리아, 스페인, 폴란드, 포르투갈 같은 가톨릭 국가들은 인구 증가율이 세계에서 가장 낮은 축에 든다.[19] 이슬람교 역시 인구에 미치는

여성 1인당 자녀 수(명)

홍콩	0.9
대만, 남한	1.1
싱가포르, 보스니아	1.2
이탈리아, 스페인, 독일, 러시아, 불가리아, 루마니아, 헝가리, 폴란드	1.3
스위스, 포르투갈, 크로아티아	1.4
쿠바, 캐나다, 키프로스, 네덜란드	1.5
트리니다드토바고, 그루지야, 벨기에	1.6(선진국 평균)
태국, 아르메니아	1.7
호주, 영국, 덴마크, 푸에르토리코, 세르비아, 모리셔스	1.8
알바니아, 코스타리카, 아일랜드, 프랑스 미국, 스리랑카, 이란, 튀니지, 북한, 아제르바이잔,	1.9
칠레, 뉴질랜드, 중국[18]	2.0
베트남, 아이슬란드	2.1(인구 증가의 기준)
터키, 우루과이, 아랍에미리트	2.2
브라질	2.3
인도네시아, 멕시코, 아르헨티나, 콜롬비아, 쿠웨이트, 레바논, 알제리	2.4
말레이시아	2.6
베네수엘라, 파나마	2.7(세계 평균)
남아프리카공화국	2.8
인도	2.9
방글라데시	3.0
이집트	3.1
필리핀	3.4
파키스탄	4.6
아이티	4.7
(사하라 이남 아프리카 평균은 5.5명)	

영향은 거의 없다. 세계에서 가장 큰 무슬림(이슬람교도) 국가인 인도네시아는 2.4명이고, 이란은 2.0명으로 훨씬 부유한 미국과 같다.

부유한 나라는 가난한 나라보다 출생률이 낮은 경향이 있다. 세계에서 가장 가난한 나라들은 대부분 출생률이 매우 높다. 그러나 일부 '저개발' 국가에서는 여성 한 명당 자녀가 2.1명이 안 되는데, 쿠바, 중국, 트리니다드토바고, 아르메니아, 모리셔스, 코스타리카, 스리랑카, 이란, 튀니지, 북한, 칠레, 아제르바이잔이 그렇다.

인구 증가율이 낮아지는 이유에 대해서는 엄청나게 많은 문헌들이 있지만, 핵심은 경제적 안정이다. 세계의 다양한 문화를 막론하고, 사람들이 전통적으로 자녀를 많이 낳은 이유는 사고와 질병과 노후에 대한 사회적 안전망이 없었기 때문이다. 높은 사망률 때문에 자녀가 몇이나 살아남을지 알 수가 없었다. 자녀를 위한 근대적 의료 시설과 극심한 가난을 벗어나게 해 줄 복지 제도가 구축되면, 사람들은 자녀를 덜 갖기 시작한다.[20]

미래의 인구 증가

이런 인구 통계들은 이산화탄소와 기후변화 문제에 중요한 함의가 있다. 다시 말하지만, 세계 인구는 천천히 증가하고 있다. 조만간 평형에 도달하고 이내 감소하기 시작할 것이다. 정말로 중요한 것은, 이산화탄소 배출에 관한 다른 문제들과 마찬가지로, 가난한 나라가 아니라 부유한 나라에서 어떻게 바뀔 것이냐는 점이다. 왜냐하면 이들이 더 많은 에너지를 사용하고 [온실가스도] 더 많이 배출하기 때문이다.

매우 중요하고 또 분명히 해 둬야 할 점이 있다. 흔히 세계 인구가 50퍼센트 증가하면 이산화탄소가 50퍼센트 더 많이 배출될 것이라고 생각한다. 이는 사실이 아니다. 방글라데시 인구가 두 배가 되어 지구 상에 1억 4000만 명이 더 생겨도 배출량은 0.001퍼센트 증가할 뿐이다. 반면에 현재 인구가 3억 명인 미국에서 1억 4000만 명이 늘어나면 세계 배출량은 10퍼센트 늘어나게 된다. 이는 같은 인구가 방글라데시에서 늘어날 때보다 1000배 이상 많은 것이다. 즉, 가난한 유색인이 아니라 부유한 백인이 아기를 낳는 게 위험한 것이다. 다행히 현실은 그렇지 않다.

선진국에서 여성 1인당 평균 자녀 수는 현재 1.6명이다. 이 때문에 인구는 감소하기 시작할 것이고, 이는 설령 가난한 나라에서 이주민이 상당히 들어와도 마찬가지다.

유엔이 2005~2030년의 인구 증가를 추정했는데, 그 결과는 아래 표와 같다. 앞서 말했듯이, 세계 인구는 이번 세기 언젠가는 감소하기 시작할 것이다. 그러나 나는 현재와 2030년 사이를 주목하는데, 이는 우리가 그 안에 기후변화를 막기 위한 행동을 해야 하기 때문이다.

유엔은 인구 증가를 추정하기 위해 세 가지 시나리오 — 높은, 중간, 낮은 증가율 — 를 사용했다. 나는 여기서 중간과 낮은 증가율의 값을 사용할 것이다(이유는 후주에서 설명하고 있다).[21]

선진국의 인구 증가[22]

2005년 인구	12억 2000만 명(추정치)
2030년 예상 인구	
낮은 증가율	11억 8000만 명(3퍼센트 감소)
중간 증가율	12억 6000만 명(3퍼센트 증가)

다시 말해, 부유한 나라에선 인구가 살짝 감소하거나 살짝 증가할 것이다. 세계 인구는 상황이 조금 다르지만 여전히 감당할 만한 수준이다.

세계 인구 증가

2005년 인구	65억 명(추정치)
2030년 예상 인구	
낮은 증가율	77억 명(18퍼센트 증가)
중간 증가율	83억 명(28퍼센트 증가)

즉, 부유한 나라의 인구는 현재와 대략 비슷한 수준을 유지할 것이다. 인구 증가는 대부분 가난한 나라에서 일어날 것이다. 세계 인구는 18~28퍼센트 증가할 것이다. 만약 배출량을 줄이기 위해 아무 노력도 하지 않는다면, 이런 인구 증가가 어떤 영향을 미칠까? 부유한 나라에서 인구가 늘어난 것 때문에 추가 발생하는 이산화탄소 배출은 0퍼센트다. 가난한 나라에선, 세계 인구 증가율인 18~28퍼센트와 비슷한 정도로 늘어날 것이다. 둘을 합해서, 세계 인구 증가 때문에 추가로 발생하는 이산화탄소 배출량을 적절하게 추정해 보면 10~15퍼센트 늘어난다는 결론에 도달하게 된다.

배출량 감축에 던지는 함의

그러면 이제 이처럼 인구 증가로 배출량이 15퍼센트 늘어나는 것이 우리가 줄여야 하는 배출량의 관점에선 무슨 의미인지를 살펴보자. 앞서 나는 전 세계가 이탈리아만큼 잘 살게 되면서도 기후변화를 막으려면 부유한 나라에서 1인당 배출량을 80~85퍼센트 줄여야 한다고 주장했다.

실제로 인구가 15퍼센트 늘어난다면 필요한 감축량은 83~87퍼센트가 될 것이다(자세한 계산은 후주에 있다).[23] 이 정도 줄이면 인구가 늘어나더라도 세계의 빈곤을 없앨 수 있다.

그러나 사실, 83~87퍼센트라는 수치는 실제보다 과장돼 있을 가능성이 높은데, 왜냐하면 향후 25년 안에 모든 가난한 나라가 이탈리아만큼 부자가 된다고 가정했을 때 그렇다는 것이기 때문이다. 실제로 예상되는 경제성장률을 감안하면, 부유한 나라에서 1인당 배출량을 80퍼센트만 줄여도 세계 경제개발과 인구 증가를 감당하고도 남을 정도로 충분하다.

정리하자면, 현실에서 경제와 인구가 아무리 성장하더라도 이는 충분히 감당할 수 있는 정도이며, 이를 위해 부유한 나라들이 배출량을 80~85퍼센트 줄이면 된다.

3장 희생은 대안이 될 수 없다

앞 장에서 나는 수치들을 통해 가난한 사람들이 문제를 일으키고 있는 것이 아님을 보였다. 이제 빈곤의 정치적 측면을 살펴보며 흔한 주장들을 파헤쳐 보겠다.

인도와 중국 그리고 기후변화에 관한 '문제'들을 다루는 흔한 접근 방법은, 가난한 나라의 경제개발 문제를 '우리'가 어떻게 바라봐야 하는지에서 시작한다. 이런 관점은 '인도'와 '중국'을 동질의 사람들이 모인 것으로 간주해, 인도와 중국 사람들의 이해관계가 그 나라 정부와 기업들의 이해관계와 같다고 여긴다. 나아가 지구온난화를 해결할 유일한 방법은, 경제'성장'을 멈추고 아시아뿐 아니라 유럽에서도 평범한 사람들이 희생을 감수하는 것이라고 말한다.

나는 이런 관점을 거부하고 다른 관점을 제시할 것이다. 이를 통해 머리말에서 한 주장으로 돌아갈 것이다. 즉, 급격한 기후변화를 막기 위해 필요한 것은 평범한 사람들의 희생이 아니라, 정부의 개입과 규제, 막대한 세계적 원조와 수십억 개의 일자리 창출이라는 점이다.

'우리'

지구온난화를 다루는 많은 글들은 '우리'가 부유한 나라에 사는 사람들일 것이라는 가정을 은밀히 깔고 있다. 예를 들어, '우리'가 소비주의의 노예라서 실제 필요한 것보다 훨씬 더 많이 사고 있다고 말한다. 심지어 어떤 책은 '우리'가 미국인일 것이라고 가정하기도 한다. 이런 글들은 석유를 적게 수입하는 것이 중동 석유에 대한 '우리'의 의존도를 줄일 수 있기 때문에 '우리' 안보에도 좋다고 말한다.

더 나아가 미국과 유럽의 여러 책에서 말하는 '우리'란 십중팔구 교육 수준이 높고 영향력 있는 전문직 종사자로서 나머지 80~90퍼센트 사람들보다 수입이 더 많은 이들을 가리킨다. 미국의 사회과학 책들이 보여 주듯이, '우리'라는 단어에는 캘리포니아의 히스패닉계 이주민 웨이트리스가 포함되지 않으며, 버몬트의 백인 목수, 제철소에서 일하다 은퇴해 피츠버그의 피자헛에서 일하는 노동자, 아이오와의 도축장 노동자, 시카고의 트럭 운전사와 텍사스 감옥에 수감된 죄수 역시 마찬가지다. '우리'라는 단어에는, 자국의 부유층만을 향한 동질감과 외국인과 나머지 시민 다수를 '저들'로 분리시키는 경멸이 섞여 있다.

이 책은 다른 관점에서 시작하려고 한다. 나는 지구인의 한 사람으로서 지구의 다른 시민들을 위해 이 글을 쓴다. 내가 말할 '우리'는 나 자신과, 두 손과 심장, 두뇌로 일하는 평범한 사람들을 포함한다. 그런 '우리'에는 인류의 대부분이 포함될 것이다.

따라서 나는 '우리'가 인도와 중국에 사는 '저들'을 어떻게 대할지를 놓고 이야기를 진행하지 않겠다. 인류의 절반 정도가 아시아에 살고 있기 때문이다. 오히려 나는 아시아에 사는 평범한 사람들에게 필요한 것에서 출발할 것이다. 게다가, [대기는 하나라는] 물리법칙 때문에 지구 온난화는 전 세계적 문제다. 이산화탄소는 어디서든 배출될 수 있고, 단 2년만 지나면 전 세계 대기 어느 곳으로도 골고루 섞이기 때문이다. 이 때문에 특정 지역에만 적용되는 해결책은 가능하지도 않고 성공할 수도 없다.

인도와 중국의 기후변화

중국과 인도, 그 밖의 가난한 나라의 평범한 사람들 처지에서 기후 변화를 바라보면 어떻게 달라질까? 이들 나라의 사람들과 정부들은 산업화를 하고 싶어 한다. 모두들 가난을 지긋지긋해한다. 역사적 사실만 봐도, 오늘날 부유한 나라들은 모두 공장을 세우고 산업을 발전시켜 지금처럼 된 것이다. 가난한 나라 사람들도 여행을 즐기고 싶어 하고, 그중 다수는 도시에 살고 싶어 한다. 추위나 더위 때문에 자신의 삶이 위협받지 않기를 바란다. 그들 역시 한 방을 여섯 명이 나눠 쓰는 현실에서 벗어나고 싶어 하고, 자녀가 굶어 죽거나 병에 걸려 변변한 치료조차 받지 못하고 죽는 것을 보고 싶어 하지 않는다. 더러운 물도 마시고 싶어 하지 않는다.

또한, 부유한 나라 정부들이 가난한 나라들에게 '우리'가 지구를 살려야 하기 때문에 산업화를 하지 말라는 것은 지독히 불공평한 것이다. 이는 단지 가난한 나라 사람들이 현재 에너지 소비량의 절반 이하를 차지하기 때문만은 아니다. 그보다는 지난 200년 동안의 기후 역사를 봐야 한다. 그동안 선진국들은 대기 중에 이산화탄소를 내뿜으면서 현재의 풍요로운 경제를 만들었다. 현재 중국의 배출량은 전 세계의 5분의 1을 조금 넘는 수준이고, 인도의 경우는 25분의 1에 조금 못 미친다. 그러나 지난 200년간의 총 배출량을 따진다면 지구온난화에서 인도와 중국이 차지하는 비중은 매우 작다. 다른 나라들은 이미 부유해진 마당에 더 이상의 산업화는 안 된다고 그들에게 말한다면, [그 나라의] 지배자들과 평범한 사람들이 불공정하다고 느낄 것은 당연하다.

특히 인도의 환경운동가들은 대부분 지구온난화가 서방의 문제라고 말한다. 부유한 나라들이 일으킨 것인 만큼 해결에 필요한 비용도 그들이 지불하라는 것이다. 자신들은 빈곤에서 벗어나기도 바쁘다고 말한다.

인도에서는 이런 주장에 호응이 높다. 그러나 이것은 아시아에 사는 가난한 사람들의 필요를 제대로 반영하지 않고 있기 때문에 정치적으로 잘못된 주장이다. 지구온난화로 가장 큰 피해를 볼 사람들이 바로 그 가난한 사람들이다. 인도인의 다수는 여전히 농업으로 생계를 꾸린다. 도시는 농촌에서 식량을 충분히 공급받아야 하고, 도시에서 만든 상품이 농촌에서 팔리는 것에 경제적으로 의존하고 있다.

기후변화가 인도에 미칠 영향은 크게 네 가지다. 우선, 계절의 패턴이 바뀔 것이다. 대부분의 농민은 계절을 따라 나타나는 우기인 몬순 monsoon에 의존하는데, 이런 우기가 없어지면 수확량이 줄어들거나 일부 지역에선 아예 농업이 사라질 수도 있다. 둘째로, 많은 농민이 히말라야와 카라코람 산맥의 빙하와 눈에서 흘러나오는 강물을 사용하는데 지구온난화 때문에 이 빙하가 사라지고 있다. 셋째로, 수억 명의 인도 사람들은 해안가의 저지대에 살고 있는데 해수면 상승과 더 강해진 열대 폭풍으로 침수 피해를 입게 될 것이다.

마지막으로, 인도의 많은 지역은 매우 더워서 해마다 우기가 찾아오기 직전에 도시에서 열병으로 인한 사망자가 발생한다. 인력거꾼처럼 더위 속에 일해야만 하는 계층이 이런 피해에 가장 취약하다. 지구온난화는 이런 사망률을 치솟게 만들 것이다.

수억 명이 생필품을 구하지 못하게 될 것이다. 그중 다수는 지금도 너무 가난해서, 최악의 상황을 겨우 모면하고 있는 수준이다. 인도 정부도 이들을 돕는 데는 매우 인색하다. 기후변화 때문에 부농들이 어려움을 겪게 될 정도라면, 땅이 없는 농업 노동자들은 삶의 모든 것을 잃게 될 것이다.

중국 역시 전반적으로 비슷하며, 다만 조금 더 부유하고 더 불평등할 뿐이다. 농업 노동자 수는 더 적지만 인구의 절반 정도는 여전히 농사를 짓는다. 중국의 몇몇 도시는 부유해지고 있으나, 시골 지역은 여전히 매우 가난한 채로 남아 있다. 인도만큼 계절적 요인에 민감하진 않지만 히말라야의 빙하는 중국에게도 중요하다. 또한 많은 중국인이 해안가에 산다.

지구온난화는 인도와 중국의 평범한 사람들뿐 아니라 지구 상에서 가장 가난한 다른 사람들도 위협한다. 홍수 피해에 가장 취약하면서도 인구가 밀집돼 있는 지역에는 이집트의 나일강 유역, 갠지스강과 브라마푸트라강이 있는 벵골과 방글라데시, 메콩강이 있는 베트남도 포함된다. 아프리카 사헬지역에서는 이미 가뭄 때문에 전쟁과 기근이 촉발된 바 있다. 요컨대, 지구온난화 방지 대책은 지구 상의 다른 누구보다 가난한 나라에 사는 가난한 사람들에게 절실한 문제다. 그러나 이들이 가난에서 벗어나려면 경제성장도 필요하다.

'인도'와 '중국'

평범한 사람들에게 필요한 경제성장은 어떤 것인가?

가난한 나라와 기후변화의 문제를 다루는 글들은 대부분 다음과 같은 가정을 깔고 있다. 세계라는 무대에는, 그 내부 구성원이 모두 단일하게 통합된 '인도'라는 주체가 있고 '중국' 역시 마찬가지라는 것이다. 인도인들과 중국인들의 이해관계는 그 나라 정부의 이해관계와 같다고 간주된다. 이런 인식 속에 흔히 '인도는 이것을 원한다'거나 '중국은 다음을 주장한다'고 말한다.

그러나 미국이나 영국에 대해서 이렇게 생각하는 사람은 거의 없다. 미국에서 활동하는 기후변화 활동가들은 자신들이 원하는 것이 조지 부시와 석유 기업들이 원하는 것과 다르다는 것을 통감하고 있다.

중국과 인도 내부의 불평등을 이해하려면, 인도와 중국에도 서방 나라들과 마찬가지로 지배계급이 있다는 사실을 이해해야 한다.

서방의 정부 정책들은 지배계급의 이해관계에 따라 결정된다. 지배계급이라 함은 정부, 기업, 은행, 언론사, 군대, 재단과 대학의 고위 관료와 임원들을 말한다. 이런 자들은 권력을 쥐고 부자들을 위해 세계를 움직인다. 바로 이 지배계급이 결정을 내린다. 사람에 따라서 계급 구분선을 긋는 방법은 다를 수 있지만, 어떻게 나누든 대다수 사람들이 권력자 집단에 속하지 못한다는 사실엔 변함이 없다.

이런 지배계급 아래에는 훨씬 더 많은 수를 차지하는 중간 관리자, 교수, 경찰서장, 영관급 장교, 주식 중개업자, 과장급 의사, 편집장, 주교, 중소기업가 등의 사람들이 있다. 이들은 세계를 운영하진 않지만 고소득을 누린다. 이들은 적어도 대부분의 시간 동안 지배계급이 원하는 방식대로 세계를 관리하고, 현실을 옹호하는 사상을 전파한다.

어느 나라나 압도 다수는 권력도 없고 부도 누리지 못하는 사람들이다. 이들은 농장에서 생계를 이어가거나 일터에서 월급을 받고 남이 시키는 일을 하며 하루하루를 살아가는 사람들이다. 여기에는 연봉은 어느 정도 받지만 시키는 대로 일해야 하기는 마찬가지인 육체직·사무직 노동자 역시 포함된다. 많은 경우 노동자들은 지배계급의 세계관을 받아들인다. 결국 지배계급의 생각이 모든 사회를 지배하기 때문이다. 그러나 노동계급에 속한 사람들은 동시에 다른 종류의 생각도 한다. 이들은 나눔과 친절함, 평등을 중요하게 생각한다. 이런 가치들 없이는 우정을 쌓거나 아이를 기르고 일터에서 견디기가 너무 어렵기 때문이다. 대체로, 우리는 세계를 있는 그대로 받아들여야 한다고 느낀다. 그러나 한편으론, 세계가 어떻게 바뀌어야 할지에 대한 나름의 관점도 갖고 있다. 평범한 사람들이 자신들만의 노동조합과 정당을 만들게 되면, 이 조직들은 그 평범한 사람들이 중요하게 생각하는 가치를 반영한다.

지배계급이 세상을 지배하지만, 그들조차 모든 것을 자기 마음대로 하지는 못한다. 어떤 사회를 지향해야 하는지를 둘러싼 갈등은 모든 사회에 항상 존재한다. 민주주의 사회에서는 이 갈등이 뚜렷이 드러난다. 독재국가에서는 여건이 더 어려운 것이 사실이지만, 여전히 그런 갈등이 존재한다. 연금, 의료보장, 노동조건, 최저임금, 주택, 토지, 환경 규제를 둘러싼 논쟁과 투쟁은 어느 사회에서나 찾아볼 수 있는 문제들이다. 이런 투쟁의 중심에는 두 가지 진실이 있다. 첫째는 평범한 사람들이 지배자들보다 수가 훨씬 더 많다는 것이다. 둘째는 지배계급의 힘이 훨씬 더 강하다는 것이다. 대부분의 경우, 이런 투쟁의 결과로 지배계급의 욕심과 평범한 사람들의 필요 사이에 불안정한 타협이 이뤄진다. 이런 타협은 지배계급에 유리한 쪽으로 흐르기 마련이지만, 지배계급 역시 양보하지 않을 수 없는 것이 사실이다.

이처럼 북미와 유럽은 사회가 계급으로 분할돼 있다. 이런 분할은 라틴아메리카와 아프리카, 아시아에도 존재한다. 그 나라들에서도 부자들은 자기 자녀를 하버드와 옥스퍼드로 보내 교육시킨다. 빈부 격차는 세계 어디나 엄청나다. 다만 가난한 나라에서는 계급 구분이 더 분명하게 드러나는데, 이는 가난의 결과가 더 참혹하기 때문이다.

가난한 나라에도 지배계급이 존재한다는 것을 직시하는 것이 중요한데, 왜냐하면 이들이 기후변화 정책에 영향을 미치기 때문이다. 현재 미국 정부는 이산화탄소 배출을 줄이기 위한 어떠한 국제 협약도 원치 않는다. 이런 협약이 생기는 것을 막기 위해 미국은 중국과 인도 정부가 자신을 지지해 줄 것을 기대하고 있다. 중국과 인도 정부는 현재 조지 부시의 정책을 지지하고 있는데, 기후변화로 피해를 볼 사람들은 자신들이 아닌 인도와 중국의 평범한 사람들이기 때문이다. 조지 부시와 미국 기업들이 그러하듯이 인도와 중국의 지배계급도 더 부자가 되고 더 강한 권력을 잡기 위해 세계시장 경쟁에 뛰어들고 싶어 한다.

불평등한 경제성장

구체적으로 인도와 중국의 정치와 경제에서 부자들이 원하는 것과 평범한 사람들에게 필요한 것이 어떻게 다른지 살펴보자.

대부분의 시사 평론가들은 가난한 나라에서 경제가 성장하면 그 혜택이 모두에게 골고루 돌아가는 것처럼 얘기한다. 한 나라가 산업을 발전시켜서 풍요로워지면, 그 나라 국민도 풍요로워진다는 것이다. 그러나 현실은 사뭇 다르다. 지난 20년간 인도와 중국에서는 경제가 성장하는 만큼 불평등도 더 심해졌다. 경제성장에서 가장 혜택을 적게 볼 사람들이 기후변화로 가장 큰 고통을 겪게 될 것이다.

수십억 달러를 가진 석유 기업가이자 릴라이언스인더스트리스의 총수인 무케시 암바니는 인도 뭄바이 도심 한가운데 고층 건물을 짓고 있다. 자신의 가족과 600명의 하인들만 살게 될 이 27층짜리 건물은 천장이 얼마나 높은지 옆에 있는 60층짜리 사무실 빌딩만큼 높다. 자신의 부를 과시하기 위한 것이다.

인도의 경제성장에서 많은 부분은 이른바 '신흥 중간계급'을 위한 사치품을 생산하는 과정에서 나타났다. '신흥 중간계급'이란, 새 승용차를 구입하고 새로 생긴 저가 항공사의 고객이며 '눈부신 인도'라는 성공에 환호하는 사람들을 말한다. 그러나 여전히 시골에 사는 인구의 3분의 1은 농업 노동자인데, 이들은 이미 절망적 환경에 처해 있을 뿐만 아니라 트랙터와 펌프의 보급으로 일자리마저 잃어버리고 있다.[24]

중국 역시 점차 풍요로워지고 있으며, 하늘을 찌를 듯한 고층 건물을 도시에서 쉽게 찾아볼 수 있다. 이런 경제 기적은 두 가지 요인 덕분에 가능했다. 하나는 다른 아시아 국가, 유럽, 미국 순으로 많은 수출이다. 또 다른 하나는 인도와 마찬가지로 소수 부자들을 위한 사치품 생산이다. 승용차를 몰고 새로 지은 고층 아파트에 사는 '신흥 중간계급'이 중국에도 있다.

해안가의 기름진 농경지를 소유한 이들을 포함한 일부 중국 농민들 역시 경제성장의 혜택을 크게 입었다. 그러나 대부분은 그러지 못했다. 예전에는 정부 지원에 의지해서 최소한의 무상교육과 무상의료 혜택을 받았는데, 경제개혁이 이런 것들마저 빼앗아 갔다.

예전의 중국에서는 국가가 모든 공장을 소유했다. 공공 부문 노동자들은 이른바 '철밥통'이었다. 그들은 평생 고용을 보장받았으며 식료품, 교육, 의료보장과 연금 혜택을 받았다. 게다가 많은 공장의 노동자들은 1960년대 문화대혁명을 거치면서 더 짧은 노동시간과 완화된 노동강도를 쟁취할 수 있었다. 그러나 지난 30년 동안 이른바 '개혁'을 거치면서 이런 공장들이 많이 문을 닫았다. 새로운 공장들은 지방정부나 사기업, 외국계 회사들이 소유주였다.

중국의 폭발적 경제성장으로 부富가 '넘쳐흘러' 평범한 사람들에게도 영향을 미친 것은 사실이다. 평범한 사람들은 공장에서 전보다 더 많은 일자리를 갖게 됐다. 이런 일자리의 많은 부분은 가난한 시골 출신의 소년, 소녀들에게 돌아갔다. 마오쩌둥 시대였다면 고향을 떠났다는 죄목으로 체포됐을 텐데 말이다. 그러나 새로 생긴 공장에서 일하는 노동자들은 철밥통이 아니다. 이들이 받는 월급은 가족을 부양하기도 부족할 정도로 적다. 이렇게 저임금을 받으면서 하루 열네 시간을 안전치 못한 공장에서 보내야 하고 공장 안에 있는 기숙사에서 비좁게 생활해야 한다.[25]

물론 인도와 중국은 경제개혁 이전에도 불평등이 만연했다. 그러나 지금과 같은 경제개발이 계속된다면 앞으로 불평등은 더욱 심해질 것이다. 이와 같은 일이 지난 30년간 전 세계에서 일어났다.

인도와 중국에 사는 평범한 사람들은 바보가 아니다. 그들은 지금 일어나는 일들을 목도하며 분노하고 있다. 인도는 활동가, 파업, 시위가 넘쳐나고 있다. 중국은 불평등이 엄청나서, 13억 명 중 단지 6000만 명만이 서방과 비슷한 생활수준을 누린다. 바로 이 상위 5퍼센트가 새로운 중국에 열광하고 있다. 다른 모습도 있다. 중국 정치경찰은 매년 대중 집회 숫자를 집계하는데, 2003년에는 5만 8000건의 집회가 있었고 2004년에는 총 350만 명이 참가한 8만 7000건의 집회가 있었다. 이런 집회의 참가자는 대부분 기업과 정부의 토지 몰수에 맞서 자기 땅을 지키려는 농민, 정부 부패에 항의하는 사람들, 연금과 노동조건을 지키기 위해 싸우는 노동자들이다.[26]

중국은 또한 세계에서 가장 환경이 심하게 오염된 나라 중 하나다. 정부와 기업들이 노동자를 함부로 대하듯이 지구도 함부로 대하기 때문이다. 평범한 중국인들 역시 이것을 알고 있고, 이 역시 증오한다. 퓨센터는 매년 전 세계를 대상으로 설문 조사를 한다. 2007년에는 장차 세계에 닥칠 위협 중 가장 큰 것을 무엇으로 보느냐는 질문을 던졌는데, 중국에서는 응답자의 70퍼센트가 '환경문제'를 꼽았다. 이 수치는 한국 다음으로 높았으며 일본과 같은 수준이다. 체르노빌 핵 발전소가 있는 우크라이나가 57퍼센트로 중국의 뒤를 이었다.[27]

2007년 중국 정부는 세계은행이 발간하는 환경오염에 관한 보고서에서 자국의 수치를 크게 줄여 달라고 요구했다. 중국 정부가 은폐하고 싶었던 두 가지는 해마다 65만~75만 명이 대기오염으로 죽는다는 추정치와 이런 사망자가 대부분 석탄 채굴 지역에 밀집돼 있다는 내용이었다. 결국 중국 정부는 이런 사실을 성공적으로 은폐했는데, 〈파이낸셜 타임스〉에 익명을 요구한 관계자의 말에 따르면 "사회적 불안"이 우려됐기 때문이었다고 한다.[28]

중국과 인도의 평범한 사람들이 가난과 공포에서 벗어나고 싶어 하는 것은 당연하다. 그러나 현재 중국과 인도의 경제성장은 평범한 사람들에게 필요한 종류의 것이 아니다. 지구온난화도 마찬가지다.

희생

지금까지 나는 '우리'와 '[하나의] 인도'라는 개념을 뒤집어 봤다. 이제 '희생'이란 개념에 대해서도 마찬가지로 뒤집어서 보겠다.

어째서 부유한 나라의 평범한 사람들이, 인도와 중국의 가난한 사람들이 빈곤에서 벗어날 수 있도록 더 많은 배출량 감축을 감내해야 하는지에 대해서 먼저 대답해 보겠다.

간단하게 답하면, 부유한 나라에 사는 사람들도 기후변화로 피해를 입을 것이고 평범한 사람들이 더 크게 고통을 받을 것이기 때문이다. 지구온난화를 막기 위해선 가난한 나라의 평범한 사람들이 부유한 나라의 평범한 사람들과 함께 행동해야 한다. 그 반대 역시 사실이다. 부유한 나라의 사람들도 가난한 나라의 사람들과 연대해야 하는 것이다. 그것 말고는 방법이 없다.

게다가 부유한 나라의 많은 평범한 사람들은 사람들을 절대적 빈곤층으로 내버려 두는 것이 도덕적으로 옳지 않다고 생각한다.

그러나 이 문제에 대해 희생을 요구하는 답변도 제기될 수 있다. 내가 겪은 경험을 소개하겠다. 2003년에 나는 브라질 포르투알레그리에서 열린 세계사회포럼에 참가했다. 10만 명의 각국 활동가들이 모인 그 포럼의 슬로건 중 하나는 '다른 세계는 가능하다'였다. 나는 거기서 말하는 다른 세계가 어떤 모습일지를 토론하는 워크숍을 열었다. 브라질과 아르헨티나에서 온 젊은이들 위주로 스무 명이 그 워크숍에 참석했다. 우리는 온갖 것들에 관해 진지하면서도 재미있게 토론했다. 그러던 중 한 캐나다 여성이 일어나서 다음과 같이 말했다.

현대 사회의 문제는 사람들이 소비주의의 노예가 되어 물질을 소유하고 싶은 욕망에 갇혀 있다는 거예요. 우리는 지구의 자원이 재생되는 것보다 더 빨리 자책감도 없이 써 버리고 있어요. 우리가 사는 경제체제는 우리의 탐욕을 정당화합니다. 우리는 성장을 좇는 것에서 벗어나 삶의 질에 관심을 가져야 합니다.

캐나다에서는 그녀의 말이 급진적 주장으로 들렸을 것이다. 그러나 그녀가 발언하는 동안, 나는 브라질과 아르헨티나 젊은이들이 점차 적대적으로 변하는 것을 느낄 수 있었다. 그녀가 발언을 마치자 비난이 쏟아졌고, 그녀의 표정은 일그러졌다.

그들은 희생하라는 얘기를 이미 부유한 외국인들로부터 많이 들었다. 아르헨티나 사람들이 가장 분노했는데, 우리 워크숍이 열리기 1년 전에 IMF가 강요한 희생이 아르헨티나의 금융 위기를 초래해서 일자리와 저축을 날려 버렸다. 부에노스아이레스 거리에 200만 명이 쏟아져 나와 솥과 냄비를 두드리며 밤새 시위를 했다. 시위대는 결국 정부를 갈아 치웠고, 아르헨티나 사람들은 여기서 멈추지 않고 새로 들어선 정부와 그다음 정부 역시 갈아 치워 버렸다. 1975년만 해도 아르헨티나는 이탈리아와 비슷한 부유한 나라였다. 그러나 2003년 무렵에는 가난한 나라가 됐다. 워크숍에 참가한 젊은이들과 그 부모 세대는 희생을 강요받았고 그것에 맞서 싸웠다. 그들에게는 캐나다 여성이 IMF와 같은 편처럼 느껴진 것이다.

2년 뒤인 2005년 1월에 세계사회포럼이 다시 브라질 포르투알레그리에서 열렸다. 나는 국제적 시위를 조직하기 위해 기후변화에 관한 모든 회의에 참석했다. 내가 발언할 때 많은 라틴아메리카 청중이 관심을 갖고 들어 줬다. 내가 기후정의를 실현하는 것은 세계를 빈곤에서 벗어나게 하는 운동이기도 해야 한다고 얘기하자, 갑자기 그들은 박수를 쳤다.

이 경험을 통해 나는 간단한 진리를 배웠다. 기후변화에 대처하는 행동이 희생으로 여겨지는 한, 가난한 나라 사람들은 함께하지 않을 것이라는 점이다. 부유한 나라의 평범한 사람들도 희생을 원치 않는다. 예를 들어, 지난 30년간 영국의 노동계급에 속한 사람들은 직장이나 동네에서 다음과 같은 일을 겪었다. 먼저, 말쑥한 정장을 입은 남녀가 회사나 정부로부터 찾아와서 회사와 국가의 이익을 위해 희생이 필요하다고 설명한다. 노동자들은 현실이 그들의 말대로 진행된다는 것을 생활 속에서 배웠다. 그런데 노동자들은 희생했지만 그 정장 입은 자들은 안 그랬다. 이런 경험은 매우 쓰라린 것이었는데 단지 영국에서만 이런 일이 일어난 것이 아니었다.

게다가 어디서나 노동자들이 가장 두려워하는 것은 자신들의 가장 기본적인 것을 희생하라고 강요받는 것이다. 생태 운동가들은 값비싼 옷을 포기하라고 말하지만, 노동계급 청중은 이러다 일자리를 잃는 것 아닌가 걱정한다. 생태 운동가들은 우리가 너무 많은 것을 누리고 있다고 얘기하지만, 평범한 사람들은 [너무 많기는커녕] **충분히 누리고 있지 못**하다고 느낀다.

어느 나라에서든, 만약 당신이 평균 소득으로 생활한다면, 한 달치 월급을 주로 어디에 쓰는지 살펴보라. 대부분은 수입의 80퍼센트를 음식, 옷, 집, 수도와 전기 요금, 출퇴근 교통비, 자녀 양육과 일주일에 한 번 정도 외식하는 데 쓴다. 이런 기본적 지출조차 자신의 수입보다 많아서 빚을 지는 사람도 많다.

물론 이런 소비에는 사람들에게 꼭 필요하지 않은 것도 있다. 그러나 사람들이 그것을 그토록 원하는 데는 이유가 있다. 탐욕 때문이 아니다. 우리 사회에서는 무엇을 갖고 있는지로 사회적 지위가 결정된다. 공중보건에 대해 연구하는 사회주의자 빈센트 나바로는 다음과 같이 설명한다.

특별한 기술이 없고 실직 상태인 [미국] 볼티모어 빈민가의 젊은 흑인은 아프리카 가나에 사는 중간계급 전문직보다 더 많은 물질적 자원을 누린다. 미국에 사는 그(녀)는 아마도 승용차, 휴대전화, 텔레비전을 갖고 있을 것이고, 1인당 주택 면적은 더 넓고 주방용품도 더 많을 것이다. 만약 전 세계가 단일한 사회라면 볼티모어에 사는 젊은이가 중간계급이 되고 가나에 사는 전문직이 빈곤층이 될 것이다. 그러나 전자는 후자보다 기대수명이 훨씬 짧다(45년 대 62년). 전자가 후자보다 더 많은 물질적 자원을 누리는데 어떻게 된 것일까? 답은 간단하다. 미국에서 가난하게 사는 것이 가나에서 중간계급으로 사는 것보다 훨씬 더 힘들기 때문이다. 미국의 빈민은 훨씬 더 큰 열등감, 좌절, 무기력, 실패를 겪으며 산다.[29]

볼티모어에 사는 그 사람에게는 그런 추가적 물건들이 꼭 필요하지 않을 수도 있지만, 그래도 그것들을 포기하려 하지 않을 것이다. 왜냐하면 그것들이야말로 그 사람이 적어도 무언가는 가지고 있다는 것을 보여 주기 때문이다. 사람들은 소유물을 보고 사회에서 힘이 있는 사람인지 없는 사람인지를 가려내는 법이다.

운동을 건설하기

다음 장에서부터는 평범한 사람들이 소중하게 여기는 것들을 희생하지 않으면서도 지구온난화를 막을 수 있는 구체적 방법들을 제시할 것이다. 그런 방법들은 분명 실현 가능하다. 그러나 나는 그런 해결책들이 기업의 이윤을 위협하고 전 세계 모든 주류 정당들의 경제정책에 대한 정면 도전이라는 것도 설명할 것이다. 이 때문에 기업들과 주류 정당들은 문제를 실질적으로 해결할 수 없는 전략만을 고집한다는 것을 알게 될 것이다. 이런 교착상태를 타개하기 위해선 평범한 사람들을 결집시켜야 한다. 그러나 기후를 구하려면 사람들이 무언가를 희생해야 한다고 강조하는 운동으로는 이런 성과를 이룰 수 없다.

희생을 해결책으로 제시하는 것에 반대하는 이유는 또 있다. 몇 년 안에 폭염과 엄청난 폭풍, 홍수와 기아가 찾아올 때마다 활동가들은 선택에 직면하게 될 것이다. 피해자의 다수를 차지할 가난하고 평범한 사람들 편에 설 수 있다. 피해자들을 계속 희생시키는 것에 반대하고 지구온난화를 멈추기 위한 보편적 행동을 주장할 수 있다. 그렇게 하면 피해자들을 결집시킬 뿐만 아니라, 그 피해자들을 구해야 한다고 생각하는 전 세계 다른 사람들과도 함께 기후변화를 막기 위해 싸울 수 있다.

그러나 반대로 활동가들이 계속 희생에 대해서 얘기한다면, 평범한 사람들의 지지를 받지 못하게 될 것이다. 더 나아가, 사람들에게 희생을 강요하게끔 정부에 청원하고 있는 자기 자신을 발견하게 될 것이다. 평범한 사람들의 '탐욕'과 이기심을 문제의 핵심으로 여겨 이를 바로잡을 위로부터의 실천만이 해결책이라고 생각하는 것의 논리적 귀결이 그것이기 때문이다.

만약 갑작스런 기후변화가 실제로 일어난다면, 희생을 강요할지 여부가 격렬한 논쟁의 초점이 될 것이다. 그때가 되면 매우 큰 변화를 단시간에 이뤄야 한다는 것이 모두에게 분명해질 것이다. 그런 상황에서 기업들과 부자들은, 다수의 사람들에게 막대한 개인적 희생을 강요하는 것만이 유일한 해결책이라고 떠들 것이다.

그러나 그런 상황에 이르렀을 때는 기후변화로 인한 최악의 참사를 막기 위해 노력하는 전 세계적 운동이 분명히 존재할 것이다. 만약 희생만이 해결책이라는 사상이 그런 운동에 참가하는 활동가들 대부분의 머릿속에 가득하다면, 결과적으로 그들은 기업과 부자, 주류 정당의 편에 서게 될 것이다. 그렇게 되면 다수를 희생시키는 일을 지지하고 전 세계적 재앙을 키우는 노릇을 하게 될 것이다.

그러나 만약에 그 운동에 참가하는 활동가들이 주되게 사회정의와 연대에 대한 사상을 갖고 있다면, 전 세계 사람들을 결집시켜 생존하고 나누고 서로 돕고, 무엇보다 그동안 권력을 누린 자들이 희생하도록 만들 수 있다.

따라서 희생에 대한 주장은 어떤 해결책이 가능한지, 누가 문제를 해결할 수 있는지, 어떤 종류의 운동을 건설할지, 기후 재앙이 실제로 일어나면 어떻게 대처할지를 모두 포함하는 주장이다. 기후변화 활동가들은 매우 근본적인 선택 앞에 서 있다. 우리는 지배계급, 즉 부자들과 권력자들에게 해결책을 간청할 수 있다. 아니면 반대로 평범한 사람들이 이 사회의 지배층에 변화를 강제할 방법을 찾도록 도울 수 있다.

어떤 선택을 할 것인지는 기후변화를 막기 위해 무엇이 필요한지에 따라 결정돼야 한다. 분명해 보이는 이 선택은, 가난한 사람들이 더 착하거나 내가 유난히 평등과 사회정의를 잘 믿기 때문이 아니다. 오히려 문제가 너무 심각해서 사회적 해결책만이 실제로 문제를 해결할 수 있 기 때문이다.

2부
당장 실현 가능한 해결책

4장 긴급한 조치

2부는 해결책에 관한 내용이다. 기술적 사항들을 자세히 다룰 텐데, 이는 실제로 이 해결책들이 현실에서 가능하다는 것을 여러분에게 입증해 보이고 싶기 때문이다. 앞으로 몇 장에 걸쳐서 기본적이고 중요한 다섯 가지 주장을 할 것이다.

첫째 핵심 주장은 지구온난화를 막는 데 필요한 과학기술이 이미 충분히 개발돼 있다는 것이다. 정치적 의지만 있다면 세계적 수준에서 이 기술들을 적용할 수 있다.

둘째는, 이런 기술들을 적재적소에 적용하려면 세계적 수준에서 정부 개입이 필요하다는 것이다. 공공사업, 법적 규제와 대규모 투자 등이 여기에 해당한다.

셋째, 시장 중심의 정책을 실행해서는 문제를 해결할 수 없다. 시장 중심의 기후변화 정책의 핵심 모순은, 기업은 이윤을 남겨야 한다는 것이다. 기업이 할 수 없는 일을 정부가 할 수 있는 이유는, 기업과 달리 정부는 이윤에 매달릴 필요가 없기 때문이다.

넷째, 정부가 주도하는 해결책 때문에 평범한 사람들이 희생할 필요는 없다. 정부가 "[기후변화를 해결하기 위한] 비용이 너무 많이 든다"고 얘기할 때, 실제로는 그만큼 일자리가 더 많이 생긴다는 것을 숨기는 것이라고 이 책 머리말에서 지적한 바 있다. 왜냐하면 비용이란, 일하는 사람들에게 지불되는 돈을 뜻하기 때문이다. "너무 비싸다"는 얘기는 시장과 기업의 관점에서 그렇다는 것이다. 그러나 태양열 발전소와 철도망을 새로 만드는 것과 같이 '너무 비싼' 것들을 정부는 충분히 지불할 수 있다. 더 많은 대중교통과 더 많은 국립병원이 사람들에게 희생을 강요하지 않듯이, 정부 개입으로 실행할 수 있는 해결책은 희생을 요구하지 않는다. 2부 전체에 걸쳐서, 필요한 것은 희생이 아니라 오히려 그 반대라는 것을 보여 주고자 한다. 즉, 기후변화를 막음으로써 사람들의 삶이 더 풍요로워진다는 것을 말이다.

다섯째로, 개인이 소비 패턴을 바꾸는 것으로는 문제를 해결할 수 없다고 주장할 것이다. 개인적 해결책을 모색하는 사람들은 자신들의 '탄소 발자국carbon footprint'을 검토해서 자신들이 배출하는 온실가스를 줄이려 한다. 이를 위해 비행기를 타지 않고, 차를 팔고, 자전거를 구입하고, 전구를 바꾸고, 소형 풍력 터빈을 구입하고, 인근 지역에서 생산된 음식을 사는 등의 실천을 한다.

이런 개인적 실천이 갖는 큰 위력은 증인들을 만들어 낸다는 것이다. 사람들은 소비 패턴을 바꾸면서 자신의 친구, 가족, 직장 동료 등 수백 명에게 얘기한다. 그러나 개인적 실천은 몇 가지 심각한 약점이 있다. 지금 당장은, 이번 장에서 제시할 많은 예들을 관통하는 두 가지만 언급하겠다. 우선, 개별적 실천을 선택할 수 있는 처지에 있는 사람은 부유한 나라에서 부유하게 사는 사람들뿐이다. 둘째, 개별적 실천을 강조함으로써 일부 사람들이 특정 행동을 하지 못하게 설득할 수는 있다. 그러나 대다수의 사람들이 그런 선택에 동참하도록 할 수 있는 것은 대규모 정부 투자뿐이다.

제2차세계대전

기후변화에 맞서 정부가 무엇을 할 수 있는지를 보려면 제2차세계대전을 돌아보면 된다. 당시에 모든 주요 국가들은 가능한 많은 인명을 살상하기 위해 자국 경제 전체를 탈바꿈시켰다. 차이가 있다면, 이번에는 가능한 많은 사람을 살리기 위해 비슷한 일을 해야 한다는 것이다.

제2차세계대전이 일어난 지 벌써 70년 가까이 지났기 때문에 쉰 살 이하의 사람들은 정부가 어떤 문제를 진짜로 해결하고 싶으면 어떻게 행동하는지를 쉽게 떠올리기 어려울 수 있다. 이를 위해 2차세계대전 당시로 돌아가 보자. 나는 미국의 사례에 집중할 것인데 이는 미국이 특별해서가 아니다. 나치 독일과 스탈린의 러시아, 보수당의 영국 역시 자국 경제를 비슷한 수준으로 탈바꿈시켰다. 그런데도 미국을 선택한 이유는 미국이 '자유 시장 경제'의 상징과도 같기 때문이다. 미국이 2차세계대전 당시에 했던 일을 다시 할 수 있다면, 다른 누구라도 할 수 있을 것이다.

미국의 사례는 세 가지 점에서 중요하다. 우선, 정부가 정말로 필요하다고 느끼면 어떻게 행동하는지 여실히 보여 준다. 둘째, 이산화탄소 배출을 줄이기 위해 경제를 어떻게 변화시켜야 할지 배울 수 있다. 셋째, 당시와 현재 상황의 결정적 차이가 무엇인지를 보여 준다. 간단히 말해, 당시의 기업가, 정치인, 평범한 미국인은 전쟁에서 이기고 싶어 했다. 그러나 오늘날 기업가와 정치인은 기후변화를 그 정도로 절실히 막고 싶어 하지는 않는다.

미국의 재무장

1939년에 독일, 이탈리아, 일본, 중국, 영국, 프랑스 사이에 전쟁이 벌어졌다. 얼마 가지 않아, 기계를 사용해야 전쟁에서 이긴다는 것이 분명해졌다. 탱크가 보병을 이겼고, 선박이 공업물품과 군대를 수송했다. 또 제공권을 장악하지 못하면 탱크와 선박은 무용지물이었는데, 가장 빠른 비행기와 가장 성능이 좋은 대공포로 무장한 군대가 제공권을 빼앗을 수 있었다. 공장에서는 탱크, 전함, 비행기와 총을 만들었다. 공업 생산력이 가장 뛰어난 나라가 전쟁에서 이길 것이 분명했다.

그래서 전쟁에 참여한 모든 나라는 자국의 산업을 할 수 있는 만큼 최대한 탈바꿈시켰다. 그러던 중 1941년 12월 7일에 일본 공군이 하와이 진주만을 폭격했고, 미국은 일본과 독일에 선전포고를 했다. 12월이 채 지나기도 전에, 당시 대통령이었던 프랭클린 D 루스벨트는 미국 재계에 요구하는 물품의 목록을 국회에 제출했는데, 그 목록에는 비행기 6만 대, 탱크 4만 5000대, 대공포 2만 정, 살상력이 뛰어난 폭약 800만 톤이 포함돼 있었다. 전체 목록에 있는 물품은 500억~550억 달러어치에 달했는데, 이는 1941년 당시 미국 국민총생산GNP 추정치 전체와 맞먹는 것이었다.[1]

루스벨트는 결국 요구한 것을 얻었는데, 이는 정계의 주요 경쟁 집단들이 모두 그를 지지했기 때문이다. 대기업 경영진들은 미국이 전쟁에서 이기면 미국 기업들이 세계를 지배하게 되리라고 믿었고, 이는 옳은 판단이었다. 그래서 대기업 인사 수백 명이 정부를 위해 1년 내내 일하고도 임금을 1달러만 받는 '연봉 1달러'를 자처했다. 제너럴모터스의 총수였던 찰스 윌슨은 정부의 전쟁물자생산국WPB에 자원해서 들어갔다.

노동조합, 자유주의자, 아프리카계 미국인과 유대인은 대부분 당시의 전쟁을 파시즘에 맞선 저항으로 여겼다. 그래서 노동조합과 민주당 내 진보 세력은 피복노조GWU의 시드니 힐먼과 수백 명의 노동자들을 전쟁물자생산국에 들여보내 찰스 윌슨과 함께 일하게 했다.

새로 생긴 전쟁물자생산국은 다음과 같은 일을 했다. 먼저 기업들에게 새로운 제품을 만들어 내도록 '전환'을 요구했다. 자동차를 만들던 대기업은 무기와 탄약, 지프차와 같은 군수물자를 만들었다. 전쟁이 끝날 무렵에는 자동차 공장에서 "400만 개의 엔진과 260만 대의 군용 트럭, 5만 대의 탱크, 2만 7000대의 완성된 비행기"가 쏟아져 나왔다. 디트로이트에서 북쪽으로 30마일 떨어진 곳에 새로 지은 포드의 윌로우 루즈 비행기 공장에서는 4만 3000명의 노동자가 B-24 폭격기 8685대를 만들었다. 1941년에는 조선소에서 '리버티선船' 한 척을 만드는 데 평균 245일이 소요됐다. 1943년 말에는 평균 39일로 단축됐고, 심지어 카이저알루미늄에서는 19일 만에 만들 수도 있었다.[2]

이로부터 도출할 수 있는, 기후변화를 막기 위한 첫째 교훈은 다음과 같다. 정치적 의지만 있다면, 정부가 기업에게 무엇을 만들라고 시킬 수 있다는 것이다. 예를 들어 정부는 제너럴모터스에게 승용차를 그만 만들고 버스와 풍력 터빈을 만들라고 시킬 수 있다.

전쟁물자생산국은 '생산 감축'을 지시하기도 했다. 기업들에게 기존에 만들던 상품의 생산을 줄이거나 아예 중단하도록 만들기도 했다. 예를 들어 새 집을 짓지 못하게 거의 모두 금지했는데, 이는 건설 회사들이 새 공장과 군사기지를 짓는 것에 집중하도록 하기 위함이었다.

이로부터 둘째 교훈을 이끌어 낼 수 있다. 예컨대, 오늘날 시멘트 제조업 혼자서만 전 세계 이산화탄소 배출량의 6퍼센트를 차지한다. 정치적 의지만 있다면, 지금이라도 정부가 생산량을 4분의 1로 줄이라고 명령만 내리면 된다.

전쟁물자생산국은 모든 물자의 흐름도 조절했다. 어떤 종류의 철강을 얼마만큼 만들어서 어느 공장으로 보내라고 철강 회사에게 모두 지정해 줬다. 그리고 그 철강을 받은 공장이 다시 어떤 것을 만들지도 전쟁물자생산국이 결정했다. 단지 철강만이 아니라 모든 주요 물자에 대해서 그렇게 계획을 세웠다.

이것이 우리가 배울 수 있는 셋째 교훈이다. 많은 나라에서, 가장 효율이 떨어지는 공장은 가장 효율이 높은 공장보다 세 배나 많은 에너지를 사용한다. 정부가 원하기만 한다면 원자재를 가장 효율이 높은 공장들로 보낼 수 있다.

전쟁물자생산국에 속한 모든 사람들은 처음부터 끝까지 혼란 속에서 보내야만 했다. 이런 혼란은 첫해에 가장 심했다. 그러나 점차 일들이 진척되기 시작했고, 그것도 빠르게 진척됐다. 그 비결은 바로 노력하는 사람들의 범위였다. 온갖 종류의 혼란이 있었지만, 경영진과 노동조합, 노동자들은 전쟁물자생산국이 성공할 수 있도록 모든 노력을 기울였다. 갖가지 계약 서류와 행정 업무는 실제로 일들이 끝난 다음에야 처리됐다. 일을 제대로 수행하려면 그렇게 해야 한다. 아무도 하청 업체가 선정될 때까지 기다리고만 있지 않았다.

이것이 우리가 배울 수 있는 넷째 교훈이다. 정말로 기후변화를 막고자 한다면, 최상층부에서부터 현장 노동자까지 모두 다 그렇게 하겠다고 마음을 먹어야 한다.

전쟁물자생산국이 일자리를 창출하다

우리가 배울 수 있는 또 다른 교훈은, 비록 전쟁물자생산국이 어마어마한 돈을 갖다 쓰긴 했지만, 그보다 더 많은 일자리를 만들어 냈다는 것이다.

1940년대에 미국 정부는 여러 공장을 지었다. 1940년 6월과 1944년 12월 사이에 정부는 새로운 공장과 설비에 투자된 260억 달러 중 160억 달러 이상을 제공했다. 4년이 채 못 되어 그 투자 덕분에 모든 공장과 설비의 총 가치가 3분의 2 가까이 올라갔다.[3] 이런 가치 상승은 누군가가 그만큼 돈을 낼 수 있었기 때문이다. 1940년에는 미국인의 7퍼센트만이 소득세를 냈으나 4년 뒤에는 64퍼센트가 소득세를 냈다. 법인세는 24퍼센트에서 40퍼센트로 올랐고 '초과이윤'에 대한 세금은 95퍼센트였다.[4]

정부는 또 은행 대출을 쉽게 만들었으며, 대중을 상대로 '자유 수호 채권'을 발행해서 전쟁 비용을 조달했고, 손쉬운 방법으로 단순히 돈을 찍어 내기도 했다. 국가 부채는 1940년 6월에 430억 달러였으나, 1946년 6월에는 2700억 달러에 이르렀다. 그러나 그처럼 적자 규모가 컸는데도 세계가 멸망하지 않는다는 것을 모두 알게 됐다. 오히려 제2차세계대전이 끝날 무렵 미국은 세계에서 가장 앞선 공업 생산능력을 갖게 됐다.

그뿐 아니라, 제2차세계대전 당시의 폭발적 군비 증강 덕분에 세계경제는 대공황에서 빠져나올 수 있었다. 영국, 미국, 러시아, 일본, 독일에서 일자리를 원하는 사람은 누구나 일할 수 있었다. 여성도 집에서 나와 공장에서 일해야 했다. 새로 생긴 일자리에서 일하는 남녀 노동자 모두 자신들이 새로 받은 임금을 소비해서 다른 노동자가 만든 것을 구입했다. 이 덕분에 더 많은 사람들이 그런 물건을 만드는 일을 하게 됐다. 그들은 다시 더 많은 돈을 소비해서 더 많은 일자리를 만들었으나, 이 모든 것은 막대한 인명 손실을 대가로 요구했다. 세계대전으로 무려 4000만 명이 죽은 것이다.

대기업은 전쟁물자생산국을 지원했을 뿐 아니라 그로부터 이익도 많이 얻었다. 법인세가 두 배로 올랐지만 세후 이윤도 두 배 이상으로 늘었다(105퍼센트 증가). 대기업이 중소기업보다 더 큰 몫을 차지했다. 노동자들도 이익을 얻었으나 기업들의 이익과 비교하면 절반 정도에 그쳤다. 제조업 평균 실질임금은 주당 23.64달러에서 36.16달러로 인상됐다. 가구당 평균 세후 소득은 5년 동안 47퍼센트 올랐다.[5]

이 모든 것은 기후변화를 막기 위해 평범한 사람들이 희생할 필요가 없다는 것을 보여 준다. 기후변화를 막기 위한 행동은 풍력 터빈을 만들고 태양전지판을 지붕에 설치하고 주택에 단열재를 시공하고 그 밖의 것들을 하기 위한 일자리를 전 세계에 수억 개 만들어 낼 것이다.

배급

기후변화 정책을 고민할 때, 제2차세계대전을 통해 배울 수 있는 교훈은 또 있다. 정치인들이 미국인은 절대로 받아들일 수 없다고 말하는 것이 당시에는 가능했는데, 그것은 바로 배급제다.

다른 많은 나라에서는 식량이 부족했기 때문에 배급이 실시됐다. 그러나 미국은 전장에서 멀리 떨어져 있었기 때문에 식량은 충분했다. 그보다는, 일자리가 넘쳐났기 때문에 사람들이 가장 처우가 나쁜 일자리를 떠나 버리는 문제가 생겼다. 도축장과 무두질 공장은 일할 사람을 충분히 구할 수가 없었다. 이 때문에 가죽이 부족하게 됐고 정부가 시민들에게 신발을 배급했다. 저임금에 시달리던 벌목 노동자들과 제재소 노동자들도 공장으로 일자리를 옮겼고, 그래서 정부가 목재와 종이를 배급했다. 소작을 하던 흑인과 백인 모두 남부의 목화 농장을 떠났지만, 군대는 여전히 솜으로 만든 군복이 필요했다. 그래서 정부는 시민들에게 옷을 배급했다.[6]

요즘 언론에선 미국인들이 대형 승용차를 너무나 사랑해서 절대로 포기하지 않을 것이라고 말한다. 그러나 당시에는 탱크, 선박, 비행기에 쓸 석유도 부족해서, 시민들에겐 가구당 매주 3갤런[11.4리터]의 석유만 허용됐다. 정부의 전쟁이 정당하다고 믿었기 때문에 사람들은 이를 받아들였다. 정부는 철도 이용을 권장했고 그 결과 철도의 교통 분담률은 [수송 거리 기준으로] 1938년 9퍼센트에서 1944년에는 35퍼센트로, 즉 네 배로 상승했다.[7]

영국, 독일, 일본, 소련에서도 배급이 실시됐다. 의류, 석유, 신발과 다른 소비재들에까지 배급제가 실시됐다. 더 중요하게는 식품이 배급됐다는 것이다. 모든 개인과 가족은 쿠폰이나 배급 카드를 받았고 매주 가게에서 기초 식료품을 지급받았다.

부자들은 여전히 사치품을 구입할 수 있었지만, 기초 식료품은 모든 사람이 생존하는 데 부족하지 않도록 지급됐다. 그 덕분에 영국에서는 평범한 사람들이 이전 어느 시기보다도 더 잘 먹을 수 있었다. 일하고 자 하는 사람은 누구나 일자리를 구할 수 있었기 때문에, 평범한 사람 들도 돈을 더 많이 벌 수 있었다. 예를 들어, 공산주의자였던 어니 로 버츠는 노동조합 선동을 했다는 이유로 한 해에만 여섯 군데 공장에 서 쫓겨났다. 그러나 어니는 전혀 걱정하지 않았는데, 바로 다음 날 새 직장을 구할 수 있었기 때문이다.[8]

전쟁 기간에 영국에서 배급제와 완전고용 덕분에 유아 사망률은 10 퍼센트, 모성 사망률은 40퍼센트나 낮아졌다. 1944년 취학아동의 평 균 신장은 1939년보다 0.6~1.3센티미터 더 컸고, 체중도 0.7~0.9킬로 그램 더 늘었다.[9]

이런 점이 기후변화와 관련해 시사해 주는 바는, 목적이 합당하고 생활수준이 나아지고 있다고 믿으면 사람들은 소비를 제한하는 것을 받아들일 것이라는 점이다.

돈은 충분하다

이 모든 일은 자유로운 기업 활동의 천국으로 유명한 미국에서 일어 났다. 전쟁물자생산국은 가끔 나서서 기업들이 어떤 방향으로 나아갈 지를 제시하는 정도로 개입한 것이 아니었다. 오히려 매주 단위로 모든 기업 활동을 전쟁이 끝날 때까지 통제했다. 그리고 이를 통해 전쟁 초기 6개월 만에 미국 경제의 대부분을 급격하게 탈바꿈시켰다.

당시에 미국 경제의 변화 속도는, 미국이 두 차례에 걸쳐 이라크를 침공했을 때의* 군비 증강 속도보다 훨씬 더 빨랐다. 또 오늘날 지구온난화 방지 대책으로 제안되는 정책들에 비해서는 열 배 이상 빨리 추진됐다. 이처럼 미국 정부와 기업들이 빠르게 일을 처리한 것은 그들이 전쟁에서 이겨야만 했기 때문이다. 미국에서 일어났던 일을 세계적 차원에서 추진하기 위해서는, 지난해 전 세계 국내총생산GDP 총합인 50조 달러만큼을 내년에 투자해야 한다.

그 정도의 돈과 계획, 헌신성만 있으면, 우리는 미국이 2차세계대전에서 승리하는 데 필요했던 기간 만에 지구온난화를 멈출 수 있다. 미국은 3년 9개월 만에 전쟁에서 승리할 수 있었다. 사실 지구온난화를 막는 데 그 많은 돈이 다 필요한 것도 아니다. 현재 미국의 국민총생산에 해당하는 13조 달러면 충분하다.

따라서 부족한 것은 돈이 아니라 의지와 추진력이다. 당시에 미국, 영국, 독일, 일본 정부는 정말로 전쟁에서 이기고 싶어 했다. 그러나 기후변화에 맞서 싸우는 전쟁은 세계경제 지배권을 놓고 벌이는 전쟁이 아니다. 그래서 정치인들과 기업 총수들이 별로 의욕을 느끼지 않는 것이다. 게다가 기후변화를 막기 위해 필요한 경제적 조치들은 많은 경우 그들이 소중하게 여기는 것들과 상충한다.

그러나 여전히 제2차세계대전의 사례는 [정부와 기업이 마음만 먹으면] 무엇을 할 수 있는지, 또 얼마나 큰 규모로 일이 진행돼야 하는지도 보

---

* 1991년과 2003년.

여 준다. 또한 현재 돈이나 기술이 부족한 것이 문제가 아님을 보여 준다. 그보다는 책임을 지고 있는 사람들이 지구온난화를 막는 것을 진지하게 고려하고 있지 않을 따름이다.

당장 할 수 있는 것

5~8장에서는 기후변화를 막기 위해 **지금 당장** 취할 수 있는 조치들을 소개할 것이다. 나는 이미 개발된 기술로 실행할 수 있는 조치들만 다뤘고, 추가적 연구와 투자를 통해 언젠가 가능해질 것들은 제외했다. 이렇게 제한적 기술들만 소개하는 데는 몇 가지 이유가 있다.

첫째는, 독자 여러분이 내 말을 믿도록 하기 위함이다. 태양전지판과 수소로 가는 자동차의 가격이 낮아지면 세상이 얼마나 근사해질지 장밋빛 미래를 그려 보이는 것은 어렵지 않다. 그러나 나조차 그런 식의 계획을 읽고 있으면 실현 가능성에 회의감이 든다.

둘째로, 많은 환경운동가들은 '기술적 해결책'에 뿌리 깊은 반감을 갖고 있다. 이는 매우 쓰디쓴 경험에서 나오는 것이다. 종종 기업들에게 환경 파괴를 멈추라고 요구하면, 그들은 이를 거부하면서 자신들이 현재 저지르는 환경 파괴를 언젠가는 한꺼번에 해결해 줄 기술을 개발하는 것으로 대신하겠다고 약속하곤 했다. 그에 반해, 나는 지극히 현실적이고 실현 가능한 해결책들을 제시함으로써 환경운동가들에게 내가 제시할 해결책들을 도입하는 것이 실제로 가능하다는 확신을 심어 주고 싶다. 나는 여러분에게 그림의 떡을 상상해 보라고 말하지 않을 것이다. 그보다는 여러분이 그동안 계속 먹던 것과 같은 종류의 떡을

한 조각 떼어서 주려는 것이다.

셋째 이유는 바로 조지 부시와 석유 기업들이 당장 필요한 조치들을 회피하려고 연구 운운하고 있기 때문이다. 부시와 그 일당은 이제 더는 지구온난화가 거짓이라고 주장할 수 없게 됐다. 그래서 요즘은 기후변화 문제를 해결할 신기술을 개발하는 데 연구비를 투자해야 한다는 식으로 말을 바꾸고 있다. 그리고 이런 연구가 끝날 때까지는 의무 감축을 할 필요가 없다고 떠들고 있다.

이것은 분명한 위선이다. 그러나 이처럼 '연구가 필요하다'는 식의 태도는 또한 기술 발전 과정에 대한 몰이해를 드러내는 것이기도 하다. 기초 현상에 관한 과학적 이해의 증진은 분명 연구를 통해서 나온다. 그 때문에, 기후가 어떻게 작동하는지 이해하려면 그토록 많은 연구가 필요한 것이다. 그러나 기술적 발견은 연구가 아니라 대량생산을 하는 과정에서 나타난다. 대량생산을 추진하는 과정에서 수천 명의 엔지니어들이 어떻게 비용을 줄일지 고민하는 데 밤낮으로 매달린다. 원래 그들이 하는 일이 그것이기 때문이다. 많은 산업부문에서는 그런 결과로 생산량이 갑절로 늘어날 때마다 에너지 소비량이 10~20퍼센트씩 줄어들었다. 또한 컴퓨터가 대략 18개월마다 가격이 절반으로 떨어지면서도 성능은 두 배로 좋아진 이유이기도 하다.

물론 에너지와 비용을 이미 충분히 줄여서 더는 개선하기 힘든 '성숙 단계'에 도달한 기술도 있다. 그러나 아무도 풍력 터빈, 태양전지, 조력발전,* 파력발전** 기술이 성숙 단계에 접어들었다고 여기지 않는다.

---

* 조력발전 밀물과 썰물을 이용한 발전.

** 파력발전 해안가 파도를 이용한 발전.

대량생산이 바로 지금 필요한 이유는 이 때문이다.

연구 결과를 기다리고 있지 않겠다는 것은 기업들에게 지금 당장 행동에 나서도록 요구하는 것과 같다. 예를 들어, 지난 30년 동안 미국 자동차 기업들은 전기와 수소로 가는 자동차를 개발하고 있다고 떠들었다. 그들은 정기적으로 모터쇼에서 시제품 자동차를 한두 대 굴려 보이면서 기자들에게 사진을 찍도록 했다. 자신들을 환경 친화적으로 보이게 만들고, 실제 주력 생산하는 자동차들의 연비를 향상시키라는 압력을 회피하기 위한 술수였다. 정작 전기 자동차나 수소 자동차는 절대 만들지 않았던 것이다.[10] 만약 도시에서 기존 자동차를 모는 것을 금지하고, 그 대신 대중교통을 보급한다면, 자동차 기업들이 실제로 전기 자동차와 수소 자동차를 만들 수 있는지 여부가 금세 드러날 것이다. 만약 자동차 기업들에게 그런 능력이 있다면, 수백만 대의 전기 자동차와 수소 자동차가 공장에서 쏟아져 나오기 시작할 것이다.

지금 당장 실현 가능한 조치들에 집중하는 넷째 이유는 이런 것들을 실행에 옮길 시간이 얼마 남아 있지 않기 때문이다.

배출량 줄이기

이산화탄소 배출을 줄이기 위한 모든 논의는 이산화탄소가 어디서 배출되는지부터 살펴봐야 한다. 이산화탄소 배출의 근원을 따져 보는 방법은 두 가지가 있다. 하나는 에너지가 만들어지는 방법을 보는 것이다. 이런 관점에서 보면, 거의 대부분의 이산화탄소는 화석연료를 태우는 과정에서 배출된다는 것을 알 수 있다. 석탄이 전체 배출량의 40

퍼센트를 차지하고, 석유와 천연가스 또한 각각 40퍼센트와 20퍼센트를 차지한다. 이 관점으로 문제를 바라보면, 해결책은 이런 종류의 동력원을 다른 것으로 대체하는 것이다. 지금 당장 할 수 있는 것으로는 주되게 풍력과 태양열 발전이 있고, 파력과 조력 발전 역시 보조적 기능을 할 수 있다. 5장은 이것을 다룬다.

이산화탄소 배출의 근원을 따지는 둘째 방법은 그 에너지가 어디서 사용되는지, 즉 최종 소비를 보는 것이다. 이 경우 주요 해결책은 에너지 효율을 높이고 에너지 사용을 줄이고 연료를 바꾸는 것이다. 8장에서는 이런 문제들을 다룰 것이다.

일각에서 제기하는 많은 해결책들 중에는 아직 성과를 내지 못하거나 아예 실패할 것들, 또는 도리어 무시무시한 결과를 가져올 것들이 있다. 수소 전지, 대규모 댐, 탄소 포집·저장 기술, 바이오연료, 피크오일,* 핵 발전이 그것이다. 이런 방법들의 공통점은 대기업들의 권력을 그대로 보존해 준다는 점이다. 만약 그렇게 해서 성공할 수만 있다면 좋을 것이다. 그러나 현실은 그렇지 않은데, 9장에서 왜 그런지 설명할 것이다.

향후 이어질 몇 장들을 읽다 보면 일관된 딜레마에 봉착하게 될 것이다. 배출량을 극적으로 줄이기 위해 필요한 것들의 희망 사항을 나열하는 것은 어렵지 않다. 그러나 이것을 실현하기 위해 매우 많은 수의 사람들이 노력하지 않는다면 아무런 의미가 없다. 이 때문에 얼핏 들으면 더 나은 세상을 위한 나의 제안들은 한낱 환상처럼 들릴 수도 있다. 전 세계적 수준의 해결책이 필요하다는 것이 충분한 현실성과

---

* 피크오일(peak oil) 석유 생산량이 곧 한계에 도달할 것이라는 주장.

설득력을 얻기 위해서는, 바로 여기서 바로 지금 싸워야 한다. 세계적 수준으로 확대될 수 있는 조치를 요구하는 투쟁이 필요한 것이다. 즉, 사람들이 투쟁의 목표로 받아들일 수 있는 것과 또 실제로 쟁취할 수 있는 것을 제시해야 한다. 이를 위해 나는 바로 뒤에 이어질 5~8장의 각 장 마지막 부분에서 당장 실현 가능한 캠페인들을 제안할 것이다.

5장 청정에너지

이번 장은 [온실가스 배출 없이] 깨끗하게 전기를 만드는 방법에 관해서 설명할 것이다. 현재 발전 방식 중 주되게 사용 가능한 것은 풍력발전, 태양광발전, 태양열집중발전CSP이다. 여기에 파력발전과 조력발전이 뒷받침돼야 한다.[11] 곧 나는 기술적 세부 사항들을 설명할 것이다. 그러나 그 전에, 모든 종류의 이런 청정에너지는 커다란 경제적, 정치적 난관에 직면해 있다는 것을 말해 두고 싶다. 석탄과 석유를 태워서 돌아가는 발전소들이 이미 광범위하게 자리 잡고 있기 때문이다. 이런 발전소들은 지역적, 국가적, 심지어 국경을 뛰어넘는 전력망으로 서로 연결돼 있다. 이런 전력망은 길이가 수백만 킬로미터나 되는 전선들을 통해 이뤄져 있다.

석유와 석탄을 태워서 운영하는 발전소는 건설비가 엄청나게 비싸며, 한번 지으면 30~50년 동안 사용할 수 있다. 이 말은 전력 회사들이 이런 발전소를 짓는 데 이미 막대한 돈을 투자했다는 뜻이다. 만약 이렇게 지은 발전소들이 청정에너지에 밀려난다면, 그들이 투자한 돈은 '날아가게' 되는 셈이다. 구식 발전소는 아무짝에도 쓸모없게 될 것이고, 이는 전력 회사들을 부도 위험에 빠뜨릴 것이다. 게다가 대부분의 전력 회사는 주요 은행들한테서 돈을 대출해 투자금을 조달하는데, 전력 회사가 부도나면 은행들도 커다란 손실에 직면하게 될 것이다. 전력 회사들은 모든 나라에서 어느 정도의 정치적 영향력을 행사하고 있고, 은행들은 핵심 권력을 차지하고 있다.

이 때문에 전력 회사들과 은행들은 '재생 가능'한 청정에너지가 적정 수준에서만 괜찮다고 말한다. 그들이 말하는 적정 수준은 전체 전력망의 20~30퍼센트 정도를 뜻한다. 그 이상으로 청정에너지를 사용하게 되면 이른바 '간헐적 정전'의 우려가 있다는 것이다.

그들이 말하는 간헐적 정전의 우려란 다음과 같다. '바람은 매일 하루 종일 부는 것이 아니다. 풍력 터빈은 바람이 매우 강할 때 더 효율적으로 전기를 만든다. 태양발전은 밤에 전기를 만들 수 없고 흐린 날에는 제대로 작동하지 않는다. 이 때문에 청정에너지 공급에 전적으로 의존할 수는 없다.'

문제는 전기를 저장하는 효과적 방법을 공학자들이 발견하지 못했다는 것이다. 물론 배터리가 있지만 이는 작은 규모에서만 가능하다. 자동차에서 사용하는 12볼트 배터리의 크기를 생각해 보면, 200만 명이 사는 도시에 필요한 전기를 저장하는 배터리는 상상도 못하게 클 것이라는 것이 분명해진다. 이 때문에 발전소 종류를 막론하고, 생산되는 모든 전기는 곧바로 전력망으로 보내져서 사용자들에게 제공돼야 하고, 그러지 못한 전기는 버려지는 것이다.

이 때문에 전력 수요가 절정에 달했을 때 실제로 문제가 발생한다. 더운 나라에서는 에어컨이 가동되고 공장이 돌아가는 한낮에 전력 수요가 절정에 이른다. 그러나 이때는 햇빛 역시 강할 때이므로 상대적으로 큰 문제가 되지는 않는다. 사람들은 햇빛이 강한 날에 에어컨을 많이 사용하니까 말이다. 추운 나라에서는 사람들이 집으로 돌아가 난방을 켜는 저녁 시간에 전력 수요가 절정에 달한다.

이처럼 전력 수요가 절정에 이를 때를 감당하려면 안정적 전력 공급원이 필요하다. 이 때문에 전력 회사들은 새로운 청정에너지를 사용하면서도 뒷받침용으로 석탄과 석유를 태우는 기존 발전소를 계속 사용해야 한다고 말한다. 문제는 여기서 끝나지 않는다. 전력 회사들은 또 다음과 같이 얘기한다. '풍력 단지와 태양발전이 많은 양의 전력을 생산할 수 있다는 가능성을 얘기하는 건 쉬운 일이지. 그렇지만 현실에서는 대부분의 경우 절정에 이른 수요를 감당할 수 없거든. 그러니까 필요한 만큼을 감안해 넉넉히 생산하려면 훨씬 더 많은 풍력 단지와 태양발전이 필요할 거야. 그런데 풍력 단지 하나를 짓는 건 그렇게 비싸지 않을 수 있지만, 바람이 강하지 않은 날을 대비하려면 네 개나 더 필요한데 그건 훨씬 비싸거든.'

이처럼 전력 회사들이 더 많은 청정에너지 도입에 반대하는 이유 중 일부는 자신들의 과거 투자와 미래의 이윤이 침해당할 것이라는 우려와 관련이 있다. 물론 간헐적 정전은 충분히 현실적인 문제다. 그러나 이 문제에서도 전력 회사들은 다른 대안이 없다고 부인하거나 회피한다. 특정 지역에 국한된 발전은 진정한 해결책이 될 수 없다. 간헐적 정전을 극복하는 유일한 방법은, 매우 넓은 전력망을 통해 세계 여러 곳에서 만들어지는 여러 종류의 청정에너지를 함께 사용하는 것이다. 좀 더 자세히 설명해 보겠다.

충분히 넓은 범위에서 생각해 보면 ― 예컨대 영국과 아일랜드를 생각해 보자 — 바람이 그 지역 어디선가는 항상 강하게 불고 있다. 더 넓은 범위에서 생각해 보면, 태양이 그 지역 어디선가는 항상 강하게 내리쬐고 있다. 곧 설명할 테지만, 뜨겁고 건조한 지역에서 태양열집중발전으로 만들어지는 엄청나게 많은 에너지는 매우 먼 곳까지 송전될 수 있다. 따라서 중동과 북아프리카에서 태양열집중발전 방식으로 에너지를 만들어 유럽에 필요한 에너지의 상당 부분을 제공할 수 있다. 북아메리카에서는 미국 남서부와 멕시코 북부의 사막에서 비슷한 일을 할 수 있다. 중국에도 서쪽과 티베트에 매우 건조한 사막과 고원이 있다.

이와 같은 '규모의 경제'를 통해서 간헐적 정전 문제를 해결할 수 있다. 그러나 그러려면 정치적 의지, 국경을 뛰어넘는 전력망, 막대한 공공투자가 필요하다. 이 또한 전력 회사의 이윤과 현재의 정치적 영향력을 위협하는 일이다. 개별적 실천이나 시장에서 인센티브를 주는 방식으로는 충분한 청정에너지를 생산할 수 없는 이유가 바로 이 때문이다. 그러나 동시에, 앞으로 다룰 여러 종류의 청정에너지가 서로를 견제할 필요가 없는 이유이기도 하다. 간헐적 정전 문제를 해결하기 위해서는 여러 종류의 청정에너지를 모두 사용해 서로의 단점을 보완해야 하기 때문이다.

풍력발전

이제부터는 현실성 있는 대체에너지원들을 살펴보겠다. 청정에너지 중에서 기술이 가장 많이 개발됐고 비용도 가장 적게 드는 풍력발전부터 시작하겠다.[12] 이 절에서 내가 말하고자 하는 주장의 핵심은 수만 개의 풍력 단지를 만들 만큼의 대규모 투자가 필요하다는 것이다.

바람의 특성상, 풍력발전은 개개인이 선택할 수 있는 해결책이 될 수 없다. 많은 사람들이 오래전 풍차를 떠올리면서, 자신만의 소형 풍력 터빈을 갖는 낭만을 꿈꾼다. 그러나 풍력발전이 경제적으로 현실성을 갖기 위해서는, 바람이 강한 곳이나 해안가에서 어느 정도 떨어진 바다에 거대한 풍력 단지를 세우는 방식이 돼야 한다. 이런 제안은 사실 많은 환경운동가들의 기대에 어긋나는 것이다. 그들은 아름답고 친환경적인 에너지원이 기계로 만들어진 거대한 괴물처럼 보여서는 안 된다고 생각한다. 이런 모순 때문에 그들은 풍력발전이 결코 개인이 개별적으로 선택할 수 있는 문제가 아니라 집단적이고 사회적인 해결책이라는 것을 직시하는 데 어려움을 느낀다.

현대의 풍력 터빈이 작동하는 원리는 예전 풍차의 원리와 같다. 그러나 세 개의 얇은 날로 된 커다란 프로펠러가 달렸다는 점에서 생김새는 꽤 다르다. 바람이 불면 프로펠러 날이 공기 중에서 돌면서 프로펠러 중앙의 금속 상자 안에 있는 발전기를 돌려 전기를 만든다.

이 기술은 단순하고 유지 보수하기도 쉽다. 일단 풍력 터빈을 세우면 대부분 스스로 알아서 작동한다. 연료도 필요 없다. 이 덕분에 풍력발전은 적은 비용만으로도 30년 이상 운행될 수 있다. 그러나 이는 투자의 대부분이 초기에 필요하다는 뜻이기도 하다. 이 때문에 대기업이나 정부만이 커다란 풍력 단지를 만들 수 있다.

풍력 터빈이 거대해야 하고 또 바람이 강한 곳에 세워져야 하는 까닭은 전적으로 산수의 문제다. 풍력 터빈이 생산하는 전력은 풍속의 세제곱에 비례하고 프로펠러 날 길이의 제곱에 비례한다. 이 말은 바람이 두 배 강해지고 프로펠러 날의 길이를 두 배로 늘리면 서른두 배나 많은 전력을 얻을 수 있다는 뜻이다(자세한 계산은 후주에 있다).[13]

이와 같은 계산 결과는, 여러분 집에 소형 터빈을 설치하는 것이 낭만적이긴 하지만 왜 합당하지 않은지를 보여 준다. 환경문제 저술가인 조지 몬비오는 그 이유를 다음과 같이 설명한다.

평균 풍속이 초속 4미터[시속 14.4킬로미터]인 바람이 불 때 커다란 소형 터빈(가정용으로 가장 큰 것은 직경이 1.75미터 정도다)은 일반 가정에서 사용하는 전기의 5퍼센트 정도만을 생산할 수 있다. 이 따위 소형 풍력발전은 모두를 격노케 할 뿐이다. 터빈 판매업체들의 거짓말에 속았다는 생각에 많은 사람들이 화를 낼 것이기 때문이다(이 업체들은 연간 전력 소모량의 절반이나 심지어 그 이상을 생산할 수 있다고 광고한다). 터빈이 집에 심각한 구조적 손상을 일으킨 것을 알고 나면 더 화가 날 것이다. [도심의 난기류 때문에 — 지은이] 터빈이 흔들리고 멈추면서 생기는 소음에 시달리면, 그 전에는 온화했던 사람도 연쇄 살인마처럼 사나워질 지경이다. 재생 가능 에너지에 대한 사람들의 열정을 꺾어 버리고 싶다면 이보다 더 좋은 방법은 없을 것이다.[14]

도시나 교외에서 풍력 터빈을 돌린다는 것은 얼토당토않은 생각이다. 대형 터빈은 땅속에 광범하게 뿌리박은 넓고 강한 콘크리트나 암반 지지대가 필요하다. 또 바람이 한쪽 방향에서 꾸준하게 불어오는 장소에서 가장 효과적이다. 도시의 빌딩은 바람의 길을 막아 프로펠러가 짧은 터빈은 제대로 작동할 수 없다. 대형 터빈이라 할지라도 도시 빌딩이 만들어 내는 난기류 때문에 몸체가 흔들려 결국 망가지게 된다. 같은 이유로 분지盆地 역시 풍력 터빈을 설치할 장소로 적당치 않은데, 사실 대부분의 도시가 분지에 있다. 또 바람이 강하고 일정해야 한다. 약한 바람으로는 대형 터빈의 프로펠러가 돌아가지도 않을 것이기 때문이다. 현실적으로 봤을 때, 꾸준한 바람은 언덕이나 능선 그리고 해안가에서 약간 떨어진 바다에서 분다. 이 밖에도 일부 사막과 동토, 고원 지대도 괜찮은 조건을 제공할 것이다.

유럽과 북아메리카의 경우, 이것은 대부분의 풍력 단지를 아름다운 산과 해안가에 지어야 한다는 뜻이 된다. 이 때문에 몇몇 지역에서는 갈등이 일기도 했다. 예를 들어, 영국의 레이크 지방과 미국의 케이프 코드 근처 낸터킷 해협에서 풍력 단지에 반대하는 캠페인이 벌어지기도 했다.[15]

이런 캠페인과 갈등은 마치 지역적 님비not in my backyard 현상으로 인한 실랑이로 보일지도 모르겠다. 그러나 실제로는 훨씬 더 중요한 것을 암시한다. 예를 들어 케이프코드에서는 케이프윈드 사와 노동조합들, 전국의 환경 단체들이 풍력 단지 조성을 위해 굳건히 싸웠다. 이들에 맞서 듀폰, 멜런, 록펠러 가문의 귀공자들과 에드워드 케네디는 자신들이 여름에 휴양지에서 요트를 타며 풍류를 즐기기 어려워진다는 이유로 풍력 단지 조성에 끝까지 반대했다. 이 부자 가문들은 해당 지역과 주의 정치인들을 자신들 편으로 끌어들여 케이프윈드 사의 계획을 오늘날까지 7년째 법정에 묶어 놨다. 케이프윈드의 사장은 자금이 많고 의지가 굳건해서 지금도 포기하지 않고 있다. 그러나 이 계획이 그토록 오랫동안 지연된 것은 다른 회사들에게 일종의 본보기를 보인 셈이었다. 그 이후로 어떤 회사도 미국 동부 대서양 해안에 풍력 단지를 지으려고 하지 않았다. '환경'을 둘러싼 특정 지역만의 갈등처럼 보였던 문제가 사실은 미국 전체에서 풍력발전이 얼마나 보급될 수 있는지를 결정한 싸움이었던 것이다.

사실, 이 싸움이 '환경'에 관한 것이 아니었다는 점을 이해하는 것이 중요하다. 그보다는 경관을 둘러싼 싸움이었다.[16] 그렇지만 기후변화는 단지 풍경이 어떻게 **보이는지**의 문제가 아니다. 이산화탄소는 눈에 보이지 않는다. 많은 사람들이 환경문제라고 하면, 광고판에 등장하는 수려한 야생의 아름다움처럼 외관상 어떻게 보이는지에 대한 것이라고 생각한다. 그러나 지구온난화는 그런 문제가 아니다. 쓰레기에 대한 문제라기보다는 전쟁과 기아에 관한 문제에 더 가깝다. 따라서 해결책을 볼 때, 그것이 얼마나 아름다운지가 아니라 실제로 지구를 살릴 수 있는지에 초점을 맞춰야 한다.[17]

요컨대, 풍력 터빈은 매우 현실적인 해결책이다. 바람이 강한 곳에 세워야 한다는 조건이 있지만, 세계에는 그런 곳이 충분히 많다. 한 연구 결과에 따르면, 영국의 내륙에서 얻을 수 있는 풍력 에너지가 2030년에 필요할 영국의 총 전력 수요의 세 배나 된다고 한다. 게다가 해안에서 떨어진 인근 해상에 풍력 단지를 세우면 영국의 총 전력 수요의 여섯 배나 되는 전기를 얻을 수도 있다. 세계적 규모에서는, 2005년 스탠퍼드대학교의 크리스티나 아처와 마크 제이콥슨의 연구에 따르면, 육지와 인근 해상에 풍력 단지를 세워 세계 에너지 수요를 100퍼센트 충당할 수 있을 뿐만 아니라 현재 세계 전력 수요의 일곱 배까지 충당할 수 있다. 아처와 제이콥슨은 바람이 가장 강한 지역에서 생산되는 가장 값싼 풍력발전만 포함시켰기 때문에 이조차 매우 보수적인 추정치일 뿐이다.[18]

태양발전

태양발전은 햇빛을 이용해 에너지를 만드는 것이다. 주요한 발전 방법에는 광전지(photovoltaic, PV)를 사용하는 태양광발전과 태양열집중발전 두 가지 방식이 있다.[19] 태양발전은 이미 시도된 바 있고 검증된 청정에너지원이다. 그러나 어떤 발전 방식이든 태양발전이 현실에서 효과를 발휘하려면 풍력발전보다 더 많은 정부 개입이 필요하다. 이 사실은 얼핏 들으면 이상하게 들릴 수도 있는데, 가정집에 태양전지판을 설치한 것을 쉽게 볼 수 있기 때문이다. 그러나 이조차 대부분 어떤 형태로든 국가보조금을 받는다. 태양발전이 풍력발전보다 더 비싸기 때문이다.

흔히 사람들이 '태양발전'이라고 말할 때 그것은 광전지를 사용하는 방법을 일컫는다. 광전지란 햇빛을 전류로 변환하는 얇은 실리콘 판을 말한다. 이렇게 만들어진 전류는 곧장 기존 전력 시스템과 연결될 수 있다. 광전지를 사용하는 주된 방법은 여러 개를 연결해서 지붕처럼 길고 납작하게 만들어 옥상을 덮는 것이다. 태양전지판을 기존 지붕에 덮을 수도 있지만, 새 건물을 지을 때 처음부터 설치하면 지붕 타일 비용을 절약할 수 있어 더 싸다. 뜨겁고 햇빛이 강하게 내리쬐는 나라에서는 지붕 전체에 태양전지판을 설치하고, 추운 북쪽 나라에서는 남쪽에 햇빛이 더 잘 들 테니 지붕의 남쪽 면에만 설치한다. 남반구에서는 반대로 하면 된다.

광전지를 사용한 방법은 전기를 전송할 필요가 없기 때문에 많은 비용을 줄일 수 있다. 보통 전기에 들어가는 비용의 절반 정도는 발전소에서 전기를 만드는 비용이고 나머지 절반은 가정집까지 전기를 보내는 비용과 송전하는 와중에 전선에서 소모되는 전기의 비용이다.[20] 따라서 지붕에 광전지판을 설치하면 절반의 비용은 절감되는 셈이다.

그러나 이런 비용 절감을 감안하더라도 광전지를 사용한 태양발전은 현재로서는 석탄, 석유, 가스는 물론 풍력발전보다도 비싸다. 구체적으로 얼마나 더 비싼지를 설명하기는 쉽지 않은데 태양발전 비용에 관한 모든 수치가 추정치이기 때문이다. 청정에너지를 반대하는 세력은 그 비용을 실제보다 과장한다. 반대로, 태양발전에 관해 글을 쓰는 이들은 대부분 환경을 생각해 태양발전을 지지하거나 해당 산업에 종사하는 사람들이다. 이들은 대부분 태양발전이 지금 당장이나 조만간 시장 경쟁력을 갖출 수 있음을 입증해야 한다고 생각한다. 그러나 태양발전은 사업상의 이익과 손실 논리로만 봐서는 설득력을 얻기 어렵다. 그런데도 시장이라는 테두리 안에서만 생각하다 보니 핵심을 놓치고 헤매기 십상이다. 그래서 수치를 조작하거나 발전비용을 가상의 미래 석유 가격과 비교하기도 한다.

물론, 광전지를 이용해 발전하는 데 드는 비용은 대량생산이 진행될수록 차차 낮아질 것이다. 미국에서 청정에너지가 아닌 기존 방식으로 전기를 만드는 비용은 1900년에 1킬로와트시당 140센트였다(1990년 물가로 환산한 가격 기준). 이것이 1925년에는 25센트로 떨어졌고 1980년에는 6센트였다.[21] 태양광발전 역시 비슷한 경로를 따라 가격이 내려갈 것이다. 그러나 앞서 나는 현재 수준에서 실현 가능한 대안만을 언급하겠다고 얘기했다. 게다가 대량생산으로 가격을 내리려면, 현재의 비싼 가격대에서 누군가가 대규모 투자를 해야 한다. 이것이 가능한 방법은 국가보조금뿐인데, 이미 일본과 독일에서 성공을 거둔 바 있다. 현재 이 두 나라는 세계 광전지 소비량의 69퍼센트를 차지한다.[22] 일본과 독일은 둘 다 햇빛이 많이 내리쬐는 나라들이 아닌데도 말이다.

정부가 풍력발전과 태양발전을 보조하는 방법에는 네 가지가 있다. 첫째는 전체 전력망 에너지의 일정 비율을 의무적으로 청정에너지에서 얻도록 하는 법안을 통과시키는 것이다. 이 방법은 풍력 단지에 유리한데, 풍력발전이 태양광발전보다 훨씬 더 싸기 때문이다. 예를 들어, 2007년 텍사스주에서는 재생 가능 에너지 법안이 통과됐다. 텍사스 인구는 영국의 절반 정도인데, 당시 텍사스 주지사가 조지 부시였는데도 영국의 2.5배가 넘는 풍력발전 시설이 생겼다. 텍사스주 호스할로에 있는 풍력 단지 하나만 해도, 영국 풍력발전 용량 전체의 40퍼센트와 맞먹는다.[23]

국가 보조의 둘째 형태는 일본에서 볼 수 있는데, 가정에 풍력발전이나 태양발전 시설을 설치하는 사람에게 보조금을 지급하는 것이다. 일본 정부는 인도네시아와 중동의 석유 공급이 불안정해질 것을 우려해서 1996년부터 '7만 개의 태양광 지붕' 캠페인을 벌였다. 지붕에 광전지를 설치하고 싶어 하는 사람 모두에게 설치 비용의 절반을 정부가 대신 지불해 줬다. 1995~2005년에 판매량이 매년 50퍼센트씩 늘어났고 그사이 대량생산 덕분에 가격이 절반으로 떨어졌다. 2004년에는 정부가 보조금을 7퍼센트로 낮춰도 될 만큼 가격이 떨어졌다.[24]

독일에서 태양발전을 보급한 원동력은 녹색당이었다. 녹색당은 기후변화를 멈추고 싶어 했고 사회민주당 연립정부의 군소 파트너였다. 이 정부는 10만 개의 태양광 지붕 캠페인을 벌였다.

독일은 국가 보조의 셋째 형태인 발전차액제도feed-in-tariff를 도입했다. 이는 지붕에 설치한 광전지로 생긴 전력을 중앙 전력망으로 역공급할 수 있다는 점에 착안한 것이다. 광전지는 낮 동안 계속 전기를 만들어 내지만 가정에서 이 전기를 모두 사용하는 것은 일부 시간대뿐이다. 그래서 독일 정부는 전력 회사가 재생 가능 에너지를 구입할 때 지불해야 하는 표준 요율을 정했다. 이 구입 가격을 높게 책정함으로써, 재생 가능 에너지 발전 시설을 설치한 개인이나 회사가 10년 안에 최초 투자 비용을 회수할 수 있도록 했다.

2006년에 이르자 일본과 독일이 전 세계 광전지 시장의 3분의 2를 조금 넘게 차지했다. 3위는 미국이었으나 클린턴과 부시 집권기 내내 연방 정부는 아무것도 하지 않았다. 그 대신 주 정부와 시 정부가 나서서 보조를 했다. 2006년 현재, 21개 주에서 일본식으로 태양발전에 보조금을 지급한다.[25] 애리조나주의 투손과 캘리포니아주의 새크라멘토에서는 발전설비 킬로와트당 최대 3500달러까지 지원해 준다. 로스앤젤레스는 2010년까지 10만 개의 지붕에 태양전지판을 설치하는 것을 목표로 같은 수준의 보조금을 지급하고 있다. 2006년, 아널드 슈워제네거가 이끄는 캘리포니아주 정부는 100만 개의 태양광 지붕을 목표로 하는 법안을 통과시켰다.[26]

아직 시행해 본 적이 없는 넷째 종류의 국가 보조 형태가 있다. 일본처럼 비용의 절반을 보조하는 것이 아니라, 전부 지급해 주는 것이다.

처음 들으면 미친 소리처럼 들릴 수도 있다. 몽상적이고 비현실적이며 사회주의 하자는 말처럼 들릴 것이다. 만약 여러분이 그렇게 느낀다면 하수구의 사례를 생각해 보라고 말해 주고 싶다.

19세기 무렵, 세계 도처에서 새로 생긴 산업도시를 운영하는 사람들은 엄청난 환경문제에 부딪혔다. 도시민과 산업에 공급할 깨끗한 물을 확보해야 했고 오염된 물과 배설물, 유독 물질도 처리해야만 했다. 게다가 19세기를 거치면서 오염된 물을 통해 병균이 옮겨 다니며 질병을 퍼뜨린다는 것도 알게 됐다. 그래서 하수도를 만들고 물을 정화해 깨끗한 물을 공급하는 시설도 만들었다. 이런 하수도 시설은 엄청난 비용이 들어가는 공공사업이었다. 그러나 심각한 환경문제를 해결하고 사람들을 건강하게 유지시키려면 필요한 조치였다.

이 밖에도 예는 얼마든지 있다. 도로, 다리, 학교, 병원 따위가 모두 그렇다.

태양열집중발전

광전지를 이용하는 태양광발전은 태양발전의 두 가지 방법 중 하나다. 나머지 한 방법은 태양열을 '집중'시키는 것이다. 태양열집중발전은 대규모 투자를 통해 매우 먼 거리까지 전기를 공급할 경우에 특히 적합하다.

아무리 시간이 흐르더라도 독일, 일본, 영국에서는 태양발전이 상대적으로 효율이 떨어질 것이다. 반면에 무덥고 언제나 태양이 내리쬐는 세계의 다른 지역에서는 매우 생산성이 높을 것이다. 그런데 태양열집중발전은 광전지를 이용한 방법보다도 더 효율적이다. 태양열집중발전은 커다란 거울을 사용해 햇빛을 반사시켜 한곳에 집중시키는 방식이다. 마치 걸스카우트에서 손거울과 마른 나뭇조각을 이용해 불을 붙이는 것과 같은 원리이지만 규모가 훨씬 더 크다.

이처럼 거울을 이용해 집중시킨 빛을 광전지판에 비출 수도 있지만, 그보다는 파이프 안에 든 물이나 기름, 액체염을 데우면 더 많은 전기를 생산할 수 있다. 이렇게 하면 온도를 400도까지 끌어올려 거기서 나온 증기를 파이프를 통해 발전기로 보낼 수 있다. 거울은 하루종일 태양을 따라 움직이도록 설계돼 가능한 많은 에너지를 집중한다. 태양열집중발전 단지는 캘리포니아에선 1980년대 이래 이용돼 왔고 요즘엔 스페인, 이탈리아, 모로코, 인도, 멕시코 등 여러 나라에서 볼 수 있다.[27]

더욱이, 장거리 케이블을 이용해 전 세계 사막에서 부유한 나라들로 직류를 전송해 줄 수도 있다. 조지 몬비오는 다음과 같이 썼다. "국제에너지기구IEA는 전 세계 주요 사막의 50퍼센트를 광전지판으로 덮으면 현재 전 세계 에너지 사용량의 열여덟 배(전 세계 전력 사용량의 216배)를 생산할 수 있다고 추산했다."[28]

단지 태양전지판만으로도 이런 일이 가능하다. 그런데 태양열집중발전을 도입하면 간헐적 정전도 막을 수 있다. 세계의 무더운 지역에서 집중발전 시설을 통해 물이나 기름, 액체염을 가열한 후 그대로 저장해 뒀다가 밤에 발전기를 돌려야 할 때 증기를 내뿜게 만들 수 있다.

태양열집중발전의 명백한 단점은 그것이 전력 사용자들이 몰려 있는 토론토나 베를린 같은 도시에서 멀리 떨어진 사막에서 가장 잘 작동한다는 것이다. 그렇지만 최근에 개발된 장거리 고압 직류 케이블이 이 문제를 해결해 줬다. 전통적으로 전기는 전력망 케이블을 통해 송전될 때 교류AC 형태를 취했다. 그러나 교류 케이블은 일정한 전력손실을 수반하기 때문에 장거리 송전을 하려면 비용이 매우 많이 든다. 반면에 직류DC는 송전 과정에서 전력손실이 거의 없다. 새로 만들어진 직류 케이블은 매우 먼 거리로 송전해도 손실이 거의 없다. 콩고에는 이미 1700킬로미터에 달하는 직류 케이블이 있다.[29] 이보다 더 긴 송전

선도 얼마든지 가능하다.

이런 장거리 송전 기술을 사용하면, 멀리 떨어진 풍력발전과 태양발전을 섞어서 사용함으로써 간헐적 정전 문제를 해결할 수 있다. 장거리 케이블은 또 다른 가능성을 제공한다. 독일 항공우주센터의 공학자들과 과학자들은 아랍 정부들과 협력해 트렉TREC이라는 원대한 계획을 이미 세워 놨다. 이 계획은 북아프리카와 아라비아의 사막에 태양열집중발전 설비를 세워 그곳에서 만들어진 전기를 유럽 전역에 보내는 것이 목표다. 이들은 책 두 권 분량의 보고서를 통해, 현재의 기술만으로 유럽 에너지 수요의 30퍼센트를 공급하기 위한 계획을 자세히 설명했다.[30]

이 보고서는 이런 계획을 실현하는 데 필요한 초기 투자 비용을 750억 달러로 추산한다. 엄청나게 많은 돈이 필요한 것처럼 보이지만, 보고서는 이런 투자의 결과 장기적으로는 기존 발전 방식에 들어갈 비용 2500억 달러를 절감할 수 있다고 지적한다. 더 중요하게는, 750억 달러를 10년 동안 나눠 분담하면 유럽 인구 1인당 매년 10달러, 즉 영국의 4인 가구 기준으로 1주일에 80펜스밖에 되지 않는다는 것이다.[31]

또 청정에너지로 전환하는 과정에서 많은 사람들이 일자리를 잃을 수 있는데, 이런 대규모 투자는 그들에게 일자리를 제공하는 효과도 있다. 중동 산유국의 평범한 사람들은 석유 때문에 이미 수많은 전쟁과 독재를 겪었다. 만약 청정에너지 도입이 이들을 빈곤으로 내몬다면 그것은 흉측한 비극이 될 것이다. 물론 비료나 플라스틱 생산을 위해 석유가 여전히 필요하긴 하다. 그러나 사우디아라비아, 이라크, 아프가니스탄 사람들이 전 세계에 태양에너지를 공급하는 일을 하게 된다면 더 큰 정의가 실현될 것이다.

물론 직류 케이블을 사용해 송전하려면 전 세계 전력망과 송전탑을 새로 만들어야 한다. 기존의 전력망 때문에 새로운 장소에 만들어져야 할 것이다. 그러나 직류 송전탑은 교류용보다 더 작고 가벼우며 따라서 더 저렴하다. 주된 비용은 케이블을 만들거나 설치하는 비용이 아니라, 그에 필요한 땅을 지나갈 권리를 구매하는 비용이다. 이 역시 정부가 해결해야 할 몫이다.

중동과 북아프리카에서 전기를 얻는 트렉은 매우 야심찬 계획이다. 독일 항공우주센터는, 상대적으로 비용이 적게 들어가는 다른 대안들도 조심스레 제안하고 있다. 훨씬 더 큰 프로젝트도 충분히 가능하지만, 비용은 더 들어갈 것이다. 앞서 인용한 독일 보고서는 지중해 지역에서 태양발전을 통해 잠재적으로 얻을 수 있는 에너지의 양이 "전 세계 전력 수요보다 몇 자릿수 더 많다"고 기술한다.[32] 즉, 현재 인류 전체 전력 수요의 적어도 수천 배라는 뜻이다.

현재까지는 유럽, 중동, 북아프리카에서만 장거리 수송용 태양열집중발전의 가능성이 수치로 제시되고 있다. 호주에서도 이와 비슷한 계획이 기술적으로 가능할 것이며 정치적으로는 더 쉬울 것이다. 북미에서는 미국 남서부와 멕시코 북부의 사막을 활용할 수 있을 것이다. 중국에서는 서쪽 지대와 티베트의 뜨겁고 바람이 많이 부는 사막과 고원을 활용할 수 있다.

그 밖의 현실적 기술들

풍력발전, 태양광발전, 태양열집중발전은 현재까지 개발된 청정에너지 기술 중 최상의 것들이다. 그러나 햇빛과 바람이 모두 약할 때 에너지 수급 균형을 맞추기 위해서는 다른 종류의 에너지가 필요할 것이다. 현재 부상하고 있는 기술에는 주되게 조력발전과 파력발전이 있다.

조력발전은 강어귀에 밀물과 썰물이 들어왔다 나가는 것을 이용해 에너지를 만드는 것이다. 강어귀 입구에 둑을 세워, 밀물과 썰물이 오가면서 발전기를 회전시켜 전기를 만든다. 파력발전은 바닷가로 밀려 들어오는 파도가 물속에 걸려 있는 수많은 발전기의 작은 모터를 돌리는 방식이다. 파력발전의 최대 장점은 파도가 매우 안정적이고 꾸준히 밀려오기 때문에 풍력발전, 태양발전, 조력발전과 달리 간헐적 정전의 우려가 없다는 것이다.

이 두 기술은 매우 유망해 보이지만, 현재로서는 여전히 화석연료보다 훨씬 더 비싸다. 따라서 개인이 선택할 수 있는 종류의 것이 아니라 정부의 대규모 공공사업에 적합하다. 이 두 기술은 시장에서 경쟁력이 떨어진다는 제약 때문에 그동안 거의 개발되지 못했다. 그러나 이는, 정부가 조력발전과 파력발전을 대규모로 추진하면 많은 일자리가 생긴다는 뜻이기도 하다.

이런 기술들을 함께 사용하면 청정에너지원을 이용해 전력 생산량의 80퍼센트 이상을 큰 어려움 없이 공급할 수 있다. 각기 다른 장소와 시간에, 각각 다른 종류의 발전 방식을 조합하면 전체 전력 수요를 충당할 수 있다. 여기서 핵심은 장거리 송전 케이블과 매우 광범위한 전력망이다.

이런 조치들을 통해 간헐적 정전 사태가 야기할 그 어떤 문제도 방지할 수 있다. 이를 위한 어려움이 얼마나 클지 계산하는 것은 쉽지 않다. 한 연구 보고서는, 영국 전력망의 30퍼센트가 청정에너지로 공급

된다고 가정할 경우 정전을 막는 데 3억 3000만 파운드에서 9억 2000만 파운드가 필요할 것이라고 예측했다. 이 비용은 사실 그리 큰 것이 아닌데, 왜냐하면 이 보고서가 추정했듯이 청정에너지 공급 비율을 그런 수준[즉, 30퍼센트]으로 끌어올리는 데 어차피 90억 파운드가 필요하기 때문이다.[33]

즉, 전력망의 30퍼센트를 청정에너지로 공급하기로 마음먹는다면, 정전을 막기 위한 예비 시설을 갖추는 비용은 큰 부담이 아니다. 청정에너지 공급 비율을 30퍼센트 이상으로 끌어올리면 정전 예방 비용이 더 늘어나기는 한다. 그러나 그 비용이 얼마만큼 늘어날지는 여러분만큼이나 나도 아는 것이 없다. 아무도 그 비용을 계산해 본 적이 없기 때문이다. 그러나 유니버시티칼리지런던의 마크 배릿은, 영국 에너지 수요의 95퍼센트를 영국 내의 재생 가능 에너지로부터 얻어 낼 수 있다는 매우 설득력 있는 연구 결과를 최근에 발표했다.[34]

풍력 터빈과 광전지판 역시 광물을 채굴하고 공장에서 가공하고 설비가 필요한 장소까지 운반하는 과정에서 많은 에너지를 소모하는 것도 사실이다. 당장은 그 모든 과정에서 상당한 양의 이산화탄소가 배출될 것이다. 그러나 이 문제는 시간이 지날수록 점차 사라질 것이다. 처음에는 풍력 터빈이나 태양전지판을 세우기 위해 많은 양의 탄소를 태워야 한다. 그러나 점차 대체에너지가 세계적으로 보급되면, 채굴 과정과 공장, 운송 과정에 필요한 에너지를 풍력 터빈에서 만들어 낸 전기를 이용해 충당할 수 있을 것이다.

그러나 청정에너지를 둘러싼 모든 논의에서 가장 중요한 것은, 시장이라는 제한된 범위 안에서만 청정에너지 공급을 고려할 필요가 없다는 것이다. 만약 비용이 더 든다면, 더 든다고 인정하면 그만이다. 나는 돈을 펑펑 쓰자고 얘기하는 것이 아니다. 애초부터 돈을 낭비할 생각이었다면, 왜 소형 풍력 터빈이 아니라 태양전지판에 투자해야 한다고 주장했겠는가. 나는 다만 이윤을 남기지 못하더라도 합리적일 수 있다고 말하려는 것이다. 석탄, 석유와 가스를 태우면 이산화탄소가 공기 중으로 배출된다. 풍력 터빈과 태양광발전, 태양열집중발전은 그렇지 않다. 그것들은 손쉽고 신속하게 만들 수 있으며 이들을 통해 세계를 다시 연결할 수 있다.[35]

무엇을 요구하며 싸울 것인가

이 장 앞부분에서 나는 사람들이 투쟁할 수 있는 구체적 요구안을 제시하겠다고 약속했다. 물론 실제 요구는 현실에서 운동을 이끌 노조와 시민 단체, 정당의 각 구성원이 모인 회의에서 정해져야 할 것이다. 나는 여기서 영국에서 제기할 수 있는 아이디어 두 가지와 햇빛이 풍부한 나라에서 제기할 수 있는 아이디어 한 가지를 제안하고자 한다.

나의 첫 번째 제안은 이미 독일에 영국의 열 배나 되는 풍력 단지가 있다는 사실에 착안한 것이다. 영국이 5년 안에 독일의 두 배, 즉 지금의 스무 배 정도로 풍력발전을 늘리지 못할 이유는 없다. 달리 말해, 텍사스주 호스할로에 있는 풍력 단지와 맞먹는 풍력 단지를 매년 열 개씩 영국에 지을 수 있다. 왜냐하면 영국은 유럽에서 바닷바람이 가장 풍부한 나라이기 때문이다. 마침내 영국 날씨가 쓸모가 있게 된 셈이다.

나의 두 번째 제안은 다섯 가지 사실에서 출발한다. 우선, 캘리포니아주는 태양발전 지붕을 100만 개 만들기 위한 법안을 통과시켰다.[36] 둘째로, 독일은 영국의 스무 배나 되는 태양발전을 하고 있다.

셋째, 영국 정부는 태양전지판을 설치하려 하거나 집을 단열하려는 사람들에게 보조금을 지급하는 프로그램(광전지판에 1만 파운드, 소형 풍력 터빈에는 5000파운드)을 이미 시행한 바 있다. 보조금 신청자를 제한하기 위해, 정부는 보조금 신청을 받는 웹사이트를 하루 동안만 열어 뒀다. 신청일이 되자 신청이 쇄도해서 준비한 예산이 45분 만에 모두 바닥났다. 그 45분 동안에도 대부분의 사람들은 웹사이트에 접속할 수가 없어서 보조금을 신청할 수 없었다. 당황한 정부는 2007년 5월에 보조금을 2500파운드로 제한했다. 이는 부자들만 태양전지판을 설치할 수 있도록 하겠다는 것과 다름없었다. 그렇지만 태양전지판 보조금에 대한 광범한 요구가 억눌려 있다는 것만큼은 숨길 수 없다.[37]

넷째, 2007년 여름 영국의 새 총리 고든 브라운은 300만 개의 새로운 공영주택과 민간 주택을 짓겠다는 계획을 발표했다. 다섯째, 신노동당 정부와 야당인 보수당은 자신들이 기후변화를 얼마나 신경 쓰는지 앞다퉈 선전하고 있다.

이런 다섯 가지 사실을 종합해 봤을 때 나는 한 가지 매우 단순한 요구를 떠올리게 됐다. 영국의 인구는 캘리포니아의 두 배다. 만약 터미네이터[아널드 슈워제네거]가 100만 개의 태양광 지붕을 설치할 수 있다면, 우리는 500만 개를 할 수 있다. 새로 짓는 집과 공공건물에 태양광 지붕을 설치하도록 하는 것만으로도 500만 개의 대부분은 채울 수 있다. 지붕 타일 가격을 절약할 수 있기 때문에 이것이 태양전지판을 설치하는 가장 값싼 방법이다. 이렇게 하고도 500만 개에서 부족한 부분은 국가보조금으로 충당할 수 있을 것이다.

5년 안에 500만 개의 태양광 지붕이라는 것은 만만찮은 목표다. 그러나 이런 목표치는 사람들에게 영감을 제공하며, 캠페인이란 것은 사람들의 열정을 끌어내지 않고서는 불가능한 법이다. 이는 또한 실현 가능한 요구다. 세계의 다른 곳에서는 이미 실현되고 있기 때문이다. 아주 분명하고 이해하기 쉬운 요구 사항이기도 하다. 일자리를 창출하고 영국을 청정에너지 경제로 즉시 이끌어 줄 것이기 때문이다.

　앞서 말한 두 가지는 영국에서 해 볼 만한 캠페인들이다. 이집트, 멕시코, 인도, [아프리카] 사헬지역, 호주, 미국 남서부와 같이 태양이 많이 비추는 세계의 다른 지역에선 태양열집중발전을 요구하는 것이 더 합리적이다. 그렇다고 장거리 송전 케이블을 깔 때까지 기다릴 필요는 없다. 태양열집중발전을 통해 해당 지역에 필요한 에너지 전부를 충당하는 방식으로 사용될 수 있다. 일단 그런 일이 대규모로 이뤄지면, 나머지 세계가 이를 통해 깨닫게 될 것이다. 석유의 예를 보면 알 수 있다. 아무도 유조선이 올 때까지 기다리지 않는다. [그 반대로] 석유가 있다는 것을 보여 주면 유조선이 올 것이다. 이집트, 수단, 모로코 같은 나라에서는 이를 통해 경제를 탈바꿈시킬 수 있고, 나아가 전 세계가 탈바꿈하는 계기가 마련될 수 있다.

6장 건물

앞 장은 이산화탄소 배출을 줄이기 위해 전기를 만드는 방법에 대한 것이었다. 6~8장에서는 건물, 운송, 공업에서 에너지 사용을 줄이는 방법을 다룰 것이다. 앞 장과 마찬가지로 나는 이미 개발된 기술들을 바탕으로 지금 당장 실행할 수 있는 해결책들을 제시할 것이다. 이런 해결책들에 왜 대규모 정부 개입이 필요한지, 그리고 어째서 시장 인센티브나 개인적 소비 패턴 변화만으로는 문제를 해결할 수 없는지를 보일 것이다.

에너지를 아끼는 방법에는 세 가지가 있다. 첫째 방법은 에너지 효율을 높이는 것, 즉 같은 효과를 내는 데 전보다 적은 에너지를 사용하는 것이다. 예를 들어, 열이 새어 나올 틈이 많은 집을 단열재로 보완하면, 같은 온도를 유지하는 데 전기를 절반만 써도 된다.

에너지를 아끼는 둘째 방법은 에너지를 사용하는 방법을 바꾸는 것이다. 예컨대, 시멘트 제조업은 매우 많은 이산화탄소를 배출하므로, 정부가 건물을 짓는 데 시멘트를 사용하지 못하게 금지할 수 있다. 이는 미국 정부가 제2차세계대전 중에 새 집을 짓지 못하게 금지한 것과 비슷하다. 셋째 방법은 사용하는 연료의 종류를 바꾸는 것이다. 정부가 도시에서 승용차 운행을 금지하고 전기로 운행되는 기차와 버스를 공급하는 것을 예로 들 수 있다. 풍력과 태양력으로 전기를 생산한다면 이산화탄소 배출은 급감할 것이다.

배출량을 과감하게 줄이기 위해서는 이런 세 가지(에너지 효율 개선, 사용 방법 바꾸기, 연료 종류 바꾸기) 방법을 모두 사용해야 한다. 그러나 에너지를 절약해야 한다고 주장하는 필자들은 대부분 에너지 효율을 높이는 방법에만 치중하는 경향이 있다. 그 이유는 기술적인 것이 아니라 정치적인 것에서 비롯한다. 대부분의 기업들은 에너지 효율을 높이는 것은 받아들일 수 있다. 그러나 에너지 사용 방법을 바꾸자는 것은 직접적으로 시멘트, 건설, 석유 회사의 기득권에 도전하는 일이 될 것이다. 그래서 대부분의 필자들은 '현실성' 운운하면서 에너지 효율만을 강조한다. 그러나 에너지 효율만을 강조해서는 기후 재앙을 피하는 데 필요한 만큼 이산화탄소를 감축할 수 없기 때문에 이런 '현실론'은 실제로는 완전히 비현실적이다. 이 책 전반을 통해서 내가 거듭 주장하는 것은, 기업 권력에 도전하지 않고서는 기후변화를 막을 수 없다는 것이다. 이것을 피해 갈 방법은 존재하지 않는다.

최종 소비

에너지 소비에 대해 구체적으로 살펴보기 전에, 전 세계 탄소 배출이 어디서 이뤄지는지 전체 그림을 그려 보도록 하자.

지구온난화가 산업혁명의 결과이기 때문에, 많은 사람들은 대부분의 탄소 배출이 공업에서 나올 것이라고 생각한다. 이는 착각이다. 전 세계적으로 건물과 운송에서 배출되는 온실가스를 합한 것이 공업에서 생긴 것보다 더 많다. 더욱이 이산화탄소는 특정 지역의 주택, 운송, 공업에서 집중적으로 배출된다. 이 말은 전 세계 사람들의 생활 방식을 모두 바꿀 필요 없이 몇몇 경제 부문에서 과감하지만 단순한 변화를 통해 대부분의 배출을 없앨 수 있다는 뜻이다.

탄소 배출에 대한 가장 최근의 정확한 수치는 2004년에 발표됐다. 그해 전 세계 이산화탄소 배출량은 270억 톤이었다(현재는 280억 톤 정도 된다). 이 수치는 숲에서 벌목하는 과정에서 발생하는 탄소 배출이나 메탄 배출은 포함하지 않은 수치인데, 이에 대해서는 10장에서 설명할 것이다.

전 세계적으로 2004년 전체 이산화탄소 배출량 중 37퍼센트는 공업에서 배출됐으며, 가정용·상업용 건물은 32퍼센트, 운송은 23퍼센트를 차지했다.[38] 농업과 기타 최종 소비가 나머지 8퍼센트를 이뤘다. 부유한 나라에서는 공업이 차지하는 비중이 이보다 더 작았다. 2006년 영국의 경우, 건물은 37퍼센트, 운송은 34퍼센트, 공업은 29퍼센트를 차지했다. 2005년 미국의 경우도 이와 매우 흡사해서 건물은 38퍼센트, 운송은 33퍼센트, 공업은 28퍼센트였다.[39]

더 자세히 들여다보면 건물과 운송, 공업에서 사용하는 모든 에너지가 문제인 것은 아니라는 점을 알 수 있다. 세계의 주된 에너지 소비를 열거하면 다음과 같다.

최종 소비 유형별로 구분한 전 세계 이산화탄소 배출 비율(2004년, 퍼센트)[40]

건물 난방	10
건물 조명과 전자 제품	8
시멘트 제조	6
정유소	6
철강 산업	6
승용차	10
화물 트럭	6

위의 일곱 가지 주요 최종 소비 유형이 전 세계 이산화탄소 배출의 절반 이상을 차지한다. 이어질 6~8장에서는 이 영역에서 어떻게 에너지 소비를 줄일 수 있는지 검토하고, 추가로 에어컨 사용(3퍼센트)과 비행기(3퍼센트)를 살펴볼 것이다. 물론 이 밖에도 수천 가지 영역에서 에너지 소비를 줄여야 하고 변화를 이끌어 내야 한다. 그러나 그런 영역들 역시 이 일곱 가지 주된 영역과 유사한 방법으로 에너지 소비를 줄일 수 있을 것이다. 여기서 모든 내용을 다 설명할 수는 없겠지만, 얼마나 많은 에너지를 당장 줄일 수 있는지 보여 줄 것이다.

건물

건물에서는 난방, 냉방, 조명과 전자 제품을 사용하는 데 많은 에너지가 쓰인다. 부유한 나라에서는 건물 이산화탄소 배출량의 5분의 3이 가정에서 배출되고, 나머지 5분의 2는 공공건물, 사무실, 상점, 산업 시설(공장은 제외)에서 배출된다.[41]

부유한 나라에서 건물의 주된 에너지 사용처는 바로 난방이다. 난방은 전 세계적으로 단일 분야로는 가장 많은 이산화탄소를 배출한다. 늘 비가 오고 춥고 건물에 열이 새는 구멍이 많은 영국을 우선 예로 들어 보겠다. 영국에서는 가정에서 사용하는 에너지의 85퍼센트가 난방에 쓰인다. 배출량을 줄이기가 상대적으로 쉬운 새 건물에 대해 설명한 다음에 기존의 건물을 어떻게 해야 하는지 살펴보겠다.

1980년대 말에 독일 건축가들은 패시브하우스라는 것을 발명해 냈다. 패시브하우스는 창문을 통해 들어오는 태양열과 환기구를 통해 들어오는 공기만으로 실내 온도를 유지한다. 창문이 모두 남쪽이나 북쪽을 향하고 있으며, 적당한 크기로 만들어져, 겨울에는 충분한 열을 들여보내면서도 여름에는 너무 많은 열이 들어오지 않도록 설계됐다. 또 건물 전체에서 열이 빠져나갈 구멍을 최소화했다. 단지 외벽만이 아니라 건물의 주춧돌이 닿는 부분까지 모두 단열 처리가 돼 있다.

패시브하우스의 효능은 입증됐다. 현재 독일에 4000채가 있으며 오스트리아에 1000채, 그 밖의 나라에 약간 있다. 독일의 패시브하우스 100채를 대상으로 한 어느 연구는 겨울철 평균 실내 온도가 섭씨 21.4도(화씨 70.5도)였음을 발견했다. 이처럼 정교하게 가공하고 설계하고 단열하는 데는 많은 비용이 든다. 그러나 건물주는 난방장치나 에어컨을 설치할 필요가 없기 때문에 큰 비용을 줄일 수 있다. 이런 것들을 모두 고려하면 패시브하우스는 일반 주택보다 10퍼센트 정도만 더 비쌀 뿐이다.

또 완전한 패시브하우스가 아닌 건물에도 이처럼 혁신적인 창문과 환기 구조를 응용하면서 난방과 냉방에 에너지를 더 적게 사용하는 방법도 있다. 이 경우 건물주는 완전한 패시브하우스만큼 많은 비용을 절감할 수는 없겠지만, 에너지 소비를 80퍼센트 줄이는 것은 여전히 가능하다.

스칸디나비아반도에서는 추위에 잘 견디도록 집을 짓는데, 그렇게 하지 않으면 살 수가 없기 때문이다. 만약 영국에서 노르웨이나 스웨덴 기준으로 건물을 짓는다면 현재 난방에 쓰는 에너지의 4분의 1만 써도 충분할 것이다. 이 말은 주택 난방비가 75퍼센트나 줄어든다는 뜻이다. 게다가 새로 짓는 집을 단열하는 데는 그리 큰돈이 들지 않기 때문에 경제적으로도 합리적이다. 다만, 이런 비용 절감의 이익은 집을 사는 사람에게 돌아가는 반면에 이에 필요한 비용은 집을 짓는 회사가 부담하게 된다. 이 때문에 건설 회사들은 법률적으로 강제하지 않는 이상 새로 짓는 건물에 단열 공사를 하기를 꺼린다.

새로 건물을 지을 때 지구온난화를 막기 위해 에너지 효율을 높이는 방법은 두 가지가 있다. 하나는 모든 신규 건물이 완전히 단열 처리되도록 법으로 규제하는 것이다. 모든 건물을 패시브하우스로 짓도록 한다면 금상첨화일 것이다.

에너지 효율이 높은 새 집을 짓기 위해 꼭 세제 혜택이나 국가보조금에 기댈 필요는 없다. 소수의 부유한 사람들이 세제 혜택이나 국가보조금을 받는 것보다 정부가 모든 신규 건물에 대해 명령을 내리는 것이 훨씬 더 큰 변화를 이끌어 낼 수 있다. 일자리도 더 많이 생길 것이다.

이는 완전히 새로운 방법은 아니다. 모든 선진국은 건물 안전을 위한 법률 규제를 이미 시행하고 있다. 이런 규제 때문에 시공사는 규제가 없을 때보다 더 많은 비용을 들여서 건물을 지어 왔다. 지금 나는 이런 규제를 확대해서 지구를 더 안전한 곳으로 만들자는 것뿐이다.

더욱이, 영국에서는 이런 규제를 시행한다고 해서 새 집의 가격이 더 비싸지지도 않을 것이다. 도시 집값의 대부분은 땅값이다. 주택을 구입하는 사람들은 대출금을 상환하느라 허덕인다. 건축비가 올라가면, 땅값은 떨어질 것이다.

영국의 낡은 집들

이제까지는 새로 짓는 집들에 대해서 얘기했다. 그러나 20년이 지난 후에도 사람들은 현재 자신이 살고 있는 집에서 계속 살고 있을 가능성이 높다. 영국에는 2500만 채의 집이 있는데, 그 가운데 단열재를 넣을 수 있게 벽 내부에 틈이 있도록 설계된 집은 1700만 채뿐이다. 그 중에서도 실제로 벽 속에 단열재가 채워진 주택은 600만 채뿐이고, 나머지는 그냥 벽 내부가 텅 비어 있다.[42]

영국의 주택에서 에너지 소비를 줄이는 진짜 방법은 기존의 비효율적인 건물을 뜯어 고치는 것이다. 외풍을 막고, 벽과 틈이 없는 삼중 유리창을 설치하고, 마루·외벽·다락·지붕까지 단열이 되도록 하면 현재 난방에 사용하는 에너지의 절반 이상을 줄일 수 있다. 그러나 이처럼 기존 건물을 뜯어 고치는 일은 벽과 마루를 뜯어내고 다시 공사를 해야 하기 때문에, 단열이 잘 되는 집을 새로 짓는 것보다 비용이 더 많이 든다. 적어도 집 한 채당 2만 파운드(4만 달러)나 때로는 그 이상이 필요하다. 정부가 비용의 일부를 보조하더라도 평범한 사람들에게는 대부분 엄두가 안 날 정도의 비용이다. 차라리 집을 헐고 아예 새로 짓는 것이 비용 면에서는 더 효과적인 경우가 많지만, 많은 사람들은 자신이 현재 살고 있는 집에 애착을 느낀다.

다시금 정부의 대규모 프로그램이 필요하다는 것이 분명해진다. 전국의 모든 집에 단열 공사를 하거나 새로 짓도록 하는 대규모 프로그램이 필요한 것이다. 기후변화를 걱정하는 소수의 부자들에게 부분적 보조금을 지급할 것이 아니라, 모든 사람이 단열 처리된 집에서 살 수 있도록 해 주는 체계적 지원이 필요하다. 이런 종류의 주택 단열 사업이 필요한 곳은 영국만이 아니다. 유럽과 전 세계 추운 지역에 있는 모든 나라도 마찬가지다. 이 과정에서 건설 노동자들을 위한 일자리 수천만 개가 새로 생겨날 것이다.

매우 당연하게도, 건물을 짓는 과정에서는 탄소가 배출된다. 그러나 마치 풍력과 태양력 발전설비를 처음 지을 때와 마찬가지로, 점차 일이 진행되고 그 결과가 나타나면 배출량은 줄어들 것이다. 물론 모든 경제 분야에서 청정에너지를 사용해야만 배출량이 줄어들게 된다. 만약 풍력과 태양력 발전에 대한 대규모 투자가 선행되지 않는다면, 에너지 효율을 높이는 것의 의미가 애초부터 퇴색되기 때문이다.

미국의 냉방 문제

건물에서 에너지를 아끼는 방법에 대한 둘째 예로 나는 미국을 들고 싶다. 미국의 많은 건물들은 영국과 비슷한 난방 문제를 겪고 있다. 그러나 미국에서는 더운 기후 때문에 정반대의 문제(에어컨)도 존재한다.

나는 주로 공공건물과 업무용 건물에 대해서 얘기할 것이다. 이 건물들이 에어컨을 많이 사용하고, 다른 한편으로 에어컨 없이는 생활할 수 없도록 건물을 짓는 것이 최근 유행이 되고 있기 때문이다. 또 하루 중 가장 더운 때 사람들이 주로 모여 있는 곳이 이런 건물이기도 하다.[43]

현재 미국 건물에서 사용하는 에너지의 30~40퍼센트를 에어컨이 사용한다. 이는 전 세계 탄소 배출량의 3~4퍼센트가 미국의 에어컨 때문이라는 뜻이다.[44]

에어컨은 어떤 면에서는 자동차와 비슷한 점이 많은 기술이다. 둘 다 처음에는 소수만을 위한 고급 사치품으로 등장했으나 지금은 모두에게 필수품이 됐다. 자동차 교통에 맞도록 도시와 위성도시가 설계되거나 재개발된 것과 마찬가지로 공공건물, 특히 사무용 건물은 더 많은 에어컨 시설을 사용하도록 설계됐다. 즉, 높고 외벽이 얇으며 유리로 덮인 구조가 마치 거대한 온실과 비슷하다. 겉모습은 세련되지만, 사람들은 태양열을 막기 위해 블라인드를 쳐야 하고(효과는 별로 없다), 창문을 열 수 없기 때문에 에어컨을 사용해야만 한다.

그뿐 아니라 높은 건물일수록 낮은 건물보다 에너지를 두 배나 더 많이 쓴다. 건축가 수 로우프와 건축물리학자 퍼거스 니콜은 다음과 같이 말한다.

건물이 높으면 높을수록, 사람과 화물과 각종 서비스를 더 높은 곳까지 끌어 올려야 하기 때문에 유지비가 더 많이 든다. 게다가 주변 환경에 더 많이 노출되기 때문에 난방비와 냉방비가 더 많이 든다. 고층으로 올라갈수록 외풍이 더 강해지고, 그것을 막기도 어려워지며, 외벽에 가해지는 바람의 압력이 강하기 때문에 건물이 열을 쉽게 빼앗긴다. …

승강기는 매우 많은 에너지를 소비하며, 유지하고 교체하는 데 비용이 많이 든다. 승강기는 건물 전체 유지비의 최소 5~15퍼센트를 차지하며, 건물이 고층일수록 이 비율은 늘어난다. …

이런 고층 건물들은 건물주가 유지비를 감당하지 못해서 매우 열악한 상태로 근근이 버티는 경우가 많다. 건물을 헐어 버리고 새로 짓는 것이 수리하는 것보다 비용이 더 적게 드는 경우도 많다. … 아룹 어소시에이츠의* 마이클 홈스는 "고층 건물은 부자들만을 위한 것"이라고 말했다.[45]

게다가 사람들은 고층 건물에서 일하는 것을 좋아하지 않는다. 미국의 사무직 노동자들은 냉방병 때문에 평균 한 달에 하루씩 병가를 낸다. 고층 건물은 눈사태, 정전, 화재에 매우 취약하다. 일부 고층 건물은 소방 훈련조차 힘든 실정이다. 하나의 예로, 뉴욕의 소방 당국은 불이 나더라도 10층 이상의 고층 건물은 올라가지 않으려 한다. 또, 고층 유리 건물에서 일하는 노동자들은 건물에서 들리는 윙윙거리는 소음, 상쾌하지 못한 실내 공기와 사생활이 보장되지 않는 노동조건을 좋아하지 않는다.

중단기적으로 봤을 때, 에어컨을 모두 끄는 일은 가능하지 않을 것이다. 당분간은 이미 지어진 건물에서 벗어날 수 없을 것이다.

장기적 해결책은 새 집을 모두 패시브하우스로 짓는 것이다. 그러나 여기서 필요한 또 다른 종류의 패시브하우스를 짓기 위해 새로운 설계 방식을 개발할 필요는 없다. 나는 어린 시절의 대부분을 텍사스와

---

* 아룹 어소시에이츠(Arup Associates) 친환경적이고 유지비가 저렴한 도시 건물을 연구하는 디자인 기업.

인도에서 보냈는데, 두 곳 모두 매우 더운 지역이었지만 전통 가옥들은 충분히 시원했다. 이 집들은 진흙과 찰흙과 벽돌로 된 두꺼운 외벽을 갖고 있었으며, 집 안에 나무와 연못이 있는 정원이 있었다. 바람이 통하도록 창문과 문이 배치돼서 누구에게나 시원했다.

이런 전통 가옥에서 생활하는 사람들은 하루 중 가장 뜨거울 때에는 낮잠을 즐기곤 했다. 어릴 때 내가 다니던 학교는 인도 북쪽 평원의 러크나우에 있었는데, 겨울에는 다른 곳과 비슷한 시간에 학교를 다녔다. 그러나 몬순이 시작되기 직전의 무더위 기간에는 아침 6시에 등교해서 정오 무렵에 하교했다. 열대야가 찾아오면 지붕 위에 모기장을 치고 별을 보며 잠들었다. 이것이 기후에 적응하는 인간다운 생활 방식이다.

에어컨 사용을 줄이자고 해서 평범한 사람들이 희생해야 한다는 뜻은 아니다. 희생하자는 게 아니라 다르게 살자는 것이다. 해당 지역에 어울리도록 집을 설계하고, 기후뿐 아니라 인체에도 적합하도록 노동 시간을 조절해야 한다는 것이다. 온도조절기에 손을 대기 전에 먼저 스웨터를 입거나 벗자는 것이고, 창문을 열어 온도를 조절하고 새소리를 들을 수 있도록 인간 친화적 저층 건물이 필요하다는 것이다.

새로운 건물을 지을 때 그 지역 환경에 맞게 설계하도록 요구하는 정부 규제도 필요하다. 미국에서 에어컨 사용이 급증한 것은 사람들이 남부의 늪지대나 애초부터 물이 부족한 반半사막 지역으로 이주하기 시작하면서부터였다. 이처럼 살고 싶어 하지 않는 지역으로 이주하게 되면서, 사람들은 그곳을 자신들이 원래 살고 싶어 했던 지역과 비슷해지도록 인위적으로 바꾸려고 했다. 이 새로운 이주자들에게는 열대지방의 새벽 공기나 사막의 밤이 전혀 아름답고 즐겁게 느껴지지 않았던 것이다.

많은 경우, 온도조절기를 바깥 기온과 연동시켜 해당 지역 기후에 견줘 봤을 때 너무 과하지 않은 정도로만 냉방이 되도록 바꿔도 전기 에너지를 절반 정도 절약할 수 있다.

끝으로, 에어컨 사용을 줄이는 것뿐 아니라 태양발전으로 생산된 전기를 사용해 에어컨을 가동하면 탄소 배출을 더 줄일 수 있다는 점 도 강조하고 싶다.

조명과 전자 제품

건물에서 에너지를 절약할 수 있는 셋째 부분은 조명이다. 많은 집 에 설치돼 있는 백열등은 빛을 내기보다는 불필요한 열을 내는 데 더 많은 에너지를 쓴다(백열등을 쳐다본다고 해서 눈이 멀진 않지만, 만 지면 바로 손을 데게 된다). 이 백열등을 최신식 형광등으로 교체하면 에너지 소비량을 5분의 1로 줄일 수 있다. 즉, 집 안에서 같은 밝기를 유지하는 데 40와트 대신 8와트 에너지만을 써도 된다는 것이다. 이 8 와트짜리 전구는 가격은 네 배 정도 비싸지만, 수명이 열 배나 길어서 전체적으로 보면 많은 비용을 줄여 준다.

미국은 전기에너지의 5분의 1가량을 조명에 사용하는데, 이 에너지 의 절반가량은 백열등을 밝히는 데 쓰이고 나머지 절반은 형광등과 그 밖의 사무용 조명에 사용된다. 이 백열등을 형광등으로 교체하는 것만으로도 조명 때문에 발생하는 탄소 배출을 40퍼센트 줄일 수 있 다. 새로운 종류의 형광등과 조명 설계 기법을 활용하면 70퍼센트까지도 줄일 수 있다. 그 밖에 방을 나갈 때 불을 끄고, 햇빛이 실내에 충분히 들어오도록 사무실과 집을 설계하고, 타이머를 사용해 사람이 없는 시간에는 불이 꺼지도록 하면 더 많은 탄소 배출을 줄일 수 있다.

조명 문제를 살펴보면, 개인의 소비 선택을 통해 탄소 배출을 줄인다는 전략이 현실에서 왜 충분한 효과를 거두지 못하는지 알 수 있다. 에너지 효율이 높은 전구의 소비를 장려하고, 기업체를 교육하고, 8와트 전구 구입 비용에 국가보조금을 지급하라고 촉구하는 캠페인은 지금도 많다. 그러나 진정한 해결책은 정부가 구식 전구의 생산을 금지하는 것이다. 호주 정부는 이미 2010년부터 이런 조치를 시행하겠다고 공표한 바 있다.[46]

또 대기 상태일 때도 켜져 있을 때만큼이나 많은 전력을 소모하는 가전제품이 갈수록 많아지고 있다. 요즘 컴퓨터, 텔레비전, 라디오, 오디오는 모두 이런 기능을 갖추도록 만들어진다. 이 기능 덕분에 우리는 가전제품을 끄러 움직일 필요가 없다. (우리가 살찌는 이유를 멀리서 찾을 필요가 있을까?) 오늘날 흔한 실천 전략은 사람들에게 이런 가전제품을 끄는 것을* 잊지 말라고 독려하는 것이다. 그 밖에 대기 상태 기능을 유지하면서도 에너지 사용을 획기적으로 줄이는 여러 가지 방법도 존재한다. 그러나 이 경우에도 마찬가지로 이런 대기 전력을 사용하는 가전제품을 만들거나 판매하지 못하도록 법으로 금지하지 말아야 할 이유가 없다.

---

* 대기 상태에 두지 않고 확실하게 끄는 것.

연료 바꾸기

미국과 대다수 부유한 나라의 주택에서 에너지를 절약할 수 있는 주요 부분이 두 가지 더 있다. 그중 하나는 난방 연료를 바꾸는 것이다. 많은 가정에서 전자 제품, 조명, 에어컨에는 전기를 사용한다. 반면에 난방에는 등유나 천연가스를 사용하고, 요리에는 가스를 사용한다. 이런 등유와 가스를 태양발전과 풍력발전으로 만들어진 전기로 대체하면 대부분의 이산화탄소 배출을 없앨 수 있다.

그러나 이런 방법에는 한 가지 치명적 단점이 있다. 전기를 이용해 열을 내는 것이 비효율적이라는 점이다. 발전소에서 석탄이나 가스로 전기를 만들어 주택으로 전송하면, 주택에서 석유를 태워 열을 내는 것의 세 배 가까이 되는 탄소가 배출된다. 전열기를 사용하면 전기세가 많이 나오는 이유도 이 때문이다. 이 때문에 전체 전력망의 3분의 2(67퍼센트)를 청정에너지로 교체해도 탄소 배출을 줄인다는 관점에서는 여전히 '본전치기'일 뿐이다. 그러나 만약 전체 전력망의 90퍼센트를 청정에너지로 교체한다면, 탄소 배출량을 70퍼센트나 줄일 수 있게 된다(자세한 계산은 후주에 있다).[47]

종종 언급되는 둘째 대안은 '열병합발전'이다. 발전소에서 전기를 만들어 내는 과정에서도 많은 열이 발생하는데, 대부분 그냥 공기 중에 배출돼 버려진다. 그러나 만약 발전소가 도심 근처에 있다면, 이렇게 발생하는 열을 모아 뒀다가 지하 파이프를 이용해 가정과 빌딩에 공급할 수 있다. 그러나 그러려면 막대한 초기 비용과 정부 지원이 필요하다. 더욱 중요하게는, 풍력발전과 태양광발전을 통해서는 열병합발전을 할 수 없다.

바로 지금 운동을 건설하기

그러면 지금 우리는 무엇을 요구하며 운동을 시작해야 할까? 가정 집과 건물에서 아주 많은 에너지 소비를 줄일 수 있다는 것은 분명하다. 그중 난방, 에어컨, 조명에서 가장 많은 에너지 소비를 줄일 수 있고, 따라서 이것이 주된 요구가 돼야 한다. 그러나 여기서도 친환경적 녹색 소비를 강조하는 전략으로는 결정적 변화를 일으킬 수 없을 것이다. 전 세계적 관점에서 봤을 때, 백열등 생산을 금지하는 것이 개인들에게 형광등을 사도록 장려하는 것보다 더 효과적이다. 패시브하우스를 지을 만큼 돈이 넉넉한 사람은 소수이지만, 건축 규제는 모두가 따라야만 한다.

그러나 내가 제시한 이런 조치들은 모두 정부가 의지를 갖고 실현해야만 가능하다. 또, 이런 조치들을 대규모로 시행하려면 국가보조금과 공공사업, 정부 규제가 필요하다.

청정에너지의 경우와 마찬가지로, 이와 같은 내용들이 현실 운동의 요구로 채택되려면 무엇이 필요할지를 고민해야 한다. 많은 사람과 단체가 운동에 참가하기를 원한다면 말이다. 따라서 운동의 요구는 사람들을 끌어모을 만큼 원대하면서도, 동시에 지금 당장 실현 가능한 정책이라고 여겨져야 한다. 내가 생각해 낸 요구는 세 가지다.

우선 영국에서는 정부가 비용의 일부나 전액을 보조해서 단열이 안되는 낡은 집을 단열 처리하고 창문을 교체해야 한다. 5년 안에 500만 개의 태양광 지붕을 요구할 수 있다면, 10년 안에 1000만 호의 단열 공사도 요구할 수 있다. 이미 살펴봤듯이, 정부 지원금만 있다면 공사를 하고 싶어 하는 사람은 충분히 많다.

둘째, 대부분의 나라에서 고층 건물 형태의 사무용 건물과 쇼핑센터를 새로 짓지 못하게 금지해야 한다. 고층 건물은 불편하고 그 안에서 일하는 사람들을 병들게 한다. 또 승강기와 냉난방에 많은 에너지가 비효율적으로 소비된다. 개별 냉난방이 되지 않고 건물 전체 차원에서만 조절이 가능하기 때문에, 건물의 어느 한 부분에서 사용하지 않더라도 직접 끌 수가 없기 때문이다. 또 고층 건물은 많은 양의 콘크리트와 철강을 사용하는데, 바로 이 콘크리트와 철강 제조업이 전 세계 이산화탄소 배출량의 8분의 1을 차지한다.

고층 건물을 금지하는 것이 건축업의 종말을 뜻하는 것은 아니다. 그보다는 사무실과 상점을 인간에게 걸맞은 규모로 짓자는 것이다. 최종적으로는 고층 건물을 금지하는 것이 법의 형태로 귀결돼야 할 것이다. 그러나 개별 지역에서 특정 건물에 반대하는 캠페인으로 시작될 수도 있을 것이다. 이것은 특히 월마트와 같이 에어컨을 사용하는 초대형 쇼핑센터에 반대하는 지역 운동일 수도 있다. 그리고 많은 사무직 노동자들, 특히 공공 부문 노동자들은 노동조합으로 조직돼 있는 경우가 많은데, 이런 노동조합이 자신들이 생활하는 작업장을 변화시키는 싸움을 시작할 수도 있을 것이다.

셋째 요구는 좀 더 손쉬운 것이다. 지역과 국가 차원에서 전구 생산을 규제하는 것이다.

이런 요구들은 운동에 참여하도록 호소할 지지층이 분명하고, 운동을 추진하기 위한 방법 역시 분명하다. 그러나 우리는 패시브하우스와 저전력 설계를 의무화하도록 신축 건물을 규제하는 것도 요구해야 한다. 운동을 건설하기는 좀 더 어려울 수 있지만, 법제화하기는 어렵지 않을 것이다.

7장 운송

지금부터는 건물에서 운송으로 관심을 돌려서 이산화탄소 배출을 줄이는 방법을 살펴보겠다. 나는 청정에너지, 건물과 마찬가지로 운송 영역에서도 급격한 기후변화를 막기 위해 이산화탄소 배출을 대폭 줄이려면 정부가 나서야 한다는 주장을 펼칠 것이다.

운송은 전 세계 탄소 배출의 23퍼센트를 차지하고, 지역별로는 미국 31퍼센트, 유럽 23퍼센트, 아시아 12퍼센트를 차지한다.[48] 아래의 표는 전 세계 운송 과정에서 배출되는 이산화탄소를 항목별로 분류해 본 것이다.

운송 과정에서 배출되는 전 세계 이산화탄소의 항목별 분류(단위: 퍼센트)[49]

승용차	45
트럭	25
비행기	12
선박	10

버스	6
철도	1
이륜차	1

달리 말해, 운송 과정에서 배출되는 전 세계 이산화탄소의 82퍼센트가 승용차, 비행기, 트럭에서 나온다. 이 중 승용차가 가장 중요하고, 비행기는 가장 가파른 상승세를 보이고 있다.

승용차와 대중교통

승용차는 근본적으로 두 가지 문제가 있다. 석유를 태운다는 것과 사람들이 혼자 타고 다닌다는 것이다.

전 세계적으로, 도시 내 운행이 승용차 이산화탄소 배출량의 90퍼센트 가까이를 차지한다. 따라서 도시에서부터 우선 논의를 시작해 보자. 부유한 나라의 주요 도시에서 출퇴근 시간에 도로변에 서 있으면, 끊임없는 승용차의 행렬을 볼 수 있다. 게다가 대부분 홀로 운전하는 사람들인데 이것이 가장 큰 문제다. 승용차 자체는 대여섯 명을 태워도 좋을 만큼 충분히 크고 튼튼하게 만들어졌지만, 대부분의 시간 동안 한 명만 타고 다니는 것이다.

해결책은 대중교통이다. 버스와 기차는 승객 1인 1킬로미터당 배출하는 이산화탄소가 훨씬 적다. 이것은 버스의 종류, 기차의 속도, 승객의 수에 따라 다르기 때문에 정확한 수치를 계산하기는 어렵다. 그러나 대략적 추정은 가능한데, 캐나다·영국·폴란드에서 연구가 진행된 바 있고, 대부분의 개발도상국을 조사 대상으로 한 연구도 있다. 나라마다 차이를 보이지만, 승용차에서 버스로 전환하면 배출량이 70퍼센트가량 줄어들고 기차의 경우는 80퍼센트나 줄어든다(구체적 수치는 후주에 있다).[50] 버스와 기차가 지금보다 더 많은 승객을 태우고 다닌다면 이런 감축량은 더 늘어나게 된다.

이런 전환은 부유한 나라들, 특히 미국에서 중요하다. 그러나 가난한 나라의 대중교통이 더 중요한 문제다. 이런 나라에서는 사람들이 전보다 더 많이 이동하기 시작했으며, 앞으로는 더 많이 이동하게 될 것이다. 그 결과는 둘 중 하나가 될 것이다. 대중교통을 급속히 확충하거나 승용차 소유가 폭발적으로 늘어나거나. 후자는 지구를 더 뜨겁게 만들 것이다. 그런데 가난한 나라에서 대중교통이 충분히 보급되려면 부유한 나라에서 먼저 솔선수범을 보여야 한다. 이는 세상이 돌아가는 방식이 그렇기 때문인데, 예를 들어 인도 콜카타에 사는 사람들은 할리우드 사람들처럼 살고 싶어 한다.

다시 한 번 강조하지만, 도시 내 운행이 전체 승용차 배출량의 90퍼센트 정도를 차지한다. 따라서 도시 내 승용차 운행을 금지하고, 버스·기차·지하철·노면전차(트램)·자전거와 같은 대중교통을 최고 수준으로 제공하는 것이 해결책이다. 이는 희생을 요구하는 것이 아니다. 승용차가 아니라 대중교통을 타는 것은 전과 다르게 사는 것이지 전보다 덜 누리는 것은 아니기 때문이다. 게다가 이런 전환은 더 나은 생활 방식이 될 수 있다.

많은 사람들이 승용차를 선호하는 것은 현재의 대중교통이 불편하기 때문이다. 대중교통은 배차 간격이 길고, 그마저 잘 지켜지지 않으며, 느리고, 붐비고, 지저분하고, 심지어 아예 다니지 않는 곳도 있다.

게다가 오늘날 대중교통 요금은 승용차를 타는 것보다 더 비싼 경우도 많다. 실제로 내가 영국에서 여행을 해 보니 승용차로 다니는 것보다 기차 요금이 더 비싸다. 자동차 도로는 정부가 보조금을 지원하는 데 반해, 민간 철도 회사들은 요금을 인상해서 이윤을 짜내려 하기 때문이다.

사람들은 또한 승용차가 선사하는 자유로움을 사랑한다. 가고 싶은 곳은 어디든 갈 수 있기 때문이다. 원하는 음악을 들을 수 있고 차창 밖으로 손을 내밀 수도 있다. 많은 사람에게 자동차는 자신이 왕이 될 수 있는 유일한 공간이다. 게다가 우리는 승용차를 타면 편하고 자유로워지며 섹시해 보인다는 얘기를 끊임없이 듣지 않았던가. 그러나 마지막 것은 사실이 아니다. 가는 곳마다 자동차를 타면 뚱뚱해질 테니까 말이다. 도시의 교통 체증도 자유로운 오아시스하고는 거리가 먼 스트레스 덩어리일 뿐이다.

따라서 우리는 3~5분마다 운행되며, 정시에 도착하고, 너무 붐비지 않으며, 스물네 시간 운행하는 버스와 기차가 필요하다.

그런 대중교통은 또한 승용차 못지않게 어디든 갈 수 있어야 한다. 현재의 대중교통은 도심으로 향할 뿐 교외 지역을 서로 연결하지는 않는다. 우리에게 필요한 것은 촘촘히 짜인 노선과 이들 사이의 환승을 공짜로 해 주는 요금 제도다. 또한 200미터마다 정류장이 있는 노선과 장거리를 무정차 운행하는 노선 사이의 선택권도 필요하다.

그러나 승용차 운전자의 절반, 심지어 4분의 1만이라도 여전히 차를 운행한다면 이런 대중교통은 별로 매력적이지 않을 것이다. 도로는 여전히 비좁을 것이고, 출퇴근 시간에는 여전히 거북이걸음을 할 것이기 때문이다. 그러나 모든 사람이 버스를 타고 다닌다면, 이동 시간이 짧아질 것이고 교통 체증도 사라질 것이다.

더 많은 사람들이 이용하게끔, 대중교통 요금은 매우 싸거나 아예 무료가 돼야 한다. 특히 무료가 되면 이동 시간과 생활비를 획기적으로 줄일 수 있다. 아무도 표를 판매하거나 검사할 필요가 없어질 것이다. 버스는 더 적은 승무원으로도 더 빨리 달릴 것이다. 이런 비용은 세금으로 충당돼야 하는데, 영국에서는 이미 학교와 병원이 그렇게 운영되고 있다.

나아가, 승용차 운행 금지는 것은 도시 생활을 근본적으로 바꿔 놓을 것이다. 그 덕분에 버스 이용 촉진과 승용차 운행 금지는 희생이 아니라 기쁨을 줄 것이다. 이런 즐거움은 이산화탄소와 무관하지만 여전히 중요하다. 가장 중요한 변화는 기존에 승용차가 있던 곳에서 나타나기 시작할 것이다. 버스와 기차는 승용차가 차지하던 도로의 4분의 1만으로도 충분하기 때문이다. 나머지 4분의 3에는 차량이 일체 없을 것이다. 어린이들은 더 안전해질 것이고 뛰놀 공간이 넓어질 것이다. 도로변에 주차돼 있던 승용차들이 사라지면서 도로 자체가 두 배는 넓어질 것이다. 나무와 덤불, 잔디, 꽃을 심어서 옛 도로를 시골길처럼 만들 수도 있다.

자전거를 타는 것도 더 안전하고 쉬워질 것이다. 도로 한쪽에 자전거도로를 만들면 어린이와 어른이 자유롭고 안전하게 자전거를 타면서 건강도 지킬 수 있을 것이다. 장애인과 노약자는 현재 대중교통을 이용하기가 대단히 어려운데, 전동 휠체어를 타고 자전거도로로 다닐 수 있을 것이다.

교통사고로 장애를 입는 경우도 줄어들 것이다. 갖가지 연구에 따르면, 교통사고로 매년 100만~150만 명이 사망하고 80만 명이 영구적으로 장애인이 된다.[51] 공기도 훨씬 깨끗해져서 대기오염 때문에 생겼던 끔찍한 호흡기 질병들도 줄어들 것이다.

모두에게 제공되는 대중교통은 희생이 아니다. 오히려 더 나은 삶을 보장하면서도 이산화탄소 배출은 줄이는 그런 세상이 될 것이다. 충분히 싸울 만한 가치가 있는 것이다.

개인적 또는 시장을 통한 해결책

그러나 대중교통이 이산화탄소 배출을 충분히 줄이려면, 사람들의 희생이 아니라 정부의 총체적이고 직접적인 개입이 필요하다. 개인의 선택에 맡겨 두거나 시장 인센티브를 주는 방법으로는 이런 성과를 거둘 수 없다.

오히려 사람들에게 대중교통 이용을 호소하는 모든 대규모 캠페인은 현재의 대중교통이 너무 열악하다는 문제에 봉착하게 된다. 단지 대중교통을 더 많이 이용하라고 호소하는 것만으로는 충분하지 않은 것이다. 지금보다 더 편리하면서 누구나 이용할 수 있어야 한다.

시장 논리를 도입하거나 재정적으로 보조하는 것 역시 본질적 결함이 있다. 대중교통을 보조하는 방법은 크게 두 가지로 나눌 수 있는데, 하나는 승용차 운전자들에게 불이익을 주는 것이고 다른 하나는 대중교통을 이용하는 사람들에게 혜택을 주는 것이다.

승용차 운전자들에게 불이익을 주는 방법으로 내표적인 깃은 그들이 도시 중심지를 지날 때마다 통행료를 내게 하는 것이다. 런던의 경우, 중심지를 지나려면 하루에 8파운드[약 1만 6000원]를 내야 한다. 그 결과 도시 중심지를 지나는 차량이 20퍼센트 줄어들었다. 이런 조치는 런던 시민의 동의를 얻어 진행됐는데, 어차피 그들은 대부분 출근하기 위해 런던 중심지로 차를 몰고 갈 필요가 없기 때문이었다. 비슷한 징수 제도가 뉴욕과 다른 도시에서 도입되려 하고 있다.

유류세를 높이는 것 역시 이산화탄소 배출을 줄이기 위한 하나의 방법으로 많은 사람들의 지지를 받는다. 그러나 여기에는 중요한 정치적 문제가 있다. 다수가 승용차로 출근하는 나라에서는 이런 방법이 부자들에게만 일방적으로 유리하기 때문이다. 3만 파운드짜리 고급 승용차를 운전하는 사람은 기름 값이 조금 오른다고 크게 문제가 되지 않는다. 그러나 값싼 중고차를 운전하는 사람에게는 그렇지 않다. 그리고 과거 경험을 돌아보면 사람들이 승용차 출퇴근을 포기하도록 하려면 기름 값을 한참 올려야 한다. 따라서 유류세를 높이는 방법은 평범한 사람들과 가난한 사람들에게 세금을 부과하는 결과를 초래한다. 기름 값이 오르면, 대부분의 사람들은 정부가 부자들만 차를 몰고 다니고 노동자들은 먼 길을 걸어 지저분하고 시간도 못 맞추는 버스나 타기를 원한다고 여길 것이다.

게다가 유류세와 통행료가 오르면 석유 회사와 자동차 회사, 트럭 운송 회사들이 반격에 나설 것이다. 이 탄소 배출 대기업들은 우익 언론을 활용해 '환경세'에 반대하는 대규모 캠페인을 벌일 것이다. 이 언론들은 자신들이 평범한 사람들을 대변하고 환경주의자들은 부자들을 대변한다고 몰아세울 것이다. 이처럼 위아래로 동시에 가해지는 정치적 압력 때문에 환경세 정책은 실패할 것이다. 이는 막연한 상상이 아니다. 1999년 영국에서 실제로 이런 일이 일어났는데, 트럭 운전사들이 기름 값 인상에 항의해 전국적 운송 거부를 벌여 그것을 막아 냈다.

이에 대한 대안으로 요금을 낮추고 버스와 기차 노선을 증설해서 대중교통을 이용하기 쉽게 만드는 방법이 있다. 이런 조치는 우파들을 분노케 하겠지만, 평범한 사람들 다수의 지지를 받을 것이다. 이런 정책이 시행된 일부 부유한 나라에서 의미 있는 규모의 일부 사람들이 대중교통으로 전환한 것이 그 증거다. 그러나 이처럼 대중교통 이용자들에게 인센티브를 주는 방식에도 약점이 있다. 우선, 부자들이 여전히 더 빠르고 쉽게 자신들만의 자유를 누리면서 편하게 승용차를 몰고 다니도록 내버려 둔다는 점이다. 대중교통은 여전히 2등급 취급을 받을 텐데, 이는 대중교통을 확대하는 데 주요한 걸림돌이 된다. 둘째, 여전히 현재 승용차 운전자의 다수는 대중교통을 이용하지 않을 것이다. 셋째 약점은 앞서 내가 말했던 승용차가 사라진 도로의 혜택을 아무도 누릴 수 없다는 점이다.

짧게 말해, 통행료와 유류세를 부과하는 것보다 도시 내 승용차 운행을 금지하고 질적으로 훨씬 향상된 대중교통을 공급하는 것이 사람들의 지지를 더 많이 받으면서도 배출량을 더 많이 줄일 수 있는 방법이다.

연료 바꾸기

버스와 기차에 마련된 좌석을 절반 이상 채우면, 대중교통 덕분에 이산화탄소 배출량을 크게 줄일 수 있다는 것을 앞에서 살펴봤다. 모든 사람이 버스와 기차를 타는 것이 중요한 또 다른 이유다. 모두가 이용하면 버스와 기차가 더 자주 오가면서도 좌석의 절반 이상을 채울 수 있기 때문이다.

게다가 대중교통은 연료를 바꾸기 쉽다는 장점도 있다. 현재 전기자동차는 가속되기까지 시간이 오래 걸리고, 낼 수 있는 속도가 제한적이며, 몇 시간 또는 약 200마일(320킬로미터)마다 재충전해야 한다는 문제가 있다. 그러나 도시의 대중교통에는 이런 점들이 문제가 되지 않는다. 그뿐 아니라, 전차와 지하철은 이미 대체로 전기로 운행되고 있다.

청정에너지로 생산된 전기를 사용하면 이산화탄소 배출이 거의 없게 하는 것도 가능하다. 그러나 이를 위해서는 전기의 대부분이 탄소를 배출하지 않는 청정 발전설비에서 만들어져야 한다. 발전소에서 석탄을 태워서 전력손실이 많은 케이블로 전송하면, 자동차 엔진에서 휘발유를 태우는 것보다 더 많은 에너지가 소비되고 더 많은 이산화탄소가 배출된다. 전체 전력망의 50퍼센트만 청정에너지원으로 만든다면, 전기를 사용한 교통수단을 도입한다 해도 이산화탄소 배출량 감축은 채 50퍼센트가 안 될 것이다. 그러나 80퍼센트를 청정에너지원으로 만든다면, 전기에너지로의 전환이 더 합리적일 것이다.

더불어 버스와 기차의 디자인과 제작 공정을 변화시키면 에너지 효율을 높여서 이산화탄소 배출을 더 많이 줄일 수 있다. 차체를 새로 설계하고 좌석 이용률을 높이면, 버스와 기차의 승객 1인당 이산화탄소 배출량을 현재 승용차 수준의 5퍼센트 이하로 낮출 수 있다.

그러나 이 말이 운송에서 배출되는 전체 이산화탄소를 95퍼센트나 줄일 수 있다는 뜻은 아니다. 우선, 많은 사람들이 이미 대중교통을 이용하고 있다. 또, 값싸고 질 좋은 버스와 기차가 제공되면 더 많은 사람들이 여기저기 돌아다니게 될 것이므로 배출량이 그보다는 많아질 수 있다. 그러나 이것은 질 좋은 대중교통을 도입하는 것이 희생을 강요하기는커녕 이동의 자유를 더 보장해 준다는 또 다른 증거다.

장거리 여행

지금까지 나는 주로 시내 그리고 가까운 교외 지역을 오가는 문제에 관해 얘기했다. 한 도시에서 다른 도시로 이동하거나 먼 시골까지 이동하는 문제에 대해서도 비슷한 원리를 적용할 수 있다.

한 도시에서 다른 도시로 이동하기 위해 버스를 타면 승용차보다 훨씬 느린 것이 현실이다. 터미널까지 간 뒤, 버스가 오기를 기다리고, 다시 꽉 막힌 교통 체증을 빠져나갈 때까지 참을성 있게 지켜봐야 하기 때문이다. 해결책은 시내버스와 전철이 승객들을 고속도로에 있는 외곽 터미널까지 신속하게 데려다 주는 것이다.[52] 터미널에서는 고속버스가 몇 분 안에 도착해서 승객들을 다시 태우고 바로 고속도로를 달린다면, 승용차만큼이나 빠르게 여행할 수 있게 될 것이다. 결정적으로, 버스 위로 전선을 연결하거나 세 시간마다 승객과 운전자가 버스를 갈아타면 전기 버스도 운영할 수 있다.

더 좋은 방법은 정부가 나서서 사람들에게 장거리 여행을 할 때는 기차를 이용하라고 독려하는 것이다. 기차 승객 1인당 이산화탄소 배출은 버스의 절반 수준이다. 또 기차는 새로운 노선을 만들려면 철로를 깔아야 하기 때문에 투자 비용이 버스보다 더 많이 드는데, 이는 앞서 얘기했듯이 일자리가 더 많이 생긴다는 뜻이다. 노선이 폐쇄돼 못쓰게 된 철로가 전 세계에 많으므로 여기에 다시 철로를 까는 것만으로도 새로 만들어야 하는 노선의 많은 부분을 충당할 수 있을 것이다.

이런 일들은 의지만 있다면 매우 신속하게 진행될 수 있다. 인도 델리의 경우, 불과 1년 만에 오토릭샤를* 포함한 모든 대중교통 수단의 연료를 디젤에서 천연가스로 바꾼 결과 공기가 놀라울 만큼 깨끗해졌다. 마찬가지로, 전기 버스를 도입하는 것 역시 1년 안에 할 수 있을 것이다. 탄소 배출량을 줄이는 데 2050년까지 기다릴 필요가 없는 또 다른 이유다.

도로 화물 운송

기차는 트럭을 대체하는 주요한 방법이기도 하다. 전체 운송 수단에서 생기는 이산화탄소의 45퍼센트를 승용차가 배출하고, 트럭은 25퍼센트를 배출한다.

도로 화물 운송이 승용차보다 더 효율적인 이유는 일종의 대중교통이기 때문이다. 즉, 모든 사람의 물품이 한꺼번에 운반된다. 디자인과 제작 공정을 통해 연료 소비를 줄이면 이산화탄소 배출량을 절반으로 줄일 수 있다.[53] 그러나 기차로 화물을 운반하면 더 효율적이다. 영국 화물철도협회에 따르면 철도가 여덟 배나 더 효율적이라고 한다. 물론 상당 부분 과장된 수치이겠지만, 그 차이가 매우 크다는 것만큼은 사실이다. 필요한 것은 대규모 철도 건설 계획과 장거리 화물 운송은 반드시 기차를 사용해야 한다는 정부의 규제다. 컨테이너를 기차역까지

---

* 오토릭샤 소형 엔진을 장착한 3륜차.

운반하고 다시 기차역에서 목적지까지 옮기기 위해 트럭은 여전히 필요할 것이다. 도처에 컨테이너를 흔히 볼 수 있는 요즘에는 이 일이 그리 어렵지 않게 됐다.

이처럼, 이산화탄소 배출을 줄이기 위해서는 트럭을 새로 설계하고 철도로 전환하고 기차가 전기로 달릴 수 있도록 하는 것이 모두 결합돼야만 한다.

비행기

운송 수단 중 셋째 주요 배출원은 비행기인데 특히 여객 운송에서 그렇다. 비행기는 트럭보다는 덜 중요한데 현재 전 세계 배출량의 3퍼센트를 차지하고 영국의 경우 6퍼센트를 차지한다. 그러나 비행기는 가장 빠르게 성장하고 있는 교통수단이라는 점에서 문제가 심각하다. 비행기를 둘러싼 논쟁은 배급제, 환경세, 소비자 선택을 둘러싼 문제에 중요한 화두를 던지기 때문에 꽤 자세히 살펴보겠다.

비행기는 상당한 양의 이산화탄소와 그 밖의 희귀한 온실가스를 상층 대기에 직접 살포하기 때문에 문제가 크다. 유엔 '기후변화에 관한 정부 간 패널IPCC'이 1999년에 발간한 보고서에 따르면, 비행기에서 배출되는 모든 종류의 온실가스를 고려하면 이산화탄소만 고려했을 때보다 2.7배나 더 많은 온실효과를 일으킨다고 한다.[54] 그런데 IPCC 보고서는 비행기에서 나오는 온실가스의 즉각적 효과만을 고려한 것이었다. 그러나 비행기에서 배출된 온실가스 중 많은 종류는 대기에서 빠르게 소멸돼 버린다. 이 때문에 대부분의 온실가스 배출 연구는 장기적 효과를 주되게 다룬다. 20년 이상의 장기적 관점에서 보면, 비행기가 지구온난화에 육상교통보다 훨씬 더 큰 영향을 미치는 것은 아니다. 그러나 지금 우리에게는 장기적 효과와 단기적 효과를 구분할 만큼의 시간조차 남아 있지 않다.

물론 비행기 설계와 제작 공정을 개선해 배출량을 줄일 수 있는 가능성이 있는 것은 사실이다. 보잉사는 자신들이 새로 만든 드림라이너가 옛 기종보다 연료를 20퍼센트나 덜 사용한다고 주장한다.[55] 더 중요한 사실은, 오늘날의 비행기가 40년 전보다 연료를 70퍼센트나 덜 사용한다는 점이다. 비록 향후 40년 동안 그만큼 줄일 수 있다고는 말할 수 없더라도, 적어도 50퍼센트를 줄일 수 있다는 것만큼은 확실하다.[56] 그러나 같은 기간 동안 더 늘어날 비행기 수요를 감안하면 전체 배출량이 늘어날 것 역시 확실하다.

비행기와 항공 여행에 제기되는 해결책들은 대부분 소비자의 선택, 시장 인센티브, 평범한 사람들의 희생을 강조한다. 많은 경우 아래와 같은 논리를 들이댄다.

정말로 지구를 걱정한다면 비행기를 그만 타십시오. 날이 갈수록 비행기 요금이 낮아지고 있는 것이 가장 큰 문제인데, 그 때문에 더 많은 사람들이 비행기를 타게 되기 때문입니다. 사람들은 이기적이고 자신들의 휴가를 즐기려 합니다. 따라서 우리는 서명운동, 집회, 심지어 봉쇄를 해서라도 새로 활주로를 짓지 못하게 막아야 합니다. 또 비행기 연료와 운항에 막대한 세금을 부과해서 대부분의 사람들이 비행기를 타지 못하도록 해야 합니다.

위 주장에는 일말의 진실이 있다. 우리는 비행기 운항을 줄여야 하고 새로운 활주로 건설을 막아야 한다. 육상 교통 연료에는 많은 세금을 부과하면서 비행기 연료에는 단 한 푼의 세금도 부과하지 않는 것은 어처구니없는 일이다. 교토의정서에서 항공업이 제외된 것은 말할 것도 없다.

그러나 위와 같은 주장에는 정치적 약점이 있는데, 이는 영국 히스로 공항의 새 활주로 건설을 둘러싼 논란을 보면 명확해진다. 환경 단체들은 올바르게도 활주로 건설에 반대하지만, 신노동당 정부는 이를 강행하려 하고 있다. 1980년대 이래 연이어 집권한 보수당 정부와 노동당 정부는 영국 제조업의 상대적 쇠퇴에 대한 대책으로 런던을 미국과 유럽·중동을 잇는 전 세계 금융의 중심지로 만들려고 해 왔다. 신노동당과 보수당 모두 외국인 특히 미국인 사업가들을 히스로 공항으로 끌어들이는 것에 골몰했다.

그러나 히스로 공항 확장이 반대에 부딪히자, 당시 총리 토니 블레어는 공항 확장이 사업가들을 위한 것이라고 말하지 않았다. 그 대신 그는 노동자들이 저렴한 해외여행을 원한다고 얘기했다(그리고 이것은 사실이다). 이런 논리로 토니 블레어는 비행기 여행에 대한 지원을 결코 삭감하지 않겠다고 말했다.

이것이 현재 우리가 맞닥뜨린 정치적 문제다. 한편에서는 환경단체들이 희생을 요구한다. 그들은 주로 비행기 요금을 비싸게 만들어 저가 항공을 금지하는 일에 집중한다. 그 결과로 부자들만 비행기 여행을 즐기게 될 텐데도 말이다. 반면에 신노동당 정부는 자신들이 노동자들의 대변자인 양 행세하고 있다.

이 때문에 많은 사람들은 고민에 빠진다. 영국처럼 춥고 비가 많이

오는 나라에서는 휴가가 소중하다. 스페인의 태양을 만끽하며 보내는 2주간의 휴가는 한 해의 대부분을 지루하고 열정 없이 일터에서 보내야 한다는 사실을 잊게 해 주는 마법과도 같은 위안이다. 저가 항공을 이용하면 4인 가족이 영국에서 스페인까지 가는 데 200파운드가 들지만, 기차를 타면 1000파운드나 그 이상이 필요하다. 평범한 사람들은 감당하기가 어렵다. 또 자녀를 데리고 방글라데시에 있는 어머니, 아버지를 만나러 가고 싶은 사람들도 있다. 그러나 다른 한편으로는, 비행기 여행이 지구를 병들게 한다는 것도 안다. 그래서 사람들은 죄책감을 느끼면서 비행기를 타고, 그중 일부는 자기 대신 나무를 심어 준다는 말에 상술인 줄 알면서도 돈을 내고 위안을 얻는다.

이런 전략은 사람들을 냉소에 빠지게 만들 뿐, 실제 행동으로 이끌어 내지 못한다. 기후변화를 막기 위한 운동이 이처럼 평범한 사람들에게 세금을 매기고 사실상 부자들 편에 서게 되면 항상 문제가 발생한다. 예를 들어 난방 연료에 세금을 부과하는 문제도 그렇다. 부자들에게는 이런 세금이 아주 미미할 따름이지만, 영국에서는 지금도 겨울마다 수천 명의 가난한 노인들이 난방비를 아끼려다 죽는 실정이다. 세금이 늘어나 기름 값이 오르면 이들의 쥐꼬리만 한 소득에서 난방비가 차지하는 비중이 더욱 커질 것이다. 마찬가지로 유류세와 도로 통행료를 도입하면 가난한 사람들만 희생하고 부자들은 더 편하게 승용차를 몰고 다니게 될 것이다. 대중교통이 열등하다는 의식과 '마이카'의 꿈은 더 커질 것이다. 비행기 여행에 세금을 부과하면 평범한 사람들에게 휴가나 가족 방문은 그림의 떡이 될 것이다.

이런 일이 벌어지면, 기후변화 대책에 아주 관심도 없는 기업가들과 정치인들에게 정치적 기회가 열린다. 그들은 환경운동가들에 반대하는 캠페인을 벌이고, 사회의 다수를 구성하는 평범한 사람들을 자신들 편으로 끌어들일 것이다.

그러나 이런 정치적 함정을 피하면서 배출량을 줄일 수 있는 대안은 언제나 존재하고, 비행기 문제 역시 예외가 아니다. 앞서 말했듯이, 진정한 대안은 희생을 강요하는 것이 아니라 전과 다르게 사는 것이다. 그러려면 평범한 사람들에게 더 많은 부담을 지울 것이 아니라 부자들이 누리는 사치를 규제해야 한다.

구체적 대안의 형태로, 한 대륙 안에서만 운항하는 모든 항로를 금지하는 것부터 얘기를 시작해 보자. 이를 위해 사람들에게 휴가를 즐기거나 친지를 만나러 가는 일을 포기하라고 할 것이 아니라, 정부가 더 빠른 철도를 새로 만들면 된다. 그리고 사람들이 저가 항공 대신 철도를 이용할 수 있도록 정부가 보조금을 지급해야 할 것이다. 이런 장거리 기차는 저가 항공처럼 인터넷 예약을 통해 빈자리를 최소화할 수 있다.

이것은 희생을 강요하는 것이 아니다. 기차 여행은 훨씬 더 편하며 비행기와 달리 공항에서 긴 수속 과정을 거칠 필요가 없다. 많은 공항이 도시 중심에서 멀리 떨어져 있는 것과 달리, 기차역은 도시 중심지에 있다. 또 기차는 비행기보다 요동이 적으며, 내부 공기 때문에 질병에 걸리는 일도 없다. 특히 아이를 데리고 비행기를 타 본 사람이라면 비행기보다 기차가 훨씬 낫다는 것을 잘 알 텐데, 기차 안에서는 아이들이 돌아다닐 수 있기 때문이다.

새로 만들 기차가 시속 240~640킬로미터로 달리는 무지막지한 초고속 열차여서는 안 된다. 기차가 받는 공기저항이 맞바람 속도의 제곱에 비례한다는 공학적 이유 때문에 이런 초고속 열차는 그 자체로 지구온난화에 해악을 끼친다. 달리 말해, 초고속 열차는 자동차보다도 더 많은 이산화탄소를 배출한다. 그러나 영국에서 흔히 볼 수 있는 시속 160킬로미터짜리 기차는 괜찮다. 이것만 타도 뉴욕에서 샌프란시스코까지 미국 전체를 횡단하는 데 30시간이면 충분하고, 프랑스 파리에서 인도 델리까지는 60시간이면 가능하다. 또 좌석을 접었다 펴서 취침용으로 사용하게 할 수도 있다.

물론 여행 시간이 비행기보다는 조금 더 오래 걸릴 것이다. 따라서 공정한 해결책이 되려면 사람들에게 휴가를 매년 이틀씩 더 줘야 한다.

여전히 남는 문제는 태평양과 대서양을 횡단하는 비행기를 타는 사람들이다. 여기서 핵심은 저가 항공이 아니라 고가 비행기 좌석을 제한하는 것이다. 이를 위해 남들보다 네다섯 배나 많은 공간을 차지하는 다양한 호화 특등석을 이런 노선에서 없애야 한다. 부자라고 해서 우리와 함께 비좁게 탄다고 크게 문제가 생기진 않을 테니까 말이다.

더 큰 관점에서 보면 문제는 더 단순해진다. 태평양과 대서양을 건너야 할 정도의 장거리 여행은 대부분 사업가들을 위한 것이다. 이런 사업가들은 전체 인구 중 소수지만, 특히 그중 일부는 비행기를 아주 많이 탄다. 해결책은 두 가지다. 하나는 누구든 장거리 비행을 하고 난 뒤에는, 다시 바다를 건너서 돌아오기 전까지 적어도 3주는 그곳에서 체류해야 한다는 법을 만드는 것이다. 또 다른 방법은, 이런 왕복 여행을 할 권리를 모두에게 한 해에 한 번으로 제한하는 대신, 이 권리를 사고팔 수 없도록 하는 것이다. 화상회의와 영상통화를 통해서도 사업에 필요한 논의를 할 수 있을 것이다.

지금까지 말한 방법들을 모두 결합해야만 실질적 변화를 이끌어 낼 수 있다는 것이 비행기 문제에서도 분명하다. 정부 규제를 통해 비행기 설계를 바꾸고, 저가 항공을 제공하며, 휴일을 늘리고, 국내선과 바다를 건너지 않는 노선을 없애고, 바다를 건너는 노선은 모두에게 공평하게 배급하는 것이다.

이런 해결책을 도입하면, 승객 1인 1킬로미터당 이산화탄소 배출을 80퍼센트나 줄이면서도 여전히 사람들에게 여행을 즐기게 해 줄 수 있다.

무엇을 요구하며 싸울 것인가

지금까지 나는 이산화탄소를 거의 배출하지 않는 운송 방법에 대한 계획을 이야기했다. 다른 문제들처럼 이 계획도 그 규모가 어마어마하기 때문에 사람들은 이것이 과연 현실에서 가능한 것인지 의문을 품을 것이다. 이런 사람들에게 확신을 심어 주기 위해, 지금 당장 투쟁하며 요구해야 하는 것들 네 가지를 제안해 보겠다.

첫째는 승용차 없는 도시를 만들기 위한 지역별 캠페인을 연이어 진행하는 것이다. 한 도시에서 승리한다면 그것은 전 세계를 향한 봉화 구실을 하게 될 것이다. 그것은 더 인간 친화적이고 더 살기 좋으며 더 아름다운 새로운 종류의 도시일 것이고, 텔레비전과 관광객을 통해 전 세계에 알려질 것이다. [그러면] 두 번째 도시는 더 쉽게 성취할 수 있을 것이고, 그다음 도시는 더 쉬워질 것이다.[57]

둘째, 무료이거나 매우 저렴한 시내 대중교통을 요구하는 것이다. 이를 통해 도로에서 차가 줄어들도록 만들고, 사람들에게 승용차 없는 도시가 실제로 가능하다는 생각을 심어 줄 수 있을 것이다.

셋째, 공항 건설과 확장을 반대해야 한다. 새 공항이나 새 활주로 건설에 맞선 지역별 캠페인은 이미 세계 여러 나라에서 벌어지고 있다. 이런 지역 캠페인의 중심은 소음이나 철거에 반대하는 주민들이다. 주민들이 자신들의 소유권을 주장한다는 점 때문에 사람들은 종종 이 운동이 편협하다고 여기기도 한다. 주민들이 자신들의 권리를 위해 싸운다는 것은, 운동을 일으키고 사람들을 모으는 계기가 되기 때문에 강점이다. 그러나 지지자들이 대의명분이 부족하다고 느낀다는 점에서 약점이기도 하다. 따라서 여기서 핵심적으로 중요한 것은 이것이 단지 좁은 지역만의 문제가 아니라 지구 전체를 위한 싸움이기도 하다는 점을 결합하는 것이다. 2007년 8월 런던 히스로 공항 바로 옆에서 열린 '직접행동을 위한 기후 캠프Climate Camp for direct action'는 훌륭한 예다. 이 캠프는 지역 주민들과 각 나라에서 모인 기후 활동가들을 단결시켰다.[58]

그러나 비행기 여행을 제한하는 것은, 앞서 말했듯이, 사람들에게 기차라는 대안을 제공할 때만 가능하다. 내가 제안하려는 넷째 캠페인은, 특히 영국에 해당하는 것인데, 철도를 다시 국유화하는 것이다. 영국에서는 1990년대에 철도를 민영화한 결과 서비스의 질이 떨어졌고, 연착이 더 잦아졌으며, 더 위험해졌으면서도 요금은 더 비싸졌다. 이는 사기업들이 국영 철도망을 운영할 수 있게 되면서 빚어진 논리적 결과였다. 사기업들은 새 노선을 깔거나 새 열차를 도입하기 위한 대규모 투자에는 도무지 관심이 없다. 오히려 통근열차를 이용할 수밖에 없는 사람들을 상대로, 운행 횟수를 줄여서 더 비좁게 타도록 만들고, 요금을 올려서 더 많은 돈을 쥐어 짜내는 데만 혈안이 돼 있다.[59]

이것은 철도를 확장하고 저렴한 장거리 여행을 제공하려면 국유화가 필수적이라는 점을 보여 준다. 또 이를 위해 철도 노동자들과 통근 열차 이용자들을 운동에 끌어들일 수 있다는 뜻이기도 하다.

이를 위한 정치적 조건은 생각보다 좋다. 우선, 압도 다수의 사람들이 이전의 국유 철도가 더 좋았다고 회상한다. 또 사기업들의 무능은 때때로 도산으로 이어진다. 이미 영국 정부는 철도 기반 시설을 관리하던 레일트랙을 재국유화해야 했다. 2007년 여름에는 런던 지하철의 3분의 2를 운영하던 메트로넷이 파산했는데, 어처구니없는 계약 조건 때문에 19억 파운드의 빚을 정부가 대신 갚아야 했다. 이 때문에 민영화 지지자들은 정치적으로 큰 약점이 생겼다.

철도를 국유화해서 대규모로 투자하기 시작하면 몇 가지 문제가 한꺼번에 해결될 것이다. 우선 비행기 여행의 대안이 마련될 것이다. 또한 승용차를 대체할 수 있을 정도로 기차 요금이 저렴해질 것이다. 항공 화물수송도 기차로 대체될 것이다.

8장 공업

얼핏 생각하면, 공업이야말로 이산화탄소 배출량을 줄이기 가장 쉬운 분야다. 배출량이 소수 업종에 집중돼 있고 이 업종들은 소수의 다국적기업에 의해 운영되기 때문에, 어디를 공략해야 하는지가 분명하기 때문이다. 게다가 공업 분야는 그동안 에너지 효율을 높이는 데 소홀했기 때문에 이를 개선하는 것만으로도 상당히 큰 효과를 볼 수 있다.

그러나 같은 이유 때문에 공업에서 변화를 이끌어 내기가 실제로는 더 어렵다. 건물과 운송 분야에서 변화를 주장하기가 상대적으로 더 쉬웠던 이유는, 그 분야들이 예전부터 정부의 보조금과 규제를 받아 왔기 때문이다. 그러나 공업 분야의 대기업들은 자신들의 정치적 영향력을 정부에 행사하는 반면, 정부가 이들에게 영향력을 행사하기는 쉽지 않다.

에너지 효율을 높이는 것뿐 아니라 생산에 필요한 자원의 흐름을 조절하는 것 역시 공업에서 배출량을 줄이는 또 하나의 방법이지만,

이것 역시 비슷한 어려움을 안고 있다. 만약 정부가 특정 업종에는 더 많이 생산하라고 명령하고 다른 업종에는 더 적게 생산하라고 한다면, 공업 분야에서 매우 큰 변화를 이끌어 낼 수 있을 것이다. 그러나 이렇게 말하기는 쉽지만, 조금만 생각해 보면 그것이 매우 어려운 일임을 알 수 있다. 무엇보다, 과연 그런 조치를 정말로 강행할 정부가 있을까? 이 때문에 공업과 기후변화에 관한 모든 주장들은 에너지 효율을 높이는 문제나 주변적 문제들만 언급하고 진짜 핵심적인 문제는 비껴가는 경향이 있다.

따라서 공업에 관한 이번 장은 이 책 전반에서 제기하는 문제의식을 가장 예리하게 정리한 부분이기도 하다. 이산화탄소 배출을 줄이기 위한 갖가지 기술적 방법을 소개하는 일은 쉽다. 그러나 이를 실제로 도입하기 위해서는 변화를 거부하는 세력에 맞설 만한 정치·경제적 힘이 필요하다.

이런 것을 염두에 두고, 우선 공업에서 어떤 방식으로 배출량을 줄일 수 있는지 살펴보겠다.

전 세계적으로, 2004년 한 해 동안 공업이 배출한 이산화탄소는 99억 톤이었다. 이는 총 배출량(270억 톤)의 36퍼센트로 3분의 1을 약간 넘는 양이다.[60] 그리고 이 중 3분의 2는 다음과 같은 일곱 업종에서 배출됐다.

이를 보면 시멘트 공장, 정유소와 제철소가 전체 공업 배출량의 절반 이상을 배출한다는 것을 알 수 있다. 시멘트 공장은 탄소와 칼슘, 산소가 결합된 석회암을 주로 사용하기 때문에 문제다. 기본적으로 시멘트를 만드는 과정은 석회암에서 탄소를 추출해 이산화탄소의 형태로 대기 중에 내다 버리는 것이기 때문이다. 정유소는 원유에서 휘발유·디젤유·등유와 화학제품·플라스틱·비료에 사용될 원료를 추출하는 데 막대한 에너지가 들어가기 때문에 문제다. 제철소는 철광석으로부터 철과 강철을 만들어 내는 데 엄청난 고열이 필요하기 때문에 문제다.

공업 분야의 전 세계 이산화탄소 배출량(2004년)[61]

시멘트 공장	17억 톤
정유소	16억 톤
제철소	16억 톤
알루미늄 공장	5억 톤
타일과 벽돌	4억 톤
펄프와 종이	4억 톤
비료 생산	3억 톤
7개 업종 총합	65억 톤
전체 공업 종합	99억 톤

그러나 원료의 흐름을 통제하고 생산방식을 바꿔서 상당한 양의 이산화탄소 배출을 줄일 수 있다. 어떻게 그럴 수 있는지 앞서 언급한 세 주요 업종을 차례로 살펴보겠다.

시멘트 생산은 17억 톤을 배출하는데, 이는 전체 공업 배출량의 6분의 1이고 전체 이산화탄소 배출량의 6퍼센트에 해당한다. 현재 시멘트 생산 시설의 절반은 중국에 있고, 4분의 3은 중국을 포함한 개발도상국에 있다. 이 시멘트는 집을 짓는 데 사용되는데, 특히 에너지 소비가 많고 가난한 나라의 부유층이 주거와 사무용으로 사용하는 고층 건물에 쓰인다. 6장에서 주장했듯이, 아시아와 유럽, 미국에서 해결책은 집과 사무실 건물을 지을 때 전통적 재료를 사용하고 인간 친화적 규모로 짓는 것이다.

만약 이것이 여의치 않거나 시멘트를 반드시 써야만 하는 곳에서는, 콘크리트를 만들 때 산업폐기물을 사용하거나 석회암 대신 석고를 사용하면 배출량을 크게 줄일 수 있다. 현재 석고는 '너무 비싸다'는 이유로 쓰이지 않고 있다. 그러나 앞서 지적했듯이, 너무 비싸다는 말은 일자리가 더 많이 생긴다는 뜻이다.

정유소는 매년 16억 톤의 이산화탄소를 배출하는데, 이는 시멘트 생산과 비슷하게 전체 공업 배출량의 6분의 1이고 전체 배출량의 6퍼센트에 해당한다. 대부분의 석유는 운송에 쓰인다. 앞 장에서 설명한 방식으로 운송을 변화시키면 석유 사용을 대부분 없앨 수 있다. 물론 화학제품, 의약품과 비료를 만들기 위해 석유를 정제하는 것은 여전히 필요하지만, 이는 현재 전 세계 정유소의 6분의 1만으로도 충분할 것이다.

제철 과정도 매년 16억 톤의 이산화탄소를 배출하며, 마찬가지로 전체 공업 배출량의 6분의 1이고 전체 배출량의 6퍼센트에 해당한다. 다른 금속도 철과 마찬가지로 가공 과정에서 막대한 열이 필요하기 때문에 마땅한 대체물도 없다. 예컨대 알루미늄을 정제하려면 철보다 더 많은 에너지가 필요하다. 따라서 이산화탄소 배출량을 줄이려면 더 최신식의 효율이 높은 제철소를 짓고 열을 내는 데 사용하는 연료를 바꿔야 한다. 다음은 철을 생산하는 주요 국가의 철 1톤당 평균 이산화탄소 배출량을 비교한 것이다.

철 1톤당 이산화탄소 배출량(단위: 톤)[62]

브라질	1.25
한국	1.6
멕시코	1.6
미국	2.0
중국	3.0~3.8
인도	3.0~3.8

각국 정부가 에너지 효율을 높이기 위해 가장 즐겨 사용해 온 방법은, 가장 효율이 높은 기술을 표준으로 정한 뒤 모든 기업에게 5~8년 안에 표준 기술을 도입하라고 요구하는 것이다. 정부가 그것을 법제화하면, 기업들이 이를 따르는 것이다. 이미 각국 정부는 냉장고와 자동차 연비 문제에서 그런 표준을 도입한 바 있다.

제철소의 경우, 효율이 높은 기술을 표준으로 도입하는 데 주된 장애물은 바로 국제 경쟁이다. 제철소는 막대한 투자가 필요한 시설이기 때문에 모든 국민경제의 핵심이다. 어떤 국제기구도 철강 생산을 통제할 수 없다. 유일한 해결책은 또다시 국가보조금과 일자리 창출이다. 다시 말해, 새로운 제철소를 짓거나 기존 제철소의 에너지 효율을 높이기 위해 전면적으로 개보수해야 한다.

제철소에서 이룰 수 있는 또 하나의 중요한 변화가 있다. 현재 제철소들은 제철 과정에 필요한 열을 내기 위해 화석연료나 전기로를 사용한다. 만약 모든 제철소가 화석연료 대신 전기로를 사용하고, 이를 위해 필요한 전기에너지의 대부분을 풍력과 태양력으로 생산한다면 배출량이 대폭 줄어들 것이다.

모터와 전기

지금까지 시멘트 공장, 정유소, 제철소에서 배출을 줄이는 법을 알아봤다. 이 셋은 전체 공업 배출량의 절반을 배출하고 전체 이산화탄소 배출량의 18퍼센트에 해당하는 만큼 이 업종들만으로도 배출량을 크게 줄일 수 있다. 그렇지만 이를 위해서는 단지 에너지 효율을 높이는 것 이상의 조치가 필요하다.

한편으로, 에너지 효율을 높이는 것만으로도 큰 변화를 이끌어 낼 수 있는 중요한 영역들이 있다. 공업에서 쓰이는 전기를 생산하기 위해 매년 48억 톤의 이산화탄소가 배출되는데 이는 공업 전체에서 배출되는 이산화탄소의 절반에 가까운 양이다.

이런 전기 사용량을 줄이는 방법을 이해하려면, 공업에서 생산성의 의미가 무엇인지부터 살펴볼 필요가 있다. 생산성을 높인다는 말은 기업이 같은 수의 노동자를 사용하면서도 더 많은 상품을 생산한다는 뜻이다. 이것이 자본주의 경영에서 나머지 모든 것을 규정한다. 생산성이 높아지면 기업은 가격을 낮추거나 이윤을 더 많이 남기거나 아니면 둘 다 할 수 있다. 공장이나 기계를 설계할 때는 언제나 생산성 향상에 초점을 맞춘다. 노동자를 배치하고 관리하는 모든 단계에도 마찬가지다. 대부분의 나라에서 공업 생산성은 해마다 최소한 2퍼센트씩 상승한다. 이 덕분에 전 세계 생산량이 매년 가파르게 늘어날 수 있는 것이다.

생산성을 올리기 위한 주된 방법은 노동자들을 더 혹사시키는 것이 아니라 기계의 성능을 향상시키고 작업 과정을 개선하고 노동력을 더 효율적으로 배치하는 것이다. 또 투자를 늘리고 새로운 공장을 짓고 새로운 기계를 도입하는 방법도 있다. 대체로 새로운 공장과 기계가 더 생산적이기 때문이다. 에너지 효율을 높이기 위해 우리가 주목해야 할 지점도 바로 이 영역이다. 그러나 엔지니어들과 관리자들은 에너지 효율을 생산성만큼 중요하게 고려하지 않는다. 에너지를 절약하는 것과 노동력을 줄이는 것 사이의 선택에 직면하면, 대부분 주저 없이 [노동력을 줄여] 생산성을 높이는 쪽을 선택한다. 에너지 절약을 고려하는 경우는 그럴 여유가 있을 때뿐이다. 이런 차이는 대부분의 공업 분야에서 노동력이 에너지보다 훨씬 더 비싸기 때문에 생기는 것이다.

그런데도 공업에서 에너지 효율은 꾸준히 향상돼 왔다. 부분적으로 이는 노동력을 아끼는 방법이 연료도 아끼기 때문이다. 또 에너지 효율을 높이는 것이 그리 어렵지 않기 때문이기도 하다. 그러나 아직까지는 에너지 효율을 높이기 위해 체계적 노력을 기울인 바가 없기 때문에, 에너지 효율은 '등잔 밑'으로 남아 있는 경우가 많다. 즉, 조금만 노력을 기울이면 많은 에너지를 절약할 수 있다.

문제는 어떻게 기업들이 에너지 비용을 줄이는 데 신경 쓰도록 만들 수 있느냐는 것이다. 엔지니어들 중에는, 이렇게 해서 줄어들 비용이 개선하는 데 들어가는 비용보다 크기 때문에 기업이 시도하는 것만으로도 본전을 뽑는다고 주장하는 사람들이 있다. 그리고 실제로 많은 경우 이것은 사실이다. 에너지 전문가인 에이머리 로빈스와 그의 동료들의 연구는 이런 예시를 수없이 많이 제공한다.[63]

그중 하나의 예인 공업용 모터를 살펴보자. 공업에 필요한 전기를 만들기 위해 배출되는 이산화탄소의 양은 공업 전체가 배출하는 이산화탄소의 절반에 해당하고 전체 이산화탄소 배출량의 17퍼센트를 차지한다. 로빈스는 전기모터와 펌프를 세심하게 설계하면 매우 많은 에너지를 절약할 수 있음을 보였다. 유럽연합과 미국에서는 전기모터가 전체 공업 사용 전력의 63~65퍼센트를 사용한다. 유엔 '기후변화에 관한 정부 간 패널IPCC'은 이 중 3분의 1을 줄일 수 있다고 추정하고 로빈스는 더 많이 줄일 수 있다고 추정한다.[64]

이런 모터는 공기, 연료, 액체를 공장 안에서 이리저리 이동시키는 펌프 구실을 하는 데 에너지의 대부분을 사용한다. 로빈스는 이 펌프의 에너지 사용량을 줄일 수 있는 독창적 설계법을 다량으로 수집했다. 기존에는 기계들 간의 거리를 고려하지 않은 채 공장 안에 기계들을 먼저 배치하고 나서 기계들을 서로 연결하기 위해 펌프와 배송관을 설치했다. 로빈스는 펌프와 파이프를 가장 효율적인 위치에 우선적으로 배치한 다음에 기계들을 설치하라고 조언한다. 또 파이프의 크기를 조금만 바꿔도 큰 변화를 이끌어 낼 수 있다. 파이프 크기를 바꾸면 모터가 기체와 액체를 이동시키는 데 필요한 에너지를 줄일 수 있기 때문이다.

에너지 효율을 높여서 절약하는 비용만으로도 초기 투자 비용을 뽑을 수 있다는 주장은 많은 경우 사실일 것이다. 그런데도 많은 기업들이 여전히 이를 시행하지 않는 이유는 그보다 먼저 신경 써야 할 다른 일들이 많기 때문이다. 따라서 어떻게 에너지 효율을 노동생산성만큼 중요한 문제로 여기도록 만들 것이냐는 질문이 여전히 남는다. 이는 쉬운 문제가 아니다.

효과가 확실한 한 가지 처방은 기업이 사용하는 전기에 세금을 매겨 비싸게 만드는 것이다. 그렇게 되면 비용이 커지기 때문에 기업이 신경을 쓸 수밖에 없다. 영국에서 이것을 시도했으나 세율이 너무 낮아서 사실상 기업의 태도를 바꿀 수가 없었다. 그리고 그처럼 세율이 낮았던 이유는, 전기 요금이 진짜로 높아지면 기업들의 대규모 반발을 살 것이기 때문이었다.

단순한 배급제가 공업계의 에너지 효율에 대한 관심을 높이는 더 효과적인 방법일 수 있다. 이는 앞서 말한, 생산에 필요한 자원을 통제하는 또 하나의 방법이다. 마치 시멘트에 배급제를 도입하고 낡은 정유소를 폐쇄하는 것과 비슷하다고 할 수 있다. 정부가 나서서 어떤 종류의 업체에 전력을 제공할지 결정하면, 세금으로 기교를 부리는 것보다 훨씬 더 효과적으로 애초 의도했던 에너지 효율 향상을 달성할 수 있을 것이다. 또 하나의 해결책은 이산화탄소 배출을 줄이는 기술을 찾아내서 해당 분야 기업 모두에게 그 기술을 사용하도록 의무화하는 것이다.

그러나 주된 전략은 엔지니어들과 현장 노동자들에게 힘을 실어 주는 것이다. 우리의 투쟁 요구는 여기에 초점을 맞춰야 한다.

무엇을 요구하며 싸울 것인가

시멘트 공장과 정유소의 이산화탄소 배출을 줄여야 한다는 사실로부터 두 가지 캠페인은 쉽게 떠올릴 수 있다. 6장에서 말한 고층 건물에 반대하는 캠페인과 7장에서 설명한 대중교통을 요구하는 캠페인이다.

그렇지만 내가 이 장에서 주되게 강조하고 싶은 것은 엔지니어들과 현장 노동자들에게 힘을 실어 줘야 한다는 것이다. 그들은 매일 일터에서 일하며, 이런저런 기술을 잘 알고 있다. 만약 이 사람들이 기후변화 캠페인을 위해 헌신하기로 마음만 먹는다면, 어떤 공장이든 수많은 변화를 이끌어 낼 수 있을 것이다. 나는 주되게 영국 사례를 들 테지만, 다른 나라 역시 이와 비슷할 것이다.

영국의 고용주들은 대부분 노동자들에게 에너지를 절약하겠다는 서약서를 받는다. 각 부서마다 에너지 절약 방안을 찾아낸 이들을 '에너지 챔피언'으로 선정한다. 경영진은 이런 방안들 중 자신들의 비용을 줄여 주는 것은 도입하지만, 부담이 늘어나는 것은 무시한다. 예를 들어 경영진은 잔업수당을 줄이고 [승용차 출퇴근자에게] 주차 요금을 부과하자는 제안은 수용할 것이다. 왜냐하면 이를 통해 노동자들의 임금을 깎을 수 있고 회사 측의 수입은 늘어나기 때문이다. 그러나 경영진은 새로 짓는 건물에 태양전지판을 설치하자는 제안은 비용이 많이 든다며 거부한다. 이 때문에 자칫 많은 '에너지 챔피언'들은 다른 노동자들에게 희생을 강요하는 데 앞장서는 격이 될 수 있다. 반대로, [회사의 조치에 반대하는] 노동조합 간부들은 조합원의 이익을 지키기 위해 기후변화를 무시한다는 비난을 받게 된다. 이 때문에 노동조합 활동가들은 혼란에 빠지며 [기후변화 문제에] 방어적 태도를 취하게 된다.

이런 모순을 타개할 방법이 있다. 나는 지구온난화를 주제로 열린 영국의 노동조합 모임에서 몇 차례 연설할 기회가 있었는데, 언제나 지구온난화에 관해 가장 열성적으로 주장하는 사람은 노동조합 간부가 아닌 사람이었다. 영국 노총TUC에는 노동조합 지부마다 보건·안전 담당자를 육성하는 것처럼 환경문제 담당자를 육성하는 프로그램이 있다. 지구온난화에 관해 열성적으로 이야기하던 그런 사람을 환경문제 담당자로 정하면, 그의 열정 덕분에 노동조합이 환경문제에서 더 분명한 견해를 채택할 수 있을 것이다.

이렇게 정해진 담당자는 에너지 효율 문제를 놓고 경영진과 협상해야 할 때, 노동자와 지구 둘 다를 위한 요구 조건을 내걸 수 있다. 태양 전지판을 요구하고, 주차 요금 부과에 반대하고, 무료 셔틀버스를 요구하고, 잔업수당 삭감에 반대해야 한다. 이 과정에서 엔지니어들과 현장 노동자들의 지식과 창의력을 끌어낼 수 있을 것이다.

그렇지만 이 모든 것에는 중요한 전제 조건이 있다. 즉, 노동조합과 노동자들에게 지구온난화 저지 투쟁이 그들에게 희생을 요구하는 것이 아니라 더 좋은 일자리와 더 나은 세계를 위한 투쟁이기도 하다는 점을 납득시켜야 한다. 이를 위해서는 에너지 절약 문제를 일자리를 지키기 위한 투쟁과 연결해야만 한다.

지금까지 내가 지구온난화를 막기 위해 제안한 급진적 조치들은 모두 훨씬 더 많은 일자리를 만들 것이다. 그러나 일부 일자리는 사라지게 될 텐데, 많은 경우 이런 일자리는 해당 지역 경제의 젖줄인 경우가 많다. 미시간주의 플린트나 영국의 옛 탄광촌에 가면 산업이 쇠락하거나 떠나 버린 뒤에 사람들이 입은 피해를 극명하게 볼 수 있다. 대규모 실업 때문에 젊은이들이 앞다퉈 빠져나가고 음주, 마약, 약물중독, 우울증, 가정 폭력과 어쩔 수 없는 적개심만 남게 된다.

이 때문에 기후변화를 막기 위해 활동하는 사람들은 자칫하면 다국적기업뿐 아니라 그곳에서 일하는 노동조합과 노동자들까지도 종종 적으로 만들게 된다. 이를 피하기 위한 방법은 노동자들의 고용을 보장하는 것이다. 이는 매우 급진적인 해결책이지만, 노동조합과 노동자들을 적으로 돌리지 않기 위한 유일한 방법이다. 이 말은 특정 종류의 일자리를 끝까지 고수한다는 뜻이 아니다. 예전 직업과 같은 임금을 받으면서 가족과 떨어지지 않고 통근할 수 있는 일자리를 보장받기 위해 투쟁한다는 뜻이다. 예를 들어, 자동차 생산을 중단하는 대신 태양전지판, 풍력 터빈, 버스와 기차를 만들 수 있다. 트럭 운전사는 버스를 운전하고, 항공기 승무원은 장거리 기차 승무원으로 일할 수 있다. 바다에서 석유를 시추하던 노동자들은 풍력 단지를 짓고 보수하는 일을 할 수 있다.

공상적이라고 느낄지도 모르겠다. 지난 30년간 기업들은 노동조합과 노동자들에게 해고하겠다고 위협하며 그들을 굴복시켜 왔다. 따라서 만약 특정 직종에서 일자리를 보장하게 되면 모든 직종의 노동자들이 고용 보장을 원하게 될 것이다. 주류 정당들과 기업들은 이것을 막기 위해 필사적으로 싸울 것이다.

일자리 보장이 비현실적으로 들리는 또 다른 이유는, 지난 30년간 영국을 포함한 많은 나라에서 노동조합이 방어적 태도를 취했기 때문이다. 그동안 노동조합은 임금과 노동조건을 방어하고 지역 병원 폐쇄에 반대해 투쟁했다. 이렇게 방어적 투쟁만 해 온 노동조합 활동가들에게 일자리 보장 요구는 그림의 떡처럼 여겨지는 것이다. 그러나 역사를 돌아보면, 노동조합은 새로운 수당을 요구하고 새로운 산업에서 조직되는 공격적 캠페인을 통해서 강화됐다. 이런 경험은 노동조합 활동가들에게 자신감을 심어 줬고 그들이 자신들만이 아니라 전체 노동계급을 위해 투쟁한다는 확신을 갖게 해 줬다. 일자리를 지키기 위해 투쟁하려면 이처럼 공격적이고 자신감 있는 사고방식이 필요하다. 지구를 위해 싸운다는 생각이 여기에 도움이 될 것이다. 오늘날 강력한 노동조합들은 모두, 노동자들을 위해 더 나은 세상을 만들겠다는 신념으로 가득 찬 사람들에 의해 시작됐다. 지구온난화를 막겠다는 생각은 그런 신념에 딱 맞는 일이다. 노동조합 활동가들이 일자리만이 아니라 전체 인류를 위해 투쟁하는 것이다.

이처럼 기후변화를 막기 위한 노동조합의 투쟁은 모든 사무실과 모든 공장, 모든 건물에서 일어나야 한다. 그러나 그러려면 더 큰 비전이 필요하다. 엔지니어들과 현장 노동자들은 에너지 효율을 높이는 것이 자신들의 일자리를 위협할 거라고 느끼면 그것을 위해 투쟁하지 않을 것이다. 이들에게 자신감을 심어 줘야지 겁을 줘서는 안 된다. 생산과정을 바꾸고 일자리를 지키기 위한 전국적 캠페인은 수많은 현장 활동가들에게 달려 있고 또 그들에게 힘을 실어 줄 것이다. 그들이 자신들의 사장들을 움직여 파이프가 더 효율적으로 작동하도록 모터를 옮길 수 있다.

청정에너지와 에너지 효율

이 장은 에너지를 절약하는 방법에 관한 3개의 장 가운데 마지막이다. 투쟁의 요구와 방식에 관해 마지막으로 한 가지만 더 언급하고자 한다. 바로 청정에너지 도입이 에너지 효율을 높이는 일보다 더 중요하다는 것이다.

역설적이게도, 나는 에너지 효율을 높이는 문제에 더 많은 지면을 할애했다. 이 책만이 아니라 기후변화를 다룬 모든 기사와 책이 다 그렇다. 청정에너지는 설명하기 쉬운 반면에, 에너지 효율을 높이는 일은 더 복잡하고 다양하기 때문이다. 사실 바로 이 때문에 청정에너지가 더 중요하다. 더 설명하기 쉽고, 투쟁의 목표와 필요한 수단도 더 간단하다.

에너지와 기후변화에 대해 글을 쓰다 보면 에너지 효율의 복잡한 특징들에 빠져들게 된다. 나를 포함해 누구나 엔지니어 기질이 있을 수 있을 테니 말이다. 그런 세부 사항들은 꽤 흥미롭다. 그러나 바로 이 복잡성 때문에 에너지 효율을 높이는 해결책은 이해하기가 더 어렵다. 논쟁은 전문가의 영역이 되기 십상이다. 우리에게 필요한 대중운동에 적합하지 않은 이유다.

청정에너지 도입이 더 중요한 또 다른 이유는, 이산화탄소 배출을 줄이는 가장 효과적인 몇몇 방법들이 에너지의 형태를 전기로 바꿀 것을 요구하기 때문이다. 건물의 난방, 승용차·버스·트럭의 동력, 제철소가 특히 중요한 예라고 할 수 있다. 앞서 건물에 관한 장에서 살펴봤듯이, 전기를 전송하는 과정에서 발생하는 손실 때문에 전력망으로 공급되는 전기의 대부분을 청정에너지로 생산하지 않으면 실제 이산화탄소 배출량은 크게 줄어들지 않는다. 전기로 열을 만드는 것이 석유를 태우는 것보다 비효율적이기 때문에 난방 문제에서 특히 그렇다.

정도는 다르지만 버스와 승용차의 경우도 마찬가지다. 석유를 태워 엔진을 돌리는 것이 전기로 엔진을 돌리는 것보다 더 효율적이다.

이 때문에 화석연료를 전기로 대체하면서도 배출량을 줄이기 위해서는 전력망에 공급되는 전기의 90퍼센트 이상을 청정에너지원으로 만들어야만 한다. 청정에너지를 도입하는 것이 그토록 중요한 또 하나의 이유인 셈이다.

나아가, 청정에너지는 기후변화 문제를 더 빨리 해결할 수 있도록 해준다. 정치적 의지만 있으면, 풍력 터빈과 태양발전 시설 등으로 전 세계를 뒤덮는 데 5년이면 충분하다. 청정에너지는 또한 더 단순한 해결책이다. 누구나 이해하기 쉽고, 따라서 투쟁하기도 더 쉽다. 복잡한 기술적 논쟁 때문에 혼란에 빠질 염려가 없으며 규제하기도 쉽다.

따라서 물론 청정에너지를 도입하고 에너지 효율을 높이기 위한 투쟁을 모두 벌여야 하지만, 청정에너지를 도입하는 문제가 더 중요하다.

9장 제대로 된 해결책이 될 수 없는 기술들

이번 장은 제대로 된 해결책이 될 수 없는 기술들을 다룬다. 여기에 따로 지면을 할애하는 데는 몇 가지 이유가 있다.

첫째, 청정에너지를 도입하는 대신 이런 기술들을 사용하면 비용이 더 적게 들고 잠재력도 크기 때문에 문제가 없다는 주장이 있기 때문이다. 그러나 이는 거짓말이다. 일부 기술은 아직 구현이 되지 않았거나 효과가 거의 없고, 심지어 일부는 파괴적 결과를 낳기 때문에 오히려 기후변화를 막는 것을 더 어렵게 만든다. 이런 식으로 사람들을 잘못 인도하면 실망스러운 결과만을 낳게 되고, 사람들은 행동에 나서기를 더 꺼리게 될 것이다. 기후변화를 막기 위한 운동을 건설하는 것도 더 어려워질 것이다.

둘째, 청정에너지를 도입하고 에너지 효율을 높이려면 막대한 자금이 필요한데, 문제를 해결하지도 못할 비싼 기술들에 돈을 써 버리면, 진짜로 필요한 곳에 쓸 돈이 부족하게 된다.

셋째, 이 모든 의심스러운 해결책들은 대부분 변화를 거부하는 대기업들의 지원을 받는다. 이 기업들은 변화가 자신들의 생존을 위협한다고 본다. 예를 들어 석탄 기업들과 석탄을 사용하는 기업들은 이산화탄소 포집·저장 기술을 지지하는데, 이것을 사용하면 자신들이 배출량을 줄일 필요가 없기 때문이다.

해결책이 될 수 없는 기술들을 살펴보는 마지막 이유는 우리에게 진짜로 필요한 변화들이 갖는 정치적 의미 때문이다. 만약 그 어떤 기술을 사용해도 기후변화로 인한 파국을 막을 수 없다면 아무런 희망이 없을 것이다. 반대로 아무 기술이나 해결책이 될 수 있다면 굳이 세계경제를 극적으로 바꿀 필요가 없을 것이다. 그러나 현실에서는 어떤 기술은 효과가 있지만 어떤 기술은 효과가 없다. 대중교통과 태양열집중발전 같은 효과적 해결책을 도입하려면, 기업의 권력에 도전하고 세계경제의 형태를 크게 바꿔야만 한다. 이 책의 핵심 주장은, 지구를 구하려면 세계를 바꿔야 한다는 것이다. 따라서 이 책 전체의 주장이 이번 장에서 다룰 기술적 세부 사항에 의지한다고 해도 과언이 아니다.

차라리 내가 틀렸으면 나도 속이 더 편하겠지만, 그래도 한 가지만 덧붙이겠다. 바이오연료, 수소, 이산화탄소 포집·저장 기술은 실제로 효력을 발휘하기까지 갈 길이 아직 멀었다. 만약 이 기술들이 실제로 쓰일 수 있다면 멋진 일이겠지만 현재 상태를 보건대 가까운 시일 안에 그렇게 되지는 않을 것 같다.

바이오연료

먼저 바이오연료를 살펴본 다음에 수소로 넘어가겠다. 앞서 나는 승용차와 트럭과 비행기를 버스와 기차로 바꿔야 한다고 주장했다. 이것은 기술적으로는 어려운 문제가 아니다. 그렇다고 쉽게 이뤄질 수 있는 것도 아니다. 가장 큰 정치적 문제는 운전자들의 욕심이 아니라, 자동차·비행기·석유 기업의 권력이다.

이 기업들의 권력을 과소평가해서는 안 된다. 특히 자동차 기업들은 불길한 징조를 깨닫고 있다. 그래서 바이오연료와 수소라는 두 가지 기술을 적극 개발하고 있다. 이 두 기술은 승용차가 압도적으로 많은 현재 상황을 유지하고 대중교통으로 전환하는 것을 방해할 뿐, 지구온난화를 막는 데는 효과가 없다. 바이오연료는 항공사들에게도 알리바이가 된다.

'바이오연료'란 식물이나 나무, 동물을 태워서 에너지를 얻는 것을 총칭하는 말이다. 아시아에서는 전통적으로 나무와 소똥을 태워서 요리를 하곤 했는데, 이것이 바로 바이오연료의 예다. 버드나무나 사탕수수 잔해를 발전소에서 사용하는 것도 마찬가지다. 최근 들어서 가장 중요한 바이오연료는 옥수수·사탕수수·콩에서 추출한 에탄올로 이는 알코올의 한 종류다. 이렇게 만들어진 에탄올을 휘발유와 섞어서 사용할 수도 있고 에탄올만으로 자동차를 움직일 수도 있다.

흔히 바이오연료를 옹호하는 주장은 다음과 같다.

바이오연료 역시 탄소 덩어리이기 때문에 이것을 태우면 이산화탄소가 배출된다. 그러나 바이오연료가 석탄, 석유, 가스와 다른 점은 대기 중 이산화탄소를 끊임없이 흡수하기도 한다는 점이다. 운전자가 차를 모는 동안에도 농부는 옥수수를 키운다. 이렇게 자라나는 옥수수는 이산화탄소를 흡수하는데, 이는 자동차에서 에탄올을 태워 배출되는 이산화탄소의 양과 같다. 이렇게 옥수수로 에탄올을 만들고 그것을 태우면 이산화탄소가 배출되지만 다음 세대 옥수수에 의해 다시 흡수된다. 이 때문에 대기 중 이산화탄소는 결코 증가하지 않고, 석유를 태워 이산화탄소를 배출할 일도 없어지는 것이다.

일면 그럴듯해 보이는 이 논리는 전통적 마을에서 요리와 난방에 동식물을 사용해 온 것을 정당화하는 데는 적합하다. 그러나 에탄올을 자동차에 이용하는 것에는 맞지 않는데, 에탄올에 두 가지 문제가 있기 때문이다. 첫째, 소위 말하는 '탄소 중립적'* 에탄올을 얻어 내는 과정에서 사실은 석유를 태우는 것보다 더 많은 이산화탄소가 배출된다. 미네소타대학교의 생태학자 데이비드 틸먼과 제이슨 힐은 이를 다음과 같이 설명한다.

현재 옥수수 에탄올이 생산되는 방식을 보면, 에탄올 1갤런[약 3.78리터]당 20퍼센트 정도만을 '신에너지'라고 할 수 있다. 왜냐하면 트랙터를 돌리기 위해 디젤유를 사용하고, 비료를 만들기 위해 천연가스를 사용하고, 옥수수에서 에탄올을 추출하는 공장에서는 석유를 사용하는 등 매 단계마다 많은 양의 '구에너지'인 화석연료를 사용하기 때문이다.

2006년 옥수수 총 재배 면적은 7000만 에이커였는데, 여기서 재배된 모든 옥수수로 에탄올을 만든다고 해도 미국 휘발유 시장의 12퍼센트만을 대체할 수 있을 뿐이다. 더욱이 화석연료 사용량을 제외한 '신에너지'만을 계산하면 겨우 2.4퍼센트에 불과하다. 자동차를 개조하고 타이어에 충분

---

* 탄소 중립적(carbon neutral) 최종 결과에서 탄소를 배출하지 않는다는 뜻.

한 공기를 넣는 것이 에너지 절약에 더 도움이 될 것이다.[65]

이 말은, 사람들은 자동차에 에탄올을 넣으면서 자신들이 기후변화를 막기 위해 무언가 기여한다고 생각하지만, 사실은 아무런 기여도 하지 못한다는 뜻이다.

오히려 세계 곳곳에서 바이오연료는 기후에 피해를 입히고 있다. 사탕수수에서 에탄올을 추출하는 경우를 먼저 살펴보자. 현재 브라질은 운송 연료의 상당 부분을 사탕수수에서 추출한 에탄올로 충당하고 있다. 만약 예전에 작물을 재배했던 농토가 마침 비어 있는 상태에서 사탕수수를 심었다면, 디젤유를 사용할 때보다는 적은 이산화탄소를 배출하게 된다. 그래도 절반이 넘는 60퍼센트 정도는 여전히 배출되는데 이는 비료를 만들고 사탕수수에서 에탄올을 뽑아내는 과정에서 여전히 화석연료가 쓰이기 때문이다. 현실은 더욱 심각한데, 사탕수수를 재배하기 위해 브라질의 초원과 숲을 밀어 버리고 있기 때문이다. 이 과정에서 식물과 토양에서 많은 양의 이산화탄소가 배출됐고, 그 결과 디젤유를 사용할 때보다 더 많은 이산화탄소를 배출하게 됐다. 숲을 베어 버리면 토양은 상당한 기간 동안 이산화탄소를 지속적으로 배출하는데, 그 결과 향후 20년 동안 사탕수수 에탄올은 같은 기간 디젤유를 사용하는 것보다 50퍼센트나 더 많은 이산화탄소를 배출할 것이다.[66] 바이오연료 가격이 상승함에 따라, 에탄올을 추출할 콩을 심을 땅을 확보하기 위해 앞으로 갈수록 더 많은 브라질의 열대우림이 사라질 운명에 처해 있다.

바이오디젤을 만드는 데 많이 쓰이는 팜유의 경우는 더 심각하다. 인도네시아는 전 세계 팜유 생산의 43퍼센트를 차지하는데, 대부분 열대우림을 깎아서 만든 땅에서 재배한다. 열대우림이 사라지면 늪이 마르게 된다. 국제습지기구Wetlands International가 최근에 발표한 보고서에 따르면, 말라 버린 습지에서 토탄 때문에 매년 6억 톤의 이산화탄소가 배출되는 것으로 추정된다. 말라 버린 습지는 또한 불이 붙기 쉬운데, 매년 14억 톤의 이산화탄소가 이 때문에 배출된다. 이 수치대로라면, 인도네시아에서 팜나무를 재배하면서 매년 20억 톤의 이산화탄소가 배출되는 셈인데, 이는 전 세계 에어컨 사용으로 인한 이산화탄소 배출보다 많다. 트럭이나 시멘트 공장, 제철소의 배출량보다도 많다.[67]

이 수치는 실제로는 과장된 것일 수 있다. 그러나 팜나무를 재배하고 기름을 짜내고 세계 곳곳으로 운반하는 과정에서 이산화탄소가 배출되는 것은 사실이다. 후이저의 연구에 따르면, 유럽에서 팜유로 만든 바이오디젤을 사용한 결과, 실제로 같은 양의 디젤유의 열 배나 되는 이산화탄소가 배출됐다.[68]

이처럼 바이오연료는 이산화탄소 배출을 줄여 주지 않는다. 오히려 모든 바이오연료는 절대로 피해 갈 수 없는 아주 근본적인 문제 때문에 기후변화로 인한 재앙을 더 키울 뿐이다. 농부들은 제한된 땅에서 식량을 재배할지 자동차 연료를 재배할지 선택에 직면하면, 시장의 압력 때문에 언제나 [가격이 더 높은] 자동차 연료를 선택할 수밖에 없다. 이 때문에 식용작물 재배지는 더욱 좁아지고 식량 가격은 더 오르게 되어 사람들을 기아로 내몰 것이다. 바이오연료와 가뭄이 결합되면, 자동차에 연료를 제공하기 위해 사람들이 굶어야 하는 기근을 낳을 것이다.

바이오연료 때문에 이미 식량 재배지가 줄어들고 있다. 조지 부시 시절에 미국 정부는 옥수수로 에탄올을 만드는 사업을 적극 추진하면서 그것이 기후변화 방지 대책이라고 주장했다. 자동차 기업들이 이 사업을 지원했다. 에탄올이 휘발유와 섞여서 사용되기 때문에 석유 기업들도 지원했다. 자동차 연료는 대부분 여전히 휘발유이지만 어느 날 갑자기 '녹색'이 됐다. 미국 농업을 주무르는 농업 기업들 역시 자동차 바이오연료를 황금 시장으로 여긴다.

2006년에 이르자 옥수수로 에탄올을 만드는 공장이 미국 전역에 100개 이상 가동됐고, 새로운 공장들이 계속해서 지어지고 있었다. 미국은 세계 최대 에탄올 생산국이자 수출국이 됐다. 유엔 식량농업기구FAO에 따르면, 2006년 말에 미국과 세계의 옥수수 가격은 두 배로 치솟았다. 유엔은 이것이 미국의 옥수수가 자동차 연료로 사용됐기 때문이라고 밝혔다. 사람들이 옥수수 대신 다른 곡물을 먹으면서 쌀과 밀의 가격도 올랐다. 또 옥수수를 주된 사료로 쓰던 닭고기와 돼지고기 가격도 올랐다.[69]

가장 큰 피해를 입은 곳은 멕시코였다. 멕시코의 주식은 옥수수로 만든 토르티야인데, 그 가격이 갑절로 뛴 것이다. 2007년 2월, 노동조합과 야당의 호소 아래 7만 5000명이 토르티야 가격 인하를 요구하며 멕시코시티에서 집회를 열었다.[70] 이는 단지 멕시코만의 문제가 아니라 세계적 문제의 일부로, 점차 더 심각해질 것이다. 미국, 영국, 유럽연합, 브라질, 인도 정부가 모두 바이오연료를 장려하기 때문이다.

지구온난화로 날씨 패턴이 변하고 그 결과 식량 총생산량이 줄어들 것이라는 점에서 문제는 더 심각하다. 더 많은 지역이 가뭄에 시달릴 것이고, 남아시아 계절풍은 변화를 겪을 것이며, 히말라야 산맥의 빙하는 벌써 녹고 있다. 물론 일부 지역에는 비가 전보다 더 많이 내릴 것이다. 그런 지역에서도 비가 필요한 계절에 내리지 않거나 한순간에 퍼붓게 되어 토양 속에 저장되는 대신 바다로 흘러가 버리거나 홍수가 날 것이다. 이 모든 것이 바이오연료 때문에 식량 생산이 줄어드는 것과 맞물리면 자동차를 위해 사람이 굶게 될 것이다.

이렇듯 바이오연료는 해결책이 아니다. 우리는 바이오연료에 기대하기보다는 승용차와 비행기를 버스와 기차로 바꿔야만 한다.

수소

앞서 봤듯이 바이오연료는 파괴적이다. 반면에 수소는 해롭지는 않지만 아직 제대로 쓸 수 없다는 것이 문제다.[71]

많은 사람들이 수소에 기대를 거는 이유는, 마치 지구온난화를 일으키지 않고도 계속 자동차를 탈 수 있게 해 줄 것처럼 보이기 때문이다. 그러나 현실에서 수소는 자동차 산업을 위한 눈가리개 구실만을 해 왔다. 미국의 자동차 기업들은 매번 수소 자동차를 만들고 있다고 발표하지만, 실제 판매를 위해서는 단 한 대도 내놓지 않았다.

수소에 기대를 거는 또 다른 이유는, 수소 연료전지를 이용하면 이산화탄소를 전혀 배출하지 않고 자동차를 탈 수 있다는 생각 때문이다. 수소와 산소를 섞으면 수증기, 열, 에너지가 생길 뿐이라는 것이다. 이보다 더 깔끔할 수 있을까 싶을 것이다.

그러나 이는 잘못된 생각이다. 수소는 에너지를 발생시키는 연료가 아니다. 오히려 배터리처럼 에너지를 저장하는 수단이라고 보는 게 맞다. 자연계에서 수소는 순수한 형태로 발견되는 경우가 거의 없다. 연료전지에 필요한 수소(H)를 얻기 위해서는, 우선 전기를 이용해서 물

(H_2O)에서 수소를 분리해야 한다. 이렇게 분리된 수소는 분리에 사용된 전기만큼의 에너지를 저장하고 있다가 수소를 태우면 다시 그 에너지를 방출하며 산소와 반응해서 물이 되는 것이다.

현재 물에서 수소를 분리할 때는 대부분 석탄과 가스로 만든 전기를 이용한다. 따라서 이산화탄소를 줄이는 효과는 없는 셈이다. 그뿐 아니라, 수소를 운반하려면 압축해야 하기 때문에 이 과정에서 오히려 이산화탄소 배출이 늘어난다. 수소를 압축하려면 엄청나게 많은 에너지가 필요한데 이는 또다시 석탄과 가스를 태워서 얻기 때문이다.

설령 청정에너지를 사용해서 수소를 만든다고 하더라도 여전히 몇몇 심각한 문제가 남는다. 한때, 태양열집중발전으로 만들어진 전기를 수소를 이용해 운반할 수 있을 것이라고 제안된 적이 있었다. 그러나 2006년 독일 항공우주센터가 발표한 연구 결과에 따르면, 운반을 위해 수소를 압축하는 데만 태양열로 만든 에너지 전체의 4분의 3을 사용해야 한다.[72]

게다가 수소에 관한 연구는 그동안 기술적 진척이 미미하다. 풍력발전이나 태양발전과 달리, 수소는 개발된 지 한참이 지나도록 가격이 별로 떨어지지 않았다. 화석연료로 수소를 만든 경우에도 2003년에 수소는 석유보다 서른 배나 비쌌고, 청정에너지로 만든 수소는 그보다 더 비쌌다. 조지프 롬은 수소에 관해 예리하게 비판한 자신의 책에서 다음과 같이 지적한다. "미국에서 판매되는 휘발유 대신 전기분해해서 만든 수소를 사용하려면, 현재 미국에서 공급 중인 모든 전력을 쓰고도 모자랄 것이다."[73]

안전 역시 또 하나의 골칫거리다. 수소는 쉽게 새어 나오고, 휘발유보다 훨씬 낮은 온도에서 불이 붙는다. 휴대전화를 켜거나 자동차 좌석에서 엉덩이를 움직이는 과정에서 생기는 작은 정전기만으로도 수소 불꽃을 일으킬 수 있다. 다행히도 이 불꽃이 매우 뜨겁지는 않지만 말이다.

그러나 여전히 수소는 엔지니어들이 발견한 거의 유일한 에너지 저장 수단이다. 그리고 수소 연료전지는 열과 전기를 모두 만들어 내기 때문에 가정용으로도 적합하다. 따라서 비록 수소가 아직은 현실화되지 않았고 앞으로도 한참 걸릴 테지만, 언젠가 실현된다면 매우 멋진 기술이 될 것이다. 그러나 우리는 수소 기술이 완성되기 한참 전에 이산화탄소 배출을 줄여야 한다는 것을 잊어선 안 된다. 현재로서 수소 자동차는 기후변화를 진짜로 해결해 줄 기술들로부터 우리의 시선을 딴 곳으로 돌리기 위한 수단일 뿐이다. 승용차, 비행기, 트럭을 대신할 버스와 기차를 도입해야 한다는 사실은 변하지 않는다.

탄소 포집·저장

'탄소 포집·저장ccs'은 '탄소 격리'라고도 한다. 이 기술의 목표는 발전소와 공장이 전처럼 이산화탄소를 배출해도 되도록 만들어 주는 것이다. 대기 중에 배출되는 이산화탄소를 걸러 내서 모은 뒤에 땅속 깊이 묻겠다는 것이다. 그러면 공업계와 석탄·석유 기업들이 방해받지 않고 전처럼 운영될 수 있다는 것이다.

이산화탄소를 포집하는 방법은 다음과 같다. 발전소나 공장에서 배출된 이산화탄소는 파이프를 통해 빠져나온다. 이때 '스크러버scrubber'라고 불리는 필터를 통과하는데 여기서 이산화탄소를 가두게 된다. 이렇게 포집된 이산화탄소는 커다란 통에 담겨 땅속 저장고에 영구 매장된다.

불행히도, 이 기술은 제대로 작동되지 않고 있으며 앞으로도 그럴 것이다.[74] 국제에너지기구IEA에 따르면 기후에 조금이라도 영향을 미치기 위해서는 100만 톤 이상의 이산화탄소를 땅속에 매립하는 탄소 포집·저장 프로젝트가 6000개는 가동돼야만 한다. 그런데 현재 운영 중인 프로젝트는 셋뿐이고, 그마저도 현재 가동 중인 발전소에 연결돼 있는 것은 하나도 없다. 전 세계 어느 곳에도 제대로 된 발전소가 이산화탄소를 포집해서 배출량을 줄인 경우는 전혀 없다.

한 가지 이유는 비용 문제다. 탄소 포집·저장 기술이 적용될 수 있도록 발전소를 지으려면 건설비가 갑절로 늘어난다. 게다가 탄소 포집·저장 기술은 막대한 에너지가 필요하다. 스크러버를 작동시키는 데 필요한 전기를 만들려면 발전소에서 석탄을 10~40퍼센트 더 태워야만 한다. 포집하고 나서도 이산화탄소를 운반하는 문제가 남는데, 많은 에너지를 들여 압축해야만 운반할 수 있다. 압축된 이산화탄소는 대부분 파이프를 통해 운반될 텐데 이 역시 새로 지어야 한다. 이산화탄소 매립지는 대부분 발전소에서 멀리 떨어져 있으므로 파이프를 이용해 100킬로미터 이상을 연결하려면 비용이 매우 많이 들 것이다.

[그렇지만 진짜 문제는 아직 남아 있다.] 우리 인류는 많은 양의 이산화탄소를 땅속에 매장해 본 경험이 없다. 사실, 이산화탄소만이 아니라 아무것도 땅속에 막대한 양을 매립해 본 경험이 없다. 어쩌면 땅속에 공간이 충분치 않을 수도 있다. 또 이산화탄소가 얼마나 오래 매립된 채로 남아 있을지, 어떤 속도로 새어 나올지 아무도 확답할 수 없다. 매년 1퍼센트의 이산화탄소만 새어 나와도 한 세기도 안 돼 대부분 다시

대기 중으로 돌아오는 셈이다. 이 때문에 법적 책임과 관련한 정부의 보증 없이는 전 세계 어느 발전 기업도 탄소 포집·저장 기술을 도입하려 하지 않는다. 미국에서는 기업들의 주장이 받아들여져서, 연방 정부가 모든 보험료를 대신 지급하고, 이산화탄소가 새어 나오는 등의 문제가 발생하더라도 기업에 어떤 법적 책임도 물을 수 없도록 하는 법안이 통과됐다. 즉, 기업들도 탄소 포집·저장 기술을 신뢰하지 않는 것이다.

게다가 2030년 이전에 탄소 포집·저장 기술이 실용화될 수 있다고 생각하는 사람은 아무도 없는데, 우리는 그 전에 기후변화를 막아야 한다. 대부분은 2050년 이후에나 실용화가 가능할 것으로 예상하고 있다. 이렇듯 탄소 포집·저장 기술은 해결책이 될 수 없다. 그런데 탄소 포집·저장 기술 때문에 더 값싸고 당장 쓸모가 있는 다른 기술에 돈을 쓰지 못하고 있다. 2008년 미국 정부는 청정에너지와 에너지 효율 개선에 대한 모든 연구 개발비와 정책 예산의 세 배나 되는 예산을 탄소 포집·저장 기술에 지원했다. 2009년 예산안에서는, 탄소 포집·저장 기술에는 6억 2400만 달러를 배정한 반면 청정에너지와 에너지 효율 개선에는 1억 4600만 달러를 배정한 것에서 알 수 있듯이, 탄소 포집·저장 기술에 네 배나 되는 돈을 쓰려고 한다.[75]

그러나 더 심각한 것은 탄소 포집·저장 기술을 '청정 석탄'이라는 이름으로 판매한다는 것이다. 새로 짓는 발전소들은 '탄소 포집·저장 가능'이라는 부분을 강조하는데, 이 말은 언젠가는 스크러버, 파이프, 땅속 저장고를 설치할 수 있도록 업그레이드 가능하다는 뜻이다. 그러나 사실 조금만 생각해 보면, 발전소를 통째로 새로 짓는 것은 엄두도 못 낼 정도로 비쌀 것이기 때문에, 어떤 발전소든 충분한 비용만 들이면 그런 업그레이드가 '가능'하다. 탄소 포집·저장 기술의 진정한 효과는, 언젠가는 탄소 포집·저장 기술이 실현될 것이라는 주장 덕분에 세계 곳곳에서 석탄 발전소들이 새로 만들어지고 있다는 것이다. 그런데 나중에 이 발전소들에 실제로 탄소 포집·저장 기술이 도입된다는 보장도 없고, 설령 도입된다 하더라도 너무 늦은 먼 미래가 될 것이다.

탄소 포집·저장 기술은 현재로서는 대안이 될 수 없으며, 앞으로도 한동안 그럴 것이다. 오히려 전기를 생산하는 가장 나쁜 방식인 석탄 화력발전소를 위한 눈가리개 구실을 할 뿐이다.

피크오일과 가스 급감

자동차·석유 기업들이 주장하지는 않지만, 마찬가지로 효과적일 수 없는 해결책이 하나 있다. 많은 사람들은 세계적으로 석유와 가스 생산이 줄어듦에 따라 무언가 변화가 생기지 않을까 하고 기대한다. 그러나 문제는 석유와 가스보다 더 나쁜 석탄이 그 빈자리를 채우게 될 것이라는 점이다.

'피크오일'은 꽤 현실적이다.[76] 이 생각은 1956년 M 킹 허버트에 의해 제기됐는데 그는 셸에서 일하던 미국의 석유지질학자다. 허버트는 각국의 석유 매장량이 어떤 곡선을 그리는지를 살펴보면서 이런 생각에 도달했다. 처음에는 새로운 유전이 계속 발견되면서 해마다 석유 생산량이 늘어난다. 이후 대부분의 큰 유전이 개발되고 나면 생산량이 일정한 수준에서 안정화된다. 그 이후엔 점차 석유를 시추하기 어려워지고 시추 비용도 커지는 단계로 나아가게 된다. 이런 곡선의 최고점을

'허버트 정점'이라고 부른다.

시간이 지남에 따라 허버트가 옳았음이 판명됐다. 지금은 기억하기 어려울 수 있지만, 한때 미국은 세계 최대의 산유국이었으나 1970년대에 허버트 정점을 지났다.

석유 기업들은 피크오일이라는 생각을 싫어하기 때문에, 전 세계 석유 생산량이 언제 허버트 정점을 지날지는 알기 어렵다. 남아 있는 실제 석유 매장량이 핵심 기밀이기 때문이다. 주요 석유 기업들이 자신들이 보유한 석유 매장량을 공개하기는 한다. 그러나 자사의 주식 가격이 이런 매장량에 따라 좌우된다는 사실도 잘 알고 있다. 2004년에 셸의 경영진이 자사의 매장량을 20퍼센트 이상 부풀려서 발표했다가 들통이 났는데, 그러자 셸의 주가가 대폭 떨어졌다. 다른 석유 기업들 역시 매장량을 부풀린다는 사실이 업계 종사자들 사이에서는 공공연한 비밀이다.[77]

기업들뿐 아니라 주요 산유국들이 발표하는 매장량도 신뢰하기 어렵기는 매한가지다. 석유수출국기구OPEC 회원국들은 자국의 매장량 추정치에 따라 해마다 생산할 수 있는 석유를 할당받는다. 처음 이 제도를 시행할 때, 주요 산유국들이 갑자기 자국의 매장량 추정치를 크게 늘렸다는 사실은 그것이 얼마나 신뢰하기 어려운지를 잘 보여 준다. 훨씬 더 어처구니없는 것은 그 추정치가 20년이 지난 지금도 여전히 똑같다는 사실인데, 그것은 도저히 불가능한 일이다.

피크오일을 둘러싼 논쟁은 오랫동안 계속됐다. 피크오일 이론을 지지하는 사람들은 거짓말을 일삼는 석유지질학자들 중 대체로 소수였던 반면, 피크오일 이론을 비판하는 이들은 석유 기업과 산유국 정부에 충성하는 사람들이었다. 2005년에 매슈 시먼스의 탁월하고 영향력 있는 책 《사막의 황혼》이[*] 출간되면서 논쟁이 정리됐다. 시먼스는 휴스턴에 본사를 둔 석유산업 전문 투자은행의 회장이다. 그는 또한 조지 부시의 대통령 선거 후원금을 모으고 다니기도 했다. 미국의 특권층은 시먼스가 '딴 마음'을 품었다고는 생각할 수 없었다.

그러나 중요한 것은 그 책에서 시먼스가 보여 준 엄밀한 개념과 탁월한 분석 방법이었다. 사우디아라비아가 지구 상 어느 나라보다 압도적으로 석유 매장량이 많다는 것에는 누구나 동의한다. 시먼스는 사우디아라비아에서 일하는 엔지니어들이 석유엔지니어학회에서 1961~2004년에 발표한 수백 편의 미출간 논문들을 읽어 봤다. 이 논문들은 엔지니어들끼리 서로의 전문성을 입증하기 위해 쓰인 것인 만큼 매우 솔직한 자료들을 담고 있었다. 이로부터 시먼스는, 지난 43년간 엔지니어들의 관심이 점차 매장량이 줄어드는 원유 지대에서 석유 생산을 일정하게 유지하는 기술에 압도적으로 쏠려 있음을 보였다.

그러나 여전히, 세계 석유 생산량이 언제 정점을 지날지는 추측만 할 수 있을 뿐이다. 지금까지 알려진 추측은 대부분 2006~2015년을 가리키고 있다. 2007~2008년에 유가가 지속적으로 올랐다는 사실은 암시하는 바가 있다.

이런 사실이 기후변화를 막는 데 도움을 줄 것이라는 기대는 다음과 같다. '남아 있는 석유가 줄어들면 유가가 오를 것이다. 유가가 오르면 기업과 개인은 돈을 절약하기 위해 풍력, 태양력, 수소 에너지로 전환할 것이다.'

정말이지 그렇게만 된다면야 더할 나위 없이 좋을 것이다. 그러나 불

---

[*]   Twilight in the Desert. 국역: 《사우디아라비아 석유의 비밀》, 동양문고, 2007.

행히도 200~300년은 더 사용할 수 있을 만큼 석탄이 남아 있다. 석탄은 쉽게 액화해서 석유처럼 쓸 수 있다. 물론 [석유보다는] 약간 더 비싸서 일부 사용자들은 포기할지 모른다. 그러나 액화 석탄은 같은 에너지를 내는 석유보다 훨씬 더 많은 이산화탄소를 배출한다. 이는 석탄을 액화하기 위해 에너지가 필요하기 때문이기도 하지만, 주되게는 석탄 자체가 석유보다 더 많은 이산화탄소를 내뿜기 때문이다. 그리고 석유가 줄어들수록 더 많은 사람들이 석탄으로 난방을 유지하려 할 것이다.

더욱이, 유가가 오르면서 캐나다와 베네수엘라에서는 석유가 많이 섞인 '타르샌드'에 대한 투자가 늘고 있다. 타르샌드에서 석유를 뽑아내려면 많은 에너지가 필요하기 때문에 그 과정에서 많은 이산화탄소가 배출되며, 그렇게 나온 석유 역시 매우 많은 이산화탄소를 내뿜게 된다.

한편, 지질학적으로 약간 다르긴 하지만 천연가스도 피크오일과 비슷한 과정을 밟고 있다. 매장량이 절반만 남은 석유 유전은 석유를 캐내기 위한 비용과 수고가 점차 늘어나는 데 반해, 천연가스는 꾸준히 채굴되다가 어느 순간 사실상 전면 중단된다는 특징이 있다. 즉, 석유 생산은 수년에 걸쳐 긴 꼬리를 남기며 줄어드는 반면에 천연가스는 낭떠러지에 다다른 것처럼 급감하는 것이다.

영국의 북해산 천연가스가 현재 이런 낭떠러지에 다다랐다. 머지않아 북미에서도 그런 일이 생길 것이다. 세계의 다른 곳에는 더 많은 천연가스가 매장돼 있지만 30년 남짓 지나면 지구 상에 더는 천연가스가 남아 있지 않게 될 것이다.

한편, 이런 가스 생산 급감이 도래하면, 그 결과는 석유 생산이 줄어드는 것보다 더 나쁠 것이다. 미국과 일본은 최근 액화천연가스LNG에 대한 투자를 늘리고 있는데, 가스를 액화해 운반하려면 막대한 에너지가 필요하다.

더 불길한 것은, 현재 천연가스는 주로 발전소에서 쓰이는데 그 분야의 주요 경쟁자가 바로 석탄이라는 점이다. 천연가스, 석유, 석탄 가운데 천연가스가 가장 '깨끗'하고 석탄이 가장 '더럽다.' 영국의 이산화탄소 배출량은 1990년대에 대폭 줄었는데, 이는 마거릿 대처가 영국의 석탄 산업을 파괴하면서 발전소들이 연료를 천연가스로 바꿨기 때문이다. 북해산 천연가스가 고갈되면서 이 발전소들이 점차 석탄으로 회귀하고 있고 이 때문에 영국의 배출량이 증가하고 있다.

이렇듯 피크오일과 가스 급감은 좋은 소식이 아니다. 피크오일 덕분에 향후 한 세대 동안 석유 기업들은 엄청난 이윤을 누릴 것이다. 남아 있는 석유를 둘러싼 경쟁이 치열해지고, 전쟁 유혹도 커질 것이다. 그리고 석유와 가스 생산이 정점에 달하면 이산화탄소 배출이 줄기는커녕 오히려 늘어날 것이다. 다시 말해, 피크오일과 시장이 맞물려 문제가 저절로 해결되는 일은 생기지 않을 것이다. 석탄은 풍력과 태양력으로 대체돼야 한다.

댐

기후변화를 막기 위한 또 다른 기술로 흔히 댐 건설을 이용한 수력발전을 거론한다. 댐에 물을 가둔 다음, 터널을 통해 높은 곳에서 낮은 곳으로 떨어뜨린다. 떨어지는 물을 이용해 발전기를 돌리고 그 결과 전기가 만들어진다. 지금도 댐은 세계 곳곳에서 상당한 양의 전기를 만들어 내고 있고, 마치 이산화탄소를 배출하지 않으면서 제구실을 잘 해내는 것처럼 보인다.

그러나 댐에도 몇 가지 문제가 있다. 가장 중요한 것은 수몰 지역의 물속에서 식물이 부패하면서 다량의 메탄을 발생시킨다는 증거가 나타나고 있다는 것이다.[78] 앞서 말했듯이, 메탄은 이산화탄소보다 훨씬 더 강력한 온실가스다.

기후변화에 미치는 영향 외에도, 댐이 환경과 사회에 미치는 영향도 고려해 봐야 한다. 한 예로, 해마다 이집트의 나일강 삼각주 지역은 강을 따라 흘러 내려오는 흙을 통해 토양의 영양분을 공급받았지만 아스완 댐이 완공되자 더는 그럴 수 없게 됐다. 이런 일은 다른 댐에서도 흔히 일어난다.[79]

더욱이, 새로 짓는 댐은 대부분 가난한 나라에 지어질 것이다. 댐을 지을 때마다 어마어마한 수의 농민과 지역 주민이 자신의 고향을 등지고 떠나야 하는 처지에 놓이게 되는데, 예외 없이 거의 보상을 못 받거나 아예 받지 못한다. 수력발전이 상대적으로 비용이 적게 드는 이유는 이처럼 가난한 농민이 별다른 보상도 받지 못한 채 자신의 농토를 압류당하기 때문이다. 이렇게 땅을 빼앗긴 농민은 사실상 수재민과 같은 처지에 놓이게 된다. 내가 기후변화를 막기 위해 노력하는 주된 이유 하나가 바로 기후변화 때문에 수많은 수재민이 생기는 것을 막고자 하는 것이다. 최근 크리스천 에이드가* 발표한 보고서를 보면, 세계적으로 1억 5500만 명이 고향에서 쫓겨나 이재민이나 난민으로 살아가고 있다. 이 중 2500만 명은 전쟁과 내전으로 난민이 됐고, 또 다른

---

* 크리스천 에이드(Christian Aid) 영국의 국제 구호 단체.

2500만 명은 자연재해 때문에 생긴 이재민이다. 이들을 제외한 나머지 1억 500만 명은 경제개발 프로그램 때문에 난민이 됐는데, 그 대부분이 댐 건설이다.[80] 그리고 지난 20년간 인도에서 가장 큰 사회운동은 나르마다 계곡을 따라 들어서는 일련의 댐들에 반대하는 수많은 가난한 농민과 노동자의 저항이었다.

다른 한편, 거대한 댐을 지을 필요가 없는 소규모 '마이크로 수력발전' 기술은 이런 문제가 거의 없다. 많은 사람들이 '작은 것이 아름답다'는 생각에 동의해서 이 기술에 기대를 걸지만, 작은 것은 작기 때문에 어쩔 수 없이 한계가 있다. 마이크로 수력발전으로는 세계적 규모에서 의미 있는 변화를 만들어 낼 수 없다.

핵 발전

핵 발전 역시 지구온난화를 막기 위한 기술로 종종 제시된다. 핵 발전은 매우 유혹적인 동시에 치명적이라는 점에서 마치 마약과도 같다.[81]

핵에너지에 반대하는 논리는 역사가 깊고 그 근거들은 지금도 타당하다. 그러나 나는 이들을 모두 언급하기 보단, 가장 중요한 반대 논리에 초점을 맞추려 한다. 즉, 핵 발전 때문에 오히려 기후변화를 막기가 더 어려워진다는 점이다.

핵 발전의 유혹은 쉽게 확인할 수 있다. 미국은 매년 1인당 20.2톤의 이산화탄소를 배출하는 반면에 영국과 프랑스는 각각 9.6톤과 6.7톤을 배출한다. 그런데 영국과 프랑스 사이의 차이는, 거의 전적으로 프랑스가 전기의 80퍼센트를 핵 발전소에서 만든다는 사실에서 비롯한다.

세계적으로, 현재 가동 중인 핵 발전소는 대부분 곧 '안전 수명'이 다한다. 이 때문에 각국 정부는 핵 발전소를 새로 지으려고 계획 중이다. 핵무기 보유국 정부들은 애초 자신들이 핵 발전소를 지었던 바로 그 이유 때문에 여전히 새로운 핵 발전소를 짓고 싶어 한다. 즉, 핵 발전소가 핵이 깨끗하다는 생각을 유포하기 때문이다. 발전소가 없다면 핵이 단지 폭탄을 만들기 위한 것이라는 점이 너무 분명히 드러날 것이고, 아무도 자기 지역에 그것이 있는 것을 원치 않을 것이다. 만약 정부가 핵 발전소를 폐쇄한다면, 핵무기 반대 운동에 자신감을 불어넣게 될 것이다.

핵무기가 없는 나라들 역시 이라크 전쟁을 보고 나서는 핵무기가 필요하다고 생각하게 됐다. 그들은 미국이 이라크는 침공했지만 북한은 침공하지 않았다는 사실에서 그런 교훈을 얻었다. 즉, 북한은 핵무기가 있어서 미국이 침공하지 못한 것이고, 따라서 자신들도 핵무기가 필요하다는 것이다. 그리고 이는 핵 발전소를 짓는 것에서 시작한다. 1950년 이래 핵무기를 보유하게 된 모든 나라(이스라엘, 인도, 중국, 파키스탄, 북한)가 핵 발전소를 짓는 것에서 출발했다는 사실이 이를 잘 보여 준다.

새 핵 발전소 건설 계획을 갖고 있는 모든 정부는 늘 자신들이 기후 변화를 막기 위해서 노력하는 것이라고 이야기한다. 일부 환경운동가들은 이를 받아들여서 정부 편으로 넘어갔다. 그들은 자신들도 핵이 더럽고 위험하다는 것을 알지만 기후변화 때문에 어쩔 수 없다고 얘기한다. 이들 중 일부는 처음부터 보수적 정치 세력을 대변했고 결코 녹색 운동의 주류인 적이 없는 이들이다. 그린피스Greenpeace, '지구의 벗Friends of the Earth'과 그 밖의 주류 환경 단체들은 핵 발전에 일관되게 반대한다.

무엇보다 핵 발전 때문에 오히려 기후변화를 막기가 더 어려워질 것이기 때문이다. 우선, 전 세계 우라늄 매장량은 화석연료를 대체하기에 턱없이 부족하다. 계획 중인 핵 발전소를 모두 포함해도 전 세계 이산화탄소 배출량은 소폭으로 줄어들 뿐이다. 둘째, 건설 허가가 나기까지의 긴 과정을 제외해도 핵 발전소는 짓는 데 10년 이상 걸린다. 반면에 풍력과 태양력 발전은 전 세계를 뒤덮는 데 5년이면 충분하다.

셋째, 핵 발전소는 건설비가 너무 비싸서 막대한 국가보조금이 있어야만 지을 수 있다. 최근 각국 정부는 태양력과 풍력 같은 재생 가능 에너지 발전시설을 만들어야 한다는 압력을 받기 시작했다. 핵 발전소는 이런 압력을 효과적으로 피해 가도록 해 주고, 마치 정부가 진짜로 '재생 가능' 에너지를 만들고 있는 양 환상을 퍼뜨릴 것이다. 영국 정부는 벌써부터 그런 거짓 홍보를 하고 있다. 이런 짓을 계속하도록 내버려 두면, 풍력과 태양력 발전을 위해 사용되던 정부 예산의 일부가 핵 보조금으로 쓰이게 될 것이다. 전력 회사들에게 전력의 일정 비율을 재생 가능 에너지로 만들게 의무화하는 법 역시 조만간 핵 발전을 재생 가능 에너지로 인정하게 될 것이다. 결국 풍력과 태양력 발전시설을 더 적게 짓는 대신 핵 발전이 그 자리를 차지하게 될 것이다. 그러나 풍력과 태양력 발전이 비용도 더 적게 들고 건설 기간도 더 짧다는 점에서, 핵 발전소를 그만큼 더 짓는다는 것은 이산화탄소를 더 많이 배출한다는 것을 의미한다.

넷째, 언젠가는 세계의 여러 핵 발전소 중 한곳에서 커다란 핵 사고가 일어나서 핵 발전소들이 폐쇄될 것이다. 그러면 애초부터 풍력과 태양력 발전처럼 안전한 청정에너지에 쓰였어야 했던 돈을 낭비한 셈이

될 것이다.

그런 사고가 일어날 것이라는 생각이 나만의 억측은 아니다. 전 세계 주요 기업의 경영진이 나와 같은 생각을 하고 있다. 어떤 보험회사도 핵 발전소 사고 피해를 보상해 주는 보험계약은 하려고 들지 않는다. 심각한 사고가 일어나도 법적 책임을 면제해 주는 법이 통과되기전에는 아무도 핵 발전소에 투자하려 하지 않는다. 은행들도 대출해주지 않는다. 전 세계 전력 회사들 역시 그런 법이 없으면 결코 핵 발전소를 지으려 하지 않는다. 바로 이 때문에 미국과 그 밖의 많은 나라들이 그런 법을 만든 것이다.

심각한 핵 사고가 일어날 것이라고 생각하는 이유 하나는 예전에 그런 사고가 실제로 일어났기 때문이다. 1979년 펜실베이니아 스리마일섬에서는 원자로가 녹아내려서 커다란 사고로 이어질 뻔했다. 1986년, 당시 소련의 일부였던 우크라이나 체르노빌에서는 실제로 커다란사고가 발생했다. 소련 정부는 그 잔해를 청소하기 위해 체르노빌로 60만 명을 보냈는데, 대부분 징집된 병사들이었고 예외 없이 방사능에 심각하게 노출됐다. 최근에 그린피스와 우크라이나·벨라루스 보건당국이 발표한 자료에 따르면, 체르노빌 사고로 암에 걸려 목숨을 잃은 사람이 최소 3만 명이고 어쩌면 50만 명에 이를 수도 있다고 추정된다.[82]

스리마일섬과 체르노빌 사고의 결과로 미국에서는 새로운 핵 발전소가 만들어지지 못했고, 유럽에서도 매우 적은 수만 지어졌다. 핵 발전소 운영자들은 신기술 덕분에 그런 사고가 다시는 없을 거라고 호언장담한다. 그 말을 믿는 것은 개인의 자유지만, 체르노빌 사고 역시기술이 부족했던 탓이 아니었음을 지적하고 싶다. 그보다는 기술자들이 소장을 너무나 두려워한 나머지 문제가 생겼는데도 즉시 보고하지 않은 것이 문제였다. 아무리 기술이 발전하더라도 핵 발전소처럼 매우 크고 복잡하며 전 세계적으로 수천 기가 하루 스물네 시간 쉬지 않고 가동되는 시설물에서 그와 같은 인재人災가 다시 발생하지 않을 것이라고 믿기는 어렵다. 게다가 지금처럼 이윤을 위해 최대한 비용을 줄이려고 하는 구조에서는 더더욱 그렇다.

기후변화 외에도 핵 발전을 반대할 이유는 많다. 핵 발전은 채굴, 수송, 가공, 폐기 중 어느 한 단계에도 유독하지 않은 것이 없다. 또 핵 발전소는 핵무기를 위한 알리바이를 제공한다. 내가 기후변화를 막으려는 이유는 그로 인한 대규모 인명 살상을 막기 위해서다. 그런데 핵전쟁은 단지 인간만이 아니라 지구 상의 모든 생명체를 끝장낼 것이다.

그러나 여기서 내 주장의 핵심은 핵 발전이 오히려 기후변화를 막지 못하게 방해할 것이라는 점이다. 핵 발전소 몇 기를 지을 돈만 가지고도 지구온난화를 막기에 충분할 만큼 풍력과 태양력 발전소를 지을 수 있다. 결과적으로 핵 발전소는 풍력과 태양력 발전을 밀어내는 경제적 효과를 낼 것이고, 그마저도 핵 발전소 사고가 나면 쓸모가 없어질 것이다.

그러나 핵 발전은 정부가 무언가를 정말로 하고 싶을 때는 어떻게 일을 추진하는지 보여 준다. 시장에 의존하지 않고 막대한 비용을 기꺼이 투자하는 것이다. 지난 60년간 핵무기와 핵 발전에 투자된 각국 정부의 보조금 총액을 추정하기는 어렵지만, 적어도 기후변화를 막는 데 필요한 돈보다 더 많았던 것만은 분명하다.

이 둘의 차이는 우선순위가 생명이냐 죽음이냐 하는 것뿐이다.

대안 기술들

이번 장에서는 배출량을 줄이기 위한 여러 가지 기술을 살펴봤다. 여기서 다룬 기술들은 대부분, 세계를 그대로 유지하면서도 기후변화를 막고 싶다는 기업과 정부의 바람을 반영한다. 그러나 하나같이 도입하기엔 아직 기술적으로 부족한 점이 많거나, 기후변화를 막는 효과가 미미하거나, 심지어 기후변화를 악화시키는 것들이다.

이런 기술들에 대한 논쟁은 공학적 내용을 많이 담고 있다. 예컨대 탄소 저장 기술은 공학적 가능성과 장단점을 따져 봐야 한다. 그러나 논쟁의 결론은 단순한 공학적 문제가 아니다. 탄소 저장, 수소 연료전지, 핵 발전과 바이오연료는 지구온난화를 막기 위한 해결책이 아니다. 이는 매우 불행한 일이다. 이 기술들은 기성 권력자들이 별로 우려할 만한 것들이 아니고, 그래서 추진하기도 쉽다. 그러나 현실은 냉엄하다. 그런 기술들이 제때 효과를 내지 못할 거라면, 실제로 효과를 낼 수 있는 해결책을 추구해야 한다.

우리는 세계의 전력망을 완전히 새로 짤 수 있다. 우리에게는 기술이 있고, 돈이 있고, 일할 사람도 있고, 지식도 있다. 매우 빠르게 세계 모든 곳에서 그런 변화를 만들 수 있고, 그 과정에서 가난도 없앨 수 있다. 그렇지만 그런 변화는 기업의 권력에 도전할 때만 가능하다. 이 문제는 3부에서 다룰 것이다.

10장 메탄과 숲

이 장은 지금 당장 취할 수 있는 조처들을 소개하는 마지막 장이다. 앞에서는 석탄, 석유, 가스를 대체해 이산화탄소 배출을 줄이는 것에 초점을 맞췄다. 이번에는 메탄과 숲에 관해 다룰 것이다. 여기서도 앞서와 마찬가지로 정부 규제만이 배출량을 줄일 수 있다는 내용이 주된 결론이 될 것이다. 또 아시아와 라틴아메리카의 기후변화 활동가들에게 특히 중요한 캠페인을 두 가지 더 소개한다.

메탄

지구온난화를 막는 방법들에 관한 논의를 읽어 보면, 메탄은 언제나 후주에서 짧게 언급되는 정도다. 그러나 사실 그보다는 더 중요하다. 1장에서 설명했듯이 메탄 배출은 빠르게 줄일 수 있고 그 효과도 강력하고 빠르기 때문이다.

여러분의 기억을 되살리기 위해 다시 설명하자면, 메탄은 대기 중에서 분해되기 전까지의 비교적 짧은 기간에 이산화탄소보다 더 많은 온실효과를 일으킨다. 메탄은 대기 중에 평균 12년 정도 남아 있는데 그 기간 동안 이산화탄소가 100년 이상 걸려서 일으키는 온실효과의 스무 배나 되는 효과를 낸다. 우리가 당장 내년에 이산화탄소 배출량을 80퍼센트나 줄인다고 하더라도, 대기 중 이산화탄소 농도는 줄어들기보다는 더 늘어나지 않는 정도일 것이다. 이는 과거에 누적된 이산화탄소가 사라지는 데 오랜 시간이 걸리기 때문이다. 그러나 메탄의 경우, 만약 내년에 배출량을 80퍼센트 줄인다면 12년 안에 대기 중 메탄 농도가 80퍼센트 줄어드는 효과를 볼 수 있다. 앞서 배출됐던 메탄이 12년 안에 사라지기 때문이다.[83] 다시 말해, 장기적으로는 메탄보다 이산화탄소 배출량을 줄이는 것이 중요하지만, 단기간에 빨리 효과를 보려면 메탄 배출량을 줄이는 것이 효과적이다.

이산화탄소 배출량은 여전히 늘고 있지만, 메탄 배출량은 이미 조금씩 줄어들기 시작했다. 이는 메탄이 이산화탄소보다는 배출량을 줄이기가 더 쉽기 때문이고, 배출량 감축에 저항하는 기업도 비교적 소수이기 때문이다.

이산화탄소는 배출 원인을 구분하면서 각각 배출량이 몇 퍼센트 정도인지 설명할 수 있었지만, 메탄은 그런 수치를 제시하기가 불가능하다. 이산화탄소는 주로 석탄, 석유, 가스를 태우는 과정에서 배출되는데, 이 연료들은 어떻게든 판매 기록이 남는다. 그러나 메탄은 모두 어딘가에서 새어 나온 것이라 집계하기가 어렵다. 이 때문에 연간 메탄 배출량 추정치의 최대치와 최소치가 무려 다섯 배나 차이가 난다. 이렇게 최대치와 최소치의 차이가 크다는 것은 사실상 아무도 정확하게 모른다는 뜻이다. 메탄 배출량이 감소하고 있다고 말할 수 있는 근거도 대기 중 메탄 농도를 측정해 보니 점차 낮아지고 있다는 점뿐이다.

가장 그럴듯한 추측은, 인간 때문에 생기는 메탄 배출 원인 중 쓰레기 매립지에서 발생하는 것과 가스관에서 새어 나오는 천연가스가 가장 클 것이라는 점이다. 과거에는 유전에서 천연가스가 발견되면 그냥 버리거나 태워서 없앴다. 천연가스 가격이 점차 오르면서 이런 일은 줄어들고 있고 이런 일을 완전히 없애는 것도 기술적으로 크게 어렵지 않다.

가스관에서 새어 나오는 천연가스가 더 골칫거리인데, 가스관을 고치려면 돈이 들기 때문이다. 한 연구에 따르면 전체 메탄 배출의 절반 정도가 수송관에서 새어 나오는 천연가스 때문이라고 한다. 특히 가스전에서 나오는 부분의 파이프라인과 가정까지 천연가스를 배달하는 파이프에서 많이 새어 나온다. 한 가지 해결책은 틈을 막기 위해 파이프라인을 밀폐 재료로 코팅하는 것이다. 몇몇 경우에는 파이프라인에 밀폐 재료를 주입할 수 있다. 그 밖의 경우에는 파이프라인을 열어서 내부를 코팅하거나 파이프라인 외부를 코팅할 수 있다. 그러나 가정용 가스 파이프는 파내서 코팅하거나 교체해야 한다. 여기서도 일자리가 생길 것이다.

간단히 말해, 새는 가스관을 고치는 것은 기술적으로 쉽다. 단지 비용이 많이 들 뿐이다.

천연가스 대신 재생 가능 에너지를 사용하면 메탄 배출량을 거의 대부분 없앨 수 있을 것이다. 천연가스를 가스관으로 옮길 필요 없이 땅속에 그대로 두면 되기 때문이다.

메탄 배출을 많이 일으키는 또 다른 요인은 쓰레기 매립지다. 여기서도 필요한 기술은 간단하다. 파이프를 통해 메탄을 매립지 밖으로 끌어내서 태우면 열뿐 아니라 때때로 전기도 만들 수 있다. 쓰레기 매립지에서 나오는 메탄을 사용해 짭짤한 수익을 올리는 경우는 지금도 흔히 볼 수 있고, 메탄 배출량이 줄고 있는 이유는 아마도 이 때문일 것이다.

인도와 중국을 비롯한 가난한 나라의 쓰레기 매립지는 보통 규모가 작고 여러 곳에 분산돼 있기 때문에 이런 곳에서는 메탄을 태우는 경우가 많지 않다. 그러나 아시아 지역이라고 해서 이런 기술을 도입해 혜택을 누리지 않을 이유는 없다.

내가 지금까지 설명한 것은 수년 안에 메탄 배출량의 대부분을 없앨 수 있다는 것이다. 그리고 이는 지구온난화를 막는 데 즉시 효과를 낼 것이다. 정부가 정치적 의지만 있다면, 쓰레기 매립지와 가스관만 규제하면 된다.

벼가 자라는 논과 식용으로 키우는 소에서 나오는 메탄은 상대적으로 덜 중요하지만, 줄이기는 어렵다. 사료를 바꾸면 소가 소화하는 데 걸리는 시간을 줄일 수 있다. 개량된 품종의 벼를 심고, 논에 물이 고이지 않도록 잘 배수하고, 모내기하는 시기를 바꾸면 마찬가지로 메탄 배출을 줄일 수 있다.

숲

메탄은 중요하고 배출을 줄이기가 쉬운 온실가스이지만 큰 관심을 끌고 있지 못하다. 반면에 숲은 매우 많은 주목을 받고 있지만 그런 관심은 잘못된 경우가 허다하다. 오래된 열대우림을 보호하는 일은 중요하다. 반면에 이른바 '지속 가능한 벌목'은 그다지 좋은 대안이 아닐뿐더러 종종 큰 해악을 끼치기도 한다.

인간이 숲에서 나무를 베어 내면 많은 양의 이산화탄소가 대기로 배출된다. 메탄과 마찬가지로, 이렇게 발생하는 이산화탄소는 그 양이 얼마나 되는지 추정하기가 쉽지 않다. 일부에서는 화석연료를 태울 때 생기는 총 배출량의 3분의 1에 달한다고 추정하는 반면, 또 다른 일부는 10분의 1도 안 된다고 추정한다.

지구 상의 오래된 숲들은 매우 많은 양의 탄소를 저장하고 있는데, 높고 빽빽한 열대우림이 특히 그렇다. 농장 노동자들과 농부들도 숲을 베지만, 목재 회사와 바이오연료 기업들이 더 많은 숲을 쓰러뜨린다. 열대우림이 사라지면, 나무에서 탄소가 배출될 뿐 아니라 토양 속에 고정돼 있던 탄소와 메탄도 함께 배출된다. 이 때문에 지구온난화를 막기 위해서는 열대우림을 보존하는 것이 절대적으로 필요하다.

북쪽의 침엽수림은 상대적으로 적은 양의 탄소를 저장하고 있다. 최근의 일부 연구들에 따르면, 북쪽의 침엽수림은 보통 어두운 색을 띠는데 이 때문에 맨땅의 눈과 얼음보다 더 많은 햇빛을 흡수해서 오히려 지구온난화를 가속화한다고 한다.[84]

장기적으로는, 숲을 보호하는 것보다 석탄, 석유, 가스를 태우지 않는 것이 훨씬 더 중요하다. 전 세계 모든 숲의 나무와 토양보다 석탄과 석유와 가스에 훨씬 더 많은 탄소가 저장돼 있기 때문이다. 그러나 단기적으로는 숲을 보호하는 것도 중요한 영향을 미칠 수 있다. 앞서 설명했듯이, 인도네시아 한 곳의 삼림 파괴만으로도 매년 전 세계의 각종 교통수단이 내뿜는 배출량 총합의 3분의 1에 맞먹는 이산화탄소가

배출된다.[85]

열대우림을 보호하는 것은 중요하다. 그러나 시장 원리를 통해서는 아무것도 해결할 수 없다. 숲을 있는 그대로 내버려 둬야 한다.

이른바 '지속 가능한 벌목'이라는 명목으로 숲에 시장 원리를 적용할 수 있다는 주장이 있는데, 이는 완전한 사기극이다. 그 논리는 다음과 같다.

나무는 전통적 바이오연료다. 나무를 태우면 에너지가 나온다. 물론 이렇게 하면 이산화탄소가 대기로 배출된다. 그러나 그와 동시에 벌목 회사나 목재 회사가 새로운 나무를 심는다. 이 나무가 자라면서 똑같은 양의 이산화탄소를 흡수해, 결국 순환이 이뤄진다. 따라서 나무를 태우는 것은 결과적으로 이산화탄소를 배출하지 않는다. 그뿐 아니라, 황무지가 점차 숲으로 변하면서 오히려 더 많은 탄소가 땅과 나무에 저장된다.

말은 그럴듯하지만 현실에서는 이런 일이 일어나지 않는다. 벌목 회사들은 대개 오래된 숲을 베어 내고 그 자리에 '지속 가능한 숲'을 조성한다. 오래된 숲은 키가 크고, 수많은 생물체가 그 안에서 빽빽하게 군락을 이룬다. 특히 열대지방의 숲이 그렇다. 벌목 회사들은 이들을 베어 내고 그 자리에 '지속 가능한 숲'을 조성하는데, 주로 소나무, 포플러, 사시나무, 버드나무나 유칼립투스와 같이 빨리 자라서 목재로 사용할 수 있는 나무를 심는다. 그리고는 10년도 안 돼서 베어 낸다. 게다가 이렇게 조성된 숲은 넓은 지역에 걸쳐 한 종류의 나무만 심는 단순림單純林으로 야생동물에게는 사막과도 같다. 그리고 나중에 베어 내기 쉽게 하기 위해서 나무 밑에 아무것도 자라지 못하게 한다. 심지어 유칼립투스는 다른 식물이 자라지 못하도록 죽음의 수액을 떨어뜨리기도 한다.

쉽게 말해, 이른바 '지속 가능한 벌목'으로 조성된 숲은 원래 있던 숲보다 훨씬 덜 조밀하고 그만큼 탄소도 덜 저장한다. 게다가 이 숲은 금방 다시 벌목된다. 만약 이 숲을 그냥 내버려 두면 수십 년 동안은 탄소가 나무에 고정돼 있을 것이다. 물론 30~50년이 지나면 이 나무들도 죽거나 불타겠지만, 지구온난화를 막으려면 곧 다가올 10~30년의 시기가 중요하다.

나아가 '지속 가능한 벌목'이라는 발상 뒤에 숨어 있는 이해관계를 살펴볼 필요가 있다. 첫째로, 목재 회사들의 이해관계가 있다. 일부 기업들은 태국과 인도네시아의 부자들에 의해 운영되지만, 대부분은 거대한 다국적기업이다. 이들에게 '지속 가능한 벌목'은 열대우림 파괴를 정당화해 주는 눈가리개 구실을 한다. 이 기업들은 세계적 수준에서 막강한 권력을 휘두르는 것은 아니지만 태국, 인도네시아, 브라질 아마존, 미국 북서부처럼 숲이 울창한 지역에서는 나름 맹위를 떨치고 있다.

'지속 가능한 벌목'은 이미 기후변화 활동가들의 담론 속에 파고들었는데 크게 두 가지로 나타난다. 하나는 교토의정서 내용을 협상할 때 노르웨이와 캐나다를 비롯한 북쪽 나라들이 자국의 북쪽 침엽수림을 보호하는 대가로 다른 나라보다 이산화탄소 감축량을 줄여 달라고 요구해서 이를 얻어낸 것이다. 또 다른 것으로 '탄소 상쇄' 구실을 한다며 생색뿐인 삼림 조성 사업을 통해 이득을 보는 회사들이 있다. 이 회사들은 비행기를 타는 서구 시민들의 죄책감을 이용해 돈을 번다.

두 경우 모두, 겉으로는 녹색인 척하면서 나무를 심고 그것을 '재활용'해 문제를 해결할 수 있다고 떠든다. 그러나 이는 사실이 아니다. 필요한 것은 겉으로만 녹색인 척하는 게 아니라, 애초부터 숲을 베지 않고 새 나무를 심어 그것이 울창해지도록 내버려 두는 것이다.

무엇을 요구하며 싸울 것인가?

이 질문에 대한 답은 지금까지 설명한 문제를 살펴보면 쉽게 알 수 있다.

사실 메탄 배출을 줄이는 가장 중요한 캠페인은 재생 가능 에너지 도입을 요구하는 운동이다. 천연가스를 적게 사용할수록, 새어 나올 가스도 줄어들기 때문이다.

이 밖에도 지방자치단체를 설득해서 쓰레기 매립지에 메탄 연소 설비를 갖추도록 요구하는 캠페인을 벌이는 것도 필요하다. 이 캠페인은 특히 아시아 활동가들에게 중요할 것이다.

숲에 관해서는 남아 있는 열대우림을 보존하도록 캠페인을 벌이는 것이 중요한데, 특히 인도네시아, 말레이시아, 태국과 브라질 같은 나라에서 그렇다. 캠페인이 성공하려면 열대우림이 있는 나라에 기반을 두고 열대우림 주변에 살고 있는 주민들과 함께해야 한다. [캠페인이 성공하면] 제재소와 팜유 플랜테이션 노동자들이 일자리를 잃게 될 것이다. 그러나 삼림 보존, 수렵·채집, 관광 같은 부문에서 새로운 생계 수단이 생길 것이다. 이 중 일부는 세계 여기저기에서 궁지에 몰려 있는 소규모 원주민들에게 돌아갈 것이다. 세계 각지에는 브라질의 카보클로caboclo처럼 숲에서 숲을 기반으로 생활하는 사람들이 있다. 여기서 중요한 것은 숲을 국립공원으로 지정하지 않는 것이다. 많은 선진국에

서, 국립공원은 전 세계 부자들을 위한 값비싼 놀이터에 지나지 않는
다. 원주민들은 주변에서 천막을 치고 생활하는데, 자기 가족이 먹을
식량을 일굴 땅이 없어서 굶주림에 시달리고 종종 국립공원에서 사냥
을 하다가 밀렵꾼으로 몰려서 총에 맞아 죽기도 한다. 따라서 국립공
원으로 만드는 대신, 지역 주민에게 숲을 돌려주고 그들이 숲을 사용
할 수 있도록 해 줘야 한다.

국제 NGO들과 그들이 후원하는 활동가들이 벌인 수많은 열대우림
보존 캠페인은 이와 다른 관점에서 접근했다가 실패했다. 1980년대 브
라질 아마존에서 벌어진 캠페인이 좋은 예다. 아마존에 사는 카보클로
들은 계속해서 숲을 생계 수단으로 삼고 싶어 했기 때문에 목장과 벌
목 회사를 상대로 투쟁을 벌였다. 반면에 국제 NGO들은 자연을 있는
그대로 지키고 싶어 했으며 서방 기업과 정부에 로비하는 것을 주된
전략으로 삼았다. NGO들은 돈을 주고 캠페인 활동가를 고용할 수 있
었기 때문에 캠페인의 정치적 방향을 결정할 수 있었다. 그러나 결국
에는 NGO에 고용된 유급 활동가들이 지역 노동계급의 민심을 잃게
되면서 캠페인은 아무 성과도 거두지 못했다.[86]

지구온난화를 막기 위한 투쟁이 성공하려면, 인류로부터 자연을 보
호하는 게 아니라 인류를 위해 자연을 보호한다는 생각으로 접근해야
한다.

3부
왜 부자들과 권력자들은
아무것도 하지 않는가

11장 신자유주의와 이윤

2부에서는 지구온난화를 막을 수 있는 기술적 방법들을 살펴봤다. 그러나 이런 해결책이 제시된다고 한들, 우리 앞에 놓인 과제가 사라지는 것은 결코 아니다. 해결을 가로막는 것은 기술이 아니라 정치이기 때문이다.

기후변화 해결을 가로막는 핵심적 정치 문제는 세 가지다. 첫째, 대규모 공공사업과 정부 규제가 필요한데 이것은 전 세계 정부와 기업이 지난 30년간 펼쳐 온 정책과 정면으로 충돌한다. 11장은 이 문제를 다룬다.

둘째, 기후변화에 실질적으로 대처하려면 석유·석탄·가스·자동차 기업의 이해관계에 정면으로 도전할 수밖에 없다. 이 문제는 12장에서 다룰 것이다. 마지막으로 13장에서는 국제 경쟁 때문에 각국 정부가 어떻게 서로 대립하게 되는지 설명할 것이다. 그러나 기후변화를 막기 위해서는 각국 정부가 어떻게든 힘을 합쳐서 자국 경제를 규제해야 한다.

이런 정치적 문제들을 생각하면 자칫 변화를 이루기가 쉽지 않겠다는 비관적 결론에 이를 수도 있다. 쉽지 않은 것은 분명한 사실이지만, 우리가 정말로 해내고자 한다면 진실을 직시해야 한다.

왜냐하면 긍정적 결론을 끌어낼 수도 있기 때문이다. 나는 왜 기업 총수나 주류 정치인이 기후변화를 막는 데 필요한 조치를 취하기를 꺼리는지 설명할 것이다. 바로 그 점 때문에, 기후변화 활동가들은 지구를 살릴 수 있는 힘을 기업 총수나 주류 정치인이 아닌 다른 세력에게서 찾아야 한다. 즉, 다수의 평범한 사람들과 사회정의를 향한 운동에 기대야 한다. 지구를 살리는 일을 방해하는 바로 그 기업 권력과 정부의 태만에 맞서 사회정의 활동가들은 이미 싸우고 있다. 나는 기후변화를 막기 위한 활동과 사회정의 운동 사이의 동맹을 '기후정의climate justice'라고 부르는데, 이는 단지 듣기 좋으라고 하는 말이 아니다. 기후정의는 지구온난화를 막기 위한 필요조건이다.

신자유주의

지구온난화를 멈추기 위해선 정부의 대규모 개입이 필요하다. 그러나 지난 30년 동안 각국 정부와 기업은 세계경제를 변화시켰다. 공기업을 민영화하고, 공공 부문 지출과 부자들의 세금을 삭감하고, 각종 환경 규제와 기업 규제를 철폐했다. 이런 변화를 '신자유주의'라고 부르는데, 정부가 기업 활동에 관여하지 말아야 한다고 생각한, '자유주의'라는 단어의 19세기 시절 의미에 그 어원을 두고 있다.

정부와 기업은 사람들에게 세계시장 말고는 대안이 없으며 이에 저항하는 것은 무의미한 일이라고 설득하기 위해 그간 갖은 노력을 기울였고, 사람들이 그런 생각에서 깨어나기를 원치 않는다. 그런데 만약에 정부가 [시장 원리를 거슬러] 기후를 구하기 시작한다면 이런 생각이 산산조각 날 것이다. 왜냐하면 시장 원리 말고도 대안이 있다는 것이 모두에게 분명해질 것이기 때문이다.

이 때문에 내가 뒤에서 다룰 기묘한 모순이 생겨났다. 조지 부시와 석유·자동차 기업주들처럼 아무것도 하지 않으려 하는 이들은 부자와 권력자 중에서도 소수다. 대부분의 자본가와 정치인은 무언가 해야 한다는 것을 알고 있다. 그들은 끊임없이 조치가 필요하다고 얘기한다. 그들은 교토의정서에도 서명하고 새로운 협정도 맺고자 한다. 그러나 그들이 서명하는 협정들은 시장 원리를 따르는 갖가지 구멍과 협잡으로 가득하다. 한편으로 그들은 계속해서 도로, 공항, 철, 석유, 시멘트 생산을 늘려 간다. 그들은 우리에게 필요한 대규모 조치를 도저히 취할 수 없다.

그러나 부자들과 권력자들이 자신들도 무엇인가 하고 싶다고 얘기할 때, 그들이 꼭 거짓말만 하는 것은 아니다. 그보다는 그들 자신이 신자유주의의 포로가 된 것이다. 그들은 지난 30년간 정부와 기업이 추종해 온 핵심 정책들을 포기할 수 없다.

이 장에서는 이런 모순과 그들이 이 모순을 해결하지 못하는 이유를 설명할 것이다. 이것은 중요한 문제다. 지구온난화를 멈추기 위해서는 그들을 변화시키거나 그들이 우리를 방해하지 못하도록 물러서게 만들어야 하기 때문이다.

신자유주의의 기원

전 세계 지배계급이 신자유주의와 시장 원리라는 압력을 가해야 했던 이유는, 이윤을 높여야 하는 절박한 사정이 있었기 때문이다.

그들은 지난 40년간 세계경제를 바꾸려고 노력했다. 1960년대 말부터 선진국 전역에서 산업 이윤율이 절반으로 떨어졌기 때문이다.[1] 예를 들어, 일본에서는 산업 이윤율이 40퍼센트에서 20퍼센트로 떨어졌다. 미국에서는 25퍼센트에서 13퍼센트로, 독일에서는 23퍼센트에서 11퍼센트로 떨어졌다.[2] 캐나다와 서유럽에서도 같은 일이 벌어졌다. 1960년대 이후 40년 동안, 미국에서는 잃어버린 이윤의 절반가량만 회복됐고, 유럽과 일본에서는 거의 회복되지 않았다.[3]

이게 기업 총수들에게 왜 그토록 중요한지 알기 위해서는, 세계 자본주의 체제에서 이윤이 왜 그토록 중요한지부터 살펴봐야 한다.

자본주의는 새로운 종류의 체제다. 500년 전에는 농노의 토지 노동에 기생하는 대지주들이 권력을 쥐고 있었다. 지주들도 일정한 수입이 필요했으나, 더 많은 돈을 벌기 위해 돈을 투자할 필요는 없었다.

그 뒤 지난 200년 동안 자본주의와 함께 산업이 성장했다. 기계가 도입되고 기업은 서로 경쟁하기 위해 투자해야만 한다. 더 좋은 품질의 상품을 더 값싸게 만드는 기업이 승자가 된다. 그런데 기술자들이 기계를 끊임없이 개선하기 때문에 기업은 늘 더 새롭고 크고 비싼 기계를 사들여야 한다. 가장 많은 돈을 투자하는 기업이 살아남고, 그럴 수 없는 기업은 낙오한다. 투자를 위한 돈은 모두 이윤에서 나온다. 이 때문에 가장 많은 이윤을 남긴 기업이 투자해서 살아남고 더욱 성장해서 각 산업을 지배하게 된다.

이런 이윤은 그 기업을 위해 일하는 사람들로부터 나온다. 그들의 두뇌, 근육, 손, 무릎과 땀이 기계를 만들고 굴러가게 한다. 그들이 상품을 운반하고 배와 트럭에 싣고 판매한다. 영리하거나 운이 좋은 기업은 새로운 디자인이나 상품, 생산과정을 도입해 경쟁사들을 뛰어넘을 수 있다. 그러나 이런 이윤이 계속 유지되도록 하려면 가능한 한 많은 돈을 신규 투자에 써야 한다. 이는 임금을 억제하고 노동강도를 높이는 것을 뜻한다. 이런 압력은 끝이 없다. 기업들에게 이윤은 살아남기 위해 필요한 피와 같다. 더 많은 이윤을 창출할수록 더 많이 투자할 수 있고, 이는 다시 더 많은 이윤을 창출한다.

이윤은 국민국가에게도 중요하다. 각국의 기업주들은 항상 경쟁의 찬바람을 피할 방법을 모색하기 때문이다. 그들은 기회만 생기면 효과적인 독점을 구축하려 한다. 이 때문에 곳곳에서 '카르텔'이 형성된다. 카르텔은 거대 석유 기업들, 철도 회사들, 자동차 기업들, 은행들끼리 맺는 산업별 연합이다. 한 산업에서 가장 큰 기업들은 서로 합의해서 경쟁을 제한하고 가격을 인상하고 생산량을 늘리고 새로운 경쟁자의 진입을 막는다. 그러나 19세기에 각국에서 카르텔과 독점기업이 형성되자, 경쟁은 국가 간, 제국 간 세계 경쟁으로 발전했다. 이런 국가 간, 제국 간 경제 경쟁은 이내 전쟁으로 치달았다.

공업이 가장 발달한 나라가 가장 좋은 무기를 만들어 낸다. 1800년에는 가장 좋은 배와 대포를 만드는 나라가 전쟁에서 이겼다. 1860년에는 연발총을 만드는 나라가 세계를 지배했다. 그 뒤에는 기관총, 함교, 탱크, 비행기, 폭탄과 마침내 핵무기까지 등장하게 된다. 각 시대마다 공업이 가장 발달한 곳이 군사력도 가장 막강하다.

더 많은 이윤을 남기는 기업이 성장하고 살아남아서 나머지를 지배한다. 또 더 많은 이윤을 남기는 나라가 성장하고 살아남아서 나머지를 지배한다. 바로 이 때문에 1960년대 말의 이윤 하락이 그토록 중요한 것이다.

이런 이윤의 위기는 서비스업이 아닌 공업에서부터 시작됐다. 그런데 국제무역의 대부분과 전체 이윤의 절반 이상을 공업이 담당했다. 모든 나라의 경쟁력은 자국의 공업 능력에 의존했다.

이윤이 떨어졌다고 해서 공업에 대한 투자가 멈추지는 않았으나, G7 나라들에서 투자 속도가 느려졌다. 미국, 캐나다, 영국, 프랑스, 독일, 이탈리아, 일본에서 제조업 생산량이 전에는 해마다 6.4퍼센트씩 성장했다. 그러나 이제는 2.1퍼센트씩만 오르고 있다. 그러나 생산성은 이보다 더 빠르게 상승해 더 적은 인원으로 더 많은 상품을 만들 수 있게 되면서, 사람들이 일자리를 잃기 시작했다. 실업자들은 물건을 살 수 없으므로, 그만큼 더 많은 공장노동자들이 일자리를 잃게 됐다. 1973년과 1979년에 대규모 경기후퇴가 있었다. 수백만 명이 일자리를 잃었으며, 주요 대기업이 파산 위험에 처했다.[4]

기업주들은 왜 이윤이 추락했는지는 알지 못했지만 고통은 느끼고 있었다. 경영진과 은행가들, 정치인들, 주류 경제학자들은 근본 문제가 무엇이고 어떻게 해결해야 할지 몰랐다. 그러나 어떻게 대처해야 할지는 알았다.

두 가지 전략이 있었다. 하나는 세계적 경쟁이었다. 이는 주로 '세계화'라는 형태로 나타났는데, 미국 정부와 기업이 세계를 지배함으로써 전 세계 이윤에서 미국 기업이 차지하는 몫을 키우려는 것이었다.

또 다른 대처 방법은 국민소득에서 기업과 부자에게 돌아가는 몫을 늘리는 것이었다. 현실에서 이것은 국민소득에서 노동자들과 그들의 필요를 위해 지출되는 부분을 줄이는 방향으로 나타났다. 그것이 바로 '신자유주의'다. 신자유주의는 종종 시장 원리가 사회 전반으로 확대되는 것으로 묘사되곤 한다. 이는 현실을 제대로 본 것이 아니다. 더 많은 부가 기업에 돌아가는 반면에 노동자들은 덜 받게 만드는 과정을 통해 불평등이 확대되도록 하는 것이 바로 신자유주의다.[5]

기업들과 정치인들은 지난 30년간 불평등을 더 확대하기 위해 모든 수단을 동원해 세계경제를 변화시켰다. 이 때문에 모든 사람이 가난해 졌다는 뜻은 아니다. 비록 1945~1970년의 절반 정도 속도이지만, 세계 경제는 여전히 성장하고 있다. 따라서 분배할 수 있는 부는 여전히 더 많아졌다. 그러나 부자들이 더 많은 몫을 가져가고 있는 것이다.

신자유주의는 어떻게 작동하는가

신자유주의와 세계화라는 생각은 대부분 미국에서 나왔다. 그러나 이를 실행에 옮긴 것은 미국 정부만이 아니었다. 모든 나라의 기업이 이윤율 문제에 봉착해 있었다. 모든 정부가 미국식 신자유주의를 환영 했다.

현실에서 신자유주의는 어떤 모습으로 나타날까? 이윤을 회복하기 위한 핵심 전략으로는 공공서비스를 팔아넘기는 '민영화', 정부 지출 삭감, 저임금 정책, 정부 규제 폐지가 있다.

1945년 이후 서유럽 정부들은 많은 산업을 국유화했다. 예컨대, 영국에서는 국민의료서비스NHS, 무상교육, 대규모 공영주택이 생겼다. 이밖에도 상수도, 하수도, 천연가스, 전력, 핵 발전소, 탄광, 철강, 철도,

버스, 공항, 항공, 우편, 전화, 감옥, 경찰, 소방서, 군대를 국가가 소유했다. 영국 정부는 일부 자동차 공장과 텔레비전 방송국의 절반, 모든 라디오 방송국을 소유했다. 서유럽에서는 흔한 일이었다.

그러다 1979~1997년에 영국 보수당 정부가 석탄, 철강, 천연가스, 상수도, 하수도, 철도, 버스, 공항, 항공, 통신 산업을 팔아 버렸다. 전에는 정부를 위해 수익을 내던 산업들이 이제는 사적 이윤을 늘리는 데 이바지하게 됐다.[6] 이와 비슷한 공기업 매각이 세계 도처에서 일어났다.

몇몇 산업과 공공서비스는 팔아넘기기가 정치적으로 꽤 까다로웠다. 예를 들어 병원, 학교, 경찰, 소방서, 군수산업과 복지 분야가 그랬다. 이런 경우, 팔아넘기는 대신 기업들에게 마구잡이로 외주를 주는 방식을 택했다. 이런 외주 업체들은 동네 배관공 같은 자영업자들이 아니었다. 대부분, 전 세계 여러 나라에 걸쳐 수천 개의 계약을 맺고 있는 다국적기업들이었다.

기업의 관점에서 봤을 때 민영화와 외주 계약은 일석삼조의 구실을 했다. 사기업의 이윤을 늘렸고, 사기업이 사회적 문제를 담당할 수 있다는 의식을 복원했다. 또 노동조합을 약화시키거나 아예 없애 버릴 수 있는 기회를 제공했다.

이것이 신자유주의 정치인들(현재로서는 대부분의 주류 정치인이 여기에 속한다)이 기후변화를 막기 위한 공적 조처를 꺼리는 첫째 이유다. 사람들이 다시금 공기업이 사람들의 문제를 해결할 수 있다는 생각을 갖게 될 것이기 때문이다.

이윤을 끌어올리는 또 다른 신자유주의 정책은 세금과 공공 지출을 줄이는 것이었다. 세금은 이윤을 잠식한다. 거의 모든 나라에서 [신자유주의를 도입하는] 아주 분명한 첫째 단계는 법인세를 낮추는 것이었다. 다음으로는 부자들에게 매기는 세금을 낮추는 것이었다. 이 덕분에 기업은 주주들에게 배당금을 전보다 덜 줘도 됐기 때문에 이윤을 늘리는 데 도움이 됐다. 평범한 사람들이 내는 세금은 그들의 임금에서 나왔으므로, 정부가 일반 세금을 낮추면 기업은 전보다 월급을 덜 줘도 됐다.

감세를 위해서 정부는 지출을 줄여야 했다. 이는 곧 공무원의 임금을 억제하고, 한 교실에 더 많은 아이들을 채워 넣고, 한 병실에 더 많은 환자들을 밀어 넣는 것을 의미했다. 또 전보다 공공서비스의 질이 나빠지는 것을 뜻했다.[7]

공공서비스는 유료화되거나 요금이 인상됐다. 미국에선 정부의 대학 보조금이 삭감되면서 등록금이 폭발적으로 올라서, 국립대는 1만 2000달러 이상, 사립대는 4만 달러까지 내야 했다. 영국과 호주 등에서는 장학금을 없앴고 등록금을 신설하거나 인상했다. 아프리카에서는 세계은행이 각국 정부를 회유하고 협박해서 학교·보건소·병원에서 돈을 받게 했다. 미국에서는 의료보험료가 올랐지만, 건강관리기구HMO는 서비스를 대폭 축소했다.

전에는 노령연금, 실업수당, 장애수당이 정부 예산에서 직접 지출됐다. 정부는 이런 복지 수당을 모두 삭감하려고 했다. 이런 정책은 이따금 매우 큰 반대에 부딪혔는데, 그러면 수급 자격 심사를 통해 수당을 박탈하고 수당 총액이 늘어나는 것을 억제하려 했다.[8]

신자유주의 정치인들과 기업들이 정부가 기후변화를 막기 위해 많은 돈을 들이는 것을 원하지 않는 또 다른 이유가 바로 이것이다. 그랬다가는 정부 지출을 통해 인간의 필요를 해결할 수 있다는 생각이 확산될 것이기 때문이다.

환경·보건·안전 규제도 비용이 들고 이윤을 갉아먹는다. 영국과 미국을 비롯한 많은 나라에서 이런 규제를 아예 없애는 것은 정치적으로 부담이 컸다. 그래서 각국 정부는 새로운 [규제] 법안을 만드는 것을 기피하고 기존의 법도 엄격하게 적용하지 않았다. 로널드 레이건은 규제를 엄격하게 집행하지 않을 기업인을 환경보호국EPA과 그 밖의 정부 부처의 고위 공무원으로 임명했다. 많은 나라에서는 환경·보건·안전 규제를 감독할 감독관을 줄이는 방식을 취하기도 했다.

전 세계 정부들은 기업에 대한 규제도 많이 폐지했다. 에너지 시장, 주식시장, 외환시장, 은행, 항공업, 그 밖의 많은 산업에서 '규제 완화'가 진행됐고, 그 결과 이윤이 늘어났다. 정치인들과 기업들이 기후변화를 막기 위한 산업·건축 규제에 그토록 소극적인 것은 이 때문이다.

끝으로, 각국 정부와 기업들은 노동자들이 더 적은 돈을 받고 더 많이 일하도록 만들기 위해 최선을 다했다. 다시 말해 임금은 최대한 억제하고 필요하면 언제든지 사람들을 해고했다. 노동조건도 악화시켰다. 휴식 시간, 잔업수당 등 갖가지 혜택이 난도질당했다. 인원은 줄어들고 노동강도는 강화됐다. 겁에 질린 노동자들은 점심시간에도 일하고 수당도 받지 못한 채 야근을 했다.

노동자들을 몰아붙이려면 그들을 겁먹게 하는 것이 필요했다. 대량 실업 사태가 도움이 됐다. 사람들은 일자리를 잃을까 봐 두려워서 다른 노동자에게 연대하기를 꺼렸다. 노동조합의 힘을 꺾어 버리는 것도 필요했다. 때때로 대규모 국가적 파업에서 이런 일이 벌어져, 주요 노동조합들이 공공연하게 굴욕을 당했다. 뒤에서 몇 가지 사례를 소개할 것이다. 수많은 사무실과 학교, 건설 현장에서 그런 일이 벌어졌다.

사용자들은 노동조합을 약화시키는 동시에, 노동자들이 더 많이 일하게 하기 위해 끊임없이 압박을 가했다. 이는 특히 공장의 생산 라인에서 두드러졌다. 그곳에서 노동조건이 악화되면 공공 부문과 전문직으로 확대됐다. 노동자들에 대한 압박은 마치 전염병처럼 번져 나갔다.

신자유주의 사회에서 사람들이 삶을 어떻게 느끼는지를 한마디로 요약하자면 '스트레스'다. 늘 압박이 가해지는 것이다. 일부 사람들은 전보다 더 많이 벌고 다른 사람들은 그러지 못한다. 그러나 30년 전과 비교해 보면 대부분의 직종과 대부분의 나라에서 일하기가 더 힘들어졌다. 사람들은 자신들이 아무도 통제할 수 없는 세계에서 이리저리 치이고 있으며 무기력하다고 느낀다. 자신들의 직업과 삶을 지배하는 가치가 더는 인간적 가치로 여겨지지 않는다. 또 일자리를 잃을까 봐, 나이 드신 부모님이 편찮으시면 감당할 수 없을까 봐, 복지 수당을 잃을까 봐, 직장에서 공공연히 모욕을 당할까 봐 두려움을 느끼며 살아간다. 사람들은 자기 자신의 분노를 두려워하고 이를 억누르려 애쓰게 된다.

이데올로기 투쟁

나는 마치 신자유주의가 모종의 음모인 것처럼 설명했다. 물론 그렇지는 않다. 오히려 그것은 일련의 과정이다. 전 세계의 은행가, 정치인, 경제학자, 정치 지도자가 다양한 전략을 시험하고 서로의 아이디어와 혁신 방안을 배웠다.

신자유주의를 강요하는 것은 결코 순탄한 과정이 아니었다. 기업과 그들을 대변하는 정치인들은 사회를 더 불평등하게 만들기 위해 나름의 투쟁을 벌였다. 영국, 미국, 동유럽, 중국, 아프리카에서 그들은 큰 성공을 거뒀다. 반면에 대부분의 서유럽 나라들에서는 그만한 성공을 거두지 못했다. 그러나 어디서도 자신들이 원하는 것을 모두 얻지는 못했다.

기업과 기업을 지지하는 세력은 신자유주의로 가는 매 단계마다 사람들이 불평등을 받아들이도록 만들어야만 했다. 더 힘들게 일하고 스트레스를 많이 받으며 전보다 적은 공공서비스를 누리면서도, 부자들이 더욱 부유해지는 것을 용인하도록 사람들을 설득해야만 했다. 예컨대, 2000년에는 79퍼센트의 미국인이 평균임금보다 적은 돈을 받았다. 점점 커지는 불평등이 이 79퍼센트의 이익에 부합할 리는 없었다. 그러나 어떻게든 사람들이 이런 불평등을 받아들이도록 만들어야 했다.

정부와 기업이 불평등을 강요하는 방법은 두 가지였다. 하나는 이데올로기 투쟁, 즉 불평등이 자연스러운 현상이라는 생각을 퍼트리는 것이었다. 또 다른 방법은 반격하려 해도 소용없음을 보이기 위해 힘으로 억누르는 것이었다.

이데올로기 투쟁은 쉽지 않았다. 미국에서는 사람들이 1960년대를 기억하고 있었다. 1960년대는 공민권운동, 반전운동, 여성해방운동, 동성애자해방운동 같은 위대한 대중운동의 시대였다. 그 모든 운동은 각자의 방식으로 평등을 요구한 투쟁이었다. 유럽과 그 밖의 나라에서는 사회복지 제도가 걸림돌이었다. 사람들은 연금, 무상의료, 무상교육, 실업수당 등의 복지를 누리고 있었고 그것이 자신들의 당연한 권리라고 생각했다.

아프리카와 아시아의 가난한 나라 사람들은 식민 지배에 맞서 거대한 투쟁을 벌인 기억을 간직하고 있었다. 식민지 해방을 위한 싸움은 자유와 평등을 위한 싸움이기도 했다. 라틴아메리카의 많은 나라에는 미국에 맞서 저항하고 사회복지를 위해 투쟁한 긴 역사가 있었다.

이윤율을 높이고 그것을 유지하려면, 이 모든 평등 사상과 사회복지 권리를 분쇄해야 했다. 사람들이 더는 평등이 가능하지 않다고 생각하게끔 만들어야 했다. 이런 전환이 얼마나 중요했고 부자들과 권력자들이 이것을 위해 얼마나 많이 노력하고 애썼는지를 이해해야 한다. 그토록 공을 들인 만큼 쉽게 포기하지 않을 것이기 때문이다.

1970년대 말부터 불평등은 자연스러운 것이라는 주장이 끊임없이 강조됐다. 이런 생각의 전환은 미국에서 가장 강력했다. 정부와 기업은 이런 결론을 내리는 연구에 돈을 투자했다. 대기업이 소유한 방송과 잡지도 이런 생각을 설파했다. 책과 영화, 다른 모든 종류의 수단을 통해 이런 일이 진행됐다. 그리고 이것이 전 세계로 퍼져 나갔다. 부분적으로는 미국의 대학과 문화, 권력이 미치는 영향력 때문이었다. 그러나 다른 나라의 부자들과 권력자들이 자국의 평범한 사람들에게 이 새로운 생각을 퍼트리고 싶어 했기 때문이기도 하다.

모든 종류의 고통이 개인의 책임으로 떠넘겨졌다. 누구나 고통을 겪지만, 부자보다는 가난한 사람이, 부유한 전문직보다는 보통의 노동자가 훨씬 더 크게 고통받는다. 알코올의존증, 마약중독, 갖가지 정신 질환, 이혼, 우울증, 자살, 심장마비, 조기 사망, 발작 증세, 살인과 피살, 아동 학대, 강간하는 것과 강간당하는 것, 절도하거나 당하는 것, 징역살이와 가정 폭력 등 모든 문제에서 그렇다. 그런데 1980년대부터는 알코올의존증부터 가정 폭력까지 모든 것을 개인의 유전적 특징 탓으로 돌리는 설명이 계속 제기됐다. 마치 흑인과 가난한 사람들이 고통을 더 많이 겪는 것은 그들이 유전적으로 더 약하고 폭력적이며 스스로를 통제할 능력이 떨어지기 때문이라는 듯이 말이다. 또 평균임금을 받는 평범한 사람들이 부유한 전문직보다 더 힘들게 살아가는 것도 그들이 유전적으로 열등하기 때문이라는 생각이 확산됐다.

이처럼 사회문제가 개인의 유전자 탓이라는 신화에는 완전히 모순적인 요구가 포함돼 있다. 즉, 결함이 있는 개인이 자력으로 문제를 해결해야 한다는 것이다. 모순되게도, 열등한 유전자를 갖고 있으니 지원해야 한다는 제안은 어디에서도 찾아볼 수가 없다. 오히려 자기개발서와 할리우드 영화, 텔레비전 프로그램은 승자를 치켜세우고 희생자를 비난한다. 당신이 스스로 바보라고 느낀다면 그건 당신이 자존감이 부족하기 때문이지, 다른 사람들이 당신을 바보로 여기기 때문은 아니라고 그들은 말한다. 즉, 당신이 다른 사람과 관계를 맺는 방법에 문제가 있기 때문이라는 식이다. 이렇게 모든 사회문제를 끊임없이 개인의 문제로 환원한다. 바로 이런 맥락에서, 기업들과 정치인들이 기후변화 문제의 해결책으로 주되게 개인의 소비성향과 생활 방식의 문제를 들먹이는 것이다. 그들은 언제나 사람들이 겪는 고통의 책임을 스스로에게 떠넘기고 죄책감을 느끼게 만든다.

허약한 좌파

이데올로기 투쟁에서 신자유주의가 거둔 결정적 승리 하나는 1975~2000년에 좌파의 사상과 자신감이 무너진 것이다. 이런 붕괴는 극좌파, 공산당, 사회당과 노동당, 심지어 미국의 민주당 내 진보 세력에까지 영향을 끼쳤다. 또 미국의 페미니스트들과 공민권운동 지도자들, 아시아·아프리카와 중동의 급진적 민족주의자들에게도 영향을 미쳤다.

이런 붕괴에는 몇 가지 이유가 있다. 먼저, 1940년 이후 장기 호황의 한 세대를 거치면서 사회민주주의 정치인들과 노동조합 지도자들이 성장했다. 이 노조 지도자들은 사회복지 제도를 이끌어 냈고 조합원들에게 많은 혜택을 제공했다. 그러나 1973년 이후 이윤이 추락하고 국민경제가 어려움에 처하자, 바로 그 지도자들이 혼란에 빠졌다. 이전까지 그들은 계속 커져만 가는 케이크에서 일정 부분을 요구했다. 그런데 갑자기 케이크가 줄어들기 시작하자 무슨 말을 해야 할지 몰랐다. 회사가 돈이 없다고 말하면, 노조 협상가들은 그 말을 곧이곧대로 믿었다. 또 노동조합이 세계시장에 도전할 수 없다고 생각했다.

마찬가지로, 사회민주주의 정당의 정치인들도 정부에 참여하면서 진정한 혜택을 가져다줬었다. 그러다가 어느 순간, 깊은 수렁에 빠진 국민경제를 자신들이 책임져야 한다는 사실을 깨닫게 됐다. 그들은 노동자들의 이익과 국익을 모두 지켜야 한다고 생각했다. 그런데 이 둘이 서로 충돌하기 시작한 것이다. 처음에 그들은 무엇을 할지 몰라서 갈팡질팡했고, 나중에는 경영계가 시키는 대로 했다. 이에 성공한 지도자들은 점점 더 오른쪽으로 이동해 체제를 옹호하게 됐다. 이 때문에 그들을 지지했던 많은 활동가들이 지지를 철회하거나 활동을 중단했다. 당원 수가 급감했다. 자신이 지지한 정부한테 쓴맛을 본 노동자들은 투표 날 집에서 쉬거나 [정당이 아니라] 후보 개인을 보고 투표했다.

1980년대 미국에서는 소득 기준 상위 10퍼센트에 속하는 아프리카계 미국인들과 여성들에게 갑자기 기회가 찾아왔다. 월급이 치솟았고 체제의 일부를 운영하는 일을 맡게 됐다. 그들은 대변인, 장군, 경찰청장, 사회복지 관리자나 경영자가 됐다. 체제를 위해 일하게 되면서 그 안에서 통용되는 가치를 받아들이게 됐고, 이것은 공민권과 여성해방을 위한 투쟁에서 멀어지는 것을 뜻했다. 아프리카계 정치인들이 그러는 동안, 교도소 수감자 수가 1970년 20만 명에서 2000년에는 성인 200만 명과 청소년 70만 명으로 늘어났다. 재소자의 거의 절반가량이 노동계급 아프리카계 미국인이었다.[9]

아시아와 아프리카에서는 민족해방운동을 지도했던 바로 그 지도자들이 비슷한 딜레마에 봉착하게 됐다. 이집트, 인도, 남아프리카공화국, 중국 등의 나라에서 대부분의 지도자들은 국민들에게 자국의 부자들을 위해 세계시장에서 경쟁하라고 강요하는 길을 택했다. 그들은 독재자나 서방의 꼭두각시가 됐고, 국민들은 매우 실망해서 냉소적으로 변했다.

좌파의 사상과 자신감이 붕괴한 둘째 이유는 1989년에 소련과 동유럽에서 스탈린주의 독재가 무너진 것이었다. 영국과 그 밖의 많은 나라에서 노동당 좌파와 중도파는 전통적으로 독재에 반대했지만, 한편으로는 동유럽이 모종의 사회주의 정권이라고 생각했다. 그런데 '공산주의' 실험이 독재와 경제적 재앙으로 끝나자, 노동자들도 동유럽 정권에 등을 돌리기 시작했다. 이 때문에 노동당 좌파와 중도파의 중추가 흔들리게 됐다. 이런 붕괴는 영국에서만 일어난 일이 아니었다. 서유럽, 라틴아메리카, 아프리카, 아시아에서 좌파는 갑자기 신자유주의에 맞설 대안을 잃어버렸다. 정부 개입과 국유화라는 생각은 한동안 신뢰를 완전히 잃었다. 영국에서는 노동당이 토니 블레어와 고든 브라운처럼 시장을 열정적으로 옹호하는 자들을 지지했다.

모든 사람이 그렇게 생각한 것은 아니었다. 나는 스탈린의 독재 체제를 증오한 사회주의자였다. 1917년의 노동자 혁명은 오래전에 스탈린의 반혁명으로 파괴됐다. 또 마오쩌둥 정권이 스스로 뭐라고 자화자찬하든지 간에, 중국에서는 노동자 혁명이 애초부터 있지도 않았다. 그뿐 아니라, 소련과 중국의 체제는 서방식 자본주의와 같은 경쟁적 축적 원리에 따라 운영됐다. 두 체제는 내가 생각하는 사회주의와 정반대였고 나는 그들이 무너지는 것을 기뻐했다.[10]

환경에 관한 책을 쓰는 데 이 점은 특히 중요하다. 러시아와 중국의 스탈린주의 체제는 끔찍한 환경 파괴를 저질렀다. 많은 환경운동가들이 이런 환경 파괴에 반대하는 것은 완전히 옳다.

전 세계에서 좌파뿐 아니라 많은 평범한 사람들이 러시아와 중국의 '공산주의'가 시장 원리의 대안을 보여 준다고 생각했다. 그런데 이것이 사라지자, 기업과 기업을 대변하는 세력에게 새로운 기회가 생긴 셈이었다. 평등, 존엄, 민주주의를 뜻하는 진정한 사회주의는 러시아와 중국의 독재 정권들에 의해 본래 의미를 빼앗겼다. 이 덕분에 신자유주의자들은 전만큼 불평등을 미화하려 애쓸 필요가 없게 됐다. 어차피 대부분의 사람들은 불평등을 받아들이지 않을 테니까 말이다. 그래서 신자유주의자들은 신자유주의가 불평등한 세상을 만들기 위한 것이라고 이야기하지 않는다. 단지 '시장 원리'를 도입하자는 얘기일 뿐이라는 것이다. 그들은 시장 원리가 유일한 대안이고 시장이 모두를 부자로 만들어 줄 것이라고 얘기한다. 심지어 시장 때문에 사람들이 빈곤의 나락으로 떨어지고 있음이 분명한 아프리카에서도 이런 얘기를 한다. 이처럼 시장을 절대적 경지로 미화하기 때문에 신자유주의 정치인들은 기후변화 해결책이 반드시 시장 원리를 따라야 한다고 주장한다.

거짓말

이데올로기 투쟁의 중심에는 또한 거짓말이 자리 잡고 있다.

정치인들이 거짓말한다는 것은 누구나 안다. 그러나 예컨대 옛날의 영국 노동당은 사람들에게 필요한 것을 실제로 일부 제공할 수 있었다. 미국에서는 프랭클린 루스벨트의 뉴딜 정책이 사람들에게 공공 연금을 지급했고, 린든 존슨의 '빈곤과의 전쟁'은 노인들에게 무상의료 혜택을 제공했다. 1950년대와 1960년대에는 자유주의 정치인들과 사회민주주의 정치인들이 평범한 사람들을 위하는 척 다른 무엇을 꾸며낼 필요가 없었다. 그들은 대기업을 대변하면서 그것에 대해 거짓말을 했다. 그러면서도 사회복지를 위한 개혁을 실시할 수 있었기 때문에 어느 정도는 진실을 얘기할 수 있었다.

그러나 1990년대에는 모든 주류 정당이 신자유주의를 지지했다. 미국에서는 클린턴과 민주당이 레이건과 공화당을 따라 했다. 영국에서는 블레어와 노동당이 대처와 보수당을 따라 했다. 이런 현상이 세계 모든 곳에서 일어났다. 1980년대 프랑스에서는 미테랑의 사회당 정부가 신자유주의를 지지했고, 1990년대 독일에서는 슈뢰더의 사회민주당이 그렇게 했다. 남아프리카공화국의 아프리카민족회의ANC도 자유를 거머쥔 뒤에 신자유주의를 받아들였다. 이제 클린턴과 블레어, 아프리카민족회의는 평범한 사람들을 위해 아무것도 하지 않았다. 이 때문에 그들은 모든 문제에서 늘 거짓말을 해야 했다.[11]

더 성공적으로 사람들을 속이기 위해, 정치인들은 광고 기법을 동원하고 그럴듯하게 포장하기에 바빴다. 이것은 사람들을 더 화나게 했다. 미국 소설가 데이비드 포스터 월리스는 2000년 미국 선거 당시 젊은 이들이 왜 그토록 냉소적이었는지를 다음과 같이 설명했다.

우리는 속고 또 속았는데, 그렇게 거짓말에 당하다 보면 상처가 남는다. 진실은 아주 단순하다. 거짓말은 상처를 준다는 것이다. 우리는 네 살 무렵부터 이를 배운다. 어른들이 거짓말이 왜 나쁜지 설명하면서 처음으로 하는 얘기가 이것이다.("네가 만약 속는 입장이라면 어떻겠니?") 그리고 우리는 쓰라린 경험을 통해, 거짓말에 속는 것이 기분 나쁜 일이라는 것을 알게 된다. 거짓말은 속는 이를 왜소하게 느끼게 만든다. 또 속는 사람과 거짓말하는 사람, 세상 모든 것의 존엄성을 부정하는 행위다. 특히 지속적이고 체계적으로 거짓말에 속는 경험을 하게 되면, 애초에 신뢰하던 모든 것이 단지 거짓말 위에서 진행되는 게임일 뿐이라고 여기게 된다.[12]

정치인들은 지구온난화에 관해 늘 거짓말을 한다. 그들은 우리에게 탄소 [배출권] 거래제를 도입하면 탄소 배출량이 줄어들 것이라고 얘기한다. 그러면서 한편으로는 더 많은 도로와 공항, 고속도로를 만든다. 어떤 이들은 아무것도 안한다. 다른 이들은 아주 조그맣게 일을 벌이기는 하지만 언제나 지구를 살리기에는 턱없이 부족하고 그들도 그것을 알고 있다. 그러면서도 언론에 대고는 자신들이 얼마나 환경을 생각하는지 떠드느라 여념이 없다.

정치인들이 기후변화에 관해 거짓말하는 이유는 다음과 같다. 어떤 제도가 실패한 것이 드러나면, 정치인들은 언제나 문제를 실제로 해결하기보다는 대책 회의를 열어서 뭐라고 거짓말할지를 결정한다. 그러고는 근본 문제는 그냥 내버려 둔다. 그것이 그들의 본능이다. 그들이 기후변화에 관해 거짓말하는 이유는 그들 자신이 이미 거짓말쟁이가 됐기 때문이다. 그러면 평범한 사람들은 믿을 만한 지도자가 없다고 느끼고 맞서 싸울 방법도 없다고 여기게 된다.

저항을 분쇄하기

그러나 신자유주의는 단지 이데올로기 투쟁만을 통해서 승리를 거머쥔 것이 아니었다.

신자유주의자들의 주장은 이런 식이다. '불평등은 자연스러운 것이다. 다른 대안은 없다. 당신 생각해서 해 주는 얘기다. 시장에 맞서 싸울 생각 따위는 잊어라. 그러지 않으면, 짓밟히게 될 것이다.'

저항이 부질없는 짓임을 보여 주려면, 실제로 저항이 일어났을 때 철저하게 짓밟아야 했다.[13] 세 차례에 걸친 국가의 노조 탄압이 핵심 구실을 했다. 1981년 미국에서 모두 연방 정부에 고용돼 있던 항공 관제사들이 파업에 들어갔다. 당시 대통령 로널드 레이건은 파업 사흘째 되던 날 파업 참가자들을 한 명도 남김없이 전원 해고했고 이제 갓 훈련을 마친 파업 파괴자들을 대체 인력으로 투입했다. 레이건에게 운이 따랐는지, 그렇게 하고도 비행기가 한 대도 추락하지 않았다. 항공 관제사들은 모두 일자리를 잃었고 아무도 복직하지 못했다. 그 일이 있은 뒤부터 미국의 노동조합 활동가들은 사용자들에 맞서 싸우기를 꺼리게 됐다.[14]

인도 뭄바이(당시엔 봄베이라고 불렀다)는 공업 중심지였다. 1980년 뭄바이의 섬유 노동자 125만 명이 파업에 돌입해서 1년이 넘도록 싸웠다. 그러나 그들은 패배했다. 이후 몇 년 동안 기업들은 뭄바이에 있던

공장을 폐쇄하고 다른 지역에 공장을 세웠다.[15]

영국에서는 광원노조가 가장 강하고 전투적이라는 사실이 누구에게나 분명했다. 1984년에 총리 마거릿 대처가 광원들과 대결했다. 이에 맞서 광원들이 1년 넘게 파업을 벌였으나 패배했고, 이후 7년 만에 전국의 모든 탄광이 문을 닫았다. 그 뒤로 수십 년 동안 영국에서는 노동조합 회의에서 누군가가 파업하자고 얘기할 때마다 "광원들이 어떤 꼴을 당했는지 잊었느냐"는 얘기가 나왔다.[16]

저항 세력이 정치투쟁에서 패배한 것도 신자유주의 프로젝트 강화에 일조했다. 1979년 니카라과에서는 도시 무장봉기가 일어나, 모두가 증오하던 친미 독재자 소모사를 몰아냈다. 소모사 정권에 맞서 싸운 게릴라 세력 산디니스타가 새 정부로 선출됐다. 이 사건은 라틴아메리카 전역에서 반향을 불러일으켰다. 미국 정부가 개입했고, 미국이 후원하는 암살단이 인근 엘살바도르와 과테말라에서 일어난 대규모 게릴라 저항을 짓밟았다. 미국이 후원한 게릴라 집단 콘트라 반군이 이웃 나라들에서 니카라과로 쳐들어갔다. 미국의 경제제재는 니카라과 경제를 불구로 만들었으며, 피폐해진 니카라과 국민이 결국 항복해서 투표로 산디니스타를 끌어내릴 때까지 계속했다.[17]

1989년 중국에서는 민주주의를 요구하는 대규모 항쟁이 일어났다. 베이징 톈안먼 광장에 모인 학생들이 이 항쟁을 이끌었다. 그러나 처음 학생들을 진압하기 위해 군대가 출동하자 수많은 베이징 노동자들이 쏟아져 나와 병사들을 설득해 돌려보냈다. 중국의 모든 도시에서 비슷한 시위가 벌어졌다.

두 번째로 군대가 파견됐다. 이번에는 군대가 학생들을 향해 발포했다. 사진 한 장이 전 세계로 퍼졌다. 대부분의 사람들에게 그 사진은 톈안먼 사태의 상징이었다. 한 젊은이가 텅 빈 거리에서 탱크 대열을 막아선 채 자신을 겨눈 포신에 대항하는 사진이었다. 그것은 용기를 나타내기도 했지만 저항이 가망 없다는 것을 보여 주는 것이기도 했다. 그가 혼자였기 때문이다. 아무도 그가 살아남았을 것이라고 생각하지 않았다.

이런 대규모 투쟁들은 국가적·세계적 규모에서 선례가 됐다. 그러나 더 중요한 것은 수많은 소규모 파업과 지역 캠페인, 개인 차원의 작은 저항이 패배로 끝났다는 것이다.

모든 전투가 패배한 것은 아니었고 승리한 것 중에는 큰 전투도 있었다. 미국의 남성 동성애자들은 에이즈AIDS와 싸우면서 존엄성과 연대, 존중을 쟁취할 수 있었다. 남아프리카공화국의 아프리카민족회의는 도시에서 대규모 시위를 일으켜 마침내 아파르트헤이트를* 끝장낼 수 있었다. 프랑스에서는 1995년에 공공 부문 총파업이 승리해서 복지 혜택의 상당 부분을 지켜 낼 수 있었다. 이데올로기 투쟁도 완전히 패배한 것은 아니었다. 전 세계 평범한 사람들은 대부분 여전히 정부가 나서서 가난하거나 병든 사람들, 장애인을 돌봐야 한다고 생각한다. 지금도 사람들이 정부가 지구온난화를 막기 위해 무언가 해야 한다고 생각하는 이유다.

그러나 대부분의 지역에서 사람들은 시장 원리에 맞서 싸워서는 이길 수 없다는 중도 우파적 통념을 받아들이게 됐다. 시장 자체가 싫거나 시장 원리가 여러분의 삶에 미치는 영향이 마음에 안 들더라도 대안이 없다는 것이다. 이것이야말로 신자유주의가 거둔 가장 큰 성과였

---

* 아파르트헤이트(apartheid) 인종격리정책.

다. 지구온난화를 막기 위해 정부가 나서면 이런 성과가 물거품이 될
수 있는 것이다.

신자유주의의 약점

그러나 신자유주의는 두 가지 커다란 약점이 있다.

하나는 이윤이 떨어지는 문제를 해결하지 못했다는 것이다. 신자유
주의는 그 문제에 대처한 것일 뿐 문제 자체를 해결한 것이 아니었다.
신자유주의는 확실히 효과가 있었다. 모든 사회에서 불평등이 심해졌
다. 심지어 노동자 임금이 상승한 나라에서도 평범한 사람들이 전체
국민소득에서 차지하는 몫은 더 적어졌다. 사회복지, 연금, 수당, 의료,
교육을 통해 받던 몫도 줄어들었다. 반면에 기업과 부자에게 돌아가는
몫은 커졌다.

그러나 애초 이윤율 저하를 낳은 근본 문제가 해결된 것은 아니었
다. 다양한 마르크스주의 경제학자들은 이윤이 떨어진 이유를 저마다
다양한 근거를 들어서 설명한다. 어떤 이는 과잉생산을, 어떤 이는 국
제 경쟁을, 또 다른 이는 생산성 향상과 줄어드는 제조업 일자리를 강
조한다.[18] 이와 같은 설명들은 모두 왜 다른 산업이 아니라 제조업에서
이윤이 떨어지는지를 설명하려 한다. 그런데 이 문제들은 모두 여전히
남아 있다. 과잉생산은 더 심해졌으며 국제 경쟁은 더 치열해졌고 생산
성은 더 높아졌다.

이 말은 기업들이 국민소득에서 더 많은 몫을 가져갔지만, 이윤이
1960년대 수준으로 회복되지 않았음을 뜻한다. 물론 이윤의 총량은

늘었지만, 경제도 성장했다. 투자 대비 이윤이 더 커진 것은 아니다.

미국에서 이윤이 부분적으로나마 회복된 것은 두 가지 때문이었다. 하나는 노동자들을 더 심하게 착취한 것이다. 지난 30년간 노동자들의 시간당 실질임금은 상승하지 않았고, 노동시간은 전보다 10퍼센트 정도 더 늘어났다.[19] 또한 미국 기업들이 세계에서 지배력을 떨칠 수 있었던 것도 이윤 회복에 일조했다. 그럼에도 이윤은 절반밖에 회복되지 않았지만, 이조차 일본과 독일처럼 이윤 회복이 더딘 나라들에는 엄청난 압력이다.[20]

그런데도 지배계급은 여전히 신자유주의에 매달리고 있다. 이윤율 저하에 대처할 다른 대안이 없기 때문이다. 지배계급이 잡고 있는 신자유주의라는 지푸라기는 이윤이 더 많이 떨어지지 않도록 그나마 막아 주고 있다. 기업들과 정부들이 신자유주의 정책을 절박하게 고수하는 이유는 이 때문이다. 그들은 이것을 포기할 생각이 없다.

신자유주의의 또 다른 약점은 사람들의 소득과 생계가 공격받아서 너무 많은 사람들이 고통을 겪게 됐다는 점이다. 세계의 중요한 몇몇 지역에서 사람들은 자신의 소득이 줄어드는 것을 경험했다. 미국의 도심 빈민가, 중국 농촌의 대부분, 라틴아메리카의 많은 지역, 이집트, 이라크, 사우디아라비아, 아프리카의 대부분이 그렇다. 그러나 훨씬 더 일반적인 것은 스트레스다. 노동이 더 힘들어졌고, 삶이 더 불안정해졌고, 사회 안전망이 느슨해지거나 아예 사라졌다. 걱정 때문에 잠을 이루지 못하는 사람들이 많아졌다.

분노와 비통함을 모든 곳에서 발견할 수 있다. 이런 감정은 대부분 무관심으로 나타나는데 이는 분노와 무력감이 섞인 것이다. 21세기 들어서 이런 분노가 사회정의를 추구하고 전쟁에 반대하는 새로운 운동으로 다양하게 터져 나오고 있다. 뒤에서 이런 운동들을 다루겠다. 우리는 바로 이 운동에서 희망을 찾을 수 있으며, 이는 단지 더 나은 세상을 위한 것만이 아니라 지구를 위한 것이기도 하다.

그러나 그 분노는 정치인들과 대기업들이 21세기 들어서도 신자유주의를 포기하지 않는 것에 대한 분노이기도 하다. 그들은 대안을 둘러싼 논쟁에서 크게 승리하고 나자 오직 이윤 문제에만 골몰했다. 그들은 세계 도처에서 갈수록 사람들의 분노가 커지는데도 아랑곳하지 않았다.

이따금 지배자들과 그들을 옹호하는 지식인들이 이를 공공연히 지적하기도 한다. 그러나 그들 모두 직감적으로 이를 느끼지만, 자신들이 물러설 수는 없다는 것을 잘 알고 있다.

신용위기

그러다 2007년 가을부터는 현상을 유지하는 것조차 더 어렵게 됐다. 바로 신용위기와 점차 확산되는 불황 때문이었다. 신자유주의와 마찬가지로 이 신용위기도 산업 이윤율의 하락에 그 뿌리를 두고 있었다. 신용위기는 기업과 은행이 위기를 지연시키기 위해 사용한 방법 때문에 발생했다. 1970년대 이래 기업, 은행, 정부는 투기와 대출을 통해 이윤 하락을 만회했다. 그런 전략은 결국 2007년에 파국을 맞았다.

1970년대 이후 부동산, 주식, 닷컴 열풍, 파생 상품, 구조화투자회사, 선물거래나 심지어 오래된 예술 작품 같은 것에 투기성 거품이 생겼고, 점점 더 많은 돈이 몰려들었다. 주택 시장이 호황을 맞이한 이유는 주택의 가치가 더 높아져서가 아니라, 단지 집값이 더 오를 거라는 사람들의 기대 때문이었다. 그러다 어느 순간부터 집값이 폭락하기 시작했다.

이런 투기는 이윤율 저하라는 근본 문제를 해결한 것이 아니었다. 어떤 사람이 이윤을 챙기면 다른 이는 잃고 있었고, [전체로 보면] 새로 생긴 가치가 없었다.

이윤율 저하에 대한 은행과 기업, 정부의 또 다른 대응은 세계시장에서 부채와 신용 대출의 규모를 키우는 것이었다. 이 덕분에 부도 위기에 처한 중요한 기업들을 구제할 수 있었다. 또 한 나라가 경제 위기에 빠지면 중앙은행이 금리를 내려 돈을 빌리기 쉽게 했다. 이런 조치는 개인들에게도 영향을 미쳤는데, 부유한 나라의 사람들은 더 많은 신용카드 빚을 지게 됐다. 기업과 국가 모두 비슷한 규모로 부채를 키웠다. 이런 빚더미가 무너져 내릴 듯해 보일 때마다, 중앙은행은 그저 더 많은 돈을 빌려주는 것으로 대응했다. 이 때문에 전 세계적 수준에서 부채와 신용 대출의 규모가 계속 커졌다.

부채와 투기, 신자유주의는 서로가 서로를 강화했다. 신자유주의는 투기와 대출을 제한하는 규제를 없애는 것을 뜻했다. 늘어난 대출 덕분에 더 많은 투기가 가능했고, 다시 투기는 대출을 부추겼다. 모두들 이런 돈 잔치가 언제까지나 계속될 것이라고 생각했다. 그런데 어느 날 끝이 찾아왔다. 빚더미와 투기에 기대고 있던 모든 은행과 기업은 서로에게 부채 상환을 요구하지 않기로 암묵적으로 합의해 왔는데, 2007년 가을에 그 합의가 깨졌다. 그러자 은행과 기업은 각자가 빌린 돈을 갚아야 했는데 그럴 돈이 없었다.

그러나 근본적으로 이것은 그들이 단지 어리석거나 무모했기 때문이 아니다. 산업 이윤율이 떨어져 회복되지 않았기 때문이다.

신용위기가 기후변화 문제에 미치는 영향은 두 가지다. 먼저, 신용위기는 정부가 지출할 수 있는 돈이 얼마나 많은지를 보여 준다. 2001년에 미국 경제가 심각한 불황으로 치닫는 것처럼 보이자, 연방준비은행 FRB은 금리를 과감하게 끌어내렸다. 사람들이 더 많은 돈을 빌려 집과 차를 새로 사게 만들기 위해서였다. 이것이 경제를 부양했다. 또 아무 짝에도 쓸모없는 맥맨션과* SUV가** 유행이 됐다. 이 덕분에 경제는 얼마 동안 유지됐고 최근에 꺼지고 있는 주택 거품을 만들어 냈다.

그러나 정부와 연방준비은행은 완전히 다르게 대처할 수도 있었다. 사람들에게 돈을 나눠 주거나 무이자로 빌려줘서 저탄소 주택을 짓거나 오래된 집을 단열하거나 대중교통을 건설할 수도 있었다. 어차피 돈을 쓸 생각이었으니까 말이다. 그러나 인간과 환경에 필요한 것에는 쓸 생각이 없었던 것이다.

기후변화 문제와 관련해 더 중요한 점은, 신용위기가 신자유주의와 시장에 대한 불신을 키웠다는 것이다. 2008년 봄 유력 경제 신문인 〈파이낸셜 타임스〉에는, 신용위기가 본격적으로 찾아오면 평범한 사람들이 더는 시장의 오만불손함을 받아들이지 않을 거라고 말하는 사설이나 칼럼이 매주 실렸다. 정부 개입과 사회정의가 다시금 유행이 될 것이라고 〈파이낸셜 타임스〉는 말한다.

그 결과 벌써부터 새로운 정치 공간이 열리고 있다. 2006년에는 기

---

* 맥맨션(McMansion) 특색 없이 고만고만하게 지은 대형 호화 주택을 맥도날드에 빗대어 경멸조로 일컫는 말.

** SUV(Sport Utility Vehicle) 거친 노면을 달릴 수 있도록 사륜구동으로 제작되고 연료를 많이 소비하는 대형 승용차.

후변화를 막기 위해 새로운 일자리 수백만 개를 요구하는 것이 공상적으로 들렸다. [그러나] 2008년에는 미국 철강노조USW와 시에라클럽이 주최한 회의에서 300만 개의 녹색 일자리가 필요하다는 주장이 진지하게 제기됐다. 이는 민주당과 공화당 둘 다 대규모 경기 부양책이 필요하다는 데 동의했기 때문이다. 물론 두 당 모두 경기 부양책의 일환으로 정부가 사람들을 고용하는 것은 지지하지 않았다. 풍력 터빈을 만드는 일에 사람을 고용할 생각은 더더욱 없었다. 그러나 무언가는 해야 하는 상황이었으므로 그런 생각이 전과 달리 현실적이라고 여겨졌다.

이 책을 쓰는 지금, 경제 위기와 불황이 얼마나 오래갈지, 얼마나 심각해질지 예측하기는 불가능하다. 그러나 신자유주의 사상의 지배력에 큰 타격을 줄 것임은 분명하다. 그렇다고 기업들과 정치인들이 쉽사리 신자유주의 사상과 정책을 포기할 리는 만무하다. 오히려 경제 위기 상황에서는 노동자들을 더 강하게 쥐어짜서 이윤을 유지하려 할 것이다. 그러나 평범한 사람들의 생각과 바람이 바뀔 것이라는 점만은 분명하다.

12장 기업 권력

이 장은 석유·석탄·가스·자동차 기업 등 이른바 '탄소 기업'에 대한 것이다. 여기서는 모든 기업이나 자본주의 전체에 대해서 언급하지는 않을 것이다. 그 대신, 청정에너지 기반 경제로 넘어가는 과정에서 가장 손해를 많이 볼 특정 기업들을 다룰 것이다. 자본가들은 풍력발전으로도 돈을 벌 수 있다. 실제로 17세기 네덜란드에서는 풍차로 돈을 벌었고 지금도 그럴 수 있다. 그러나 지금 돈을 버는 나라나 기업이 아니라 새로운 나라나 기업이 그런 이익을 누리게 될 것이다.

자본주의 사회에서 기술 발전은 늘 그런 식으로 일어난다. 자동차가 기차를 대신하게 되면서 포드, 제너럴모터스, 폭스바겐 같은 새로운 기업들이 등장했다. 소프트웨어가 중요해지기 전까지는 IBM이 컴퓨터 업계를 지배했지만, 어느 날 갑자기 마이크로소프트가 등장했고 빌 게이츠가 세계 최고 갑부로 등극했다.

게다가 머리말에서 지적했듯이, 2006년 매출액 기준으로 세계 상위 10대 기업은 바로 기후변화 방지 대책으로 가장 큰 손해를 입게 될 기

업들이다. 기억을 되살리기 위해 한 번 더 열거하자면 다음과 같다.[21]

2006년 매출액 상위 10대 기업

1	월마트(미국)
2	엑슨모빌(미국)
3	셸(네덜란드/영국)
4	BP(영국)
5	제너럴모터스(미국)
6	토요타(일본)
7	셰브런(미국)
8	다임러크라이슬러(독일)
9	코노코필립스(미국)
10	토탈(프랑스)

이 상위 10대 기업에는, 지구 상에서 가장 막강한 나라인 미국의 가장 큰 기업 다섯 개가 포함돼 있다.

다른 나라에서도 자동차와 석유 기업이 최상층을 차지하는 패턴은 똑같다. 독일의 가장 큰 두 기업은 자동차를 만들고, 일본도 마찬가지다. 영국, 프랑스, 브라질, 이탈리아에서 각각 가장 큰 기업은 모두 석유 기업들이다. 러시아의 상위 4대 기업은 석유와 가스 기업들이고 인도의 상위 5대 기업은 모두 석유 기업들이다.

이런 수치들이 보여 주는 것은 탄소 기업들의 정치적·경제적 권력이 엄청나게 크다는 점이다. 대기업들은 이른바 자유 시장이라는 경기장에서 수많은 다른 기업들과 동등한 조건에서 경쟁하는 것이 아니다. 현실에서는 소수의 기업이 나머지를 지배하고, 세계시장에서도 대부분

10개가 채 안 되는 기업들이 시장을 지배한다. 그들의 거대한 규모와 이윤은 정치적 권력의 원천이고, 그들은 그 권력을 통해 다시 자신의 규모와 이윤을 키워 나간다.

이런 기업들의 지배력은 오랜 역사를 거치며 만들어진다. 그들은 정부, 은행, 감독 당국, 납품업체, 판매업체, 노동조합, 언론 그리고 경쟁하는 다른 대기업과 연관을 맺는다. 이런 관계들은 오랜 세월에 걸쳐 만들어진 것으로, 다른 산업으로 쉽게 이전될 수 없다.

이론적으로야 매우 용감한 기업 총수가 나타나서 새로운 산업으로의 전환을 이룰 수 있을지 모른다. 그러나 현실에서는 너무 어렵고 위험부담이 크기 때문에 거의 불가능하다. 저탄소 사회로 빠르게 전환하게 되면 석유·가스·석탄·자동차 기업들이 차지하는 시장이 현재의 10분의 1로 줄어들게 될 텐데 이 기업들에게는 사실상 사형선고와 같은 것이다.

새로 등장하는 풍력발전과 태양발전 기업들

이번엔 풍력발전과 태양발전 부문의 지배적 기업들을 살펴보자. 통계를 보면 상위 서너 기업이 세계시장을 지배한다는 것을 알 수 있다. 이 기업들은 구에너지[화석연료] 산업을 지배하던 기업들이 아니며, 대개 기반을 둔 나라도 다양하다. 이런 점은 다음 표에서 명확히 드러나는데, 맑은 날 최대 발전량(메가와트, MW)을 기준으로 상위 10대 광전지 생산업체를 나열한 것이다.

이 수치들을 통해 몇 가지 사실을 확인할 수 있다. 첫째, 3년 사이에 상위 10대 기업의 매출이 세 배 이상으로 늘어났다는 점이다. 그러나 2001년에 시장을 지배했던 상위 3대 기업은 2004년에도 여전히 그 지위를 유지했다. 전자와 마이크로컴퓨터 분야의 대기업인 샤프가 나머지 기업들과 압도적 차이를 보이며 1위를 차지하고 있다. 샤프는 10대 기업 전체 매출의 3분의 1 이상을 차지하며 매출이 2위인 교세라의 세 배가 넘는다.

세계 주요 태양발전 기업들의 발전량(MW)[22]

	2001년	2004년
샤프(일본)	75	324
교세라(일본)	54	105
BP솔라(미국)	54	85
미쓰비시(일본)	14	75
큐셀(독일)	자료 없음	75
셀솔라(독일)	39	72
산요(일본)	19	65
쇼트솔라(독일)	23	63
이소포톤(스페인)	18	53
모텍(대만)	자료 없음	35
총합	296	952

10대 기업 중 7개는 일본과 독일 기업인데, 이 두 나라는 처음으로 태양발전에 보조금을 지급한 나라들이다. BP를 제외하면, 이 기업들은 화석연료 기업 출신이 아니다. 위 목록에 전자 회사들이 많은 이유는, 광전지에서 출력을 높이는 기술이 컴퓨터와 전자 제품에 쓰이는 실리

콘 반도체를 다루는 기술과 매우 비슷하기 때문이다.

풍력발전 시장은 태양발전보다 더 소수의 기업에 집중돼 있다. 2005
년에 상위 10대 기업이 전 세계 풍력 터빈 생산량의 96퍼센트를 차지
했다.

2004년 전 세계 풍력 터빈 시장 분할(퍼센트)[23]

베스타스(덴마크)	34
가메사(스페인)	17
에너콘(독일)	15
제너럴일렉트릭(미국)	11
지멘스(독일)	6
수즐론(인도)	4
RE파워(독일)	3
미쓰비시(일본)	2
에코테크니아(스페인)	2
노르덱스(독일)	2
기타	4

이 목록을 보면 일찍부터 정부 지원을 받은 덴마크와 독일 기업들
이 상위를 차지하고 있는 것이 보인다. 베스타스 혼자서 전체 풍력 터
빈 매출의 3분의 1 이상을 차지했다. 2005년에는 전 세계 해상 풍력
터빈을 모두 베스타스가 만들었다. 전 세계 육상·해상 풍력발전의 77
퍼센트를 상위 4대 기업이 차지하고 있다.

한편, [풍력발전이 아닌] 다른 분야에서 성장한 세 다국적기업이 19퍼
센트를 차지하고 있다. 제너럴일렉트릭은 발전소와 전자 제품을 만드

는 회사로 세계에서 11번째로 큰 대기업이다. 독일의 지멘스와 일본의 미쓰비시는 공업 제품으로 유명한 다국적기업이다. 나머지 일곱 회사는 풍력발전 기업이다.

상위 4대 기업은 모두 세계시장을 겨냥해서 풍력터빈을 만든다. 베스타스의 2005년 매출에서 25퍼센트는 미국을 대상으로 한 것이었다. 이 밖에도 캐나다, 스페인, 독일, 중국, 인도가 주된 시장이었다. 가메사는 해외에서 44퍼센트의 매출을 올렸으며 중국과 미국에 공장을 세우는 중이었다. 에너콘은 독일, 인도, 브라질, 터키, 포르투갈에 생산 공장을 갖고 있었다. 제너럴일렉트릭은 미국, 스페인, 독일에 터빈 공장을 갖고 있었으며 중국에도 새로 짓는 중이었다.

이것이 의미하는 바는, 태양발전과 풍력발전 모두 소수 다국적기업이 지배하는 전형적 시장이 돼 가고 있다는 것이다. 미국 기업은 겨우 발만 들여놓은 정도다. 석유 기업들은 아직 이 시장에 제대로 개입하지 못하고 있으며 앞으로 격차가 더 벌어질 것이다. 물론 주요 기업을 사들일 수 있고, 실제로 지멘스는 그렇게 해서 6퍼센트의 시장을 차지하게 됐다. 그러나 적어도 아직은 석유 기업들이 본격적으로 뛰어들고 있지 않다.

SUV

지금부터는 다국적 탄소 기업들이 변할 수 없는 이유를 설명해 보겠다. 미국의 자동차 산업과 SUV가 대표적 사례다.[24] 미국 자동차 산업은 특히 중요한데, 이는 미국이 인구로는 세계 인구의 4퍼센트만 차지하면서도, 이산화탄소 배출량은 전 세계 이산화탄소 배출량의 23퍼센트를 차지하기 때문이다. 또 전 세계 자동차에서 배출되는 이산화탄소의 3분의 1을 차지한다.

SUV의 성공 신화는 세계 3대 기업들이 어떻게 경쟁을 피하고 자신들에게 닥친 변화의 압력을 피해 갔는지에 관한 이야기다. 그 기업들은 스스로 혁신해서 성공한 것이 아니라, 정부가 다른 중요한 것들을 포기하고 자신들을 위해 일하도록 만들 수 있었기 때문에 성공한 것이다.

SUV의 성공 신화는 신자유주의에 대한 이야기이기도 하다. 자동차 기업들이 어떻게 미국의 점증하는 불평등을 기회로 삼아 부자들에게 대형 승용차를 팔 수 있었는지를 보여 준다. 즉, 11장에서 다룬 경제 분석의 생생한 사례인 것이다. 또 기업과 기후변화에 관한 이야기이기도 하다. 1980년부터 2007년 사이에 미국 디트로이트의 자동차 공장들은 엔진의 힘을 두 배 이상으로 발달시킬 수 있었다. 이렇게 개선된 성능을 사용하면 이산화탄소 배출량을 절반 이하로 줄일 수 있었다. 그러나 그 대신 더 크고 더 위험한 자동차를 만들었다. 2000년에는 대형 승용차가 정지 상태에서 시속 60마일[시속 96킬로미터]까지 가속하는 데 걸리는 시간이, 1980년에 소형차가 가속하는 데 필요했던 시간 정도로 짧아졌다. 이는 단지 과거의 이야기만이 아니라, 미래에 대해서도 경고하는 바가 크다.

SUV 신화의 시작은 1973년으로 거슬러 올라간다. 1973년에는 세 가지 사건이 있었다. 첫째, 1930년대 이래 가장 큰 폭의 경기후퇴가 시작됐다. 다음으로 중동과 남반구[제3세계]의 주요 산유국들이 모인 석유수출국기구가 세계시장에 '실력'을 과시했다. 석유수출국기구는 석유 생산량을 줄임으로써 현재 가격으로 배럴당 100달러까지 유가를 치솟게 만들었다.

1973년에 벌어진 셋째 사건은 이스라엘과 인근 아랍 국가들 사이의 전쟁이었다. 그 전에도 이스라엘은 1948년과 1967년에 전쟁을 해서 손쉽게 승리한 바 있었다. 그러나 1973년에는 아슬아슬하게 이겼고, 많은 아랍 국가들은 미국이 이스라엘에 돈·무기·정보를 제공하지 않았다면 자신들이 이겼을 것이라고 생각했다. 그래서 몇 달 동안 아랍의 주요 산유국들은 석유 생산량을 줄여서 미국에 압력을 가하려 했다.

사실 미국은 그때나 지금이나 중동 석유 의존도가 낮기 때문에 그 효과가 실질적이지는 않았다. 그러나 이런 석유 수출 거부는, 세계적 오일쇼크와 1973년의 경기후퇴와 맞물리면서 미국 정부와 기업들을 겁주기에는 충분했다. 당시 미국 대통령 제럴드 포드는 수입 석유 의존도를 낮추기 위해 휘발유 소비를 제한했고 이는 기업들의 광범한 지지를 받았다. 1975년 미국 의회는 주요 고속도로 제한속도를 시속 55마일[시속 88킬로미터]로 낮췄다. 놀랍게도, '승용차 중독'이라고 알려진 미국인들은 이를 순순히 받아들였다.

이뿐이 아니었다. 새로운 법을 제정해서 승용차 연비를 두 배로 높이도록 했다. 이때 연비는, 한 기업이 생산하는 모든 차량이 휘발유 1갤런[약 3.8리터]을 넣고 평균적으로 주행할 수 있는 거리로 계산했다. 1975년 평균 연비는 13마일[21킬로미터]이었는데, 새로 제정된 법은 이를 1978년까지 18마일[29킬로미터]로, 다시 1984년까지 27마일[43킬로미터]로 높이도록 했다. 디트로이트의 주요 자동차 기업들은 1980년대 초에 이 목표를 모두 달성했다.[25]

이 사실은 매우 중요한데, 많은 사람들은 단지 정부가 시킨다고 해서 기업들이 이산화탄소 배출을 대폭 줄이지는 않을 것이라고 생각하기 때문이다. 그러나 이 사례를 보면, 미국에서 가장 힘 있고 큰 기업들이 정부 규제에 따라 9년이 채 안 되는 기간 동안 연비를 두 배 이상 향상시켰다. 더욱이 이런 개선은 탄소 배급제나 환경세 없이 이뤄졌다. 정부가 법으로 하라고 명령하자, 기업들이 이에 따른 것이다. 정부가 어떤 일을 진짜로 중요하다고 여기면 일은 이렇게 진행되는 것이다.

그러나 이 이야기의 결말은 그리 행복하지도 단순하지도 않다. 정부가 도입한 새로운 제도는 자동차 기업들에게 큰 문젯거리를 안겨 줬다. 당시 미국 자동차 산업은 '빅 스리' 또는 '디트로이트'라고 불리는 세 기업(제너럴모터스, 포드, 크라이슬러)이 장악하고 있었다. 1975년에 그들은 전 세계 다른 기업들과 마찬가지로 산업 이윤율 하락에 직면해 있었고, 국제 경쟁은 갈수록 치열해지고 있었다.

독일과 일본은 제2차세계대전 이후 재무장이 금지돼 있었고 그 덕분에 국민소득에서 상대적으로 더 많은 부분을 공업에 투자할 수 있었다. 그 말은 새로운 공장을 짓고, 기계를 도입하고, 연구를 하고, 새로운 디자인을 시험했다는 뜻이다. 그 결과, 1975년이 되면 혼다, 닛산, 토요타, 폭스바겐 같은 기업들이 미국의 '빅 스리'보다 더 싸고 튼튼하고 고장이 덜 나는 자동차를 만들게 됐다. 미국 소비자들은 당연히 이 외제차들을 사기 시작했다.

이런 상황에서 1975년에 시행된 연비 규제는 '빅 스리'에게 엎친 데 덮친 격이었다. 일본과 독일 자동차는 특히 소형차 부문에 특화돼 있었는데, 이는 한때 일본과 독일이 미국보다 가난했기 때문이다. 또 일본과 독일제 자동차는 기술이 더 뛰어났기 때문에 미국 차보다 연비가 더 높았다. '빅 스리'는 엔진을 교체하는 것만으로는 연비를 충분히 낮출 수 없었기 때문에 정부 규제를 충족하려면 소형차를 많이 팔아야만 했다. 왜냐하면 정부 규제는 한 기업에서 판매하는 모든 자동차를 묶어서 계산한 평균 연비를 기준으로 했기 때문이다. 그러나 소형차 시장은 적은 수의 소비자를 상대로 이미 너무 많은 기업이 참여해서 과열돼 있었다.

1970년대와 1980년대를 거치면서 새로 등장한 자동차 기업들은 전 세계에 생산 공장을 지었다. 그 결과, 1990년대에는 전 세계에서 소형차 세 대가 생산될 때마다 두 대만 팔렸다. 어디서나 소형차 가격은 떨어지는 추세였다. 이처럼 소형차는 돈을 남기기 힘든 시장이었을 뿐 아니라, '빅 스리'는 어차피 이 부문에서 경쟁력이 없었다. 이 때문에 1979~1982년의 두 번째 경기 침체기에 포드는 부도 위기에 처했다. 크라이슬러는 실제로 파산해서 정부의 대규모 구제금융을 받아야만 했다.

미국 자동차 기업들은 연료를 많이 소비하는 대형차 분야에 경쟁력이 있었다. 이들은 새로 만들어진 연비 규제를 피하기 위해서 새로운 종류의 차량을 개발했는데 그것이 바로 SUV였다. 기본적으로 SUV는 소형 오픈 트럭(픽업트럭) 골격에 큰 자동차 외관을 씌우고 4륜구동이 되도록 만든 것이다. 여기서 이 SUV가 '대형차'가 아니라 '소형 트럭'으로 분류된다는 점이 바로 이들이 노린 것이었다.

소형 트럭은 일반 차량과는 다른 규제를 받았기 때문이다. 소형 트럭에 요구되는 연비는 1갤런당 20마일로 일반 차량에 요구되는 27마일보다 낮았고, 심지어 가장 큰 소형 트럭과 SUV에는 아무런 연비 제한이 없었다. 안전에 관한 규정도 더 느슨했다. 가장 중요한 점으로, 일반 차량은 수입차라 하더라도 관세가 없었지만, 소형 트럭은 수입하려면

25퍼센트의 관세를 내야 했다. 그래서 일본과 독일 기업들은 미국산 SUV와 경쟁해서 도무지 이길 수가 없었다.

'빅 스리'는 자신들의 독점을 유지하기 위한 세련된 수법을 찾아낸 것이다. 세계적으로 소형차 시장은 포화 상태였지만, 소형 트럭 시장은 수요가 충분했기 때문이다. 이 덕분에 '빅 스리'는 자신들이 원하는 대로 가격을 매길 수 있었다.

SUV와 정치권력

이런 SUV 수법이 효과를 거두려면 연방 정부가 '빅 스리'의 입맛에 따라 움직여야만 했다. 자동차 대기업들은 그때나 지금이나 몇 가지 방법으로 영향력을 미친다. 우선, 자동차 산업은 미국 전체 광고료의 7분의 1을 지출한다. 이런 광고들은 잡지와 텔레비전에 집중돼 있는데 이 때문에 자동차 기업의 중역들은 정기적으로 편집자와 출판사를 만난다. 이들은 말 안 듣는 잡지나 방송사에 광고를 철회할 것이라고 압력을 가할 필요도 없다. 알 만한 사람들은 이미 다 알고 있기 때문이다.

다음으로, 이 기업들은 정치인들과 관계를 맺고 있다. 이는 단지 국회를 매수하는 문제가 아니다. 실제로 '빅 스리'는 선거 자금의 일부만 낼 뿐이다. 그런데도 미국 정치인들은 자동차 산업이 중요하다고 생각한다. 1950년대부터 1980년대에 이르도록 경제학자들과 경제지 기자들이 미국 경제가 건전한지 판단하기 위해 가장 많이 사용한 지표는 바로 신차 판매량이었다. 1920년대 이래, 자국의 가장 큰 산업에 감히 맞서겠다고 마음먹은 미국 대통령은 단 한 명도 없었다. 한 예로, 2002

년 제너럴모터스의 매출액은 마이크로소프트의 일곱 배였다. 제너럴모터스과 포드 두 회사를 합하면, 미국 항공 산업 전체가 벌어들인 수입보다도 많았다. 제너럴모터스와 포드의 매출액은 미국 정부의 국방비 전체보다도 많았다.

셋째로, '빅 스리'는 정부를 대상으로 로비할 때 노동조합도 자신들과 보조를 맞추도록 한다. 전미자동차노동조합UAW은 미국의 대표적 강성 노조인데, 이들은 언제나 민주당 내 진보 세력과 가까운 관계를 유지했다. UAW는 2002년에도 전국적으로 80만 명의 조합원을 거느리고 있었고, 170만 명의 은퇴한 노동자와 그 가족에게 연금을 지급하고 있었다. UAW 조합원들은 미국 선거에서 치열한 접전지로 알려진 미시간주와 오하이오주에 집중돼 있기 때문에, 무시 못 할 영향력을 행사할 수 있다. 2000년과 2004년 선거에서 조지 부시는 오하이오에서 간신히 승리할 수 있었다.

그러나 그토록 많은 유권자를 거느리고 있으면서도, UAW는 기업에 맞서 싸울 때는 정치인들에게 그만큼의 영향력을 미치지 못한다. UAW는 북미자유무역협정NAFTA에 반대하는 운동을 열심히 벌였지만 실패했다. 그러나 UAW가 워싱턴에서 회사 측과 함께 로비를 할 때는, 노조가 민주당 내 진보 인사들을 맡고, '빅 스리'가 민주당의 보수 인사들과 공화당을 맡는다.

1975년 '빅 스리'가 연비 규제에 반대하는 로비를 하려고 하자, 노조는 함께하기를 거부했다. 그러나 1980년부터는 몇 가지 이유 때문에 SUV와 관련해서 회사 측을 지원하기로 결정했다. 조합원 수는 더 이상 늘지 않았고, 신자유주의 공격 때문에 과거의 열정과 단호함은 사라졌다. 외국계 기업들은 미국 전역에 새로운 공장을 지으면서도 무노조 경영을 고수했다. 반면에 UAW 조합원들은 대형차와 소형 트럭을 만드는 미국 기업의 공장에 집중돼 있었다. 노조는 자신들의 이익이 미국 자동차 기업의 이익과 일치한다고 판단했다.

UAW 조합원들은 당시의 잘못된 판단의 대가를 지금 치르고 있다. 한동안은 그런 판단이 맞는 듯 보였다. 기업과 노조는 함께 로비를 해서 소형 트럭과 SUV에 관한 갖가지 법적 혜택을 얻어 냈다. 외국계 기업들은 25퍼센트에 달하는 관세를 피하기 위해 소형 트럭 부품을 수입해서 미국에서 조립해 판매하고 있었는데, 이를 사실상 금지했다. 기업가들은 일반 차량은 세금 혜택을 누리기가 어렵지만 소형 트럭은 쉽다는 것을 깨달았다. 1990년에 승용차에는 3만 달러에 달하는 특별소비세가 부과됐지만 소형 트럭은 제외됐다. 1990년에 통과된 대기오염방지법Clean Air Act은 매연 배출량을 줄이도록 요구했는데, 일반 차량보다 소형 트럭에 훨씬 관대했다. 안전 규정도 소형 트럭의 제동 거리를 더 길게 허용해 줬는데, 이 때문에 더 싸고 허약한 브레이크를 장착해도 됐다. 소형 트럭의 지붕은 연방 정부의 강도 표준을 따르지 않아도 되는 예외로 인정받았고, 타이어 상태가 열악해도 합법이라고 인정받았다.

게다가 SUV는 엄청나게 비쌌다. '빅 스리'가 소형차 한 대를 팔아서 남기는 이윤은 1000달러가 채 안됐지만, 5만 달러짜리 SUV는 한 대를 팔면 3만 달러를 이윤으로 남길 수 있었다. 1990년대 말에 이르면, 미국에서 새로 등록되는 차량의 17퍼센트만이 SUV였지만, '빅 스리'가 벌어들이는 이윤의 대부분이 SUV에서 나왔다.

1998년 디트로이트 교외의 웨인 시ℝ에 있는 포드의 미시간 트럭 공장은 SUV를 만들었는데, "전 세계 모든 업종을 통틀어서 가장 이윤을 많이 남기는 공장이었다. … 1998년에 이 공장 한 곳보다 더 많은 이윤을 벌어들인 기업은 세계적으로 100개가 채 안 됐다."[26] 미시간 트럭 공장은 포드사 전체 이윤의 3분의 1을 벌어들였다. 판매액은 나이키보다 많았으며, 맥도날드가 전 세계에서 벌어들이는 수입과 맞먹었다. 이윤으로 따지면 거의 마이크로소프트와 맞먹었다.

단 하나의 공장이 말이다.

1998년이 되면, SUV 덕분에 제너럴모터스와 포드의 재무 상태가 회복된다. '빅 스리' 가운데 가장 취약했던 크라이슬러는 독일 기업 다임러에* 매각됐다. 그리고 그해 팔린 전 세계 SUV의 3분의 2가 미국 소비자들이 산 것이었다.

SUV와 불평등

이처럼 SUV 대박은 정치적 영향력에 의한 것이었다. 이것은 경쟁에 대처하기 위한 반응이었지만, 결코 시장에서 경쟁을 통해 이뤄지지 않았다. 오히려 정치적 영향력을 이용해 시장을 통제하고 자기 입맛대로 바꾼 결과였다. 사실 이것은 매우 흔한 일로, 완전시장에서 벗어난 일탈이라기보다는 현실의 기업과 시장이 작동하는 방식일 뿐이다.

동시에 SUV 대박은 미국 사회에 퍼지고 있던 신자유주의에 대한 적응이기도 했다. 불평등이 커지고 있었고, 부의 격차는 부자와 가난한 이들 사이가 아니라 상위 10퍼센트와 중간의 평범한 사람들 사이에서

---

* 다임러(Daimler) 벤츠 제조사.

가장 컸다. 그리고 이 상위 10퍼센트에 속하는 사람들은 자신들보다 가난한 이들을 경멸하는 동시에 두려워하는 법을 배우고 있었다.

SUV는 바로 이 부유한 상위 10퍼센트를 대상으로 했다. SUV의 디자인과 광고는 이 신흥 부유층의 감성에 맞게 만들어졌다. 원래부터 SUV는 사고가 나면 상대방 운전자를 다치게 해서라도, SUV를 운전하는 사람을 안전하게 보호하도록 만들어졌다. 이는 힘을 가진 이가 자신보다 낮은 이들에게 느끼는 경멸과 두려움을 대변했다. SUV를 운전하는 사람은 도로에서 말 그대로 다른 운전자보다 높은 곳에 앉아 있다.

한 해 수입이 5만 달러가 넘는 가정에서 새 차의 3분의 2를 사들였다. 나머지의 3분의 2는 그 가정의 자녀나 과거에 그 정도 수입을 올렸던 은퇴한 사람들이 샀다. 모두 합하면, 소형차를 포함한 새 차의 9분의 8을 부유층이 구입했고, SUV는 그중에서도 부자인 사람들이 구입했다.

부자들 가운데서도 점차 늘어나는 불평등과 직장에서의 횡포를 가장 잘 대변하는 일부만이 SUV를 샀다. 자동차 기업의 마케팅 부서는 누가 SUV를 구입하는지 알기 위해 치밀한 조사를 벌였는데, 그 결과 베이비 붐 세대에 태어난 40대 전문직 종사자들이라는 것을 알아냈다. 이들은 1960년대에는 마약을 접하기도 하고 사회의 주류 사상에 도전했다. 세월이 지나면서 대기업과 직장에 매이게 됐지만, 여전히 자신은 시골길을 누비는 자유로운 영혼이라고 믿고 싶어 했다. 그리고 "자신의 운전 실력에 자신이 없는" 경향이 있었고, "결혼해서 자녀가 있지만 결혼과 자녀 모두에 불편함을 느끼는" 이들이었다.[27] 이들은 좀 더 이기적인 성향이 있었으며 다른 사람을 덜 배려했고, 자신이 다른 사람들에게 어떻게 비치는지에 민감했다. 그들은 지배하기를 좋아했다. 대도시에 인접한 교외에 살았는데 그중에서도 특히 뉴욕 주변에 많이 살았다.

프랑스 출신 의료인류학자인 클로테르 라파유는 1990년대에 크라이슬러의 마케팅을 담당했다. 〈뉴욕 타임스〉의 디트로이트 특파원이자 SUV의 역사를 훌륭하게 다룬 《고귀하고 강력한High and Mighty》의 지은이인 키스 브래드셔는 라파유를 인터뷰했다.

이방인으로서 거리를 두고 관찰하면서, 라파유는 미국인들이 유독 범죄를 두려워한다고 지적한다. 그는 이런 두려움이 비이성이고 통계적으로 근거가 없다는 사실을 알게 됐다. … 이런 두려움은 오늘날 10대들 사이에서 가장 크다. … 그는 2001년 9·11 테러가 발생하기 2주 전에 한 인터뷰에서 다음과 같이 말했다. "폭력에 대한 얘기를 언제나 듣습니다. 전쟁은 모든 곳에서 매일 일어납니다." 그는 10대들이 이런 두려움에 다음과 같이 반응한다고 설명했다. "10대들은 이런 모습을 보여 주고 싶어 합니다. '나도 닥치는 대로 부숴 버릴 수 있어. 건드리면 가만 안 두겠어. 나를 내버려 둬.'"

10대들이 SUV를 사는 경우는 많지 않지만, 이런 젊은이들의 문화는 미국 사회 전체에 큰 영향을 끼친다. … 라파유는 자동차 회사 중역들에게, 사람들이 SUV를 사는 이유는 범죄와 폭력에 대한 두려움을 덜어 줄 만큼 자신을 무섭게 보이도록 해 주기 때문이라고 말했다. … "나는 때때로 '만약 SUV에 기관총을 옵션으로 달아서 팔 수만 있다면 더 많이 팔릴 거예요. … 슈퍼마켓에 가려고 해도 무장할 필요가 있으니까요' 하고 말하곤 했습니다."

그는 SUV 구매자들이 거리의 불한당들을 자신의 차량으로 쓸어버리고

싫은 이들이라고 말하면서, 이런 내용을 광고로 그대로 내보낼 수는 없다고 머뭇거리며 덧붙였다.[28]

그 대신 SUV 광고는 커다랗고 무섭게 생긴 자동차가 빠르게 돌진해 오는 모습을 보여 준다. 헤드라이트와 범퍼는 괴물의 눈과 턱을 연상시키도록 디자인된다. SUV가 충돌 실험에서 소형차를 박살내 버린다는 사실이 판매에 큰 도움이 된다. 이는 사실이다. 차체가 더 높은 SUV가 다른 차와 정면충돌하면 상대방 차의 지붕은 마치 깡통 뚜껑처럼 날아가 버린다. 측면에서 충돌하면 더 치명적이다.

그러나 SUV 운전자와 탑승객도 더 큰 위험에 노출된다. 차체가 폭에 비해 너무 높아서 더 불안정하고 그래서 충돌하면 전복될 확률이 훨씬 더 높다. 또 도로를 벗어나기가 더 쉽고 통제하기가 더 어렵다. 또 [법적 규제를 받지 않는] 싸구려 브레이크와 질 나쁜 타이어, 약한 지붕 역시 SUV 탑승객을 더 위험하게 만든다.

SUV의 추락

1990년대에 들어서자, 미국 정부는 석유 공급을 더는 우려하지 않아도 좋게 됐다. 중동 지역은 다시 고분고분해졌으며 유가는 수년 동안 낮게 유지됐기 때문이다. 고속도로 시속 55마일 속도제한은 1990년에 폐지됐다. 클린턴 정부와 부시 정부를 거치면서, 자동차 연비 규제법은 국회에서 폐지됐다.

SUV의 인기는 계급 간 분노와 공포 그리고 신자유주의가 만든 불평등에 기초를 두고 있었다. SUV는 또한 '빅 스리'가, 여느 회사들과 마찬가지로, 자신들에게 변화의 압력이 가해진다고 해서 스스로 변하지는 않는다는 것을 보여 줬다. 오히려 자신들의 능력과 정치·경제적 영향력을 활용할 뿐이었다. 반면에 값싸고 튼튼한 소형차를 개발하는 데는 거의 노력을 기울이지 않았다. 그러던 중에 9·11 테러, 아프가니스탄, 이라크, 기후변화 문제가 연이어 터졌다.

2001년 이후 유가가 상승한 이유는 네 가지였다. 미국의 이라크 침공 때문에 이라크 석유 생산량이 감소했고, 호황기라 국제 수요가 치솟았다. 피크오일에 대한 우려 때문에 석유 생산을 늘리는 데는 한계가 있었으며, 향후 중동산 석유의 공급을 둘러싼 염려 때문에 유가는 더욱 높아졌다. 이 때문에 미국인들은 자동차 기름 값으로 더 많은 돈을 지출해야 했고, 1970년대와 마찬가지로 소형차를 사는 것으로 사태에 대응했다.

다른 한편, 환경운동의 영향으로 마침내 SUV의 문제점이 세간에 알려지기 시작했다. 이렇게 되기까지 꽤 오래 걸린 셈인데, 1980년대와 1990년대 내내 환경 단체들이 SUV에 대해서는 별다른 캠페인을 벌이지 않기 때문이다. 그 이유는 첫째, 대부분의 환경 단체들이 한두 명의 상근자 중심으로 활동했는데, 이들은 중산층 가정 출신으로 주되게 코끼리, 고래, 산호, 열대우림과 북극곰 보호에 관심이 많았기 때문이다. 환경 단체에서 일하는 수천 명의 전임 상근자 중에 자동차 문제에 관한 전문가는 겨우 여덟 명이었고 이들은 모두 디트로이트가 아니라 워싱턴 DC나 버클리에 살고 있었다.[29] 환경 단체들이 SUV 문제에 침묵을 지킨 또 다른 이유는 아마도 SUV를 구입한 유복한 베이비 붐 세대가 바로 자신들의 주된 후원자였기 때문일 것이다.

[그러나] 일단 환경 단체들이 기후변화 문제에 진지하게 접근하기 시작하자, 이 유복한 후원자들도 뒤따랐다. SUV는 특히 할리우드에서 인기가 많았는데, 할리우드는 사람들이 타인의 시선에 신경을 더 많이 쓰는 곳이다. 그런데 이제는 같은 이유로 SUV 대신 프리우스 같은 하이브리드 자동차가 인기를 끌기 시작했다. 물론 대부분의 사람들은 값비싼 하이브리드 자동차를 살 수 없었다. 사실, 대부분은 어떤 차도 새로 살 만큼 넉넉하지 못했다. 그렇지만 새 차를 살 만한 여력이 되는 사람들 사이에서는 SUV 판매가 급락했다. 2006년에 이르자 포드와 제너럴모터스가 SUV와 함께 침몰하고 있었다.

프리우스를* 만든 것은 토요타였다. 독일, 일본, 프랑스, 한국의 자동차 기업들은 싸고 성능이 좋은 소형차를 잘 만들었다. 2006년 포드는 146억 달러의 손실을 기록했고, 제너럴모터스는 노동자의 3분의 1을 해고하고도 해외 인수자를 찾고 있었다. 포드는 노동자의 절반을 해고할 계획을 세웠고, 다임러는 손실을 감당하지 못해 크라이슬러를 매각했다.

사정이 이런데도, UAW는 '빅 스리'와 나란히 행동하기로 결정하는 잘못을 저질렀다. 포드와 제너럴모터스는 둘 다 파산 직전이었다. 미국에서는 그런 상황에서도 기업주들이 소유권을 잃지는 않는다. 그 대신 이른바 '법률 11조'에 따라 파산절차를 밟게 된다. 정부가 지정한 회계사들은 기업이 영업을 계속할 수 있게 하는 한편, 기존 기업주들이 다시 기업을 경영할 수 있도록 노조와 담판을 짓게 된다. 만약 노조가 이들과 합의하기를 거부하면 기업은 그대로 문을 닫게 돼, 사실상 노

---

* 프리우스 최초의 하이브리드 자동차.

조를 위협하는 수단인 셈이다.

수년간 UAW 조합원들은 미국 블루칼라 노동자들 가운데 가장 좋은 연금과 의료보험 혜택을 누렸다. 이는 자동차 기업들이 은퇴한 노동자들에게 갚아야 할 부채가 상당히 많다는 뜻이었다. '법률 11조' 파산절차에 따라 지정된 회계사들은 노동자들에게 은퇴한 이들의 연금을 희생시켜야만 일자리를 지킬 수 있을 것이라고 압력을 가했다.

SUV의 역사는, 자동차와 석유 기업들이 자발적으로 청정에너지에 기반을 두는 새로운 경제로 나아갈 것이라고 믿는 이들에게 보내는 경고의 목소리와 같다. 이 기업들은 기후변화를 위해 변신하라는 말을 회사 문 닫으라는 소리로 여긴다. 그들은 있는 힘을 다해 '녹색 잡음'만을* 만들어 내고, 그 이상은 하지 않으려 한다. SUV의 역사는 노동조합에 보내는 경고이기도 하다. 지구온난화에 대처하기 위한 노력이 일자리를 위협할 때마다 노동조합은 회사 측과 함께 해당 산업을 옹호해야 한다는 유혹을 느끼게 된다. 결국 그것은 오판이고, 일자리를 지켜주지도 못한다.

1980~2007년에 연비에 관한 규정은 바뀌지 않았지만, 그래도 기술발전은 멈추지 않았다. 쉼 없는 기술발전의 결과로 전보다 훨씬 더 뛰어난 엔진이 개발됐다. 그 결과 이산화탄소 배출량은 다시 절반 수준으로 줄어들 수도 있었다. 만약 그랬다면 1973년 수준의 4분의 1로 줄었을 것이다. 그러나 그 대신 지구를 병들게 만들 더 크고 빠른 차가 등장했고, 사람들을 다치게 할 수 있다는 이유 때문에 잘 팔렸다.

---

* 녹색 잡음 실제로는 아무런 조치를 취하지 않으면서 겉으로만 그럴듯하게 친환경이라고 떠드는 것.

이렇듯 기술이 문제가 아니라, 기업이 그 기술로 무엇을 하는지가 문제인 것이다.

석유 대기업

SUV 다음으로 들고 싶은 사례는 석유산업이다.[30] 전 세계적으로 기업들이 카르텔을 형성해서 특정 제품을 독점하는 일은 비일비재하다. 그러나 지난 80년 동안 카르텔이 [특정 제품을 넘어서] 한 산업을 통째로, 세계적 규모에서 쥐락펴락한 것은 오로지 석유산업뿐이다. 그 결과 석유 카르텔은 전 세계 10대 기업 가운데 6개를 차지하고 있다.

석유 카르텔은 록펠러 가문 주도로 만들어졌다. 창시자인 존 D 록펠러는 1870년대에 경쟁사를 사들이거나 파산시키는 방법으로 스탠더드오일이라는 제국을 건설했다. 당시 미국의 유전 지대는 대부분 펜실베이니아와 오하이오에 있었기 때문에 석유를 운반하는 데는 철도가 가장 효과적이었다. 록펠러는 철도 회사와 밀약을 맺었는데, 이는 어떤 점에서는 혁신적인 것이었다. 밀약에 따르면, 록펠러가 석유 1배럴당 운반비로 2달러를 지급하면, 철도 회사는 50센트를 되돌려 줬다. 록펠러의 경쟁 업체들도 마찬가지로 2달러씩 지급해야 했지만, 그러고 나면 철도 회사는 오히려 배럴당 50센트씩을 록펠러에게 환급했다.* 이 말은 록펠러가 기차에 석유를 전혀 싣지 않아도 안정적 수익을 낸

---

* 당시 철도 회사 간 경쟁 때문에 대규모 화주에게 리베이트를 주는 관행이 있었는데, 록펠러는 파이프라인으로 석유를 운반하려는 경쟁 업체들의 계획을 좌절시켜서 철도 회사에 물량을 확보해 주는 대신 자신에게 유리한 운임 할인 계약을 맺었다.

다는 뜻이었다. 그리고 그 결과 경쟁사들은 록펠러를 당해 낼 수가 없었다.

이런 종류의 수법이 가능했던 것은 당연히 록펠러가 정치인들이나 판사들과 맺고 있는 관계 덕분이었다. 석유, 철도, 그 밖의 카르텔은 미국 정치를 심각하게 왜곡했다. 이는 결국 민중당 운동을 불러일으켰고 그 결과 독점이 깨지게 된다. 대통령 시어도어 루스벨트의 지원 아래, 1911년 연방 정부는 스탠더드오일을 법정에 세운 대규모 독점 금지 소송에서 승리를 거두게 된다. 스탠더드오일은 몇 개의 작은 회사로 쪼개져서, 겉으로는 서로 경쟁하는 듯이 보였다. 그러나 실제로는 록펠러 가문이 모든 회사에서 가장 큰 주주였으며, 단지 전보다 은밀하게 서로 협력했을 뿐이다. 몇 차례의 재합병 후에 이 회사들은 오늘날의 엑슨모빌, 셰브런, 코노코필립스가 됐다.

1928년이 되면, 세계적 수준에서 록펠러의 수법이 재현된다. 그해 9월 세계 3대 석유 기업인 엑슨, 셸, BP의 경영자들이 스코틀랜드 웨스트코스트에 있는 5만 에이커에 달하는 아크나캐리 성城에 모였다. 린다 맥퀘이그가 분노에 찬 어조로 훌륭하게 쓴 책 《이봐, 문제는 원유야 It's the Crude, Dude》를 보면 그 회담을 다음과 같이 묘사한다.

1928년 9월 17일에 작성된 문서에 따르면, 시장을 분할하고 있는 세 기업은 서로 경쟁하지 않으면서 당시의 시장점유율을 유지하기 위해 일정량만을 생산하기로 합의했다. … 이런 원칙에 합의한 뒤에도 향후 6년간 세부 조율을 세 번 더 했으며, 텍사코·걸프·모빌·애틀랜틱 등 네 기업도 참여하게 됐다.

세부 사항을 보면 더 충격적이다. 시장점유율을 유지하기 위한 방법들이 놀라울 정도로 구체적으로 정해져 있었다. 각기 다른 상황에서는 어떻게 할당량을 재조정할지, 한 기업이 할당량을 초과하거나 미달하면 어떻게 할지 등등. … 심지어 기업광고에 대한 규칙도 있었다. 도로 광고판, 옥외 광고판, 신문광고, 주유소 광고, 라이터 같은 사은품은 없애거나 축소해야 할 광고 형태였다. 더 중요하게는, 어떻게 서로 합의해 가격을 결정할지, 그리고 합의에 포함되지 않은 기업은 어떻게 처리할지(가능하면 인수하는 방향으로)도 규정해 놨다.

뉴욕과 런던에 있는 상임 사무국이 이 일을 총괄했으며, 지역별로 그때그때 조율이 필요하면, 문서에 뻔뻔스럽게 씌어 있는 그대로 '지역 카르텔'에서 담당했다. 스웨덴 국회의 조사를 통해 지역 카르텔의 활동이 어느 정도인지 드러났는데, 이에 따르면 1937년 한 해 동안 스웨덴 지역 카르텔은 55차례 회의를 열어서 897개의 사안에 대해 논의했다(이듬해에는 49번의 회의에서 656개 사안을 결정했고, 다시 그 이듬해에는 51번의 회의에서 776개 사안을 결정했다).[31]

이것이 스웨덴 지부의 활동이었으니, 미국과 영국에서 어땠을지 상상해 보라.

훗날 석유 기업들은 이 협약이 1930년대에 끝났다고 말했지만, 1940년대까지 지속된 것이 분명하며 여러 방식으로 1970년대 초까지도 유효했다. 이에 대한 결정적 증거는, 1950~1972년에 세계 석유 생산량이 해마다 "거의 정확히 9.55퍼센트"씩 늘었다는 점이다. 그 기간에 생산 증가율이 9.45~9.65퍼센트를 벗어난 적은 단 한 번도 없었다. 석유 생산이 지역의 지질, 사건 사고, 경쟁에 얼마나 민감한지를 생각한다면 이에 대한 설명은 오직 하나뿐이다. 주요 석유 기업들이 석유 생

산량을 9.55퍼센트씩 늘리기로 결정해서 이를 실행한 것이다.[32]

주요 석유 기업들은 석유 생산을 조절하고 있었다. 만약 시장의 수요와 공급에 따라 석유가 거래됐다면, 유가는 훨씬 낮았을 것이고 석유 기업들은 매우 적은 이윤만을 남겼을 것이다. 그래서 그들은 석유 생산이 일정한 한도를 넘어서지 못하도록 제한했다. 그러나 지나치게 낮게 제한하지는 않았다. 석유 기업들이 오로지 자신들의 이윤만을 추구했다면 유가가 훨씬 더 높아졌을 것이다. 이들은 전체 산업 자본주의를 대변해 행동했고, 서방 국가들의 산업을 위협하지 않을 정도로 유가를 낮게 유지하려 했기 때문에 워싱턴과 CIA로부터 왕성한 지원을 받을 수 있었다.

1945년 이래, 세계에서 석유가 가장 많은 곳이 사우디아라비아, 이란, 이라크, 쿠웨이트, 리비아와 페르시아만 왕정 국가들을 포괄하는 중동이라는 사실은 누가 봐도 분명했다. 이 나라들은 석유가 없었다면 가난한 나라가 됐을 터였다. 아랍인들과 이란인들은 자신들의 석유를 통제하고 그로부터 이익을 누리길 원했다. 또 석유 생산을 제한해 유가를 높게 유지하고 싶어 했다. 이들로부터 부富를 빼앗으려 하다 보니 미국과 동맹을 맺고 석유 기업들과 우호적 관계를 유지하는 잔인한 독재국가가 필요했다. 중동 지역 정치가 그토록 잔혹하고, 반미 정서가 그토록 광범위하게 퍼져 있는 이유는 바로 그 때문이다.

석유가 가장 많이 나는 사우디아라비아가 가장 중요한 구실을 담당한다. 이 왕정 독재국가는 프랭클린 루스벨트가 1945년 사망 직전 비밀리에 방문한 이래 미국과 친밀한 동맹 관계를 유지하고 있다. 1970년대까지 사우디아라비아의 석유는 모두 엑슨이 최대 주주인 미국 석유 기업 아람코가 지배하고 있었다. 2007년까지, 유가가 너무 높다 싶으면 사우디 정부는 미국 정부의 요청대로 석유 생산을 늘려서 유가를 낮추는 역할을 했다.

1928~1972년에 주요 석유 기업들은 경쟁자들을 내쫓고 자신들의 말을 듣지 않는 정권을 무너뜨렸다. 1953년 선거로 선출된 이란 정권은 앵글로-이란 석유 회사(BP의 전신)로부터 유전을 되찾았다. 앵글로-이란 석유 회사는 영국 기업이었지만, 미국 CIA가 나서서 이란 정권을 무너뜨리는 쿠데타를 조종했고, 그 결과 레자 샤가 다스리는 독재 정부가 들어섰다.

그렇지만 1969년은 석유 기업들에게 뼈아픈 해였다. 그해, 아랍민족주의자인 카다피 대령이 리비아 왕을 폐위시켰다. 그는 리비아 석유를 국유화했는데, 존 폴 게티가 이끄는 옥시덴틀오일이라는 작은 기업이 주요 석유 기업들과의 약속을 깨고 리비아 석유를 시장에 공급했다. 1972년에는 사담 후세인이 이라크 석유를 국유화했다. 심지어 미국의 동맹들도 이런 움직임에 합류했다. 사우디아라비아가 자국 석유의 51퍼센트에 대한 소유권을 요구했고, 쿠웨이트와 페르시아만의 왕국들 역시 자국의 석유를 되찾았다. 또 제3세계에 속한 주요 산유국들이 석유수출국기구에 합류하면서 자국의 석유를 스스로 지배하려고 들었다. 이란인들도 1979년 이란 혁명을 통해 석유를 되찾았다.

거대 석유 기업들은 카다피, 사담 후세인, 이란의 성직자들을 결코 용서할 수 없었다. 그러나 주요 석유 기업들은 살아남았고 계속 번창했다. 그들은 여전히 석유 운송, 분배, 정유의 대부분을 담당했다. 생산은 대부분 석유수출국기구가 담당했는데, 기본적으로 이미 석유 기업들이 만들어 놓은 독점 카르텔을 인수했기 때문에 어려운 일이 아니었다. 비록 석유수출국기구가 1970년대에 잠시 유가를 끌어올릴 수는 있었지만, 사우디아라비아와 워싱턴의 동맹은 계속 유지됐고 국제석유자본은 오늘날까지도 전체 기업들 중에서 가장 막강한 권력을 누리고 있다.

2000년 이후, 전 세계 석유 생산이 정점을 향하고 있다는 것과 그 때문에 남아 있는 석유의 가치가 전보다 더 커졌다는 점이 석유 기업들에게 자명해졌다. 그들은 또한 국유화의 뼈아픈 기억도 잊지 않았다. 미국이 2003년에 이라크를 침공한 데에는 몇 가지 이유가 있지만, 그 중 하나는 석유 기업들이 세계에서 각각 두 번째와 세 번째로 큰 이란과 이라크의 유전을 차지하고 싶었기 때문이다. 딕 체니와 조지 부시가 이라크에 "자유를 가져다주겠다"고 말한 것은 바로 이런 뜻이었다. 선거를 통한 민주주의가 아니라 자유롭게 유전을 팔아넘길 수 있는 그런 자유 말이다. 부시 정권에게 이라크 남부 바스라 지역을 장악하는 것이 그토록 중요한 이유도 그 때문인데, 바로 그 지역에 석유가 가장 많다. 딕 체니와 그가 대변하는 석유 기업들이 여전히 이란 침공을 꿈꾸는 이유도 마찬가지다.

석유 기업들은 1870년대 펜실베이니아와 오하이오에서 그랬듯이 2000년대에는 이라크와 세계 나머지 지역에서 정부에 영향력을 행사해야만 제대로 살아남을 수 있다. 이 세계적 석유 카르텔은 점차 중국, 러시아, 베네수엘라의 경쟁자들로부터 도전받기 시작했다. 그러나 이 카르텔은 여전히 세계에서 가장 큰 유전 지역을 지배하고 있다. 그리고 그 지배력은 그들이 지질학에 뛰어났거나 투자를 잘해서가 아니라, 그들의 정치적 영향력에서 나온다.

셸이나 엑슨모빌이 풍력이나 태양력 발전 회사로 변신할 수 없는 이유는 바로 그 때문이다. 그런 회사를 사들이거나 부업 삼아서 작은 회사를 운영할 수도 있다. 그러나 그들이 갖고 있는 힘의 원천은, 수십

년 동안 만들어 놓은 정치인과 정부, 군대의 네트워크다. 이런 네트워크는 풍력발전으로 옮길 수 있는 성격의 것이 아니다. 이 때문에 그들은 기후변화를 막기 위한 조치들을 모든 단계마다 방해했다. 몇 년 전까지는 공개적으로 그랬지만, 이제는 몰래 권력의 뒤편에서 그럴 수밖에 없는 처지가 됐다. 더는 그들이 이런 일을 벌이도록 내버려 둬서는 안 된다.

13장 경쟁과 성장

　지금까지는 어째서 부자들과 권력자들이 기후변화를 막기 위한 행동에 소극적일 수밖에 없는지를 살펴봤다. 바로 신자유주의와 탄소 기업들의 권력 때문이다. 그러나 이 두 가지는 자본주의 자체하고는 별개의 문제들이다. 세계 역사를 돌아보면 신자유주의보다 국가가 개입하는 자본주의가 오히려 더 많았다. 그리고 설령 청정에너지 경제 때문에 탄소 기업들이 위협을 받을지라도 나머지 기업들은 여전히 차질 없이 돈을 벌 수 있을 것이다.

　이론상으로는 그렇다. 현실에서는, 실제로 자본주의가 변화를 수용해서 새로운 모습으로 바뀔 수도 있고 그러지 않을 수도 있다. 어쨌든 탄소 기업들은 막강한 영향력을 가지고 있고, 신자유주의는 정부와 기업의 단순한 취향 문제가 아니다. 이윤은 자본주의의 심장과 같다. 1940년대부터 1960년대까지는 정부의 공공투자가 이윤을 높여 주는 것처럼 보였다. 그 뒤 이윤이 하락했고, 세계경제의 성장률이 이전의 절반 수준으로 떨어졌다. 기업들과 기존 정부들에게 옛 방식으로 돌아간다는 것은 너무나도 두려운 일이 될 것이다.

그러나 기후변화 저지 대책이 작동하기 어렵게 만드는 자본주의의 특징은 두 가지가 더 있다. 하나는 국제 경쟁이고, 다른 하나는 끊임없는 성장이다. 둘 다 자본주의를 작동시키는 핵심적이고 필수적인 특징이다.

먼저 국제 경쟁부터 설명해 보겠다. 한 나라 안에서도 여러 기업들이 끊임없이 서로 경쟁한다. 그러나 동시에 각 산업의 선두에 있는 기업들은 카르텔을 형성해서 자국 내 경쟁을 피하려 한다. 모든 나라에서 이런 카르텔이나 독점기업은 중앙정부에 영향을 미친다. 정부는 다른 나라 기업들에 맞서 자국 기업들의 이익을 지키고 보호한다.

그 결과 다국적기업들은 동시에 두 가지 전략을 택한다. 우선, 세계 곳곳에 공장을 짓고 물건을 판매하려고 한다. 이들이 '다국적'기업인 이유다. 그러나 동시에 자국 정부에도 의존한다. 즉, 제너럴모터스는 미국 기업인 동시에 다국적이고, 토요타는 일본 기업인 동시에 다국적이고, 토탈은 프랑스 기업인 동시에 다국적이다. 이 때문에 다국적기업이 아무리 강력해지더라도, 자국 정부와의 관계는 전체 경영전략에서 변함없이 중요한 핵심을 차지한다.

이런 국제 경쟁에는 두 가지 측면이 있다. 우선, 세계시장에서 모든 기업은 경쟁자보다 더 많은 이윤을 남겨서 더 많이 투자하고, 그 결과 더 많은 시장을 차지하고, 다시 그로부터 더 많은 이윤을 남기고 투자하기 위해서 분투한다. 한 나라 안에서의 경쟁과 마찬가지로 투자를 게을리 하는 기업은 규모가 작아져서 파산하거나 다른 기업에 합병된다.

반면에 이런 국제 경쟁이 서로 다른 국가들 사이에 정치적 경쟁을

야기한다는 것은 또 다른 측면이다. 힘이 더 강한 정부와 그 나라의 기업들은 다른 나라 정부와 기업에게 자기 뜻을 강요할 수 있다. 이것은 단지 경제나 지배권을 둘러싼 경쟁만이 아니라, 실질적 전쟁 위협을 낳는다.

국제 경쟁은 지구온난화 저지 대책에 매우 큰 장애물이다. 주요 강대국 정부는 끊임없이 투자하고 성장하기 위해서 이윤을 만들어야만 한다. 기후변화 저지 대책은 평범한 다수에게는 일자리를 제공하지만, 각국의 자본에는 비용으로 간주된다. 이 때문에 각국의 기업들은 다른 나라 기업들에게 더 많은 비용을 떠넘기려고 고군분투한다. 그런데 기후변화를 막기 위한 조치들은 하나같이 전 세계가 합심해서 실행해야만 하는 것들이다. 결국 서로 경쟁하는 세력들 사이에 합의가 필요한 것이다.

때때로 한 나라 안에서는 이윤을 둘러싼 경쟁이 해결될 수도 있다. 1863년 영국에서는 도자기 제조업자들이 노동시간 단축 법을 요청하는 청원서를 공동으로 의회에 제출했다. 노동자들의 처우를 개선하고 싶지만, 누구라도 먼저 나서면 경쟁에서 낙오될까 봐 그럴 수가 없다는 것이었다. 그래서 그들은 의회에서 법을 만들어 모두 똑같이 준수하기를 원했다.

그 뒤에 많은 나라에서 노동시간을 제한하는 법이 통과됐다. 쉽지는 않지만, 한 나라 안에서는 이것과 비슷한 종류의 개혁을 얻어 내는 것이 가능하다. 그러나 국제적 수준에서는 각 나라에 시행을 강제할 수 있는 공통의 법체계가 없기 때문에 이런 개혁을 성취하기가 더 어렵다.

오늘날의 세계화

신자유주의 세계화라는 아이디어는 1970년대 말 미국에서 만들어 졌다. 신자유주의가 모든 나라에서 부자들과 나머지 사람들 사이의 불평등을 키우기 위한 것이었다면, 세계화는 전 세계 이윤에서 미국 기업들이 차지하는 몫을 늘리기 위한 것이었다.

미국 기업들이 제조업 이윤 하락 문제를 해결하는 방법은 세 가지 가 있다. 하나는 미국 노동자들로부터 더 많은 이윤을 뽑아내는 것이 다. 다음으로 세계시장에서 더 많은 이윤을 차지하는 방법이 있다. 마 지막으로, 전 세계 노동자들이 기업들에게 더 많이 양보하게 만들면 미국 기업들이 세계 어느 곳에서든 이윤을 차지하기가 더 쉬워질 것 이다.

1979~2003년에 주요 산업국가의 정치인들과 기업들은 신자유주의 세계화에 다양한 반응을 보였다. 일본, 프랑스, 독일, 이탈리아, 러시아 의 지도자들은 자국의 노동자들을 착취하기 위해 기꺼이 신자유주의 를 받아들였다. 이들 역시 미국과 마찬가지로 제조업 이윤 하락 문제 에 직면해 있었기 때문에 신자유주의가 그 해답처럼 보였다.

그러나 이들은 자국 내에서든 세계 수준에서든 미국 기업들이 지배 력을 넓히는 것은 달가워하지 않았다. 그러나 WTO, IMF, 세계은행과 그들이 유포하는 사상을 통해 신자유주의와 세계화는 떼려야 뗄 수 없는 것으로 받아들여졌다. 미국 이외 나라의 지도자들은 신자유주의 세계화의 전부가 아니라 일부분만 원했다. 독일, 프랑스, 러시아와 다 른 주요 국가들이 미국과 관계를 맺을 때 오락가락했던 것은 이 때문 이다. 점차 미국의 세계 패권이 약화됨에 따라, 이 주요 국가들은 자국의 이익을 위해 [미국의] 패권에 도전할 기회를 엿보게 됐다.

영국

주요 공업국 가운데 몇 가지 예외도 있다. 캐나다는 미국과 사실상 하나의 경제권을 이루며 미국의 주도권을 인정하고 있다. 영국도 미국과 경제적으로 매우 밀접하게 연결돼 있다. 1980~2002년에 영국이 유치한 해외직접투자의 절반 정도가 미국에서 왔으며, 영국이 외국에 투자한 금액의 3분의 1이 미국으로 향했다. 그 결과, 영국은 미국의 최대 투자자가 됐으며, 다른 나라보다 미국에 더 많이 투자했다. 2006년이 되면 영국은 세계에서 가장 많은 외국인 직접투자를 유치하는 국가가 된다. 영국은 2위인 중국의 세 배가 넘는 투자를 유치했다.[33]

게다가, 2006년 세계에서 세 번째로 큰 기업은 셸오일이었는데, 영국이 40퍼센트를 소유하고 있었다. 네 번째로 큰 기업은 바로 브리티시페트롤리엄이었다.* 세계 4대 석유 기업(엑슨모빌, 셸, BP, 셰브런)은 모두 중동에서 자신의 이익을 지키기 위해 미국의 군사력에 의존했다.

더욱이, 영국의 제조업은 쇠락하고 있었다. 이에 대비해서 영국의 지배계급은 런던을 국제금융의 중심지로 키움으로써, 미국 은행과 기업이 유럽이나 중동 자본과 거래할 때 런던에서 하도록 했다. 2007년에 영국은 여전히 세계 6위의 공업국이었지만, 공업보다 은행과 금융 서비스에 종사하는 영국인들이 더 많았다.

---

* 브리티시페트롤리엄(BP) '영국 석유 회사'라는 뜻이다

국제 경쟁과 기후변화

다음 장에서 더 자세히 다루겠지만, 이처럼 국제 경쟁은 기후변화에 관한 국가들 사이의 협상에도 그대로 반영돼 있다. 이 때문에 미국과 유럽은 서로 으르렁거리게 됐고, 캐나다와 영국은 그 중간에 있는 것이다.

1970년대까지 전 세계에서 석유를 가장 많이 생산한 것은 바로 미국의 국내 석유산업이었다. 이 때문에 미국 사회는 석유와 에너지를 낭비하는 방향으로 발전했다. 그 결과 오늘날 미국인 1인당 이산화탄소 배출량은 20.2톤이나 된다. 자체 석유 보유량이 없던 서유럽은 에너지를 더 조심스럽게 사용했고, 현재 1인당 8.8톤의 이산화탄소를 배출한다.

게다가 미국 정부는 3대 석유 기업과 3대 자동차 기업의 이익을 위해 움직였다. 이 기업들의 막강한 권력과 그들이 배출하는 엄청난 양의 이산화탄소 때문에 미국 지배계급과 기업들은 배출량을 제한하려는 어떠한 국제 협약에도 참여하기를 꺼리게 됐다. 반면에 독일, 프랑스, 일본은 경쟁에서 우위를 차지하기 위해 미국 기업들에게 배출량을 줄이라고 압력을 행사하고 싶어 했다. 쉽게 말해, 이 국가들은 자국의 산업을 위축시킬 정도로 배출량을 줄이고 싶어 하지는 않으면서도, 미국 기업들에게 불리할 정도로는 줄이고 싶어 했다.

이런 경쟁 관계가 1992~2007년의 모든 국제 기후 협상에 녹아들어 있다. 조지 부시 1세, 빌 클린턴, 조지 부시를 거치며 미국 정부는 국제 협약을 최대한 무력화하려고 매우 노력했다. 그러다 조지 부시 정부에 이르면, 교토의정서에 서명하기를 거부하고 이후 맺어질 협약들을 사보타주할 기회를 엿보게 된다.

인도와 중국

신자유주의 정책의 결과 세계경제에서 미국의 지배력이 커졌고, 전 세계 모든 나라에서 불평등이 더 심해졌다.

그러나 인도와 중국은 가난한 나라들 중에서도 일정 부분 예외에 속한다. 중국의 독재 정권과 인도의 선거로 집권한 정부들은 정당의 성향을 막론하고 모두 신자유주의를 수용했다. 공공서비스를 줄였으며, 민영화를 단행하고, 빈부 격차를 엄청나게 키웠다. 그러나 동시에 미국의 지배력이 커지는 것에 성공적으로 대항하기도 했다. 인도와 중국 정부는 관세와 돈의 유출입, 해외 투자와 경제정책에 관한 결정권을 유지하고 있는데 이는 다른 나라들과 다른 점이다. 이 점이 매우 큰 내수 시장과 맞물리면서 빠르게 성장할 수 있었다.

이 점은 중요하다. 미국의 패권에 가장 많이 저항한 가난한 두 나라가 가장 많이 성장했는데, 이는 두 나라의 지배계급이 저임금과 고투자 전략으로 국제 경쟁에 대처했기 때문이다.

이 모든 것은 기후변화 문제에도 함의가 있다. 중국과 인도의 성장은 저임금, 열악한 공공서비스, 국제 경쟁에 기반을 둔 것이다. 그 결과, 두 나라의 지배계급은 경제가 성장해도 청정에너지와 에너지 효율을 높이기 위한 공적 투자 프로그램이 신자유주의를 거스를까 봐 허용하기를 꺼린다.

인도와 중국의 지배계급은 또한, 전 세계적으로 벌어지고 있는 이른바 '바닥을 향한 경쟁'의 열렬한 참가자이기도 하다. 모든 주요 공업국들이 이 경쟁에 뛰어들고 있는데, 인도와 중국은 특히 저임금 부분에서 앞서 가고 있다. 미국 기업들은 노동자 대부분의 임금을 낮게 유지하는 데 성공한 결과, 40년 동안 임금이 거의 늘어나지 않았고 평범한 사람들을 위한 공공서비스가 지속적으로 축소돼 왔다. 이는 특히 유럽연합 지배계급에게 압력으로 작용했다. 서유럽에서는 임금이 더 많이 상승해 왔으며 복지 역시 상당 부분 남아 있다. 유럽연합과 프랑스, 독일, 이탈리아 등 유럽 국가 정부들은 복지 지출을 줄이고, 임금과 연금을 낮게 유지하고, 정년을 늘리고, 노동권 보호법을 폐지해야 한다는 압력을 일상적으로 받게 됐다. 자국민이 격렬하게 저항하는데도, 유럽 정부들은 틈만 나면 이른바 '개혁'을 외치면서 이런 시도를 끊임없이 되풀이해 왔다.

이런 국제 경쟁 때문에 어느 나라든 지배계급은 스스로 이산화탄소 배출량을 줄이려 하지 않는다. 원칙을 얘기할 때에는 지구온난화를 막는 것이 중요하다고 말하지 않을 정부가 없다. 그러나 실제로 국제 협상의 자리에 들어서면, 경쟁자에게 더 많이 부담시키고 자신은 최대한 적게 부담하게 만드는 것이 그들의 임무가 된다.

성장

국제 경쟁은 자본주의의 빼놓을 수 없는 특징이다. 성장 역시 그렇다. 여기서 진정한 문제는 가난한 나라가 아니라 부유한 나라가 성장하는 것이다. 앞서 봤듯이, 자본주의는 경쟁을 통해 성장한다. 그런데 그 경쟁은 더 많은 재화를 생산하기 위해 투자를 앞다퉈 늘리는 것으로 나타난다. 그렇게 투자를 통해 생산이 늘어난 결과 이산화탄소 배출량은 꾸준히 증가해 왔다. 기후변화를 막기 위한 조처를 취하지 않는다면 배출량은 갈수록 늘어만 갈 것이다.

그러나 상황이 암울하기만 한 것은 아니다. 자본주의에 성장이 필요한 것은 사실이지만, 기후변화를 막기 위해 적절한 조처를 취한다면 청정에너지와 에너지 효율이 높은 건물과 대중교통 분야에서 그만큼의 성장을 이룰 수도 있다. 그렇게 되면, 국민총생산의 관점에서 경제를 성장시키면서도 배출량을 줄이는 두 마리 토끼를 잡을 수 있다.

이것은 일시적으로만 진실이다. 장기적 관점에서 보면, 자본주의의 역동적 성장은 기후변화 때문에 한계에 부딪힐 것이다. 그러나 지금 당장 기후변화를 막기 위해 필요한 조처를 취한다면, 적어도 20년 동안은 경제성장이 문제가 되지 않을 것이다. 지금 우리에게 중요한 시간이 바로 그 20년이고, 그 안에 기후변화를 막기 위해 행동해야 한다. 따라서 성장 자체를 둘러싼 문제는 당분간 미뤄 둬도 된다.

장기적 관점에서 본 성장 문제는 마지막 장에서 다시 다룰 텐데, 거기서 나는 지구를 살리려면 우리가 얼마나 세계를 변화시켜야 하는지 살펴볼 것이다.

요약정리

지금까지 한 얘기를 정리해 보겠다.

갑작스러운 기후변화라는 파국을 피하기 위해서는 향후 30년 안에 부유한 나라에서 1인당 이산화탄소 배출량을 80퍼센트 줄여야만 한다. 배출량을 그 정도 줄이는 것이 기술적으로는 충분히 가능하다. 그러나 목표를 달성하려면 세계적 규모의 대규모 공공투자와 정부 개입, 법률을 동원한 규제가 필요하다.

부자들과 권력자들은 그런 조처를 취하고 싶어 하지 않는데, 자신들의 이윤과 신자유주의 사상을 지키고 싶어 하기 때문이다. 또 그런 조치들이 시행되면, 현재 막강한 권력을 누리고 있는 탄소 기업들이 자신들의 지위를 잃게 될 것이다. 게다가 자본주의는 국가들 사이의 경쟁을 부추기기 때문에 그런 식으로 세계적 조처를 취하는 것이 더욱 어렵다.

이 말은, 기후변화를 막기 위한 현실적 방법이 존재하지만, 동시에 부자들과 권력자들이 있는 힘을 다해 이에 반대할 것이라는 뜻이다. 따라서 우리는 부자들과 권력자들이 행동에 나서게 만들거나 이들을 아예 다른 사람들로 교체해 버릴 수 있을 만큼 강력한 대중운동을 전 세계적으로 일으켜야 한다.

이를 위해 다음 장에서는 기후변화의 정치적 측면을 살펴보겠다. 그동안 지배계급이 실제로 어떤 일을 했는지 살펴본 뒤, 신자유주의와 경쟁, 탄소 기업들의 전략이 현실에서 어떤 효과를 낳았는지 추적하겠다. 이와 함께 그동안 진행된 세계적 대중운동도 살펴볼 것이다. 이를 통해 우리의 강점을 깨닫고 약점을 극복하게 되기를 바란다.

4부
기후변화의 정치학

14장 교토로 가는 길

　지금은 가장 좋은 시기이자 가장 나쁜 시기다. 갑자기 각종 언론과 매체에서 기후변화에 대해 떠들기 시작했다. 오염 물질을 엄청나게 많이 내뿜는 기업들조차 자신들이 얼마나 친환경적인지를 홍보하고 다닌다. 중도적이거나 우파적인 정치 지도자들조차 환경 문제가 자신들의 이슈라고 주장하고 다닌다. 조지 부시는 전 세계적으로 망신을 당했고, 결국 지구가 더워지고 있다는 사실을 인정해야만 했다.

　그러나 무언가 필요하다고 말하는 정치인들은 하나같이 개인들의 친환경 상품 구입과 탄소 시장 제도가 중요하다고 말한다. 세계적으로 이산화탄소 배출량은 계속 늘어나고 있다. 각국 정부는 배출량 감축 목표를 발표하지만, 지키지 않아도 아무런 제재가 없다. 그러면서 기업들에게는 더 많은 도로와 자동차, 공항과 비행기를 만들고, 단열이 안 되는 집을 계속 짓도록 부추기고 있다. 미국, 중국, 인도, 일본 정부는 기후변화 대처와 관련해 아무것도 하지 않으려고 서로 동맹을 형성하고 있는 형국이다.

일터에서, 버스에서, 술집에서 사람들은 누구나 요즘 날씨가 얼마나 더운지, 지구를 살리려면 무엇이 필요한지 이야기한다. 전 세계에서 록 콘서트들이 열려서 지구를 살리자는 메시지를 전파하기도 한다.

전 세계에서 기후변화 대책을 촉구하는 시위가 벌어지기 시작했다. 이런 시위는 대부분 규모가 작았으나, 2007년 4월 미국의 800여 도시와 마을에서 열린 시위에는 15만 명이 참가했고, 2007년 11월 호주에서 있었던 행진에는 13만 명이 참가했다.

이제 누구나 시급한 조처가 필요하다는 것을 알고 있다. 그러나 충분하기는커녕 거의 아무것도 진행되지 않고 있다. 그린워시 광고만 넘쳐난다. 모든 것이 변했지만, 어떤 점에서는 아무것도 변한 것이 없다.

4부에서는 이런 모순이 어떻게 생겨났고 이를 어떻게 극복할 것인지를 설명한다. 14장은 1990년대의 기후 정치와 교토의정서 체결 과정을 다룬다. 이 기간을 거치면서 기후를 연구하는 과학자들은 전 세계를 상대로 경고할 수 있었는데, 이는 매우 고무적인 일이었다. 그러나 동시에 정부 로비를 통해 지구온난화를 막는다는 전략의 한계를 보여 준 기간이기도 했다.

기후 과학자들

사람들은 대부분 기후변화 저지 운동을 환경운동가들이 처음 시작했을 것이라고 막연히 생각한다. 그러나 사실 초기 몇 년 동안은 전적으로 과학자들이 주도했다.

1980년대 말에 다양한 분야를 전공한 전 세계 수백 명의 과학자들이 기후변화와 관련된 주제를 연구하고 있었다. 그들은 점차 지구가 맞닥뜨린 위험을 깨닫기 시작했다. 이 전문가들은 일련의 국제 학술 대회를 통해 서로 만났고, 회의장과 술집에 모여 무엇을 해야 할지 서로 논의했다.

이내 그들은 전 세계 사람들에게 지구온난화의 위험을 경고하고, 정부와 유엔이 행동에 나설 것을 촉구했다. 먼저 그들은 자신들의 기구를 만들어서 온갖 과학자들을 끌어들이고 교육하는 일에 착수했다. 그린피스나 '지구의 벗' 같은 환경 NGO들은 그제야 과학자들이 하는 얘기를 사람들에게 알리는 일에 나서기 시작했다.

기후 과학자들의 이런 움직임은 매우 새로운 현상이었다. 물론 전에도 급진적이거나 [특정 사안을] 우려하는 과학자들이 중심이 되어 정치적 움직임을 보인 적은 있었다. 그러나 주요 정치 쟁점을 갖고 모든 과학자들이 단체로 행동에 나선 경우는 없었다. 기후 과학자들이 특별히 급진적이라서 행동에 나선 것이 아니었다. 사실 그들은 급진적이지 않았다. 그러나 세계가 행동에 나서지 않으면 어떤 위기에 처하게 될지를 분명하고도 가장 먼저 알게 된 사람들이 과학자들이었다.

1989년, 기후 과학자들은 매우 중대한 결정을 내렸다. 자신들에게 우호적인 정부들, 정치인들과 동맹을 맺기로 한 것이다. 이는 권력을 가진 사람들의 생각을 바꾸기 위함이었다. 이런 동맹은 두 가지 결과를 낳았는데, 하나는 전 세계를 상대로 어떤 위험이 다가오는지 경고하는 데 성공했다는 것이다. 그러나 정부들과 맺은 동맹 때문에, 과학자들은 자신들이 필요하다고 생각하는 해결책을 실행할 수 없었다.

이 동맹에 관해서 더 살펴보자.

1989년 과학자들은 유엔의 후원 아래 '기후변화에 관한 정부 간 패널ıpcc'을 출범시켰다. IPCC는 몇 년마다(1990년, 1995년, 2001년, 2007년) 중요한 보고서를 발간했다. 모든 보고서는 각각 분량이 긴 세 부분으로 나뉘어 있었는데, 1부는 기초과학, 2부는 기후변화 때문에 예상되는 효과, 3부는 이를 늦추기 위해 어떻게 해야 할지를 다룬다. 즉, 현재 지구가 얼마나 바뀌고 있으며, 그 결과 무엇이 닥칠 것인지, 이에 대해 어떻게 대처할지를 과학자들이 써 놓은 것이다.[1]

1~3부의 모든 내용은 전 세계에서 모인 과학자들로 구성된 위원회가 작성한 것으로, 각국 정부 대표들의 초안 검토를 거친 것이다. 기후 과학자들은 이 대표단에게 필요한 지식을 제공했고 그 대표들은 각 정부 조직 안에서 기후변화를 담당할 사람들을 고용했다. 이렇게 고용된 사람들이 기후변화 대응책을 주도적으로 옹호하는 사람들이 됐다. 이런 옹호자들은 대부분 과학자이거나 환경운동의 일환으로 지원한 사람들이었다. 그렇기 때문에 이들을 설득하는 것은 어렵지 않았다. 과학자들은 이들을 설득해서 정부가 행동에 나서도록 압력을 행사하려고 했다. 보고서가 나오자, 모든 주요 국가의 내각에서 파견한 사람들이 보고서 내용에 동의했다.

그러나 IPCC에는 또 다른 측면도 있었다. 바로 미국 정부 대표단이 석유 기업과 석탄 기업을 참여시키는 것을 허용한 것이다.

탄소 기업들

1990년대가 되면, 지구온난화를 막기 위해 세계 수준에서 이산화탄소 배출량을 줄여야 한다는 것이 기후 과학자들과 그 지지자들 사이에서 분명해졌다. 석유, 가스, 석탄, 자동차 기업들도 이 점을 깨달았다. 1990년부터 이 기업들은 기후변화 저지 정책이 도입되지 못하게 하려고 조직적으로 움직이기 시작했다.

석탄, 석유, 가스 기업들이 모인 '탄소 클럽'의[2] 주요 전략은 세 가지였다. 첫째 전략은 대중과 정치인에게 지구온난화가 사실이 아니라고 믿도록 하는 것이었다. 둘째 전략은 이산화탄소 배출을 줄이는 것이 미국 경제를 침해하는 것이라고 빌 클린턴 정부를 설득하는 것이었다. 셋째는 미국 정부의 권력을 이용해서 배출량을 제한하려는 그 어떤 국제 협약도 막는 것이었다.

피바디에너지는 미국에서 가장 큰 석탄 회사로 1990년대 대부분의 기간 동안 탄소 클럽을 주도했다. 피바디에너지는 이 주도권을 유지하기 위해서 주도면밀하게 행동했다. 그러나 석탄은 미국 전력 생산에서 가장 큰 동력원이고, 석유나 가스보다 더 많은 이산화탄소를 배출한다.

석유 기업들이 피바디에너지의 뒤를 따랐다. 그중에서도 세계 최대의 석유 회사인 엑슨모빌이 가장 적극적이었다. 1990년대 말까지 유럽의 셸과 BP 같은 다른 석유 기업들도 탄소 클럽의 적극적 일원이었다.

1990년대 말이 되면 상황이 바뀐다. 유럽 내 정치적 압력 때문에 셸과 BP가 공개적으로 탄소 클럽의 일원으로 활동하는 것을 중단하고 철수했다. 반면에, 당시 새로 집권한 부시 행정부와 매우 가까운 관계였던 엑슨모빌이 피바디에너지를 대신해서 탄소 클럽을 주도하게 된다.

탄소 클럽은 주되게 미국 내에서 캠페인을 벌였다. 메이저 석탄·석유 기업들은 전 세계 다른 어떤 나라보다 미국에서 가장 힘이 막강했다. 또, 미국 혼자서 전 세계 배출량의 4분의 1을 내뿜었기 때문에 기후 정치의 측면에서도 미국은 다른 나라들보다 더 중요했다. 그뿐 아니라, 미국 정부가 기업들의 요구를 잘 들어주는 전통을 갖고 있었다는 점과 전 세계적으로 군사력과 경제력에서 다른 나라들을 압도했다는 점 역시 중요했다. 미국 정부는 유엔, 세계은행, WTO와 각종 국제 협상에서 가장 큰 목소리를 냈다. 그리고 미국의 패권 때문에 미국인들의 생각이 나머지 세계를 지배했다. 이 모든 요소들 때문에 미국은 전략적으로 중요한 곳이었다.

탄소 기업들이 자신들을 지키기 위해 미국에서 처음으로 한 행동은 [지구온난화 자체를] 부인하는 것이었다. 과학자들은 지구온난화가 진짜로 일어나고 있으며 매우 위험한 일이라고 전 세계 사람들에게 설명했다. 만약 과학자들의 말이 사실이라면 당장 무언가 조치를 취해야만 했다. 탄소 기업들은 미국의 대중에게 지구온난화가 일부 과학자들만의 주장이라고 떠들기 시작했다.[3]

탄소 기업들은 자신들을 대변하는 몇몇 과학자들에게 거액의 돈을 지불했다. 이들은 '회의론자들' 또는 '부인否認하는 사람들'로 불렸다. 이 돈은 재단과 싱크 탱크를 통해서 지급됐기 때문에 이 과학자들은 마치 탄소 기업들과는 별개로 독립적으로 연구하는 듯 보였다. 학계에서는 이 전략이 완전히 실패했다. 이에 호응한 과학자는 매우 드물었고, 그중 기후 전문가는 더 드물었다. 그들의 연구 결과는 엉터리였는데, 이는 그들이 엉터리 견해를 옹호하기 때문이었다. 그들은 다른 과학자들을 설득하는 데 실패했다. 저명한 과학 학술지들은 그들의 논문을 실어 주지 않았다.

그러나 여론에 끼친 영향을 놓고 보면, 그 전략은 수년 동안 꽤 성공을 거뒀다. 텔레비전, 잡지, 신문과 같은 미국 대중매체들은 기후변화에 대해서 마치 대등한 두 견해가 서로 논쟁하고 있는 것처럼 쉬지 않고 보도했다. 주류 과학자 한 명을 인용한 다음에는 기후변화를 부정하는 과학자 한 명을 인용하는 식이었다. 그 때문에 마치 기후변화는 과학적으로 여전히 분명치 않고 아직 결론이 나지 않은 문제인 것처럼 보이게 됐다.

미국인들은 갈수록 혼란에 빠졌다. 1991년 〈뉴스위크〉 설문을 보면, 미국인의 35퍼센트는 지구온난화가 "매우 심각한 문제"라고 응답했다. 그러나 1996년이 되면, 응답자의 22퍼센트만이 여전히 매우 심각한 문제로 여긴다고 말했다. 그사이의 5년 동안 과학적 증거들이 더 분명해졌고, 그것도 더 우려스러운 내용들이었는데도 말이다. 그 기간 동안 기후변화가 사실이 아니라는 내용이 대중매체에 매우 자주 등장했던 것이다.[4]

대중매체들은 이것이 쌍방의 견해를 '공평'하게 다루기 위해서라고 말했다. 그러나 이 둘을 대등한 견해라고 다루는 것은 온당치 못하다. 예를 들어, 미국의 달 착륙이 조작된 것이라고 말하는 사람들도 있다. 그러나 신문 기사에서 그 주장을 미 항공우주국NASA 과학자들의 주장과 대등하게 다루지는 않는다. 또, 흡연과 암의 연관성을 그런 식으로 다루지도 않는다.

미국 대중매체들은 대기업들에 의해 조종되는데, 이 대기업들은 각각 신문, 잡지, 텔레비전 방송국, 라디오 방송국 중 하나를 소유하거나 때로는 모두 소유하기도 한다. 또, 전체 광고비의 7분의 1이 자동차 기업에서 나온다.

일부 사람들은 이런 보도 행태가 기자들 탓이라고 한다. 그러나 기자들이 게으르거나 너무 바빠서 보도 자료를 베껴 쓰기 때문에 생긴 문제라고 보기엔 문제가 너무 광범위하다. 그런 기사를 원한 것은 [기자들이 아니라] 언론 사주들이었다.

이처럼 지구온난화가 사실이 아니라고 부인하는 것이 탄소 클럽이 세운 첫째 방어선이었다. 그다음 방어선은, 설령 지구온난화가 사실이라 할지라도 이에 대처하려면 미국 경제가 희생될 수밖에 없다고 백악관과 국회를 설득하는 것이었다. 1990년대에는 그렇게 하는 것이 별로 어렵지 않았다. 선거 후원금과, 민주당 의원들에 대한 자동차 기업들의 영향력이 도움이 됐다. 그러나 가장 중요한 것은, 정권을 막론하고 미국 정부는 항상 미국 기업들이 국제 무대에서 더 많은 이익을 차지하도록 돕는다는 것이었다. 만약 석유, 석탄, 자동차 부문의 주요 기업들이 기후 협상에서 원하는 바가 있으면, 백악관이 그들을 돕는다.

1992년에 잠시, 조지 부시의 아버지인 조지 부시 1세가 지구온난화에 대해 마치 무언가 조치를 취하려는 듯이 보인 적이 있었다. 그러자 부시 내각의 우두머리이며 뉴햄프셔 전기 회사 경영진 출신의 스누누가 끼어들었고, 부시는 곧바로 기업들 편으로 돌아갔다.

IPCC의 타협

그러나 탄소 기업들이 미국에서 누리는 막강한 지배력이 이야기의 끝은 아니다. [무엇보다] 탄소 기업들은 유럽이나 가난한 나라에서는 그와 같은 지배력을 결코 누리지 못했다.

왜냐하면 세계를 다스리는 기업 경영진과 정치인 등 지배계급 사람들이 멍청하지는 않기 때문이다. 석탄, 석유, 가스, 자동차 기업에 속하지 않은 지배계급은 과학자들의 말을 귀담아 듣기 시작했다. 그러나 미국 정부는 석탄 기업과 석유 기업을 IPCC 모임에 끌어들였다. 그린 피스의 주요 기후 활동가인 제러미 레깃은 1990년 IPCC 회담장에 도착했을 때 소스라치게 놀랐다. 피바디에너지와 엑슨의 사람들이 회담장에서 미국 대표단과 나란히 앉아 있었던 것이다. 이 석탄과 석유 기업인들은 노트북을 놓고 앉아서 문장을 하나하나 다 고쳤다.[5]

1990년대 내내, IPCC에는 네 가지 흐름이 있었다. 한쪽에는 과학자들이 있었고, 반대편에는 석탄과 석유 기업이 있었다. 그 중간에는 무언가 하고는 싶지만 '너무 많이' 할 생각은 없는 유럽 국가들이 있었다. 끄트머리에는 환경 NGO들과, 기아와 가뭄을 우려하는 아프리카 나라들과, 해수면 상승으로 국토 전체가 침수 위기에 처한 작은 섬나라들의 연합이 있었다. 이 연합은 영향력이 매우 작았으나, 최선을 다해서 과학자들을 지원했다.

정부 대표단은 각 IPCC 보고서의 요약본을 검토하는 자리에만 참석했다. 사실 이들이 중요하게 여긴 것은 바로 이 요약본이었는데, 기자들과 정치인들은 보고서 전체가 아니라 이 요약본을 주로 읽을 것이기 때문이었다. 따라서 얼핏 보면 과학자들은 각색되지 않은 진실을 보고서 본문에 담을 수 있는 듯 보였다. 그러나 사실은, 정부 관계자들이 항상 과학자들을 감시하면서 그들이 쓰는 단어 하나하나를 살펴보고 있었다.

매 보고서마다 기후변화의 과학적 사실을 다루는 1부를 쓸 때는 과학자들이 가장 큰 주도력을 발휘했다. 그러나 기후변화에 대응하기 위해 무엇이 필요한지를 다루는 3부로 넘어가면 정부가 주도권을 가졌고, 환경경제학자들이 내용을 썼다. 환경경제학자들은 다른 경제학자들에 비해서는 상대적으로 진보적인 사람들이지만, 환경경제학은 전반적으로 매우 보수적인 학문이다.

환경경제학자들은 기본적으로, 완전한 시장이 '외부' 요인들 때문에 일그러진다고 생각한다. 그들의 목적은 시장을 조절해서, 시장 원리가 환경문제를 해결하도록 하는 것이다. 환경경제학자들은 기후변화에 대처하기 위해 지금 돈을 쓰는 것이 장기적으로는 오히려 돈을 버는 것임을 정부에 설득하려고 한다. 이를 위해 기후변화 때문에 발생하는 비용이 얼마나 되는지 계산하고, 그런 비용을 불러올 재난을 막기 위해 정부가 얼마나 돈을 써야 하는지를 다시 계산한다.

이런 계산의 문제는, 그 결과로 얻은 값을 신뢰하기가 꽤나 어렵다는 것이다. 기후변화가 가져올 효과나 이를 막기 위한 대안 기술에 얼마나 많은 비용이 들어갈지는 아무도 모른다. 또 다른 문제는 경제학자들이 재산상의 피해만 계산하고 인명 손실은 고려하지 않는다는 것이다.

더욱이 경제학자들의 해결책은 시장이 가하는 제약을 벗어나지 못한다. 그들은 승용차를 더 효과적으로 만드는 방법과 대중교통을 장려하기 위한 방법에 대해서는 말할 수 있지만, 승용차를 금지하자고 말하지는 못한다. 또 시멘트를 더 효과적으로 만드는 방법에 대해서는 말할 수 있지만, 시멘트 생산 총량을 조절하자고 말하지는 못한다. 어떤 제철 기술이 가장 효과적인지 '벤치마킹'이 필요하다고 말하지만, 효율이 떨어지는 제철소를 폐쇄하고 새로운 제철소로 대체하자고 말하지는 못한다. 경제학자들은 때때로 규제에 대해 얘기하지만 이는 일시적이고 예외적인 경우에 한해서다. 앞서 설명한 것과 같은 급진적 변화는 경제학자의 생각의 틀에서는 도저히 나올 수 없다.

경제학자들은 각 나라 정부들이 비용 부담 때문에 망설이고 있는 거라고 가정하는데 이것도 문제다. 이 때문에 비용이 많이 드는 해결책은 애초부터 제외되기 때문이다. 더 중요하게는, 신자유주의 정치인들과 기업들은 기후변화 정책을 고민할 때 주로 비용의 문제로 접근하지 않는데, 경제학자들은 이것을 보지 못한다. 그들은 자신들이 필요하다고 느끼면 기꺼이 엄청난 돈을 쏟아붓는데, 이라크 전쟁이 좋은 예다. 그들이 기후변화에 대처하기를 꺼리는 것은 단지 비용이 부담스러워서가 아니다. 시장 원리를 거스르고 인간의 필요를 위해 정부의 돈을 쓰는 선례를 남기기가 싫은 것이다.

이런 이유들 때문에 환경경제학자들은 정부가 진지하게 행동에 나서도록 설득하는 데 실패했다. 그보다 더 큰 문제는 그 밖의 해결책은 아예 생각도 할 수 없도록 만든 것이다. 설상가상으로 단지 IPCC 보고서만이 아니라 지구온난화를 멈추려는 모든 사람들이 생각하고 얘기하는 방식의 틀을 그렇게 가둬 버렸다. 그 결과 과학자들은 지구온난화가 얼마나 위험한지를 경고할 수는 있어도, 어떻게 대처할지에 관해서는 정부와 경제학자들이 답하는 방식으로 타협이 이뤄졌다.

교토의정서의 한계

1990년대 내내 과학자들과 그들을 지지하는 정부 부처 담당자들은 전 세계가 공동으로 대응하도록 촉구했다. 이들이 보기에 세 가지 사실이 분명했다. 첫째, 어떻게든 석유·가스·석탄의 소비를 줄여야 했다. 둘째, 모든 주요 국가가 함께 세계적으로 대응해야 했다. 셋째, 이를 위해 모든 국가가 배출량을 줄이기로 합의해야 했다.

1992년 유엔은 브라질 리우데자네이루에서 과학자, 환경운동가, 정부가 참여하는 국제 회담을 주최했다. 리우 회담에서는 이산화탄소 배출을 제약하는 국제조약이 필요하다는 것에 모두 동의했다. 5년 뒤, 일본 교토에서 마침내 합의안의 초안이 마련됐고 이것이 바로 '교토의정서'다. 이후에도 주요 국가들 사이의 협상이 4년 동안 계속됐고, 결국 2001년 헤이그에서 최종 합의문을 완성하게 된다.

뒤에서 더 자세히 설명하겠지만, 최종 합의문은 허점투성이였다. 얼핏 보기에는, 교토의정서가 이처럼 망가진 것은 탄소 기업들과 미국 정부의 영향력이 막강하기 때문이었다. 그러나 이것은 그들에 맞서 싸운 사람들의 힘이 상대적으로 약했기 때문이지, 결코 그들이 절대적으로 강하기 때문이 아니었다.

협상 결과는 결코 협상장에서 논의된 내용을 바탕으로 정해지지 않는다. 진짜로 중요한 것은 협상 테이블 밖에서 누구의 권력이 더 크냐는 것이다. 교토와 헤이그 협상은 국제 엘리트들만의 모임이었다. 각 나라에서 자국 정부에 압력을 행사할 대중운동도 벌어지지 않았고, 사회운동의 대표들이 협상에 참가하지도 않았다. 환경 NGO들은 참석했지만 이들의 전략은 정부를 설득하는 것이었다. 그래서 NGO들은 유럽과 가난한 나라의 정부들에 의존해서 요구 사항을 관철시키려 했고, 실망스러운 결과만 얻었을 뿐이다. 더 큰 문제는 사회운동 단체(노조, 정당, 환경 단체나 종교 단체)가 아예 협상장 밖에 모이지도 않았다는 점이다.

[그러나] 이제는 환경운동가들과 사회운동 진영이 움직이기 시작했다. 2007년은 2001년과 다르고, 이제는 희망이 있다. 그러나 우리의 현

재 상태를 제대로 알기 위해서는 우리의 약점 역시 충분히 인식할 필요가 있다. 먼저 환경운동가들부터 살펴보겠다.

환경 단체들

세계적으로 가장 큰 환경 NGO는 그린피스, '지구의 벗', 세계자연보호기금(WWF, 옛 명칭은 세계야생생물기금)이다. 미국의 주요 단체는 시에라클럽과 환경보호기금, 에너지행동이고, 그 밖에도 전 세계적으로 수천 개의 환경 NGO가 있다. 1990년대 내내 이들 NGO의 전략은 과학자들과 유사했다. NGO는 과학자들이 하는 이야기를 대중에게 널리 알렸고, 과학자들과 함께 사람들에게 경고했다. 이들의 노력이 없었다면, 우리에게는 다가오는 재앙을 피할 일말의 가능성도 없었을 것이다. 그러나 NGO들은 과학자들과 마찬가지로 정부를 상대로 로비를 벌이는 일에 치중했다. 1990년대를 거치면서 많은 NGO 활동가들은 이런 방법의 한계를 곧 체감했다. 최근에 많은 NGO들이 더 적극적인 행동에 나서는 이유는 바로 그 때문이다.

NGO를 이해하려면 그들의 모순을 이해하는 것에서 출발해야 한다. NGO 활동가들은 매우 열정적인 사람들이고, 지구를 살리는 일에 자신의 삶을 바쳤다. 그러나 여전히 부자들과 권력자들이 가하는 제약에 도전해서는 안 된다는 압력을 늘 받는다. 지구를 지키기 위한 그들의 열정은 누구에게나 분명할 테니 더 설명할 필요가 없을 것이다. 그러나 그들에게 가해지는 압력은 은밀하며, NGO 활동가들 자신이 더 혼란스럽게 느끼는 부분이다.

대부분의 환경 NGO는 북미의 전통적 로비 단체들을 본받아서 만들어졌다. 모든 NGO는 기본적으로 NGO 재정에서 상근비를 지급받는 유급 전임 활동가들이 모인 형태다. 상근비를 받은 대가로 이 활동가들은 보고서를 작성하고, 언론 홍보 활동을 하고, 정부와 정치인들에게 로비하며, 때로는 정부나 기업을 상대로 법정 소송을 벌이기도 한다.

북미 NGO들처럼 대부분의 환경 단체는 후원금에 의존하는데, 후원자는 대부분 부유한 전문직이다(때때로 정부로부터 돈을 받기도 한다). 가장 부유한 후원자가 가장 많은 후원금을 내기 마련이다. 이런 재정적 기반은 활동가들에게 꾸준한 압력으로 작용한다. 정치적 견해를 취하거나 리플릿, 광고, 성명서의 문구 하나를 정할 때마다 활동가들은 자신들의 후원자를 의식한다.

환경운동가들은 자신들이 후원자들보다 더 진보적이라고 생각한다. 앞서 봤듯이 환경 NGO들이 SUV 반대 운동을 시작하는 데 그토록 오래 걸린 이유는 후원자의 다수가 SUV를 갖고 있었기 때문이다. 1970년대에 그린피스 북미 지부는 자신들이 프랑스의 핵실험을 반대할 때는 많은 돈을 모금할 수 있었던 반면, 미국의 핵실험이나 캐나다의 핵폐기물 처리장 건설에 반대할 때는 훨씬 적은 돈이 모인다는 사실을 값비싼 경험을 통해 깨달았다.[6]

그러나 활동가와 후원자 사이의 경계가 뚜렷한 것만은 아니다. 많은 NGO 활동가들은 후원자들과 출신 배경이 비슷하다. 미국의 경우, 명문대에서 인문학이나 환경과학을 전공한 경우가 많았고 소수는 공학을 전공하기도 했다. 영국은 '퍼블릭스쿨'이라고 불리는 [특권적] 사립학교를 졸업한 경우가 많다. 두 나라 활동가들 모두, 자신들이 속한 계급의 기본적 세계관을 받아들이고 있다. 그렇다고 이들이 보수적이라는 뜻은 아니다. 오히려 그들은 자신들이 성장하면서 봐 온 탐욕을 경계해야 한다고 느끼고, 더 나은 가치가 존중받는 새로운 세계를 꿈꾼다. 그러나 그들의 정치의식은, 기업들이 내세우는 가치와 자신들이 꿈꾸는 대안 세계를 절충한 것이다. 대다수의 활동가들에게 자연이란, 정서적으로 평온함을 주는 그 무엇으로, 산업화 이전에 인류가 살던 곳이다. 그들에게 자연이란 기업도 공장도 도시의 일터도 없는 곳이다. 또 자연은 선한 반면에, 인간은 탐욕스럽고 성장의 노예가 돼 버렸다고 생각한다.

매우 복잡한 현실을 다양한 청중에게 단순하게 이해시키기 위해, 이 전문가들은 기업들이 만들어 놓은 세계를 부정하는 태도를 취한다. 그러나 이들은 노동자와 기업이 그 안에서 서로 충돌하고 있다고 보지는 않는다. 그 대신에 자신들처럼 의식 있는 사람들이 계급과 정치를 초월해서 뭉쳐야 한다고 생각한다. 이처럼 계급과 정치를 초월해 단결하자는 주장은, 비슷한 생각을 하는 후원자들을 모으거나 로비를 주요 활동으로 삼을 때 적합하다. 환경 NGO들은 자신들이 현실주의자라고 말한다. 그러나 세상에는 다양한 현실주의가 있고, 각자 자기가 생각하는 현실이 있기 마련이다. 환경 NGO들은 권력의 상층부에 있는 사람들에게 기대를 거는 경향이 있는데, 그런 사람들을 좋아해서가 아니라 그들에게 강력한 힘이 있기 때문이다.

[권력 상층부에 기대를 거는] 또 다른 이유는 환경 NGO들이 [제도적] 민주주의를 신뢰하기 때문이다. 환경운동은 미국과 서유럽 사회의 민주주의 모델을 지향하며 1970년대 초에 시작됐다. 그들의 전략은 사람들에게 문제의 심각성을 알리는 것이었다. 그러면 언젠가 사람들이 깨

달아서 선거를 통해 자신들의 권리를 행사할 것이라고 믿었다. NGO들이 보기에, 정치인들은 선거에서 당선되는 것에 목을 매는 만큼 사람들에게 충분히 알리면 정부 정책을 바꿀 수 있을 것 같았다. 이는 매우 그럴듯해 보이는 생각으로, 실제로 학교에서도 그렇게 가르친다. 현실의 어려움은 이른바 '민주주의'가 그렇게 작동하지 않는다는 것이다. 그러나 처음에는 그런 전략이 어느 정도 성과를 거두는 듯했다.

미국의 환경운동은 1970년 '지구의 날' 강연회들과 시위 속에서 성장했다. 환경운동은 1960년대를 휩쓴 거대한 대중운동의 마지막 물결이었다. 이미 힘이 빠질 대로 빠진 닉슨 정권은 또 다른 운동이 새롭게 등장하는 것에 맞설 자신이 없었다. [그래서] 환경 규제는 강화됐고, 대기오염은 줄어들었다. 또 그린피스는 용기와 대단한 쇼맨십을 발휘해 멸종 위기에 처한 고래를 구해 냈다. 1980년대에는 스리마일섬과 체르노빌에서 핵 발전소 사고가 터지면서, 신규 핵 발전소 건설을 손쉽게 막을 수 있었다. 다른 분야에서는 상황이 좀 더 복잡했다. 유독성 폐기물 처리장과 쓰레기 소각로 건설에 반대하는 저항이 많았으나 일부는 끝내 강행됐다. 숲과 습지를 지킨 경우도 많았으나, 파괴된 경우도 많았다.

그러나 1980년대에 국제정치는 환경 NGO들에 불리한 쪽으로 흐르기 시작했다. 레이건 정권은 노골적으로 적대적이었고, 다른 나라 정부들도 소극적이었다. 환경 NGO들은 로비를 주된 전략으로 삼았기 때문에 이런 정치 흐름을 따라서 전반적으로 우경화했다. 영국을 예로 들면, 진지한 환경 NGO들이 하나같이 당시 보수당 정부의 환경부 장관을 설득하려 엄청나게 노력했고, 이후에는 신노동당 정부가 더 나을 것이라고 기대하며 절박하게 매달렸다. 미국에서는 이런 우경화가

1980년대와 1990년대에는 판사들에 대한 의존으로 나타났고, 1990년대에는 빌 클린턴과 앨 고어에 대한 의지로 나타났다.

환경운동가들은 이런 우경화를 정당화하기 위해 흔히, 자신들의 주장이 진지하게 받아들여지게 하려면 어쩔 수 없다고 말했다. 이런저런 태도를 취하거나 이런저런 언사를 사용하거나 이런저런 진실을 노골적으로 이야기하면 자신들의 주장이 진지하게 받아들여지지 않을 것이라고 말이다. 그들은 자신들을 외면하는 주체가 누구인지를 분명히 말하지 않고 보통 "진지하게 받아들여지지 않을 것"이라고 피동형으로 말한다. 환경문제에 관한 꽤 급진적인 주장이 다수의 지지를 받을 수도 있지만, 만약 너무 급진적이면 권력자들은 자신들을 상대조차 해주지 않을 것이기 때문이다.

1990년대 초가 되면, 많은 환경운동가들은 민주주의 모델이 실패했다는 것을 인정하고, 그렇다면 어떻게 해야 할지 고심하게 된다. 모든 주요 사안마다 대중에게 충분히 위험성을 경고했지만, 정치인들은 변하지 않았던 것이다. 1990년대 말이 되면, 심지어 클린턴과 블레어처럼 자신들이 기대를 걸었던 정치인들에게도 배신당한다. 이는 단지 환경운동가들만의 문제는 아니었다. 1990년대가 되면 '민주주의의 한계'라는 용어가 대두한다. 특히 권력의 상층부에 있는 사람들을 설득하려고 애썼던 환경운동가들에게는 큰 고민거리가 아닐 수 없었다.

이런 상황에서 환경운동가들은 어려운 선택에 직면하게 된다. 하나는 권력에 의탁해서 자신들의 주장을 기업들이 좋아할 만한 언어로 바꾸는 것이었다. 많은 이들에게 이는 큰 굴욕감을 안겨 줬다. 그것이 아니라면, 한때 노동조합과 공민권운동 단체들이 했던 것처럼 공식 정당 정치 밖에서 대중운동을 조직할 수 있었다. 그러나 NGO들은 그동안의 습관과 전통 때문에 후자를 택할 수 없었다. 특히 1990년대 초에 대규모 시위를 이끈다는 것이 NGO 전업 활동가들에게는 미친 소리처럼 들렸다. 그래서 많은 이들이 권력에 의탁하는 것을 선택했다. 그 결과 교토에서 각국 대표들끼리 협상이 한창일 때, 환경 NGO들은 회의에 참석했으면서도 정부 대표들에 맞설 만한 세력으로 여겨지지 않았다.

과학자들은 전문성을 바탕으로 어느 정도 발언권이 있었고, 기후변화 문제에 관해서 자신들을 지지하는 각국 정부 소속 전문가들과 관계를 맺고 있었다. 그리고 많은 나라에서 지배계급은 어떻게 대응해야 할지를 놓고 분열해 있었다. 진정한 권력은 탄소 기업들에게 있었는데, 특히 미국과 중동에서 그 힘이 강했다. 각각의 집단은 각자 생각하기에 협상이 엉뚱한 방향으로 흐른다 싶으면 '실력'을 행사했다. 환경 NGO들은 비판을 통해 압력을 가할 수는 있었지만, 회담장을 떠나겠다고 으름장을 놓을 수는 없었다. 그렇다고 본국에서 정부 대표나 기업가들을 견제할 만한 대중적 영향력을 갖고 있지도 못했다. 대중운동 건설을 자신들의 일이 아니라고 느꼈기 때문에 그들은 대중을 동원해서 정부나 기업을 압박할 수가 없었다.

지구온난화는 환경 NGO들에게 또 다른 문제를 안겨 줬다. 환경 NGO들은 여러 쟁점에 대해서 캠페인을 벌였지만, 대부분 지구온난화보다는 훨씬 규모가 작은 사안들이었다. 고래를 살리기 위해서 세계경제에 도전할 필요는 없었다. 쓰레기 소각장 하나를 중단시키기 위해서는 특정한 기업 하나를 상대로 싸우는 것으로 충분했다. 대기오염방지법을 통과시키기 위해서는 공업계 전체와 대결해야 했지만, 대기오염방지법이 통과된다고 공업계가 망하는 것은 아니었다.

[반면에] 기후변화는 훨씬 더 큰 위협이었고 세계경제를 밑바닥부터

흔들 정도의 변화가 필요했다. 로비만으로 될 성격이 아니었던 것이다. 지구를 살리려면, 이제는 새로운 행동 방법을 찾아야만 했다. 2001년 교토의정서의 실패를 보면서 많은 환경 NGO들은 기존 전략에 회의를 품게 됐고 무언가 새로운 방법이 필요하다는 것을 알게 됐다. 2001년 교토의정서 최종 합의문이 논의되던 헤이그 회담장 밖에서, 전 세계에서 모인 '지구의 벗' 회원 5000명이 시위를 했다. NGO 활동가들은 새롭게 등장한 사회운동을 보면서 영감을 얻기 시작했다.

소극적이었던 사회운동 진영

내가 말하는 사회운동 진영은 단지 운동 단체나 노동조합만을 말하는 것이 아니다. 영국 노동당 좌파, 이탈리아 재건공산당, 인도 공산당, 미국 민주당 내 진보적 인사들과 극좌파 정치 세력까지 포함한다. 이들이 바로 영국의 전쟁저지연합, 미국의 평화정의연합, 세계사회포럼의 중추를 이루는 사람들이다.

이 사람들은 대규모 시위와 광범한 풀뿌리 캠페인을 조직할 줄 안다는 점에서 환경 NGO들과 다르다. 아주 최근까지도 이들은 기후변화 문제에서는 아무 구실도 하지 않았는데, 이는 매우 뼈아픈 손실이었다. 석유 기업들과 미국 정부가 교토의정서를 마음대로 할 수 있었던 것은 환경운동가들의 세력이 약하기 때문이기도 했지만, 더 중요하게는 노동조합, 사회운동 단체, 야당, 종교 단체가 전혀 개입하지 않았기 때문이다. 이는 매우 심각한, 일종의 직무 유기였다. 그러나 모두가 이것을 자연스러운 것으로 여겨서 이에 대해 말하는 사람을 찾아보기가 어려울 정도다.

이처럼 사회운동 진영이 기후변화 문제에 침묵한 데는 몇 가지 이유가 있다. 그중 하나는 노동조합과 환경 단체들 사이의 오래된 갈등 때문인데, 특히 미국에서 심각했다.[7] 미국에서 형성된 연이은 환경 쟁점에서, 환경운동가들이 한편에 서면 노동조합은 자신들의 일자리를 지키기 위해 기업주들과 함께 반대편에 섰다. 환경운동가들은 평범한 사람들이 문제의 원인이라고 생각한 반면, 노동조합원들은 환경운동가들을 오만한 '있는 집' 자녀들로만 여겼다.

그러나 이런 갈등이 있었다고 해서 노동조합이나 사회운동 단체에 책임이 없다고 말할 수는 없다. 물론 그들이 환경문제에 취약했던 것은 환경 단체들의 적대적 태도에 대한 반작용이기도 했다. 그러나 이는 더 큰 패배 때문이기도 했다. 예를 들어, 미국에서는 신자유주의 공격 때문에 1990년 즈음에는 모든 노동조합들 사이에서 방어적 자세가 대세로 굳어져 있었다. 개별 노동조합 활동가들은 여전히 연대와 나눔이라는 가치를 믿었고, 술만 마시면 서로서로 그것이 중요하다고 떠들었다. 그러나 공개적인 자리에서는 이를 언급하면 마치 구닥다리 소리를 하는 것으로 여겨질까 봐 다들 언급하기를 꺼렸다.[8]

노조의 조합원들과 지도부는 [신자유주의라는] 새로운 적대적 조건에서 살아남으려면 방어적 이익 단체로 활동해야 한다는 압력을 받았는데, 특히 노조 지도부가 이런 압력을 훨씬 더 크게 받았다. 이 때문에 벌목 노동자들은 개벌皆伐을* 옹호했고, 자동차 노동자들은 SUV를 옹호했고, 광원들은 석탄을 옹호했다.

---

* 개별 산림을 일시에 모두 베어 내는 것.

노동자들은 여전히 자연을 사랑했고, 자신들이 온갖 종류의 독극물과 최악의 오염 물질에 노출돼 있다는 것을 매우 잘 알았다. 그러나 직접적 해고 위협이 가해지면, 일자리를 지키려고 기업들과 한편이 됐다. 이런 모순 때문에 노동자들은 행동에 나서기는커녕 체념하고 죄책감에 시달리게 됐다. 바로 이 점을 노리고 빌 클린턴과 조지 부시는 미국인들의 일자리를 지키기 위해 기후변화 대응을 하지 않겠노라고 당당하게 말할 수 있었던 것이다. 1997년에 미국 상원이 기후 조약을 95대 0으로 부결시킬 때도 같은 이유를 들먹였다.

유럽과 라틴아메리카에서 사회운동가들이 환경운동과 거리를 둔 데에는 또 다른 역사적 이유가 있다. 20세기 내내, 이 지역의 노동조합과 사회운동 단체는 많은 경우 공산주의자들이 지도했다. 과거 19세기에 카를 마르크스는 환경문제에 대해 오늘날 환경운동가들이 들어도 친숙하다고 느낄 만한 주장들을 했다. 그러나 20세기의 공산주의자들은 스탈린의 소련과 마오쩌둥의 중국을 본보기로 여겼다. 그런데 두 나라 모두 독재 정권이 노동자·농민을 착취하듯이 토지도 남용했기 때문에 환경문제가 소름 끼칠 정도로 심각했다. 덧붙이자면, 러시아에 시장주의 정부가 들어서고, 중국 독재 정부가 자유 시장을 허용한 뒤에도 환경문제는 계속됐다.

그러나 또 다른 이유도 있다. 많은 사회운동가들이 제임스 러브록 같은 우파 환경주의자들의 주장을 받아들인 것이다.[9] 제임스 러브록은 문명 발전과 자연 중 하나를 선택해야 한다고 주장했는데, 사회운동 진영 역시 이를 받아들였다. 또, 일자리와 생물 다양성, 적절한 생활수준과 지구 대기 중 하나를 선택해야만 한다고 여겼다. 이런 식으로 선택을 강요당하자, 노동조합과 사회운동의 활동가들은 어떤 선택도 내릴 수가 없었다.

그러나 최근 들어 사회운동 진영과 노동조합 활동가들은 뒤늦게나마 기후변화 저지 운동이라는 열차에 올라탔다. 그중 일부는 여러 나라에서 벌어진 기후변화 저지 시위를 조직하는 데 중요한 구실을 맡기도 했다. 2008년 초 영국에서 '기후변화 저지 운동ccc'이 노동조합 활동가들을 위한 회의를 개최했는데, 그 자리에 활동가 300명이 참석했다. 이런 일이 가능했던 것은 1989년에 기후 과학자들이 열정적으로 활동을 시작하고, 환경 NGO들이 그 내용을 대중에게 알렸기 때문이다. 그 덕분에 이제는 대책이 필요하다는 것을 누구나 알게 됐다.

교토의정서의 치명적 결점

지금부터는 교토와 헤이그 협상 결과 만들어진 의정서의 내용을 살펴보겠다. 협상의 기초를 닦은 것은 과학자들과 NGO들이었다. 과학자들은 무슨 일이 벌어지고 있는지 모든 이에게 알렸고, 많은 정치인들과 기업 총수들에게 어떤 일이든 해야 한다는 생각을 심어 줬다. 그러나 과학자들과 NGO들은 권력 꼭대기에 있는 사람들을 주되게 설득하려 했기 때문에, 그 어떤 일이 무엇인지에 대해서는 거의 영향을 미칠 수가 없었다.

협상장에는 크게 네 가지 태도가 있었다. 하나는 미국 정부의 태도로, 그들은 어떠한 의정서도 채택되지 않기를 바랐다. 탄소 기업들이 이미 미국 정치인들을 자기편으로 만들었기 때문이다. 그래서 미국 정부는 가난한 나라들에도 똑같이 배출량 감축을 요구해야만 의정서에

서명하겠다는 태도를 취했다. 그런데 당시에 논의되던 의정서는 가난한 나라를 대상으로 하지 않았기 때문에, 민주당과 공화당 가릴 것 없이 모든 미국 정치인이 아무것도 동의하지 않겠다는 태도로 똘똘 뭉쳤다. 게다가 미국 대표단은 교토와 헤이그에서 회담을 뒤흔들려 했다. 그들은 자신들의 지배력을 이용해서 최대한 의정서를 약화시킨 다음에 결국 서명을 거부했다. 그 결과 미국뿐 아니라 전 세계 방방곡곡에서 계속해서 석유를 태워서 이산화탄소를 뿜어낼 수 있게 됐다.

둘째는 유럽 정부들의 태도였다. 그들은 좀 더 강한 합의를 원했지만, 자신들에게 너무 많은 것을 요구하지는 않기를 원했다.

가난한 나라 정부들의 태도는 대부분 셋째였다. 그들은 부유한 나라들이 기후변화에 필요한 대응을 하기를 원했다. 지구온난화로 주된 피해를 입게 될 사람들이 자국민임을 잘 알고 있었기 때문이다. 그러나 자신들에게 무언가를 요구하는 내용은 모두 거부했다. 가난한 나라 정부들에게는 경제성장과 빈곤 탈출이 우선이었다.

넷째는 투발루와 몰디브처럼 작은 섬으로 이뤄진 나라들의 처지였다. 이들은 곧 나라 전체가 해수면 아래로 잠길 운명이었기 때문에 어떤 행동이든 취할 자세가 돼 있었지만 아무런 힘이 없었다.

그린피스, '지구의 벗' 등의 환경 NGO들은 공공 세션에 참석할 수 있었다. 그들은 협상에서 이뤄지고 있는 타협이 얼마나 위험한 것인지를 각국 언론에 알렸다. 기회가 주어질 때마다 이들은 섬나라, 가난한 나라, 유럽 나라의 대표단과 힘을 합쳐 미국과 탄소 기업의 제안을 물리치려고 했다. 그러나 이들은 계속해서 정부들 사이의 세력 관계를 이용해서 문제를 해결하려고 했는데, 이는 1992~2001년에 국제정치를 지배한 가장 중요한 사실을 외면한 것이었다. 바로 그 시기에 미국 정부와 기업들은 세계를 지배했고, 마찬가지로 기후 협상도 지배했다. 중요한 회담은 항상 밤늦게 열렸고, 미국 정부와 기업들이 초대한 사람들만 참가할 수 있었다. 결정적으로 중요한 회의의 의장은 미국 대표단이 선택했고, 가난한 나라, 섬나라, NGO의 대표단은 참석조차 하기 어려웠다.

미국 측 협상단의 주요 목표는 자국 기업의 감축 부담을 줄이고 석탄과 석유산업을 보호하는 것이었다. 그래서 협상 과정 내내 이들은 의정서 초안에서 세 가지를 바꾸도록 요구했다. 우선 배출량 감축 목표를 줄이길 원했다. 다음으로 의정서에서 규정하고 있는 모든 법적 구속 조항을 없애기를 원했다. 마지막으로 '탄소 거래제'를 요구했다.

그것들을 받아들이면 감축량이 줄어드는 결과를 가져오리라는 것을 알았기 때문에, 유럽과 개발도상국의 대표단은 처음에는 반대했다. 그러나 이내, 미국 대표단을 의정서에 끌어들이기 위해서 굴복하고 말았다. 그 후 미국 대표단은 끝까지 의정서에 서명하기를 거부했고, 결과적으로 의정서의 내용만 심각하게 훼손된 채 남게 됐다.

교토의정서의 내용은 다음과 같다. 2012년까지인 첫 국면에는 부유한 나라들만 배출량을 줄이면 된다. 이 나라들은 미국, 캐나다, 유럽 국가 전부, 일본, 호주와 뉴질랜드다. 미국과 호주를 제외한 나머지는 모두 합의문에 서명했다. 가난한 나라들은 첫 국면에는 배출량을 줄일 의무가 없다.

2013년부터 시작되는 둘째 국면을 준비하기 위한 협상은 이제 막 시작됐다. [교토의정서에] 서명한 부유한 나라들은 2012년까지 배출량을 몇 퍼센트씩 줄여야 한다. 유럽과 가난한 나라의 정부들은 이산화탄소 배출량을 10퍼센트 이상 줄이기를 원했다. 각 나라마다 줄이기로 한 비율은 협상에서 노력한 결과에 따라 각각 다르다. 그러나 평균적으로 부유한 나라들은 2012년까지 5.2퍼센트를 줄이기로 합의했다. 즉, 부유한 나라들은 2008~2012년의 연평균 배출량을 자국의 1990년 배출량보다 5.2퍼센트 낮춰야 한다.

이를 지키려면 실제로는 대부분의 나라가 배출량을 더 많이 줄여야 한다. 교토의정서의 초안이 제출된 것은 1997년이었는데, 그때도 이미 대부분의 나라들이 1990년보다 훨씬 더 많은 이산화탄소를 배출하고 있었기 때문이다.

유일한 예외는 옛 소련 국가들이었다. 교토의정서가 기준으로 삼는 1990년은 동유럽과 러시아에서 공산주의가 무너지면서 '자유 시장으로의 전환'이 시작되던 시기였다. 그 전환 과정을 거친 나라들에서는 산업이 심각하게 붕괴했고, 사람들의 삶의 수준이 크게 하락했다. 그 결과, 동유럽 나라들에서는 이미 1997년에 이산화탄소 배출량이 크게 줄어들었는데, 이는 순전히 의도치 않게 생긴 결과였다.

교토의정서의 내용을 협상하던 나라들은 동유럽 경제가 무너지면서 배출량 역시 감소했다는 사실을 잘 알고 있었다. 이것이 바로 교토의정서의 가장 큰 결점으로 꼽히는 '탄소 거래제'가 등장하게 된 배경이다. 탄소 거래제에 따르면, 배출량을 약속한 만큼 감축하지 못한 나라는 다른 나라의 이산화탄소 배출권을 돈을 주고 살 수 있다. 교토의정서 협상이 한창일 때, 협상의 참가자들은 탄소 거래제가 결국은 서유럽과 일본에게 동유럽의 배출권을 살 권리를 인정하는 것임을 이미 잘 알고 있었다.

이런 탄소 거래제 때문에 배출량이 늘어날 것임은 불 보듯 뻔한 일이었다. 이를 이해하기 위해, 영국이 애초 약속했던 만큼 배출량을 줄이지 못했고 이를 만회하기 위해서 1억 톤의 이산화탄소 배출권을 사야 하는 상황을 가정해 보자. 그런데 우크라이나는 1990년 이후 산업이 몰락하면서 이미 이산화탄소 배출량이 1억 톤 이상 줄어들었다. 그러면 영국은 우크라이나에 돈을 주고 1억 톤의 배출권을 사들인다. 물론 우크라이나는 돈을 벌었다. 그러나 영국은 애초 약속한 것보다 1억 톤이나 더 많은 이산화탄소를 배출하게 됐고, 그렇다고 우크라이나가 탄소 거래제를 통해 이산화탄소 배출을 줄인 것도 아니다. 결과적으로 탄소 거래제는 이산화탄소 배출량을 1억 톤 더 늘리는 효과만 낸 것이다. 이는 시장이 불완전해서 생긴 문제가 아니다. 오히려 교토의정서의 내용을 협상하던 사람들이 정확히 예견한 대로다. 미국 대표단이 탄소 거래제를 요구한 것은 이런 허점을 원했기 때문이다.

미국 대표단은 교토의정서의 실행을 강제할 만한 규정도 모두 걷어 내도록 요구했다. 결국, 교토의정서를 준수하지 않아도 그 어떤 제재나 재판도 받지 않게 됐다. 이는 사실상 의정서의 효과를 없애 버린 것이다. 실제로 2007년 캐나다 정부는 2025년까지는 교토의정서에서 정한 목표량을 달성할 계획이 없다고 공표했다. 2007년에 서유럽 나라들 역시 대부분 여전히 목표량에 한참 미치지 못했으며, 오히려 배출량이 증가하는 추세였다. 그들 역시 교토의정서가 정한 감축량을 지킬 생각이 없는데, 왜냐하면 그럴 필요가 없기 때문이다.

미국 대표단의 마지막 요구 사항은, 1990년 기준으로 배출량의 55 퍼센트를 차지한 나라들이 교토의정서 발효에 동의하기 전까지는 효력을 발휘하지 못하도록 하자는 것이었다. 그런데 1990년에 미국은 전세계 배출량의 약 4분의 1을 차지했다. 감축 의무가 없는 가난한 나라들은 전체의 20퍼센트만을 차지했다. 따라서 이 조항은 결국 미국, 호주, 러시아만 반대해도 의정서가 효력을 가질 수 없다는 뜻이었다. 미국 정부는 자신의 충실한 우방이면서 세계 최대 석탄 수출국인 호주가 의정서에 서명하지 않을 것이라고 확신했다. 또, 주요 가스·석유 생산국인 러시아도 서명하지 않을 것이라고 예상했다. 사실상 미국은 55퍼센트를 요구함으로써 교토의정서를 효과적으로 거부할 수 있었던 것이다. 애초 55퍼센트 조항이 나온 이유도 그 때문이었다.

이처럼 협상을 거치는 동안 교토의정서는 미국 정부와 석유·석탄 기업들 없이는 발효조차 되지 못하도록 손발이 묶여 버렸다. 의정서는 2001년 헤이그에서 최종 합의에 도달했지만 미국, 러시아, 호주는 즉시 비준을 거부했다. 교토의정서는 끝장난 듯이 보였다.

그러던 중 2004년 말에 모두의 예상을 깨고 러시아가 태도를 바꿔 교토의정서에 동참했고, 그 결과 교토의정서는 2005년 2월에 효력을 갖게 됐다. 러시아 정부가 태도를 바꾸게 된 것은 탄소 거래제 때문이었다. 러시아 경제는 여전히 1990년에 한참 못 미치는 수준이었고, 러시아 기업들은 돈을 벌고 싶어 했다. 이 밖에 국제정치가 바뀐 것도 중요한 이유였다. 푸틴은 2001년과 달리 2004년에는 공공연하게 부시에게 도전할 수 있었다. 바뀌지 않은 것도 있었는데, 애초 미국 정부와 석유 기업들이 심어 놓은 조항들 때문에 교토의정서는 여전히 이빨 빠진 호랑이였고, 구속력조차 없었으며, 시장을 통해 빠져나갈 수 있는 구멍들로 가득했다.

그렇지만 교토의정서는 중요한 의의가 있다. 첫째, 조약이 깨지지 않은 채 유지됐다. 세계 각국 정부에게 이런 종류의 협정은 꽤 생소한 일이었다. 교토의정서를 만들어 낸 압력을 계속 유지할 수만 있다면, 2012년 이후의 시기를 다룰 의정서에서는 배출량을 더 많이 줄이도록 할 수 있을 것이다. 만약 교토의정서가 없었다면 아예 처음부터 시작했어야 할 뻔했다. 둘째, 배출량을 5퍼센트 줄인다는 것이 생각처럼 적은 것만은 아니다. 왜냐하면 5퍼센트를 계산하는 기준이 1990년이기 때문이다. 1990년의 세계 배출량은 겨우 220억 톤이었는데 현재는 280억 톤이다. 따라서 1990년을 기준으로 5퍼센트 줄이려면, 지금을 기준으로는 25퍼센트를 줄여야 한다. 셋째, 의정서가 발효됨으로써 그러지 않았을 경우보다 부유한 나라 정부들이 배출량을 억제하기 위해 더 많이 노력하게 됐다. 물론 선진국의 대부분은 교토의정서가 정해 놓은 기준에는 미치지 못하고 있다. 그러나 전보다 늘어난 배출량의 대부분은, 교토의정서에 포함되지 않은 나라들에서 나왔다. 바로 서명을 거부한 미국과 서명할 필요가 없었던 인도와 중국이다. 마지막으로, 미래에라도 이산화탄소 배출을 줄일 유일한 방법은 국제적 합의에 도달하는 것뿐인데 교토의정서는 그 첫 단추였다.

과학자들과 환경운동가들은 비록 아주 소수로 시작했고 가진 수단도 많지 않았지만, 결과적으로 그들의 활동은 인류 전체와 지구에 커다란 선물이 됐다. 그러나 충분치 않은 것만은 여전히 사실이다. 2007년이 되자 많은 과학자들과 환경운동가들은 더 많은 조치가 필요하며 정부와 기업들이 나서도록 강제할 수단이 필요하다고 생각하게 된다.

그들이 이렇게 생각하게 된 것은, 21세기에 들어서면서 새로 등장한 사회운동이 국제정치를 바꾸고 있었기 때문이다.

15장 2001년 이후의 기후 정치

1999년 11월 시애틀 WTO 정상회담 때 대규모 시위가 터져 나왔고, 많은 사람들은 이를 보면서 새로운 사회운동이 시작됐다는 것을 깨달았다. 우선, 이 운동이 어떤 배경에서 등장했는지부터 살펴보자.

1999년 즈음에, 많은 사람들은 20년 동안 진행된 민영화, 노조 파괴, 복지 삭감, 횡포와 스트레스 등으로 대표되는 신자유주의에 진저리를 내고 있었다. 전 세계 대부분의 지역과 대부분의 직종에서 노동자들은 자신들의 부모 세대보다 더 힘들게 살고 있었다. 또 사람들은 거대한 대중투쟁이 분출했다가 실패하는 것을 지켜봤고, 그보다 작게는 개개인의 일상에서도 뼈저리게 아픈 굴욕을 맛봤다. 신자유주의와 세계화는 사람들의 일상을 구석구석까지 바꿔 놓았다. 사람들의 삶은 전보다 더 빡빡해졌고, 결혼 생활을 유지하기가 더 어려워졌으며, 타인에게 친절을 베푸는 것이 인간 본연의 가치라는 생각은 설 자리를 잃어 갔다.

그 세월 동안 참아온 분노가 바로 새로운 사회운동의 원동력이었다. 새로운 사회운동에는 두 가지 놀라운 특징이 있었다. 하나는 대부분의 행진 참가자와 활동가가 젊다는 것이었다. 나머지 하나는, 그들이 주장하는 내용과 분노하는 대상이 부모 세대와 크게 다르지 않았다는 것이다. 지난 20년을 부모와 함께 생활했기 때문에 어찌 보면 당연한 것이었다. 부모들은 자녀들에게 세계가 어떻게 변해 왔는지, 또 그런 변화 때문에 자신들이 얼마나 무력감과 쓰라린 감정을 느끼는지 그대로 전달했던 것이다. [그러나] 이제는 되갚아 줄 때가 온 것이었다.

새로 등장한 운동은 부모 세대와 큰 차이도 있었는데, 바로 싸워서 이길 수 있다는 생각이었다.

돌파구는 시애틀에서 벌어진 WTO 정상회담 항의 시위였다.[10] 시애틀 시위의 첫 번째 중요한 특징은 그것이 신자유주의에 맞선 노동자들의 투쟁이었다는 점이다. 시위에 참가한 6만 명의 다수는 노동조합 대열로 참가한 노동조합원들이었다. 이들은 WTO가 세계화를 촉진하기 위해 무역 장벽을 없애는 것에 반대하기 위해 시위에 참가했다. 20년간 기업은 노동조합에게 말을 듣지 않으면 공장을 옮겨 버리겠다고 협박했다. 그래서 노동조합은 세계시장에 맞서 시위를 벌이고 있었다.

시애틀 시위의 두 번째 중요한 특징은 바로 싸워서 이겼다는 점이다. 참가자의 절반에 약간 못 미치는 사람들은 환경운동가, 빈민운동 활동가, 기타 젊은 활동가들이었다. 그들은 WTO 대표단이 모인 회담장을 둘러싸고 비폭력 연좌 농성을 하려고 했다. 그런데 시애틀 경찰이 몽둥이와 최루탄으로 이들을 공격했다. 노동조합원들은 애초 이들과 따로 행진하고 있었지만, 경찰을 뚫고 젊은이들과 합류했다. 도로에는 최루탄이 넘쳐 났고, 분노한 시위대는 스타벅스와 맥도날드 상점 유리창에 돌을 던졌다. WTO 대표단은 겁을 집어먹고 감히 시위대를 통과해서 지나가지 못했다.

세계화의 전진기지라고 할 수 있는 WTO는 그날 하루 동안 회의를 열 수 없었다. 회담이 재개됐을 때는 이미 미국 정부가 각국 대표단에 대한 지배력을 잃은 뒤였다. 원래 가난한 나라에서 온 대표단은 클린턴 대통령과 미국 기업들이 시키는 대로 기꺼이 따를 계획이었다. 이제 그들은 자문하기 시작했다. 클린턴이 자국민조차 제대로 통제하지 못한다면, 왜 우리가 그 사람 말을 들어야 하는가? WTO 회담은 아무 합의도 도출하지 못한 채 끝났다. 시위대의 승리였다.

이 승리의 소식은 전 세계에 울려 퍼졌다. 사회운동이 세계적으로 다시 시작된 시기에 대해서는 의견이 분분하다. 1994년 멕시코 남부에서 등장한 사파티스타 운동이나 1995년 프랑스를 강타한 공공 부문 총파업까지 거슬러 올라갈 수도 있다. 그러나 전 세계 사람들이 정치 영역에서 무언가 중대한 변화가 일어났다는 것을 깨달은 순간은 1999년 시애틀이었다. 그런 차이는 부분적으로는 그것이 미국에서 일어난 시위였기 때문이다. 어쨌든 미국은 초강대국이고, 전 세계의 정치와 문화에 막강한 지배력을 행사한다. 미국에서 무슨 일이 생기면, 전 세계가 주목하기 마련이다.

그러나 그뿐이 아니었다. 시위대가 주장한 바가 원대하다는 것도 시애틀 시위에서 나타난 중요한 변화였다. 시위대는 체제 전체를 바꾸고 싶어 했다. 그리고 잠시나마 체제를 멈추려고 했다. 살아오면서 누구나 염증을 느낀 세계시장에 반대한 것이다.

이는 사람들이 세계 자본주의 체제에 대한 마르크스주의적 분석을 갑자기 수용했기 때문이 아니었다. 오히려 그동안 정치인, 기업가, 언론이 모든 사람에게 세계시장이 하라는 대로 할 수밖에 없다고 지겹도록 떠들어 왔기 때문이었다.

시애틀 시위가 벌어지고 18개월 뒤에 활동가들은 또 다른 정상회담에 반대하기 위해 다시 모였다. 멜버른, 포트모르즈비, 서울, 더반, 니스, 예테보리, 바르셀로나, 프라하, 취리히, 워싱턴, 퀘벡에서 상당히 큰 시위가 있었다. 가장 큰 시위는 2001년 6월 이탈리아 제노바에서 열린 G8 정상회담에 맞춰 일어났다. 그리고 다양한 운동 세력이 일련의 국제회의를 통해 단결했는데 특히 브라질, 인도, 케냐에서 열린 세계사회포럼과 이탈리아, 프랑스, 영국, 그리스에서 개최된 유럽사회포럼에서 그랬다.

거리 행진과 포럼의 주요 슬로건은 두 가지였다. "세계는 상품이 아니다"라는 슬로건은 신자유주의에 대한 반대를 나타냈다. "다른 세계는 가능하다"라는 구호도 중요했다. 1980년대 이래, 자본주의를 대신할 만한 대안이 있을 수 있다는 생각은 허튼소리로 여겨졌다. 그런데 어느덧 거리에서 세상의 모든 것을 바꿀 수 있다고 외치고 있었던 것이다.

지난 30년 동안 저항운동의 정치를 지배한 것은 정체성 정치였다. 여성, 게이, 레즈비언, 이주민, 아프리카계 미국인, 원주민, 무슬림, 그밖의 많은 사람들에게는 각자의 투쟁이 있다는 식이었다. 운동 역시 그러해서 환경운동, 노동운동, 평화운동 등이 각기 따로 벌어졌다. 그러나 새로 등장한 운동은 우리 안의 차이가 아니라 우리를 뭉치게 하는 공통점이 더 중요하다고 주장하고 나선 것이다.

운동에 참여한 이유는 천차만별이었다. 그러나 우리가 맞서 싸우는 신자유주의, 인종주의, 성차별, 전쟁, 환경 파괴는 모두 세계 자본주의 체제라는 하나의 뿌리에서 나온 것이었다. 활동가들은 시위와 포럼에서 서로 만났다. 유전자 조작 식품에 반대하는 환경운동가와 공영주택을 요구하는 세입자가 만나서 모두가 하나의 체제와 싸우는 하나의 투쟁이라는 점을 서로에게 설명했다.

이처럼 저항 세력들 사이에 정치적 공감대가 형성됐다는 점은 몇 가지 점에서 기후변화에 맞서 싸우는 데 결정적으로 중요했다. 우선, 전세계적 투쟁이 가능하다는 생각을 하게 해 줬다. 둘째, 환경운동과 사회운동 사이의 동맹이 가능해졌다. 셋째, 세계가 [시장 원리를 따라야 하는] 상품이 아니라면, 정부가 개입해서 지구를 구할 수 있는 것이다. 다른 세계가 가능하다면, 기후변화를 멈추는 것도 가능하다.

전쟁

기후변화를 막는 싸움에 가장 결정적으로 기여한 것은 바로 조지 부시의 '테러와의 전쟁'에 반대한 세계적 저항이었다.

2001년에 집권한 부시 정부는 석유 기업들을 대변했다. 부통령인 딕 체니는 유전 설비 기업인 핼리버턴의 사장 출신으로, 정부 내에서 가장 영향력이 큰 인사였다. 출근 첫날부터 체니는 두 가지 일에 착수했다. 하나는 기존의 에너지 정책을 전반적으로 재검토해서 미국 정부의 정책을 바꾸는 것이었다. 그 결과, 수백 개의 석탄 화력발전소와 핵 발전소를 새로 짓는 계획이 수립됐고, 석유 기업들에게 갖가지 세제 혜택과 더 많은 유전을 탐사할 수 있는 권리가 주어졌다. 이와 함께, 지구온난화를 철저하게 부정했다. 클린턴은 교토의정서를 지원하는 활동을 하지 않았다. 부시는 교토의정서를 거부했을 뿐 아니라, 기후변화 대책을 반대하는 일에 가장 앞장선 세계 지도자가 됐다.

체니의 두 번째 장기적 관심사는 중동에서 석유 지배력을 회복하는 일이었는데, 이는 곧 이라크와 이란 정부를 무너뜨리는 것을 의미했다. 그러나 부시가 처음 당선했을 때에는 이라크나 이란을 침공하기가 정치적으로 불가능했다.

그러던 중에 9·11 테러가 터졌다. 부시와 체니의 관점에서 봤을 때, 9·11은 위협이기도 했지만 더 크게는 기회였다. 펜타곤이 불타는 광경은 미국의 패권에 대한 직접적 도전이었기 때문에 위협이었다. 미국은 이른바 세계 최강대국이었다. 미국이 패권을 유지하는 비결 중 하나는 미국에 대한 두려움이었다. 그런 두려움을 다시 심어 줘야 했다. 그러려면 중동에서 많은 사람을 죽여야 했고, 자신의 승리를 과시할 전쟁이 필요했다. 이미 23년 동안 외국 군대의 침공과 내전으로 지칠 대로 지친 아프가니스탄이 손쉬운 상대였다.

처음에는 미국이 쉽게 승리하는 듯했다. 승리에 도취한 부시와 체니, 국방부는 이라크를 '손볼' 차례라고 생각했다.

이라크에 걸린 판돈은 더 컸다. 미국은 여전히 세계 1위의 경제 강대국이었으나 전과 달리 나머지 국가들을 압도하지는 못했다. 유럽연합은 미국만큼이나 경제 규모가 컸고, 일본도 주요 경쟁·국가였다. 게다가 중국은 경제와 군사 분야에서 점차 힘을 키우고 있었다. 그러나 첨단 군사기술에서는 미국이 압도적 우위를 지키고 있었다. 이라크 전쟁에서 승리한다면, 세계의 패권을 계속해서 지킬 수 있었다.

그리고 이라크에는 석유가 있었다. 이라크 석유는 매장량이 세계에서 두 번째로 많다고 알려져 있었다. 부시는 침공 이후 그 유전을 민영화해서 미국 석유 기업들에게 넘겨줄 계획이었다. 그렇게 이라크를 정복하고 난 다음에는 이란을 '손볼' 생각이었다. 그렇게만 된다면, 네오콘식 표현대로 '미국의 세기'가 열릴 듯했다.

그럴듯해 보였던 이 계획은 세 가지 난관에 부딪혔다. 이 세 가지 모두 지구온난화 문제와 중요한 관련이 있다.

첫째, 다른 주요 강대국들이 미국의 이라크 침공을 지지하지 않았다. 이라크 전쟁을 통해 미국이 다시금 세계를 지배하게 될 것이라는 점이 분명했는데 그들은 이를 원치 않았기 때문이다. 아프간 침공 때는 주요 강대국들이 대부분 용인했었다. 그러나 이라크를 공격하려고 하자 프랑스, 독일, 러시아, 중국 모두 반대했다. 독일과 프랑스가 결국은 미국에게 다시 빌붙을 것이라는 전망이 끊이지 않지만, 아직까지는 그러지 않고 있다. 결과적으로, 이라크 침공은 세계적으로 미국의 헤게모니가 흔들리기 시작하는 계기가 됐다.

부시와 체니에게 닥친 둘째 난관은 세계적 반전운동이었다. 반전운동은 미국에서 가장 세력이 약했는데, 이는 충분히 이해할 만한 일이었다. 만약 2001년에 런던이나 파리에서 9·11과 같은 테러가 발생했다면 영국인들과 프랑스인들도 자국의 우파 정부가 복수하려는 것을 지지하며 행진했을 것이다. 지금은 사회 분위기가 완전히 바뀌었기 때문에 더는 그렇지 않지만, 2001년 당시에 미국 사회운동 진영은 자신들이 목소리를 낼 여지가 없다고 느꼈다. 미국에서 평화운동이 매우 강력하게 자리 잡기까지는 4년이 걸렸다.

미국을 제외한 나머지 세계에서는 전쟁 반대의 목소리가 새로운 사회운동과 함께 출현했다. 반전운동은 특히 영국, 이탈리아, 스페인에서 강력했는데, 이 국가들이 군대를 보내려 했기 때문이다. 전쟁 위기가 점차 분명해지던 시기에 이탈리아 피렌체에서 유럽사회포럼이 열렸다.

이 포럼을 주도한 인물들은 제노바 시위가 배출한 젊은 리더들이었다. 그들은 유럽사회포럼 마지막 날에 반전 행진을 하자고 호소했고, 이탈리아 전역에서 100만 명이 행진에 참가했다.

유럽사회포럼 준비 모임 때부터 영국과 이탈리아의 활동가들은 이라크 침공이 벌어지기 직전인 2003년 2월 15일에 모든 나라에서 동시다발 반전시위를 벌이자고 다른 활동가들에게 호소했다.[11] 그 결과, 런던에서 200만 명, 로마에서 200만 명, 스페인 여러 도시에서 도합 300만 명이 동시에 행진했다. 다른 나라들에서 진행된 동시다발 행진에도 대략 2000만 명이 참가했다. 이는 쟁점을 막론하고 역사상 가장 큰 국제적 시위였다. 여론조사에서도 확인됐듯이, 이를 통해 이스라엘과 미국을 제외한 모든 나라에서 대부분의 사람들이 전쟁에 반대한다는 것이 분명해졌다. 2005년이 되면 미국에서도 대다수가 전쟁에 반대하게 된다.

이 행진은 두고두고 영향을 끼쳤다. 이 행진을 통해 중동, 파키스탄, 미국 사람들은 전 세계가 미국의 침공에 반대한다는 사실을 알게 됐다. 이라크와 아프가니스탄의 저항 세력과 미국의 평화운동은 자신감과 용기를 얻었다. 미국 정부가 대규모 증원군을 보내기도 정치적으로 어려워졌다. 전황이 어려워짐에 따라 펜타곤은 병력을 증파했지만, 그때조차 소규모 병력을 일시적으로 보낼 수밖에 없었다.

평화를 위한 행진은 기후 정치에 세 가지 중요한 영향을 미쳤다. 첫째, 환경운동가들이 참여했다. 영국을 예로 들면, 녹색당이 전쟁저지연합의 일부였다. 자신들의 NGO 지위에 좀 더 연연하는 그린피스와 '지구의 벗'은 전쟁저지연합에 가입하지는 않았지만, 런던에서 행진이 있던 날 그린피스 상근 활동가들이 사무실에서 나와 행진에 참여하며 깃발을 흔들었다. 나는 '지구의 벗' 상근 활동가들도 행진에 함께했으리라는 점을 믿어 의심치 않는다. 더 중요하게는 다른 수만 명의 환경운동가들도 그랬다.

이제 전 세계적으로 수십만 명의 환경운동가들이 자신을 시위대의 일부로 여겼다. 또, 평화운동을 통해 전 세계적 기후 행동을 상상하기 시작했다.

평화운동이 강해지고 이라크에서 미국의 패색이 짙어지면서 미국의 정치 전반에 중요한 변화가 일어났고 이것은 기후 정치에도 영향을 미친다. 미국 정치에서 석유 기업들의 영향력이 약화되고 있는 것이다. 모든 미국인이 보는 앞에서 부시와 네오콘의 프로젝트 전체가 망신을 당했다. [2005년] 허리케인 카트리나의 막대한 충격과 결합되면서, 기후변화가 사실이 아니라고 말하는 이들은 설 자리를 잃었고 앨 고어의 주장이 설득력을 얻기 시작했다. 모든 민주당 대선 후보들은 전보다 더 좌파적인 언사를 사용했으며, 아무도 1990년대의 빌 클린턴처럼 신자유주의적으로 이야기하지 않았다. 2006년에는 이주민의 권리를 요구하는 대규모 시위가 벌어지기도 했다. 로스앤젤레스에서 100만 명이 행진했다. 더 놀라운 일은 텍사스주에서 가장 보수적인 도시인 댈러스에서 40만 명이나 행진한 것이다. 민주당이 국회를 접수하고 나서 지구온난화를 막기 위한 세 가지 법안과 자동차 연비 제한 법안이 상정됐고 전국의 시의회와 주의회에서 이산화탄소 배출량을 제한하려는 움직임이 시작됐다.

미국의 패배는 다른 이유로도 기후 정치에 조금 더 특별한 의미가 있다. 미국의 패권이 아직 사라진 것은 아니지만, 서유럽과 중국과 러시아는 벌써부터 워싱턴과 거리를 두면서 새로운 권력의 중심부가 되기 위해 분주하다. 2007년에 부시가 지구온난화에 대응하는 국제사회의 노력을 미국이 이끌겠다고 했을 때, 이는 모두의 비웃음을 샀다. 2007년 여름 독일에서 열린 G8 정상회담에서 기후변화를 논의할 때, 부시는 왕따를 당했다. 그 덕분에 지금은 미국을 제외한 다른 강대국들이, 비록 허점투성이가 될지언정 교토의정서를 이을 그다음 협상을 추진할 가능성이 있다.

국제정치에서 확실한 것은 아무것도 없지만, 만약 미국이 최종적으로 패배하는 순간이 온다면 그 파급효과는 엄청날 것이다. 일단 대부분의 사람들이 미국도 패배할 수 있다는 사실을 알게 될 것이다. 그러나 파급효과는 거기서 그치지 않는데, 그동안 '워싱턴 컨센서스'라는 이름으로 신자유주의와 세계화를 주도한 것이 바로 미국이었기 때문이다. 미국이 이라크에서 패배한다면 전 세계 사람들은 다음과 같이 생각하기 시작할 것이다. '이라크인들이 세계의 유일 초강대국을 물리쳤다면, 우리도 신자유주의에 맞서 싸울 수 있다!'

나아가, 미국은 이라크 석유만이 아니라 중동 석유 전체에 대한 지배력을 잃게 될 것이다. 사우디아라비아 왕가의 독재 정권은 미국의 지원에 의존하고, 이집트의 무바라크 독재 정권도 마찬가지다. 그런데 만약 미국이 이라크에서 떠나게 된다면 모든 독재 정권이 흔들릴 것이다. 이들은 최대한 미국 제국주의와 거리를 두려고 할 테지만, 대중 봉기에 의해 전복될 가능성이 높다.

미국 정부의 처지에서 보면 문제는 더 심각하다. 이라크에서 패배한다는 것은, 미국이 더는 세계경제를 지배하지 못하게 된다는 뜻이기도 하다. 그 결과로 달러가 더는 기축통화라는 지위를 유지할 수 없게 되면, 미국은 외채를 갚아야 하는 처지가 된다. 그런데 미국 경제는 지금도 충분히 허약해 보인다.

심지어 아직 미국이 완전히 패배한 것은 아닌데도, 저항해 봤자 승산이 없다는 오래된 생각이 벌써부터 사라지고 있다. 석유 기업들과 미국 정부는 전보다 많이 약해졌다. 기후 정치와 그 밖의 모든 정치적 반대 세력에게 기회가 열리고 있는 것이다.

사회운동의 변화

운동은 성장함에 따라 변화하기 마련이다. 번성할 때도 있고 약해질 때도 있으며 그러면서 활동가들의 경험도 쌓인다. 운동이 성장함에 따라 새로운 요구를 제기할 만큼 자신감이 커지기도 하고, 새로운 형태의 조직이 필요하다는 것을 깨닫기도 한다. 또는 그 반대로 궁지에 몰리기도 한다.

2008년 초에 반자본주의 운동은 시애틀[1999년]이나 제노바[2001년] 때와는 분명히 달라져 있었다. 각국 정상이 모이는 시기에 맞춰 열리던 시위는 중단됐고, 유럽사회포럼과 세계사회포럼은 시들해졌다. 사람들은 시위를 통해 운동을 시작했지만, 운동이 점차 커짐에 따라 정말로 무언가 변화를 이루고 싶어 했다.

대부분의 경우, 그것은 정부 정책을 바꾸는 것을 뜻했다. 이 때문에 많은 활동가들이 정당과 선거로 눈을 돌렸다. 신자유주의 비판은 이제는 다수에게도 아주 상식적인 일이 됐다. 전반적으로 사람들의 생각이 왼쪽으로 이동했기 때문이다.

가장 전투적이고 강력한 운동은 라틴아메리카에서 벌어졌다. 새로운 사회운동에 기반을 둔 활동가들이 국가 규모의 선거에서 승리하기 시작했다. 그들은 사회정의를 주장하고 때때로 제국주의에 반대했다. 가장 두드러진 인물은 베네수엘라의 우고 차베스와 볼리비아의 에보 모랄레스다. 좌파는 그 밖에도 브라질, 아르헨티나, 우루과이, 에콰도르, 페루, 니카라과, 파라과이에서 승리했고, 멕시코에서도 거의 이길 뻔했다. 유럽에서는 독일의 신생 좌파당이 상당한 의석을 차지했고 전체 공식 정치를 왼쪽으로 끌어당기고 있다. 미국에서도 이런 정치적 전환이 나타나서, 한 세대에 해당하는 활동가들 전체가 시위 대신 오바마를 지지하는 것으로 활동을 바꿨다.

그러나 이처럼 활동가들이 시위 대신 선거에 집중한 것이 좋은 결과만 낳은 것은 아니다. 브라질에서는 노동조합들과 환경운동가들이 룰라를 지지했는데, 룰라는 당선하고 나자 신자유주의를 강화하고 아마존 열대우림을 파괴하는 것으로 보답했다. 볼리비아와 베네수엘라의 경우는 훨씬 더 급진적이었지만, 라틴아메리카 대부분의 지역에서는 브라질과 비슷한 후퇴가 나타났다. 2006년 미국에서는 이라크 전쟁을 해결하겠다는 약속 덕분에 민주당이 의회에서 다수를 차지했으나 그러고 나서 아무 일도 한 것이 없었다. 2008년에 미국의 활동가들은 민주당에 피해가 갈 것을 우려해, 전쟁이나 기후 문제에 관한 전국 규모의 행진을 한 번도 하지 않았다. 현재의 모든 징후로 판단컨대, 오바마가 대통령으로 당선하면 그는 지지자들의 전투성을 억누르려 할 것이다. 이탈리아와 인도에서도 반자본주의 좌파들이 연립정부에 참여한 결과, 신자유주의와 전쟁을 옹호하는 처지로 전락했다.

더욱이, 유권자들이 전반적으로 좌경화했다고 해서 반드시 좌파가 선거에서 이기는 것으로 나타나지는 않았다. 무엇보다도 사람들은 투표에서 자신들의 삶을 망친 나쁜 놈들을 응징하려 했기 때문이다. 신자유주의적 '좌파' 정부가 집권하고 있던 곳에서는 종종 우파 정치인이 '변화'를 약속하면서 사람들의 분노를 끌어모아 당선할 가능성이 있었고, 실제로도 많이 그랬다.

이처럼 선거에 매달린 결과, 일부 활동가들은 사기가 꺾이고 희망이 사라졌다고 느꼈다. 그러나 이런 비관적 전망은 진실의 일면만을 본 것인데, 무엇보다 대다수의 사람들이 여전히 왼쪽으로 향하고 있었기 때문이다. 신자유주의에 맞선 저항은 계속 확산되고 있었고 그 세력을 키우고 있었다. 경제 위기, 기아, 파업, 전쟁, 기후변화 역시 저절로 사라질 문제들이 아니었다. 활동가들은 어떻게 저항하는 단계에서 권력을 장악하는 단계로 나아갈지를 두고서 여전히 고군분투하고 있다.

미국을 예로 들자면, 민주당이 변화를 얘기하고 있으므로 많은 활동가들이 민주당에 희망을 걸고 모일 수 있다. 그러나 민주당 후보들이 그처럼 좌파적 언사를 사용하는 것은, 여론조사 결과 유권자들의 정서가 그렇다고 나오기 때문이다.

확언할 수는 없지만, 향후 몇 년 동안 저항의 물결이 세계를 휩쓸 것이고 사람들은 세상을 바꿀 새로운 대안을 찾게 될 듯하다. 바로 그때, 주류 정치인들이 상상할 수 있는 것 이상으로 밀어붙일 태세가 돼 있는 활동가들의 존재가 결정적으로 중요해질 것이다. 기후변화 저지 운동이 집권한 정치인들에게 종속됐다가는 지구를 살릴 수 없는 타협안 따위나 옹호하게 될 것이기 때문이다. 진정으로 필요한 것은 기업과의 타협이 아니라, 급진적 변화를 위해 다수의 사람을 움직일 수 있도록 운동과 이를 대변할 정당을 건설하는 일이다.

어쨌든, 2007년이 되면 반자본주의 운동이 기후변화에 대한 사람들의 생각을 이미 바꿔 놓았다.

현재

갑작스러울 만큼 모든 언론에서 지구온난화를 떠들기 시작했고, 앨 고어의 영화가 전 세계에 상영됐다. 좌파와 우파를 가리지 않고 모든 정치인이 앞다퉈 기후변화 대응책이 필요하다고 떠들기 시작했다.

지구온난화 논쟁의 지형이 이처럼 바뀐 이유 하나는, 과학적 연구를 통해 상황이 급속도로 악화되고 있음이 드러났기 때문이다. 새로운 연구를 진행할수록 갖가지 나쁜 소식이 새로 전해졌다. 또 예전부터 관측해 오던 것들도 갈수록 상태가 나빠지고 있다는 것이 확인됐다.

그 결과, 10년 전에 과학자들이 생각했던 것보다 이산화탄소 배출량을 더 많이 줄여야 할 듯하다. 2001년에 과학자들은 갑작스러운 기후변화가 현실적 위협이라는 견해에 공감했다. 2007년이 되면, 과학자들은 물론 많은 정치인들도 여기에 공감하게 된다. 유럽연합은 갑작스러운 기후변화를 막기 위해 기온 상승을 섭씨 2.0도 이내로 제한하자는 목표를 받아들였다.

1장에서 설명했듯이, 2001년에 대부분의 기후 과학자들은 기온 상승을 섭씨 2.0도 이내로 막으려면 대기 중 이산화탄소 농도를 450피피엠 이하로 유지해야 한다고 생각했다. 2007년에 많은 과학자들은 그보다 더 낮은 수준인 400피피엠 이하로 유지해야 할지도 모른다고 경고하고 있다.[12] 현재 이미 385피피엠을 지났고, 해마다 2.1피피엠씩 상승하고 있다. 그러나 유럽연합과 영국은 가장 급진적이고 이상적으로 얘기할 때조차 이산화탄소 농도를 400피피엠이나 450피피엠보다 훨씬 더 높은 550피피엠 수준으로 유지하겠다고 말하고 있다.

미국은 차치하고, 교토의정서에 서명한 유럽연합 국가들도 2008~2012년에 달성하기로 한 이산화탄소 감축 목표를 지킬 수 없을 듯하다. 2007년에도 세계 배출량은 여전히 높아져만 갔다.

그 때문에 과학자들 사이에서는 우리가 매우 위험한 수준으로 계속 나아가고 있으며 지금 각국의 대응은 갑작스러운 기후변화를 피하기 위해 필요한 최소한에도 미치지 못하고 있다는 생각이 지배적이다. 게다가 해를 거듭할수록 전망은 더 암울해지고 있다.

사람들이 지구온난화를 느끼기 시작하다

정치인들이 앞다퉈 대책이 시급하다고 떠들게 된 셋째 이유는 평범한 사람들이 이제 기후변화의 영향을 눈으로 보고 몸으로 느끼기 시작했기 때문이다.

2004년에는 대부분의 사람들이 기후변화가 가져올 미래의 위험에 대해 얘기했다. 당시 많은 활동가들은 종종 연설을 끝마칠 때 우리 손자 손녀를 위해 행동에 나서야 한다고 말했고, 나 역시 그랬다. 나는 이제 더는 그러지 않는다. 내 강연을 듣는 평균 25세의 청중이 살아 있는 동안 갑작스러운 기후변화가 일어날 것이기 때문이다. 최근에는 내가 살아 있는 동안에 일어날지 모른다는 걱정이 들기 시작했다. 참고로, 나는 쉰아홉 살이다.

사람들은 이제 지구온난화가 진행되고 있다는 것을 텔레비전 화면에서 볼 수 있고 직접 몸으로 느낄 수 있다. 2005년 허리케인 카트리나는 지구온난화의 위협을 전 세계에 극명하게 보여 줬다. 카트리나 참사 당시에는 미국 언론에서 기후변화를 언급하지 않았다. 그러나 불과 2년 만에 대부분의 사람들은 카트리나가 지구온난화의 전조였다는 것을 인정하게 된다.

2003년 여름에 서유럽을 강타한 폭염은 최소한 5만 명의 목숨을 앗아 갔다. 2005년에는 집중호우 때문에 중부 유럽에 큰 홍수가 났다. 2007년 7월에는 또 다른 폭염 때문에 발칸반도 최고기온 기록이 갱신됐고, 아테네 시민들은 도시 북쪽 산들이 산불에 휩싸였는데도 전혀 통제할 수 없어서 그저 바라만 봐야 했다.

호주에서는 긴 가뭄 때문에 곡물 수확량이 기록적으로 추락했고, 나라 전역에서 산불이 일어났다. 미국 남서부도 긴 가뭄에 시달렸다. 알프스·안데스·히말라야 산맥의 빙하를 따라 걷다 보면 빙하가 얼마나 많이 녹아내렸는지 볼 수 있다. 2006년 알프스의 스키장들은 예년보다 좀 더 늦게 개장해서 일찍 철수할 수밖에 없었고, 지역 시민들은 관광산업이 사라지게 될까 봐 시름에 빠졌다.

지금까지는 큰 사건들만 나열했지만, 소소한 일들도 중요하다. 무엇보다 날씨가 더 더워졌다. 2007년 3월 어느 늦은 오후, 아파트로 돌아와 보니 옆방을 쓰는 니컬라가 거실에서 창문을 열어 놓고 책을 읽고 있었다. 햇빛이 내리쬐고 있었는데, 그녀는 내게 참 무섭지 않으냐고 물었다. 뭐가 무섭냐고 물었더니, 그녀가 대답했다. "이게 바로 지구온난화잖아요, 그렇죠?"

그해 봄에 나는 미국 매사추세츠에 사는 사촌을 방문했다. 사촌과 오래된 나무 그늘 아래 잔디밭에 나란히 앉아서 케이프코드의 와코

잇만灣을 바라봤다. 나는 참으로 아름다운 광경이라고 말했는데, 그는 다음 허리케인이 닥치면 이 나무와 그것이 서 있는 절벽, 자기 집 잔디밭의 절반이 쓸려 갈지 모른다고 걱정했다. 내 사촌은 교회 아침 모임에서 지구온난화에 대해서 읽고 있었던 것이다.

그해 여름 영국에서 홍수가 일어났을 때 택시 운전사, 친구, 직장 동료 등 모든 사람이 입을 모아 말했다. "지구온난화 때문이야."

모두가 알고 있다.

중도 우파 정치인들

기후 정치가 바뀌기 시작한 또 다른 이유는 지배계급과 기업 총수들의 걱정이 갈수록 커졌기 때문이다. 앞서 말했듯이, 어쨌든 이 세계를 지배하는 것은 그들이다. 그들은 앞으로 닥칠 재앙에 책임을 져야 하거나 자신들이 쌓아 놓은 부가 파괴되는 상황을 원치 않는다. 이 때문에 중도적이거나 우파적인 정치인들과 언론인들은 기후변화가 무정부적 사회 혼란을 불러일으킬 수 있다고 이야기하기 시작했다. '무정부주의'와 '혼란'이라는 단어는 기업 권력에 맞선 대중 반란을 지칭하는 그들의 용어다. 매우 많은 사람들이 죽거나 고통받기 시작하면 그런 반란이 실제로 벌어질 가능성이 크다. 그 밖에도 기후변화 때문에 경제 위기가 발생하거나, 그들이 중요하게 여기는 뉴욕과 런던 같은 도시가 사라지는 일도 벌어질 수 있다.

더 즉각적인 걱정거리도 있다. 2005년 봄, 스코틀랜드에서 G8 정상 회담이 열리기 직전에 산업계는 대표단을 파견해 [당시 영국 총리였던]

토니 블레어에게 면담을 요청했다. 그 대표단에는 은행, 석유, 가스, 전력 회사 최고 경영자들이 포함돼 있었다. 그들은 토니 블레어에게 더 강력한 이산화탄소 배출 규제를 최대한 빨리 도입하라고 요청했는데, 여기에는 금전적 이유가 있었다. 현재 상당수의 발전소가 유효 수명이 거의 끝나 가고 있다. 또, 기업과 은행 총수들은 장차 에너지 수요가 늘어날 것이라고 예상했다. 그래서 이들은 조만간 차세대 발전소 건설에 투자할 계획이었다. 그런데 발전소는 건설하는 데만 수년이 걸리고 투자비가 엄청나게 비싼 데다가 한번 지으면 40년 동안 사용해야 하는 시설이다. 기업과 은행 총수들은 과학 저널들과 신문 기사들을 읽었고, 영국 정부가 향후 20년 안에 이산화탄소 배출 규제를 더 강화할 수밖에 없을 것이라고 예상했다. 지금의 규제대로 발전소를 지었다가 나중에 규제가 강화되면 거액의 투자를 고스란히 날리게 될 터였다.

따라서 기업들은 2005년에 투자를 하되, 향후 10년 동안 규정이 어떻게 바뀔지 모르는 채 투자하고 싶어 하지는 않았다. 그렇다고 개별 기업이 경쟁 기업보다 더 많은 돈을 들여 발전소를 짓는 재정적 부담을 질 수도 없었다. 그래서 그들은 지금 정부의 배출 규제를 강화해서, 나중에 더 강한 규제를 거부할 수 있도록 명분을 만들려고 했다.[13]

새로 발견되는 과학적 사실들은 갈수록 암울한 소식을 전하고 있다. 사람들은 지구에 변화가 있다는 것을 체감하고 있고, 지배계급 내에서도 근심이 커지고 있다. 이견이 표출될 수 있는 정치적 공간이 넓어졌다. 이 모든 과정이 맞물리면서 서로 상승작용을 일으키고 있다. 지배계급도 걱정이 크기 때문에 언론들은 더 빨리, 더 멀리까지 소식을 전할 수 있게 됐다. 그 결과, 과학자들은 대중에게 다가가기가 쉬워졌고 사람들은 자신들이 체감하는 현상의 원인을 더 분명하게 이해하게 됐다. 이처럼 지구온난화는 부정할 수 없는 사실이 됐고, 아무도 진실을 가릴 수 없게 됐다.

정치인들이 기후변화에 대해 이야기하기 시작했다는 것도 중요하다. 그런데 기존 정치인들 중에 기후변화를 유독 강조하는 사람들이 대부분 중도 우파이거나 중도적인 정치인들이라는 사실은 놀랍다. 2007년에 기후변화를 유난히 강조한 정치인은 앨 고어, 아널드 슈워제네거, 니콜라 사르코지, 앙겔라 메르켈이었다.

이는 많은 좌파들의 예상을 뒤엎는 것이다. 신자유주의 정치인들과 기후변화의 관계를 이해하는 데 중요한 세 가지 사실이 있다. 첫째, 그들이 기후변화 얘기를 하는 것은 대다수 지배계급이 뭔가 해야 한다고 느끼기 때문이다. 둘째, 갈수록 신자유주의에 염증을 느끼는 유권자들에게 기후변화에 대해 이야기하면 더 친근하게 받아들여진다는 사실을 노린 것이다. 셋째, 그들은 신자유주의자들이기 때문에 말로는 기후변화에 대해 떠들 수 있어도 문제를 해결할 수는 없다. 앙겔라 메르켈, 토니 블레어, 앨 고어의 사례를 통해 이를 더 자세히 다룰 것이다.

신자유주의 정치인들이 기후변화에 대해 얘기하는 한 가지 이유는 기업 총수들의 우려를 잘 알기 때문이다. 이들은 어떤 대책을 세울지를 두고 지배계급 내에서 실제로 벌어지는 논쟁을 표현한다. 그러나 동시에 기후변화 투사로 보이고 싶다는 선거적 계산도 있다. 세계 대부분의 나라에서 사람들은 전반적으로 좌파의 주장에 귀를 기울이기 시작했다. 중도나 우파 성향의 정치인들 가운데 영리한 자들은 유권자들의 이런 급진적 분위기에 편승해 자신을 드러낼 기회를 잡으려고 한다. 사실 중도나 우파 성향의 정치인들에게 친환경적 언사가 크게 부담스러운 것도 아니다. 대부분이라고는 할 수 없어도 여전히 많은 환경운동가들이 초당적 협력과 기업과의 제휴를 주장하기 때문이다. 또, 기후변화를 강조하면 세계인 모두가 싫어하는 조지 부시와 거리를 두는 효과도 있다.

더욱이, 연금이나 교육 같은 문제에서 급진적 견해를 취하면 기업 권력과 이내 충돌한다는 것을 신자유주의 정치인들은 잘 안다. 대기업의 이익을 대변하는 이들로서는 매우 부담스러운 일이다. 그러나 기후변화 문제에서는 급진적 견해를 취해도 별문제가 없을 것 같다. 즉, 기업 권력에 도전하는 일이 없으리라는 것인데, 이 점에서는 그들이 틀렸다.

한 예로, 앙겔라 메르켈은 기후변화가 진짜로 심각한 문제라고 생각할 것이다. 그녀는 전문교육을 받은 물리학자로서 환경부 장관을 지냈으며 교토의정서 협상 당시 독일 협상단의 대표였다. 메르켈은 문제를 제대로 이해하고 있는 셈이다. 2007년부터 그녀는 자신이 속한 우파적 기독민주당과 그보다는 좌파적인 사회민주당 사이의 연립정부에서 총리를 맡고 있다. 메르켈은 두 정당을 모두 아우르는 지도자로 보이기 위해 애썼는데, 좌파적 대중에게 어필하기 위해서는 기후변화에 진지한 모습을 보일 필요가 있었다. 게다가, 독일은 교토의정서에서 약속한 배출량 감축 목표를 실제로 달성할 수 있는 몇 안 되는 나라들 중 하나다. 이는 부분적으로 1989년 이후 동독이 몰락하면서 산업이 붕괴했기 때문이다. 또, 녹색당의 영향력도 있다. 독일은 25만 명이 재생 가능 에너지 산업에 종사하고 있고 신에너지 경제에서 선두 지위를 차지하려 하고 있다.

2007년 6월 독일에서 G8 정상회담을 개최하면서 메르켈은 고민거리가 생겼다. 당시 최고의 국제적 이슈는 단연 이라크 전쟁이었다. 그러나 메르켈의 연립정부는 아프가니스탄에 군대를 파병한 상태였다.

G8 정상회담에서 이라크 문제를 둘러싸고 부시와 충돌하면, 회담 결과를 낙관할 수 없을뿐더러 독일 내 정치적 반대파가 강화될 우려가 있었다. 그래서 메르켈은 이번 회담이 전쟁이 아니라 기후변화에 관한 것이라고 선언했다. 실제로 회담에서 부시가 기후변화 대응에 일부나마 동참하도록 압력을 넣기도 했다. 그러나 문제는 부시가 이에 응하지 않으려 했다는 것이다. 결국 회담이 끝났을 때 남은 것이라고는, 결정되지 않은 어느 시점에 구체적이지 않은 무언가에 미국이 부분적으로 동참하겠다는, 사실상 말장난뿐이었다. 메르켈은 기후 정치라는 것이 애초 생각했던 것보다 쉽지 않다는 것을 깨달았을 것이다.

그뿐 아니라, 당시 메르켈은 유럽연합이 이산화탄소 배출량을 줄이기 위해 새로 도입하려는 자동차 연비 제한 규제를 강력하게 지지하고 있었다. 그러나 독일에서 가장 큰 두 기업인 다임러크라이슬러와 폭스바겐이 반대했고 결국 메르켈은 승복했다. 그러고 나자 그녀는 탄소 시장을 도입해야 한다는 주장을 하기 시작했다.

블레어와 신노동당

영국에서도 중도나 우파 성향의 정치인들이 비슷한 모습을 보였다. 영국의 사례는 특히 신자유주의적 기후 문제 해결책의 한계를 잘 드러낸다는 점에서 살펴볼 필요가 있다.

이라크 전쟁 때문에 사람들에게 완전히 인기를 잃은 것을 만회하기 위해, 블레어는 무언가 인간적이고 다정한 모습을 보여 주려 했다. 1990년대 초에는 아프리카 빈곤 문제에 대한 대중의 관심이 많이 이용됐다. 2005년 G8 정상회담은 스코틀랜드에서 열렸는데, 당시 에든버러에서 거대한 시위가 블레어를 기다리고 있었다. 그 시위는 '빈곤을 역사의 유물로Make Poverty History'에 속한 여러 교회와 NGO가 주도했다. 그러자 블레어와 브라운은 G8 회담에서 빈곤 퇴치 대응책을 제시하겠다며 '빈곤을 역사의 유물로'를 달랬다. 그 대가로 교회와 NGO는 비판의 목소리를 가라앉혔고, 이라크 전쟁 문제를 시위의 주제에서 제외했다.

에든버러에서 25만 명이 행진하던 그때, [빈곤 퇴치 운동 활동가이자 가수인] 밥 겔도프와 보노는 전 세계에서 동시다발로 '빈곤을 역사의 유물로' 콘서트를 열었다. 그 콘서트에서는 정치적 주장을 하거나 세계 지도자들을 비판하는 것이 금지됐다. 콘서트를 마치면서 겔도프와 보노는 G8 정상들이 맡은 임무를 충실히 수행했다고 치켜세웠다. 이튿날 에든버러에서 이에 항의하는 모임이 열렸는데, [전직 배우이자 모델인] 비앙카 재거는 환호하는 청중에게 분노한 목소리로 자신도 연예인이지만 밥 겔도프처럼 적과 동침하지는 않는다고 일침을 가했다. 그 뒤 2년 동안 G8 정상들은 아무런 행동도 하지 않았고, 아프리카는 여전히 가난했다. '빈곤을 역사의 유물로' 운동은 타격을 받았고, 이를 지지했던 사람들 모두 당혹스러운 수치심을 느꼈다.

그 뒤 블레어는 자신의 인간적 모습을 어필하기 위해 기후변화 문제를 이용하기로 마음먹는다. 그는 언론에 대고 자신의 개인적 목표는 조지 부시를 '개종'시키는 것이라고 떠들고 다녔다. 영국의 환경 단체인 '지구의 벗'은 곧바로 블레어의 허풍을 간파하고, '빅 애스크Big Ask'라는 캠페인을 벌였다. '빅 애스크' 캠페인은 2050년까지 배출량을 60퍼센트 줄이는 법안을 지지하라고 하원 의원들을 압박했다. 더 중요하게는 매년 3퍼센트씩 배출을 감축하고 이를 제대로 검증하기 위한 구체적 방법도 함께 제시했다. 1년 만에 646명의 하원 의원 중 400명이 법안에 서명했다.

이 법안의 심각성을 깨달은 신노동당 정부는 자체적으로 법안을 제출해서 2008년에 제정하겠다고 약속했다. 신노동당은 '지구의 벗'이 만든 법안을 대부분 받아들였으나 중요한 것 두 가지를 바꿨다. 하나는 감축량이 '목표'일 뿐이라는 것이다. 즉, 지켜지지 않아도 아무런 제재를 받지 않는다. 나머지 하나는 이 '목표'의 이행 여부를 해마다 평가하지 않고 5년마다 평가한다는 것이었다. 그 결과 2013년까지는 아무것도 할 필요가 없었다. 이 때문에 사실상 그 법안은 듣기 좋은 말만 짜깁기한 것에 지나지 않았고, 신노동당 정부의 실적은 벌써부터 목표 달성에서 갈수록 멀어지고 있다.

'지구의 벗'은 이를 알아차렸지만, 그래도 흡족해했다. 적어도 아무것도 안 하지는 않았다는 것이었다.

2006년부터 야당인 보수당의 당수가 된 데이비드 캐머런은 블레어보다 왼쪽에 있는 대중의 환심을 사기로 마음먹었다. 그의 전략은 블레어와 신노동당, 신자유주의와 이라크 전쟁 모두에 염증을 느끼지만 동시에 마거릿 대처 시절의 보수당 정부로 돌아가고 싶어 하지도 않는 유권자들에게 구애하는 것이었다. 이런 사람들의 표심을 잡기 위해 그는 보수당의 우파적 색채를 누그러뜨린 뒤 왼쪽에서 신노동당을 비판했다. 그러나 캐머런과 보수당은 너무나도 열렬히 민영화와 정부 지출 삭감을 지지했다. 또, 이라크 전쟁이 실패작이라고 느꼈지만 그렇다고 영국군을 철수시키자고 주장할 생각도 없었다. 남은 카드는 기후변화뿐이었다.

캐머런은 비행기를 타고 북극으로 날아가서 눈 속에서 사진을 몇 장 찍은 뒤, 소형 풍력 터빈을 구입해서 지붕 위에 설치했는데 (누구나 아는 뻔한 이유로) 그마저 이내 치워 버렸다. 또, 일주일에 한 번꼴로 자전거를 타고 출근했는데 차를 탄 경호원들이 그의 서류를 싣고 따라다녔다. 그리고 신노동당의 기후변화 법안이 의회에 상정되자, 캐머런은 자리를 박차고 일어나 신노동당의 위선에 경멸을 퍼부으며 목표 달성 여부를 매년 평가해야 한다고 주장했다.

이 글을 쓰는 현재, 기후변화 법안은 의회에서 지난한 과정을 거치고 있다. 다른 한편으로 신노동당은 이산화탄소 배출량을 늘리는 정책들을 계속해서 쏟아 내고 있다. 1990년대에는 보수당과 그 뒤를 이어 집권한 신노동당 정권을 거치면서 영국의 이산화탄소 배출량이 급격하게 줄어들었다. 보수당 정권이 광원노조를 무력화하려고 전국의 탄광을 대부분 폐쇄했기 때문이다. 발전소들은 석탄 대신에 북해산 천연가스를 사용했고 그 결과 배출량이 줄어들었다. 그러나 2000년대 들어서는 북해산 천연가스가 점차 고갈됨에 따라 발전소들이 다시 석탄으로 돌아가려고 하고 있다. 그렇게 되면 배출량이 다시 늘어나게 될 것이다.

이 밖에도 신노동당 정부는 히스로와 스탠스테드 두 곳에 활주로를 새로 짓는 등 공항을 확장하려 하고 있다. 또, 도로를 대폭 늘리겠다는 계획도 발표했다. 신임 총리인 고든 브라운은 신규 주택을 300만 채 짓겠다고 약속했는데, 이 주택의 배출량을 줄이기 위해 규제를 도입하는 일은 여전히 요원하다. 신임 교통부 장관인 루스 켈리는 정부의 철도 보조금을 절반으로 삭감하겠다고 밝히면서 그 대신 철도 요금을 올리겠다고 말했다.

그런데도 신노동당은 풍력발전을 위주로 한 자신들의 재생 가능 에너지 정책을 자랑하고 있다. 그들의 2007년 발표에 따르면, 영국에는 20억 와트(2기가와트)의 전기를 생산할 수 있는 풍력발전 설비가 있다. 그러나 5장에서 언급했듯이, 독일에는 이미 그 열 배가 있고 미국은 텍사스주 한 곳만 해도 영국 전체보다 많은 27억 와트를 생산할 수 있는 설비가 있다. 노동당은 매우 큰 숫자들만 강조하면서 진실을 숨기고 있다.

앨 고어

중도나 우파 성향의 이런 정치인들을 통틀어서 가장 영향력 있는 대표적 인물은 바로 앨 고어일 것이다. 그의 정치 인생은 신자유주의에 기반을 둔 기후 정치의 한계와 가능성을 동시에 보여 준다.

앨 고어는 1992년에 빌 클린턴이 대통령으로 당선할 당시 부통령으로 함께 당선했다. 그에 앞서 12년 동안의 공화당 집권을 지켜보면서 빌 클린턴과 앨 고어 둘 다 민주당을 좀 더 보수적으로 바꾸는 일에 착수했고 이에 성공했다. 그들은 유권자들이 전반적으로 우경화했다고 생각했고, 이에 대응해 민주당이 신자유주의 경제정책과 각종 보수적 사회정책을 시행해야 한다고 여겼다.

그래서 클린턴은 사형제 유지에 찬성했고, 대통령 선거를 치루는 동안에도 아칸소 주지사로서 사형 집행을 승인하는 것을 망설이지 않았다. 클린턴이 집권할 당시 미국에는 130만 명의 성인이 철창 안에 갇혀 있었는데, 그가 물러날 때는 200만 명으로 늘어나 있었다. 그는 레이건과 부시 1세가 시행했던 공화당의 경제정책을 그대로 이어받았다. 더 나아가 미국 역사상 최초로 연방 정부의 사회복지 예산을 삭감해서 재정 적자를 메우려고 했다. 1996년에는 의회에서 통과된 어떤 법안에 서명했는데, 클린턴의 보좌관이었던 브루스 리드의 말을 따르면 "우리가 알던 복지"는 사라지게 됐다.

앨 고어는 경제와 사회 모든 면에서 빌 클린턴보다 오히려 더 보수적인 인물이었다. 그런데도 그가 두각을 나타낸 것은 환경문제에 대한 열정 덕분이었다. 1992년 선거 와중에 출판된 그의 책 《위기의 지구》는[*] 급진적 내용을 담고 있었다. 또, 지구온난화에 시급히 대응해야 한다는 사실을 비교적 일찍부터 알려 낸 책이었다.

클린턴이 백악관에 입성하자 그의 경제 자문들은 그에게 월가와 기업의 지원을 받으려면 선거 때 약속했던 사회정의는 꿈도 꾸지 말라고 조언했다. 클린턴은 이를 순순히 따랐다.[14]

이들과 함께 하면서 앨 고어는 자신이 가장 도입하고 싶었던 환경정책을 한 가지 제안했는데 바로 이산화탄소 배출을 줄이기 위해 휘발유에 탄소세를 부과하는 것이었다. 클린턴은 즉시 반대하며 정치적으로 불가능하다고 답했다. 당시에 앨 고어는 부통령이었는데, 2001년 딕 체니가 부통령이 되기 전까지는 전혀 실권이 없는 직책이었다. 그래서 앨 고어는 그 뒤로는 환경문제에 침묵을 지켰다.

신자유주의 프로젝트의 핵심은 사회보장제도의 혜택을 줄이고 정년을 연장하는 것이었다. 이를 위해 클린턴 정권은 국회에서 기업가 출신 공화당 의원들의 협력이 절실했다. 클린턴의 지지 아래, 앨 고어는 공

---

[*]   Earth in the Balance. 국역: 《위기의 지구》, 삶과 꿈, 2000.

화당 원내 지도부를 비밀리에 만나서 사회보장제도 '개혁'의 청사진을 논의했다. 이런 앨 고어에게 공화당 의원들은 사회보장제도가 미국 정치의 '제3의 선로'라고 설명했다. 마치 지하철 철로 사이에 놓인 전차선電車線처럼, 잘못 건드렸다가는 죽을 수도 있는 위험한 도박임을 경고하는 말이었다.

그렇게 7년 동안 앨 고어는 신자유주의를 좇아서 활동했고 환경문제에는 대체로 입을 다물고 있었다. 그에게 가장 짜증 난 순간은 석탄과 석유 기업들이 미국 기후 협상단을 좌지우지하는 모습을 앉아서 지켜봐야만 했던 순간이었을 것이다.

그러던 중에 그에게 기회가 왔다. 당시 교토에서는 유럽과 가난한 나라들과 결코 양보하지 않으려는 미국 협상단 사이에서 협상이 교착 상태에 빠져 있었다. 앨 고어는 회담 종료 이틀을 남겨 놓고 교토로 날아가서 자신이 가진 모든 영향력과 열정을 발휘해서 모든 나라가 동의할 수 있는 타협안을 만들어 냈다. 그러고는 돌아왔다. 클린턴 정부는 어차피 상원에서 부결될 것이 뻔하다면서 아예 교토의정서 비준을 의회에 요청하지도 않았다.

교토에서 앨 고어가 한 일에 대해서 크게 두 가지 시선이 있다. 하나는 그가 유럽과 개발도상국 대표단을 설득해서 의정서에 갖가지 허점을 만들었고 그 결과 기후변화를 절대 막을 수 없게 됐다는 것이다. 다른 하나는, 그가 협상 종료 직전에 개입해서 미국 대표단이 작게나마 동의하도록 만들었다는 시각이다. 즉 앨 고어가 노력한 결과, 국제 조약이라는 형태로 무언가를 추진하는 것이 가능해졌을 뿐 아니라 미국을 제외한 모든 나라가 비준했고, 점차 더 강력하고 효과적인 국제 협약이 등장할 길이 열렸다는 것이다. 두 시각 모두 어느 정도 설득력이 있다. 그러나 앨 고어의 처지에서는, 자신에게 거의 힘이 없던 상황에서 그런 역사적 성과를 이뤄 냈다는 것이 중요할 것이다.

그러고 나서 2000년에 앨 고어는 조지 부시에 맞선 대통령 후보로 출마한다. 앨 고어는 환경을 주제로 선거운동을 하고 싶었다. 그러나 보좌관들은 그에게 환경을 강조하면 급진적 환경운동가로 보이게 돼 유권자들이 외면할 것이라고 말했다. 이는 십중팔구 틀린 조언이었을 것이다. 왜냐하면 모든 설문조사에서 압도 다수의 미국인들은 언제나 환경을 살리기 위해 강력한 조치가 필요하다고 답하기 때문이다. 그러나 환경을 강조했다면 미국 기업들의 심기가 불편해졌을 것임은 분명하다.

앨 고어는 조언을 받아들여 환경문제에 대해서는 입을 다물었는데, 이는 실수였다. 그 대신 그는 민주당이 전부터 해 온 대로 이른바 '중간계급'(미국 정치인들이 노동계급을 부르는 표현) 사람들을 위해 자신이 무엇을 할 수 있을지를 홍보했다. 문제는 앨 고어의 진심이 그렇지 않았다는 것이다. 그는 신자유주의에 충실한 사람이었기 때문에 그의 연설은 성의가 없거나 과장됐고 또 부자연스러워 보였다. 반면에 요즘 그가 기후 문제에 대해서 연설하는 것을 들으면 그의 열정과 헌신, 인류애를 느낄 수 있다. 2000년 당시 그의 경쟁 상대였던 조지 부시는 예일대학교와 하버드대학교 경영대학원을 나온 석유 기업가 출신이었다. 부시가 텍사스 특유의 서민적 억양을 살려 가며 '온정적 보수주의', 석탄 화력발전소에 대한 이산화탄소 배출량 규제, 해외 군사개입 중단을 약속하자 많은 유권자들은 이를 진지하다고 여겼다.

앨 고어가 선거에서 이겼지만 득표 차는 매우 근소했다. 그 차이가 어찌나 작았던지 공화당이 플로리다에서 선거를 조작해 결과를 뒤집을 수 있을 정도였다. 그때조차 앨 고어는 플로리다의 거리에서 항의 운동을 벌이자고 호소할 수도 있었다. 당시 공화당은 수백 명의 상근자와 지지자를 동원해 재검표 장소로 몰려가게 만들었다. 만약 플로리다에서 민주주의를 요구하는 대중 시위가 벌어졌다면 공화당과 대법관들에게 겁을 줘서 앨 고어가 권력을 잡을 수도 있었을 것이다. 그러나 그는 그런 대중운동을 호소할 수가 없었다. 그는 클린턴과 자신의 보좌관들, 신자유주의에 너무 길들어 있었다. 결국 그는 기회를 놓쳤다.

앨 고어의 정치 인생은 거기서 막을 내릴 수도 있었다. 그러나 공직에서 자유로워진 덕분에, 그는 마음을 가다듬고 전 세계를 돌며 수백 장의 슬라이드 쇼를 보이면서 기후변화의 심각성을 알리고 다녔다. 그가 한 연설은 대부분 기업가들과 이른바 '오피니언 리더'를 위한 것이었다. 사람들은 비로소 앨 고어가 헌신적이고 진실하다고 여기기 시작했다.

그러다 마침내, 그의 슬라이드 쇼를 바탕으로 만든 영화 〈불편한 진실〉이 전 세계 스크린에서 상영됐다. 그 영화의 주인공이 바로 앨 고어였기 때문에 전 세계 방방곡곡 극장에서 상영될 수 있었고, 함부로 무시할 수 없는 영화가 됐다. 그리고 누구나 그 영화를 보면 진실을 받아들여야 했다. 사람들은 영화에서 충격적 영상을 보게 됐다. 〈불편한 진실〉은 2006년에 최우수 다큐멘터리로 오스카상을 수상하게 되는데, 여기에는 심사단의 정치적 견해도 반영된 것이었다.

여기저기서 앨 고어를 대통령으로 내세워야 한다는 말들이 나왔다. 그는 속으로는 고민하면서도, 정치권 바깥에서 자신이 할 수 있었던 일들을 생각하면 정치에서 멀어진 것에 충분히 만족하고, 그런 자신의 모습이 더 마음에 든다고 기자들에게 말했다. 기자들은 그 말이 무슨 뜻인지 이해할 수 없었다.

영화가 가져다준 성공을 보면서 앨 고어는 자신의 계획을 한 단계 더 밀어붙일 자신감을 얻었다. 전 세계 동시다발 콘서트를 열어서 기후변화의 심각성을 알리기로 마음먹은 것이다. 2007년 7월 7일 뉴욕, 런던, 요하네스버그, 리우데자네이루, 상하이, 도쿄, 시드니, 함부르크에서 열린 '라이브 어스Live Earth' 콘서트에 유명한 팝 가수들이 참가했다. 콘서트 주최 측에 따르면 전 세계에서 20억 명이 텔레비전으로 이를 시청했다고 한다.

이 라이브 어스 콘서트를 비판하는 것은 매우 쉬운 일이고, 많은 급진 환경운동가들과 기후 활동가들이 실제로 비판했다. 팝 가수들은 이산화탄소를 내뿜는 자가용 제트기를 타고 콘서트로 날아갔다. 주최 측은 '탄소 상쇄 상품'을 구입했기 때문에 전체 콘서트는 '탄소 중립적'이었다고 해명했다. 그러나 환경운동가들은 그런 상쇄 상품이 실제로는 사기일 뿐이라고 지적했다. 이에 대해서는 나중에 다시 다룰 것이다.

대부분의 콘서트에서 정치적 메시지는 거의 드러나지 않았고, 환경운동가들은 연예인과 유명인이 세계를 바꿀 수는 없는 노릇이라고 지적했다. 앨 고어의 콘서트가 모태로 삼았던 2005년 밥 겔도프의 '라이브 에이드Live Aid' 콘서트와 마찬가지로 실제 효과는 없다는 것이다. 그들은 앨 고어가 기후변화 대응을 위해 상정된 3가지 법안 중 가장 온건한 것을 지지하는 것도 비판했다. 앨 고어는 기후변화 대책으로 돈을 벌려는 기업들과 관련을 맺고 있었고 그가 지지하는 해결책은 여전히 문제의 근본을 건드리지 못한 채 땜질만 하는 것들이었다.

이 모든 비판은 사실이다. 그러나 중요한 점을 놓치고 있는데, 이는 바로 앨 고어를 통해 미국 대중매체들 사이에 형성돼 있던 침묵의 벽이 깨지기 시작했다는 것이다. 앨 고어가 전 세계 기후변화 토론에 끼친 영향은 그 누구보다도 컸다. 새로운 지구온난화 저지 운동은 앨 고어의 대장정을 통해 가장 잘 부각됐고, 지지도 가장 많이 받았다. 또, 앨 고어가 열어젖힌 공간 덕분에 사람들은 훨씬 더 급진적인 생각을 하게 됐다.

앞에서 나는 라이브 어스 콘서트에서 정치적 내용이 거의 드러나지 않았다고 말했다. 그러나 전혀 없지는 않았는데, 로버트 F 케네디 2세가 뉴욕 콘서트에서 매우 뛰어난 연설을 했다는 사실은 잘 알려져 있지 않다. 그는 1968년에 베트남 전쟁에 반대하며 대통령 선거에 출마했다가 암살당한 로버트 F 케네디의 맏아들이다. 로버트 F 케네디 2세는 케네디 가문의 대다수 사람들과 달리 정치에 곧바로 입문하지 않았다. 그는 환경 변호사가 돼서, 수질오염을 막는 '리버 키퍼River Keeper'라는 단체를 이끌었다.

케네디는 《자연에 저지른 범죄Crimes Against Nature》라는 책을 썼는데, 그 책은 부시 정권이 저지른 환경 파괴를 가차없이 폭로한다.[15] 그렇지만 케네디는 분명히 지배계급의 일원이었다. 그래서 그 책은 기업주들이나 공화당과 협력하는 것이 중요하다고 강조하며, 케네디의 사촌의 남편인 아널드 슈워제네거의 환경문제에 대한 기여를 특별히 강조한다. 그러나 2007년 7월 7일 뉴욕 콘서트 무대 위에서는 대중을 바라보며 반란을 선동했다.

다소 길지만, 앨 고어의 활약 덕분에 생겨난 정치적 가능성이 얼마나 큰지 보여 주기 위해 케네디의 연설을 인용해 보겠다.

우리는 그동안 석유와 석탄 기업, 그리고 그들의 충실한 종 구실을 하는 정치인들로부터 지구온난화를 막는 것은 우리가 감당할 수 없는 사치품일 뿐이라는 소리를 들었습니다. 경제적 풍요와 자연환경 둘 중 하나를 선택해야만 한다는 것입니다. 이는 새빨간 거짓말입니다.

모든 경우를 고려해 봐도, 좋은 환경정책이 좋은 경제정책이라는 점은 100퍼센트 확실합니다. 문제는 무엇으로 경제성장을 측정할 것이냐인데 바로 다음과 같은 것들이 기준이 돼야 합니다. 얼마나 많은 일자리를 만들어 내는가? 후손에게 자기 일에 대한 긍지를 물려줄 수 있는가? 지역공동체의 유산을 얼마나 잘 보존하는가? 지구온난화의 파국을 어떻게 방지하는가?

반대로, 만약에 우리가 워싱턴 국회의사당에 있는 사람들이 말하는 것처럼, 이 지구를 돈에 팔아넘길 수 있는 상품으로 취급하고 서로 앞다퉈 천연자원을 현금화하는 데만 골몰한다면, 오염에 기반한 풍요 속에 몇 년을 더 보낸다면 … 우리의 무분별한 행동의 대가를 바로 우리 아이들이 치르게 될 것입니다. … 기후변화가 점점 다가오고 있습니다. 매우 파괴적인 결과를 낳을 것이 분명한데, 문제는 그것을 바로 우리가 일으키고 있다는 점입니다. 이를 막기 위해 필요한 것은 정치적 의지, 그것 하나뿐입니다.

오늘 여러분은 여기 나온 많은 사람들에게서 기후변화를 막기 위해 개인적으로 할 수 있는 일들에 관해 들었을 것입니다. 그러나 제가 지금 말씀드릴 내용은 성능 좋은 형광등을 사거나 연비 높은 자동차를 사는 것보다 훨씬 더 중요한 것입니다. 바로 워싱턴의 썩어 빠진 정치인들을 몰아내는 일에 참여하라는 것입니다. 이들은 엑슨과 서던컴퍼니의* 충실한 종일 뿐입니다. 이 불한당 같은 기업들은 미국인 전체의 이익이나 인류 전체의

---

* 　서던컴퍼니(Southern Company) 미국 최대의 전력 회사 중 하나.

이익보다 자신들의 이익을 중요시합니다. 이는 분명 반역에 해당하는 중 죄이고, 우리는 지금부터 그들을 반역자 취급해야 합니다.

여러분에게 분명히 말씀드리고 싶은 게 있습니다. 우리가 환경을 지키는 것은 물고기나 새를 위한 것이 아닙니다. 우리가 환경을 보호해야 하는 이유는 자연이 우리가 살고 있는 공동체의 근간을 이루기 때문입니다. … 자연은 우리가 숨 쉬는 공기이며 우리가 마시는 물이고 야생동물과 공유지입니다. 자연은 우리를 과거와 이어 주고 역사와 연결해 줍니다. 또 우리 공동체가 속한 맥락을 설명해 주고, 궁극적으로는 우리가 중요시하는 가치와 덕목의 원천이며, 우리 자신의 인간성과 우리 자녀의 미래의 근원입니다.

여러분 모두 바리케이드에서 다시 만나기를 바랍니다.[16]

전 세계에서 시위가 벌어지다

정치적 분위기가 달라졌다고 해서 주류 정치까지 바뀌지는 않았다. [그 대신] 2005년부터는 기후변화에 항의하는 느슨한 형태의 전 세계적 운동이 등장하기 시작했다.[17]

유엔의 후원 아래, 해마다 국제 기후 회담이 열린다. 원래는 2012년부터 교토의정서를 대신하게 될 조약을 논의하는 자리였으나, 아직까지 진전된 것이 거의 없다. 세계적 시위들은 주로 회담 일정에 맞춰 열렸는데, 이는 그 시기가 사람들의 관심을 끌기 좋았기 때문이다. 그러나 그뿐 아니라, 기후변화를 막으려면 결국 국가 간 조약이 필요하기 때문이기도 했다. 시위대는 미국에게 교토의정서에 서명하라고 요구했고 교토의정서의 뒤를 이을 조약은 강력하고 실효성이 있어야 한다고 주장했다.

2005년 11월 유엔 회담은 몬트리올에서 열렸다. [나와 같은] 영국의 활동가들은 연락이 되는 외국 활동가들에게 가리지 않고 연락을 취했다. 우리는 그들에게 이것은 시작일 뿐이라고 얘기했다. 대부분의 나라에서는 작은 시위가 될 것이고, 어쩌면 아주 적은 사람들만 모일 수도 있다고 말했다. 그러나 당신이 사는 나라에서 50명만 모여도, 그 나라 역사상 가장 큰 기후 시위가 될 것이다. 우리는 원칙을 세우고 있는 것이다. 기후변화를 막으려면 거대한 풀뿌리 운동이 필요한데 반드시 세계적이어야 한다. 그러니 우리와 함께하자.

11월이 되자, 21개국에서 시위가 벌어졌다. 핀란드, 러시아, 크로아티아, 그리스, 터키, 폴란드, 불가리아, 루마니아, 노르웨이, 프랑스, 영국, 스코틀랜드, 포르투갈, 멕시코, 미국, 캐나다, 남아프리카공화국, 방글라데시, 한국, 호주, 뉴질랜드에서 말이다.

집회를 조직한 사람들은 각 나라마다 천차만별이었다. 예를 들어, 영국에서 캠페인을 주도한 핵심 활동가들은 '지구의 벗', 그린피스, 녹색당, 사회주의자들이었다. 시위에 대한 관심이 점차 높아짐에 따라, 기독교와 이슬람 환경 단체들도 참여했으며, 사회운동을 통해 이미 정치에 관심을 갖게 된 젊은 청년들이 가세했다.

새로운 형태의 운동이 등장하고 있었는데, 친환경적으로 세계를 이해하면서도 단결해서 운동을 건설하는 사회운동의 형태를 띠었다. 그 결과, 그 전까지는 환경문제에 거의 기여한 게 없었던 정치단체들이 참여하게 됐으며, 행진에 익숙하지 않은 환경 NGO들도 함께했다.

다른 나라들도 비슷한 과정을 거쳤다. 시위에 참가한 단체들과 활동가들은 배경이 아주 달랐다. 그러나 기후 시위는 새로운 것이었고 그 때문에 누구나 참여할 수 있는 듯 보였고 이는 사실이기도 했다. 점차 사람들이 모여들자 주요 단체들이 가세했고 집회 현장에서 발언도 했다. 또, 많은 단체들이 공동으로 집회를 열면 하나의 정당이나 NGO가 주최하는 것보다 더 많은 사람들이 모인다는 사실도 분명해졌다.

2005년 11월 3일, 20개국에서 집회가 열렸다. [크로아티아] 자그레브에서는 겨우 70명, 개 두 마리와 경찰이 있었을 뿐인데도 전국적 언론의 초점이 됐다고 기뻐하며 크로아티아 역사상 가장 큰 기후 집회가됐다고 알려 왔다. 또 터키에서는 여섯 도시에서 3000명이 모였다고 알려 왔다. 런던에서는 1만 명이 모였고, 우리는 매우 기뻤다. 반전시위에 비하면 작은 규모였지만, 이전까지 있었던 기후 집회보다는 열 배이상 컸다. 호주에서는 모든 주요 도시에서 2만 명이 시위에 참가했으며 그곳 활동가들은 기뻐서 어쩔 줄 몰랐다.

가장 큰 행진은 유엔 회담이 열리고 있던 몬트리올에서 있었다. 주최 측은 1만 명을 기대했는데, 3만 명이 참가했다. 캐나다 사회주의자이자 환경운동가인 존 벨은 지하철역에 서서 사람들이 몰려드는 것을지켜봤다. 그는 추위에 떨면서도 기쁘게 그들을 쳐다보며 두 가지 사실을 깨달았다. 하나는 행진에 참가한 사람들이 그가 생각했던 환경주의자들의 모습과 사뭇 다르다는 사실이었다. 그들은 평범한 몬트리올노동자로 가족 단위로 파카를 껴입고 나왔다. 둘째는 그들이 어느 단체로 모여서 온 것이 아니라는 점이었다. 들고 있는 팻말과 물품은 각자 집에서 만들어 온 것이었다. 나중에 나는 주최 측에 전화를 걸었는데, 내가 모르는 사람이 전화를 받아서 다음과 같이 말했다. "3만 명이나 돼요. 그런데 어디에서 온 사람들인지 도통 모르겠어요. 그들이 어찌나 크게 소리치는지 당신 말을 들을 수가 없군요. 조너선, 당신도 그들이 외치는 것을 듣고 싶죠?"그러면서 그는 전화를 창밖으로 내밀었고 나는 시위대가 외치는 것을 들을 수 있었다.

몬트리올 시위는 2주 일정의 유엔 회담 도중에 일어났고, 결국 변화를 이끌어 냈다. 미국 대표단은 워싱턴의 명령을 받고 회담을 무력화할 목적으로 회담장을 떠났다. 그렇지만 그때는 이미 당시 캐나다 총리가 시위대의 행진 모습을 본 뒤였다. 그가 직접 나서서 회담을 계속 진행시켰고 빌 클린턴에게 [부시 대신] 발언할 것을 요청해서 부시를 면박 줬다. 결국 미국 대표단은 회담장으로 돌아왔고, 국제 협상은 가늘게나마 지금까지 이어지고 있다.

이듬해인 2006년에는 매우 느슨한 형태로 세계기후운동을 조직해서 12월 3일에 버뮤다, 볼리비아, 브라질, 콜롬비아, 파나마, 호주, 뉴질랜드, 한국, 대만, 방글라데시, 미국, 캐나다, 남아프리카공화국, 케냐, 나이지리아, 터키, 러시아, 핀란드, 스웨덴, 덴마크, 노르웨이, 불가리아, 세르비아, 크로아티아, 슬로베니아, 그리스, 체코, 이탈리아, 프랑스, 독일, 벨기에, 네덜란드, 포르투갈, 영국, 아일랜드에서 시위나 항의 행동을 했다.

시위의 규모는 대부분 여전히 작았다. 그러나 시위는 라틴아메리카와 방글라데시의 몇몇 단체들로부터 든든한 지원을 받으며 남반구 전역으로 확산됐다. 유엔 회담이 열리고 있던 케냐의 나이로비에서는 5000명이 행진했다. 유럽에서는 NGO들이 전보다 더 적극적으로 참여했다.

가장 큰 성과는 호주에서 거뒀다. 당시의 우파 정부 때문에 호주는 미국을 따라서 교토의정서 비준을 거부한 유일한 선진국이었다. 그에 대한 반발로 4만 명이 시드니에서 행진했고 멜버른에서 2만 명, 그 밖의 도시에서 2만 명이 참가했다. 이를 본 호주의 기후 활동가들은 정치에 큰 변화를 일으킬 수 있겠다는 자신감을 얻었다. 활동가들은 2007

년 총선을 앞두고 존 하워드 총리의 재선을 막고 정부의 기후 정책을 바꾸기 위해 전국적 시위를 잡았다. 13만 명이 행진에 참여했고, 존 하워드는 선거에서 패배했다. 이윽고 새로 집권한 노동당 정부는 즉시 교토의정서에 서명했다.

2007년 12월에는 전 세계적으로 더 많은 시위가 벌어졌다. 비록 호주만큼 큰 것은 없었지만, 아프리카 11개국, 아시아 8개국을 포함해서 70개가 넘는 나라에서 사람들이 시위에 참가했다.

미국에서는 2005년과 2006년에 20개가 넘는 주에서 항의 시위가 벌어졌으나 대부분 규모가 작았다. 2007년에는 상황이 변했다. 1월 초 스텝잇업이라는* 단체가 웹사이트를 만들어서 사람들에게 4월 14일에 각자의 도시에서 행진과 시위를 조직하자고 호소했다.[18] 스텝잇업은 빌 매키번이라는 저명한 환경 작가가 버몬트에 있는 작은 대학인 미들베리칼리지 소속 학생들과 함께 만든 모임이었다. 석 달 동안 1400여 마을과 도시에서 사람들이 이 웹사이트로 답변을 보냈고, 집회 당일에 스텝잇업은 300여 도시에서 약 15만 명이 참가한 항의 시위가 열렸다는 소식을 들었다. 요구안은 새로 의회를 장악한 민주당이 이산화탄소 배출에 관한 법안을 통과시키라는 것이었다. 모든 시위대는 다음과 같이 적힌 깃발과 현수막을 내걸었다. "2050년까지 80퍼센트 [감축]. 국회는 즉각 통과시켜라."

스텝잇업의 시위를 통해 나머지 나라들과 마찬가지로 미국에서도 분위기가 무르익고 있다는 것이 분명해졌다. 또한 다른 나라들과 마찬가지로 행동에 나서도록 만드는 첫 번째 신호탄은 아무도 예상치 못

---

* 　스텝잇업(Step It Up) 딛고 일어서자는 뜻.

한 곳에서 나타났다. 기존 세력이 굼뜬 정치 상황에서는, 사람들은 누구든 먼저 행동을 촉구하는 단체를 따라서 행진하기 마련이다.

그러나 아직까지는 기후변화를 진짜로 멈출 만큼 정부를 압박하기엔 시위 규모가 매우 작은 수준이다. 모든 나라에서 그렇다. 우리는 아직 시작하는 단계에 있다. 환경운동가들은 지구를 지키기 위한 방법으로 대규모 운동을 조직하는 것을 고민하기 시작했다. 그리고 시위를 조직한다는 것은 거리에서 항의하는 사람들의 대열에 동참한다는 뜻인데, 이는 권력 상층부를 향한 로비와 언론 홍보를 통해 일을 진행하려던 기존의 방식에서 탈피한 것이다. 이는 매우 많은 환경운동가들이 변하고 있기 때문이고 또 많은 평범한 시민들이 무언가 조치가 필요하다고 생각하기 때문이다.

시위가 그 자체로 세상을 바꾸지는 않는다. 그러나 시위는 참가자들을 분명히 변화시킨다. 앞에서 나는 사람들이 행동에 나서기를 꺼리는 이유가 '나만 기후변화가 문제라고 생각하고 다른 사람들은 안 그런 것 같아' 하고 생각하기 때문이라고 말했다. 그렇게 생각하는 사람을 거리 시위에 동참시켜 비슷한 생각을 하던 다른 사람들과 함께 행진하게 된다면 더는 자신이 혼자라고 느끼지 않게 될 것이다. 어떤 형태가 됐든지 간에 집회가 충분히 커지면 전 세계 활동가들에게 영감을 줄 것이다. 그들은 행진을 하고, 서명운동을 벌이고, 정치인들에게 로비를 하고, 급진정당에 투표하고, 사장들을 압박하고, 점거 시위를 하는 등 할 수 있는 무엇이든 하려 들 것이다.

이렇듯 시위가 운동 그 자체는 아니지만 운동을 시작하는 한 방법이다. 다음 장에서는 세계 기후 운동 안에서 벌어지고 있는 요구안을 둘러싼 논쟁을 소개하겠다.

16장 개인적 실천과 시장 원리 해법

기후변화를 둘러싼 최근의 국제적 논쟁을 이해하려면 주류 정치의 모순을 인식하는 것에서 출발해야 한다. 탄소 기업들은 여전히 맹위를 떨치고 있으며 어떤 실질적 조치도 취하지 못하게 마수를 뻗치고 있다. 이 사실을 잊어서는 안 된다. 그러나 세계의 기업 총수들과 신자유주의 정치인들의 다수는 무언가 조치가 필요하다고 생각한다. 대중의 압력이 점점 더 커지고 있기 때문이다. 기업가들과 정치인들은 지금 행동하지 않았다가 훗날 사람들의 분노가 폭발해 더 엄격한 이산화탄소 배출 규제가 도입되면 발전소와 탄소 에너지에 대한 자신들의 기존 투자가 물거품이 될까 봐 우려한다. 그렇지만 시장 원리에 충실하다 보니 어떤 조치를 취하더라도 절대 넘을 수 없는 한계가 있다.

기업 총수들과 신자유주의 정치인들은 두 종류의 해결책을 지지하는데, 바로 개별적으로 소비 패턴을 바꾸거나 시장에서 인센티브를 주는 방식이다. 나는 이 장에서 기업과 정부가 왜 이 두 해결책에 그토록 연연하는지, 왜 그것들이 실제로는 효과가 없는지를 자세하게 살펴볼 것이다. 친환경 상품을 개별적으로 구입해서 기후변화를 해결하자는 발상은 신자유주의 사상과 꼭 들어맞는다. 시장의 권력을 유지하고자 하는 자들의 입맛에 맞아떨어지기 때문이다. 또, 사람들에게 정부와 기업이 적어도 **무언가** 하고 있다는 인상을 심어 주기도 한다. 이 모든 점에서, 녹색 소비가 대안이라는 주장은 사람들을 진정한 해결책에서 멀어지도록 만드는 효과적 방해 공작이다.

탄소 발자국

세계 어디서나 사람들이 한곳에 모여 지구온난화에 관해 이야기를 나누기 시작하면 가장 먼저 나오는 질문은 아주 단순하다. '무얼 해야 할까?' 대개는 두 가지 답이 나오기 마련이다. 하나는 정치 캠페인을 벌여 정부의 대응을 촉구하고 대기업들과 고용주들에게 이산화탄소 배출을 줄이라고 요구하자는 것이다. 다른 하나는 각자가 개별적으로 할 수 있는 일을 찾아보자는 것이다.

후자의 경우, 가장 먼저 시작하는 것은 인터넷이나 책을 이용해 각자의 '탄소 발자국'을 산출하는 것이다. 탄소 발자국이란 개인이 소비한 상품을 생산하기 위해 배출된 이산화탄소의 총합이다. 개인이 차를 타거나 비행기를 타면서 배출한 것도 포함되고, 집에 있는 동안 배출한 이산화탄소는 가스비·전기세·난방비를 합해서 산출할 수 있다. 여기에 그 사람이 구입한 상품과 식품의 운송 거리를 다시 이산화탄소로 환산해서 합한 것이 바로 탄소 발자국이다.

이렇게 탄소 발자국을 계산하면 대개 한 해에 수십 톤이라는 결과가 나온다. 이를 바탕으로 탄소 발자국을 줄이는 방법을 찾는 것이다. 예를 들어 자전거 타기, 대중교통 이용하기, 실내 에너지 소비 줄이기, 에너지 효율이 좋은 전구로 교체하기, 안 쓰는 컴퓨터 끄기, 지붕에 태양전지판 설치하기, 자신이 사는 지역에서 생산된 '로컬 푸드'만 먹기 등이 있을 것이다.

이처럼 개별적으로 대응하자는 주장의 허점은 잘못된 방향에서 문제에 접근한다는 데 있다. 환경운동가들이 이런 경우에 전통적으로 쓰는 경구가 있다. 개별적 해법은 "파이프의 엉뚱한 끝"에서 시작하는 셈이다.

이 표현은 공장에서 유독 물질을 강으로 흘려보내는 것에 반대하는 캠페인에서 생겨났다. 환경운동가들은 수질오염을 막는 데 두 가지 방법이 있다는 것을 알게 됐다. 하나는 정부나 법원을 압박해 공장에서 그런 독극물을 사용하지 못하게 금지하는 것이다. 그렇게 하면 애초에 유해 물질이 파이프로 들어가지 못하게 막을 수 있다.

다른 방법은 파이프의 반대편 끝, 그러니까 오염 물질이 강으로 배출된 후에 이를 해결하려는 것이다. 지방정부를 압박해서 강을 정화하는 데 더 많이 지출하게 할 수도 있고, 파이프 끝으로 배출되는 독성 물질의 농도를 감시하거나 공장을 상대로 소송을 벌여서 피해를 배상하도록 할 수도 있다. 사람들에게 수돗물 대신 생수를 사 마시라고 할 수도 있고, 이사를 가 버리는 것도 한 방법이다.

환경운동가들은 애초에 파이프에 들어가기 전에 오염물을 차단하는 것이 훨씬 낫다는 것을 경험으로 배웠다. 개별적으로 녹색 소비를 통해 이산화탄소 배출을 줄이자는 것은 파이프의 엉뚱한 끝에서 문제를 해결하려는 것과 같다.

왜냐하면 개인의 소비 패턴을 바꾼다고 해서 지구온난화를 막는 데 필요한 중요한 변화들을 이룰 수는 없기 때문이다. 풍력발전을 하려면 대규모 풍력 단지가 필요하다. 소수는 스스로 태양발전으로 전환할 수 있지만 모든 사람이 그러려면 정부 지원 프로그램이 필요하다. 어떤 사람은 기꺼이 자전거를 탈지 모른다. 그러나 승용차가 금지되고 편안한 대중교통이 제공되면 이산화탄소 배출을 훨씬 더 많이 줄일 수 있다. 개인이 노력한다고 화물을 [트럭 대신] 기차로 운반하게 할 수는 없고, 공장의 생산과정을 규제할 수도 없다. 모든 낡은 건물에 단열재를 설치하는 것도 불가능하고, 대부분의 사람들은 새로 지은 패시브하우스를 구입할 형편도 안 된다.

누구나 어느 정도는 이런 사실을 알고 있다. 그래서 사람들이 모여 기후변화를 막기 위해 무엇을 할지 토의할 때마다 누군가가 나서서 정치적 해결책을 촉구하는 캠페인이 필요하다고 말하면 대부분 동의하기 마련이다. 그러나 또 다른 누군가가 "그건 좋은데 말이야, 우리는 무얼 하지?" 하고 물으면 다시금 탄소 발자국을 줄이는 것에 대한 얘기로 빠지고 세부 사항을 갖고 씨름하다가 방향을 잃게 된다.

여기에는 중요한 정치적 사실이 숨어 있다. 모임에 참석한 사람들은 대부분 정치적 해결책이 좋은 생각이라고 여기면서도, 그것이 불가능하다고 생각한다. 아무리 중요한 문제라 할지라도 평범한 사람들이 나서서 정부 정책을 바꿀 수는 없는 노릇이라고 여기는 것이다. 어떤 점에서는 신자유주의 정책과 기업 권력을 너무 잘 아는 것이기도 하고 두려워하는 것이기도 하다. 권력에 도전하는 것은 불가능해 보이기 때문이다. 그러면서도 지구온난화가 너무 심각하고 파괴적이기 때문에 당장 할 수 있는 무언가를 찾는 것이다.

각자 녹색 소비를 실천하는 것이 효과는 별로 없지만 그럼에도 한 가지 큰 장점이 있다. 바로 목격자를 끊임없이 만들어 낸다는 것이다. 만약 누군가가 자전거로 출퇴근하거나 비행기를 타지 않으면, 수많은 친구, 가족, 동료 사이에 이야기가 오갈 것이다. 사람들은 지구온난화가 얼마나 심각하며 무언가 조치가 필요하다는 이야기를 나눌 것이다. 그러나 만약 그런 이야기들이, 지구온난화를 막기 위해서는 개인들이 각자 대응하는 것이 최선이라는 식으로 결론이 난다면 우리는 지구온난화를 막지 못하게 될 것이다.

더욱이, 탄소 발자국을 계산하기 전에 누가 그것이 해결책이라고 떠드는지를 봐야 한다. 각자 탄소 발자국을 줄이는 것만이 해결책이라고 떠드는 광고가 수없이 많다. 요즘 영국에서는 대중매체들이 사람들에게 "당신은 지구온난화를 막기 위해 무엇을 하고 있습니까?" 하고 끊임없이 묻는다. 그런데 해답은 언제나 이런저런 친환경 상품을 사라는 내용들 일색이다. 대기업, 심지어 석유 기업들까지 사람들에게 지구온난화의 심각성을 깨달으라고 촉구하는 신문과 텔레비전 광고를 내보낸다. 정부는 아무런 대책도 세우지 않으면서, 학교에서는 기후 교육을 강조하며 아이들에게 정부가 아니라 자기 자신과 자신의 부모를 탓하라고 가르친다. 이를 더 잘 이해하기 위해서, 비슷한 양상으로 진행된 미국 쓰레기 처리의 역사를 짧게 돌아보자.

쓰레기

헤더 로저스는 《사라진 내일: 쓰레기는 어디로 갔을까》라는 멋진 책에서 어떻게 미국에서 기업들이 힘을 합쳐 사람들로 하여금 "파이프의 엉뚱한 끝"을 바라보게 만들었는지 두 가지 사례를 제시한다.[19] 이 두 사례를 통해 개별적 해결책을 좀 더 근본적으로 고찰할 수 있을 것이다.

로저스가 주목한 첫 사례는 '리터litter'라는 단어가* 등장하게 된 과정이다. 1950년대를 거치면서 미국에서 포장재와 일회용품 산업이 꾸준히 성장했다. 화려하게 포장할수록 상품이 잘 팔린다는 이유로 이런 포장재 사용이 정당화됐다. 그러나 일회용 포장재의 진정한 매력은 딱 한 번 쓰면 버려야 한다는 것이었다. 비닐 포장재, 일회용 플라스틱 병, 일회용 캔의 발명이 매우 중요했다. 그 전까지는 모든 맥주 병과 음료수 병이 가게를 통해 기업에 회수돼 세척 후 재사용돼야 했다. 병 제조업체는 한 번만 돈을 벌었다. 그런데 캔은 한 번 쓰고 매번 버려졌기 때문에 캔 제조업체는 훨씬 더 많이 팔 수 있었고, 비닐 포장재 제조업체도 마찬가지였다. 1950년대에 제조업은 팽창하고 있었고 새로운 시장을 물색하고 있었다. 일회용품이 등장하기 전에는 맥주와 음료수 회사들이 각 지역마다 음료 공장을 갖고 있었다. 그런데 일회용 병과 캔이 등장하면서 대부분의 공장이 문을 닫았고 산업이 소수 기업에 엄청나게 집중됐다. 포장재 매출액은 연간 250억 달러에 이르렀고, 미국의 제조업에서 무시할 수 없는 비중을 차지하게 됐다.

포장재, 병, 캔의 매출 증대는 모두 경제성장으로 간주됐다. 그러나 이것들은 아무짝에도 쓸모가 없는 쓰레기였다. 포장재 때문에 쓰레기 매립지는 금방 가득 찼고, 지방정부는 매립지를 확보하기 위해 막대한

---

* 리터 쓰레기를 버린다는 뜻.

비용을 마련해야 했다. 주의회들은 포장재를 금지하는 법안을 거론하기 시작했고, 실제로 버몬트주에서는 일회용 병의 판매를 금지했다.

포장재와 음료수 회사들은 이것에 대응하기 위해 '미국을 아름답게KAB'라는 캠페인 단체를 출범시켰다.

로저스는 다음과 같이 적었다.

[KAB를 — 지은이] 설립한 것은 아메리칸캔과 오언스일리노이글라스로, 각각 일회용 캔과 병을 개발한 유력 기업들이었다. 이들은 코카콜라, 딕시컵, 리치필드오일과 … 전미제조업협회NAM 등 스무 개가 넘는 대기업과 연결돼 있었다. NAM과 KAB는 회원사와 지도자가 서로 겹치고 이해관계도 같았다. … KAB는 막대한 돈을 쏟아부어 미국 전역에서 언론을 교묘하게 활용한 캠페인을 벌였다. 이 캠페인은 나날이 늘어 가는 쓰레기의 문제가 개인들의 나쁜 습관 탓이라고 교육하고 산업 규제와 동떨어진 법률을 제정하는 데 초점을 맞췄다.[20]

KAB는 그 전까지는 거의 사용하지 않던 단어인 '리터litter'를 발견해 낸 뒤, 이를 대중화했다. 그리고 '리터버그litterbug'라는 단어는 아예 새로 고안해 냈는데, 쓰레기를 자주 버리는 나쁜 사람을 지칭하는 말이었다. KAB는 작은 괴물이 끊임없이 쓰레기를 내다 버리는 장면이 나오는 광고를 만들었다. 또, 쓰레기 투척 처벌 법을 지지했고, 상습범은 징역형에 처하자고 주장했다. KAB는 대다수 미국인들에게 문제는 포장재가 아니라 포장재를 올바르게 사용하지 않는 개인들이라고 설득했다. 아메리칸캔의 한 중역의 말을 인용하자면 "포장재는 쓰레기를 만들지 않는다. 사람들이 쓰레기를 만드는 것이다."[21]

그 결과 한동안 포장재 산업은 평온을 되찾은 듯했다. 그러나 1970년이 되자 환경문제가 다시 사회적으로 중요해졌다. KAB의 영향력은 여전히 건재했다.

훗날 KAB의 대표작으로 꼽히게 될 텔레비전 광고가 1971년 두 번째 지구의 날을 맞아 처음으로 방영됐다. 그 감동적인 광고는 사슴 가죽을 걸친 [원주민계] 할리우드 노배우 아이언 아이스 코디가 주연이었는데, 젊은 세대든 늙은 세대든 모든 미국인의 죄책감을 파고들었다. 코디가 묵묵히 카누를 저어 포장재와 캔으로 가득 찬 강어귀를 지나서 쓰레기가 널브러져 있는 강둑에 도착한다. 그 뒤로 연기를 내뿜는 공장이 보인다. 자동차로 꽉 막힌 고속도로까지 걸어오자, 어느 무책임한 금발 승객이 차창 밖으로 던진 패스트푸드 봉지가 코디의 원주민 신발에 부딪힌다. 그러자 코디는 카메라를 정면으로 바라보면서 눈물을 한 방울 흘린다. 배경음악이 깔리면서 엄숙한 목소리가 흘러나온다. "어떤 사람은 한때 이 나라가 향유했던 대자연의 아름다움을 언제까지나 깊이 사랑하고 존중합니다. 그러나 어떤 사람은 그러지 않습니다. 환경을 오염시킨 것은 우리 자신입니다. 멈출 수 있는 것도 우리입니다."[22]

이처럼 사회적 문제가 개인들의 잘못인 것처럼 왜곡됐다.

이런 시도는 엄청난 성공을 거뒀지만, 문제가 완전히 해결된 것은 아니었다. 1970년대와 1980년대에 환경운동이 몇몇 지역에서 포장재를 제한하는 법을 통과시키는 데 성공하기 시작했다. 지방정부들에게도 쓰레기 매립이 골칫거리였다. 그 전 30년 동안은 쓰레기 매립 비용에 변화가 없었는데, 쓰레기 매립지에 관한 연방 보건 법규가 새로 제정되면서 1984~1988년에만 매립 비용이 두 배 이상으로 뛰었다. 또, 1980년대에는 공기와 물을 오염시키는 쓰레기 소각장에 반대하는 캠페인이 여러 지역에서 일어나 승리를 거뒀다.

포장재, 캔, 병 제조 기업들은 점차 압력이 커지고 있음을 느낄 수 있었다. 어떻게든 자신들이 만들어 낸 쓰레기를 처분할 방법이 필요했다. 그래서 그들은 재활용이라는 개념을 받아들였다. 애초 이것은 환경운동가들이 제안한 것이었다. 그리고 재활용이 그냥 한 번 쓰고 버리는 것보다 낫다는 것은 분명하다. 그런데 이제는 기업들 중에서도 특히 플라스틱공업협회와 미국플라스틱위원회, KAB가 앞장서서 재활용을 강조하기 시작했다. 재활용은 이 공해 기업들에게 최상의 선택은 아니었지만, 분명히 몇 가지 장점이 있었다.

우선, 재활용을 강조함으로써 쓰레기를 계속 만들어 낼 수 있었다. 재활용을 강조하면 쓰레기에 대한 책임을 자신들이 아니라 부엌에서 쓰레기를 분류하는 사람들에게 떠넘길 수 있었기 때문이다. 일회용 포장재를 만들지 않았다면 애초부터 문제가 없었을 테지만 어쨌든 재활용이 문제를 해결해 줄 것처럼 보였다. 그 결과 비난받는 대상이 바뀌었고 개인들이 책임을 떠안게 됐다.

둘째, 재활용은 미국의 쓰레기 실태를 은폐하는 구실을 했다. 재활용 대상은 대부분 '도시 폐기물'로 분류되는 것들인데, 가정·학교·공공건물·식당·호텔에서 배출되는 쓰레기를 가리킨다. 그런데 이것은 미국 전체 쓰레기의 2퍼센트도 안 된다. 98퍼센트 이상은 "광업, 농업, 제조업, 석유 생산과정에서 생기는 산업 쓰레기"다. 풀어서 설명하자면, 가정과 도시에서 쓰레기 1톤이 배출될 때마다 70톤이 넘는 산업폐기물이 쏟아져 나오고 있다는 뜻이다.[23] 산업폐기물의 일부는 기업에 의지가 있으면 재활용된다. 그러나 대부분은 재활용되지 않는다. 게다가 산업폐기물은 독성 물질을 포함하고 있는 경우가 많다.

따라서 개인들이 재활용한다고 해도 미국의 쓰레기 문제에 거의 영향을 미치지 못한다. 더욱이, 재활용으로 분리수거된 쓰레기의 대부분이 실제로는 다른 쓰레기와 함께 매립된다. 또, 대부분의 물질은 섬유질 파괴 때문에 한 번밖에 재활용되지 못한다. 또, 재활용되려면 해외에서 가공돼야 하는 경우가 많은데, 운반하는 과정에서 많은 이산화탄소가 배출된다. 재활용은 마치 양팔을 칼로 벤 다음 한쪽에만 붕대를 감아 주는 것과 같다. 분명히 아무것도 안 하는 것보다는 낫다. 그러나 정말이지 그 칼부터 빼앗아야 한다.

둘 다 할 수는 없을까?

[이렇듯] 쓰레기 투척 행위를 비난하고 재활용을 강조하는 것은 책임을 엉뚱한 곳으로 떠넘기기 위한 것이다. 기업은 계속해서 포장재를 만들어 오염시키는 것이 허용되는 반면에 개인들이 책임을 지게 되는 것이다. 그 결과 사람들은 서로 비난하면서 독선적으로 행동하거나 죄책감을 느끼게 됐다. 둘 중 어느 쪽이든 핵심을 놓치게 되는 것이다.

탄소 발자국에 초점을 맞추는 것도 이와 매우 비슷하다. 이 때문에 나는 생활 방식을 바꾸려는 주변 친구들에게 어느 정도 공감할 부분이 있다고 생각하면서도, 그들에게 그런 생활 방식을 촉구하는 정치인과 기업인에게는 분노를 금치 못한다. 내 친구들은 무엇인가 행동하기를 원하는데, 정치인들과 기업인들은 이를 이용해서 내 친구들에게 문제가 있는 것처럼 책임을 떠넘기고 있다.

앞에서 말했듯이 모든 풀뿌리 기후 단체는 무슨 활동을 할 것인지를 두고 두 가지 선택에 직면하게 된다. 하나는 여론을 조성해서 정부와 고용주들이 대책을 세우도록 촉구하는 활동이고, 다른 하나는 주변 사람들에게 어떻게 생활 방식을 바꿔야 하는지를 교육하는 활동이다. 이론상으로는 둘 다 할 수도 있을 것이다. [그러나] 현실에서는 그 단체가 뿌리는 첫 번째 리플릿에 어떤 내용이 씌어 있는지가 선택의 결과를 보여 준다. 집회를 강조하는가, 아니면 탄소 발자국을 강조하는가? 또 주말 도심가에서 캠페인을 하다 만나는 시민에게 뭐라고 설명하는지를 봐도 선택의 결과를 알 수 있다.

현재 영국에서는 대부분의 지역 단체들이 생활 방식을 바꾸자는 쪽을 선택했다. 이 전략의 첫째 문제점은 그것을 실천하는 사람들을 대다수로부터 분리시킨다는 것이다. 그러나 지구온난화를 막기 위해서는 전 세계 대부분의 사람들을 행동에 나서도록 만들어야 한다. 즉, 적어도 모든 주요한 나라에서 인구의 다수가 움직여야만 한다. 그런데 생활 방식을 강조하는 전략은 필연적으로 이 다수의 사람들을 배제하는 경향이 있다. 예컨대, 탄소 에너지에 길든 생활 방식을 바꾸려면 대부분 돈이 들고, 어떤 것은 많은 사람들이 꿈도 못 꿀 액수의 은행 대출이 필요하다. 자기 집이 있어야만 가능한 일도 있다. 예를 들어 태양발전 시설을 설치하려면, 지금 당장 돈을 투자한 다음에 향후 몇 년에 걸쳐 천천히 비용을 회수해야 한다.

내가 사는 곳은 장거리 기차 운임이 저가 항공보다 더 비싸다. 내가 일하는 곳까지 70마일[113킬로미터]을 승용차로 운전해서 가는 것이 기차를 타는 것보다 비용이 더 저렴하다. 하이브리드 자동차를 사려면 내가 평생 만져 보지도 못할 정도로 큰돈이 필요하다. 장기적으로 보면 돈을 아끼게 될 것이라고 말해 봤자 대부분의 사람들에게는 의미 없는 얘기다. 미리미리 계획해서 돈을 아끼는 건 상위 20퍼센트 사람들이다. 대부분의 사람들은 하루 벌어 하루 살기도 빠듯하다.

사람들에게 생활 방식을 바꾸도록 요구하는 전략의 둘째 문제점은, 그렇게 하면 독선적이거나 우월한 것처럼 보인다는 점이다. 때때로 실제로 그런 경우도 있다. 그러나 대부분의 사람들은 특별히 거만하게 보이고 싶어 하지 않으면서도 기후변화를 막기 위해 무언가 해야 한다는 도덕적 의무를 느낀다. 당장 나만 해도 그렇다. 그러나 여기서 조금 더 나아가면 이산화탄소를 배출하면서 죄의식을 느끼게 된다. 여기서 한 발 더 나아가면 생활 방식을 바꾸지 않는 다른 사람들을 도덕적으로 비난하게 된다. 도덕적 감수성이, 다른 사람을 열등하다고 여기는 태도, 즉 도덕주의가 된다. 사람들은 그런 식으로 평가받는 것에 민감하며 당신이 그렇게 한다면 당신을 몹시 싫어할 것이다. 특히, 당신은 생활 방식을 바꿀 경제적 여유가 있지만 자신은 그렇지 않다면, 당신을 싫어하는 정도가 아니라 증오하게 될 것이다. 마침 그가 트럭 운전사이고, 지구온난화 때문에 죄책감을 느끼지만 그 일자리가 절실하게 필요한 상황이라면 당신에게 느낄 증오심은 엄청날 것이다.

개인에게 생활 방식을 바꾸라고 요구하는 것은 평균 소득수준의 사람들을 대부분 배제한다. 또, 가난한 나라 사람들에게는 적용되지 않는 얘기다. 아무도 인도, 중국, 인도네시아에서 생활 방식을 바꿀 수 있을 것이라고 진지하게 생각하지 않는다. 게다가, 각자 탄소 발자국을 줄여야 한다는 주장에는 대부분 희생정신을 강요하는 사상이 깔려 있다. 이와 같은 희생의 윤리학은 녹색 소비를 강조하는 실천의 필요 불가결한 일부다. 사회 전반적 해결책을 모색하지 않으면, 결국 밑바닥 사람들이 희생당하게 된다. 정부가 주택 단열을 지원해 주지 않으면, 사람들은 결국 에너지를 아끼기 위해 난방을 줄이고 추위에 떨어야만 한다. 정부가 나서서 청정에너지 위주로 세계를 재편하지 않으면, 우리는 모두 가뭄과 흉작을 겪게 될 것이다.

이처럼 개인이 [녹색 소비 위주로] 생활 방식을 바꾸려면 돈을 더 많이 쓰거나 지금 누리고 있는 무언가를 포기해야 한다. 이것은 심지어 부유한 나라에서도 대부분의 노동자들이 희생하고 싶어 하지 않는다는 문제에 봉착한다.

마지막으로, 개인 생활 방식의 변화를 강조하는 주장에는 중요한 정치적 약점이 있다. 그런 주장은 비록 무엇이든 해야 한다는 절박함에서 출발하지만, 동시에 평범한 사람들이 함께 뭉쳐서 행동할 만큼 강하지 못하다는 두려움을 처음부터 깔고 있다. 나아가, 생활 방식 변화를 강조하면 할수록 두 가지 측면에서 그런 두려움을 재차 확인하게 된다. 첫째, 사람들에게 각자 잘하면 된다고 강조하는 과정에서 자연스럽게 집단적 해결책은 불가능하다고 스스로 되뇌고 이를 다른 사람에게 설명하게 된다. 둘째, 생활 방식 바꾸기를 거부하는 사람들을 보면서 '역시 사람들은 …' 하고 자신의 애초 생각이 맞았다고 확신하게 된다.

지금까지 생활 방식 변화를 강조하는 전략이 왜 잘못됐는지 길게 설명했지만, 그럼에도 나는 탄소 발자국을 줄이려는 사람들의 모임에 나가기를 즐긴다. 무엇보다 그 사람들은 정말로 지구온난화를 막고 싶어 하는 사람들이기 때문이다. 다만, 그들이 택한 방법이 문제를 해결할 수 없을 뿐이다. 기업과 정부가 사람들을 서로 탓하게 만드는 광고와 교육에 그토록 많은 돈을 퍼붓는 이유가 바로 이것이다.

시장을 통한 조절

정치인들과 기업가들이 지구온난화의 해결책으로 강력히 지지하는 것이 한 가지 더 있다. 그것은 바로 '환경세', '배출권 거래제', '탄소 상쇄', '탄소 배급제' 등으로 대표되는 시장 원리를 통한 해결책이다. 이 장의 나머지 부분에서는 현재 그들이 어떤 시장 조절책을 제안하고 있으며, 그것들이 왜 실효성이 없는지, 또 실제 효과를 낼 수 있는 정책을 어떻게 방해하고 있는지에 대해 설명할 것이다.

먼저 '환경세'부터 설명할 텐데, 사실 환경세를 가장 먼저 거론하는 것은 다소 불공평할 수도 있다. 환경세가 결코 최악의 대안은 아니기 때문이다. 그러나 환경세는 시장을 통한 해결책들이 갖고 있는 문제를 가장 극명하게 보여 준다.

환경세는 아주 간단하고 매력적인 생각에서 출발한다. 세금을 부과해 사람들과 기업들이 더 나은 생활 방식을 선택하도록 강제하겠다는 것이다. 항공유에 세금을 부과하면 비행기 요금이 올라서 사람들이 비행기를 덜 이용하게 된다는 것이다. 통행료를 부과하면 사람들이 승용차를 덜 타게 되고, 시멘트에 세금을 부과하면 다른 재료를 이용해서 건물을 짓게 된다는 것이다.

그러나 문제는 환경세 역시 파이프의 엉뚱한 끝을 바라보고 있다는 것이다. 법으로 규제하는 것이 언제나 훨씬 더 효과적이다. 세금을 매기면 구식 전구의 판매량을 줄일 수 있다. 그러나 법으로 금지하면 하나도 안 팔리게 할 수 있다. 집 앞 주차 공간에 세금을 매기면 승용차 판매를 줄일 수 있다. 그러나 법으로 승용차를 금지하면 훨씬 더 많이 줄일 수 있다. 아무리 항공유에 세금을 많이 부과한들, 유럽 내 비행기 운항을 금지하는 것만큼 효과적이지는 못하다. 무언가 필요해서 하려는 것이라면, 제대로 해야 한다. 환경세는 언제나 차선책일 뿐이다.

환경세는 또한 항상 불공평하다. 비행기 일등석 승객은 일반 승객보다 다섯 배나 많은 공간을 차지한다. 실제로는 그렇게 되지도 않겠지만, 설령 일등석 승객이 다섯 배의 세금을 낸다손 치더라도, 일등석을 타는 부유한 신사보다 좁은 좌석에 타야 하는 여성에게 더 부담이 크다. 부유한 나라에서 승용차에 세금을 매기는 것도 마찬가지다. 최근에는 난방에 세금을 부과하려는 압력이 커지고 있는데, 영국에서는 해마다 수천 명의 가난한 노인이 난방비를 감당하지 못해서 추위에 목숨을 잃는다.

환경세는 제2차세계대전 당시 영국과 미국에서 시행한 배급제와 정반대다. 영국에서 식량을 배급했을 때, 모든 사람이 공평하게 똑같은 양을 받는다는 것이 가장 중요했다. 그렇지 않았다면 사람들은 배급제를 받아들이지 않았을 것이다. 그러나 환경세는 처음부터 불평등하다. 만약 공평하려거든, 아예 법으로 금지하거나 모두에게 똑같이 나눠 주는 게 맞다. 불평등을 만들어 내거나 심화시키면 정치적 문제에 봉착하기 마련이다. 왜냐하면 우파 언론들의 선동 때문에 평범한 사람들이 이내 환경세를 주장하는 환경운동가들을 비난할 것이기 때문이다.

환경세로 모은 돈으로 환경을 살릴 수 있다는 주장도 있다. 예를 들어, 도로 통행료를 걷어서 대중교통을 확충하는 데 사용할 수 있다는 식의 주장이다. 그러나 현실에서는 그렇게 되지 않는다. 정부는 예산을 원래 용도와 다르게 집행할 수 있고 실제로 그렇게 많이들 한다.[24] 어떤 경우에도 대중교통을 지원하기 위해 도로 통행료를 신설할 필요는 없다. 정부는 이미 일반 조세수입으로 전쟁과 핵 발전소에 돈을 퍼붓고 있다. 애초부터 대중교통을 원치 않던 정부가 도로 통행료 수입이 생겼다고 해서 버스에 돈을 쓰려 하지는 않을 것이다. 오히려 그 돈으로 도로를 더 늘리거나 무기를 사려 할 것이다.

이런 지적에 대해, 환경세의 용도를 제한해서 다른 용도로 사용하지 못하게 하면 된다는 얘기도 있다. 그러나 사전에 용도가 지정됐던 예산이 실제로 어떻게 쓰여 왔는지를 우리는 이미 숱하게 봤다. 다른 곳에 돈 쓸 일이 생기기가 무섭게 정부는 그 제한을 무시해 버렸다.

게다가, 지난 30년간 전 세계 대부분의 정부들은 부자들이 부담하는 법인세와 소득세를 큰 폭으로 낮춰 왔다. 이 세금들만 1980년 수준으로 복원해도 환경세보다 훨씬 더 많은 재원을 마련할 수 있다. 만약 정부가 정말로 환경을 살리기 위해 재원을 마련하려고 한다면 그렇게 하면 됐을 것이다.

문제는 또 있다. 환경세를 걷기 위해 정부가 반환경적 행위를 어느 정도 용인하려 든다는 것이다. 담배의 경우를 보면 쉽게 알 수 있다. 흡연율을 낮추기 위해 담배에 세금을 부과하지만, 사람들이 담배를 너무 안 피워서 세금 수입이 없어질 정도로 높게 책정하지는 않는다. 도로 통행료 역시, 일부 사람들이 운전을 포기하도록 하기 위해 어느 수준까지는 높이지만, 너무 높아서 세금 수입이 줄어들 정도로 높이지는 않는다. 도시 중심지로 승용차가 다니지 못하게 금지하지도 않는다.

요약하면, 환경세는 파이프의 엉뚱한 끝에서 문제에 접근하는 것이며 언제나 그보다 더 좋은 해결책이 있기 마련이다.

배출권 거래제

시장을 통해 조절하는 방법으로 종종 제안되는 또 다른 것은 배출권 거래제다.[25] 도입을 주장하는 사람들의 논리는 다음과 같다.

어느 나라가 해마다 배출량을 3퍼센트씩 줄이기로 했다고 해 보자. 이를 위해 모든 기업이 한 해 동안 배출할 수 있는 이산화탄소의 총량을 법으로 제한한다. 계산을 쉽게 하기 위해, 작년 한 해 동안 그 나라 기업들이 배출한 이산화탄소가 모두 1000만 톤이었다고 하자. 그러면 올해에는 970만 톤을, 이듬해에는 940만 톤을 배출할 수 있도록 하는 것이다. 이처럼 해마다 이산화탄소 배출량이 줄어든다.

제도를 시행하기에 앞서 정부는 각 기업이 얼마나 배출했는지를 산정한 다음, 총량이 줄어든다는 점을 감안해서 배출권을 지급한다. 어떤 전력 회사가 전체의 1퍼센트에 해당하는 10억 톤을 작년에 배출했다고 해 보자. 올해에는 그보다 3퍼센트 적은 9.7억 톤만을 배출할 수 있을 것이다. 내년에는 9.4억 톤으로 줄어들 것이고 그 이듬해에도 계속 줄어들게 될 것이다.

그러나 어떤 기업은 배출량을 줄이기가 상대적으로 더 어려울 수 있다. 이를 위해 거래제가 필요한 것이다.

다시 전력 회사의 예로 돌아가서, 9.7억 톤만 배출해야 했는데 실제로는 9.8억 톤을 배출했다고 해 보자. 반대로 배출할 수 있는 양보다 이산화탄소를 적게 배출한 회사도 있을 것이고, 그 회사는 배출권이 남는 셈이다. 전력 회사가 이 회사로부터 0.1억 톤만큼의 배출권을 사들이면 둘 모두에게 이익이 된다.

이 제도의 장점은 기업들을 재정적 측면에서 유인한다는 점이다. 정부가 시켜서 하는 것과 달리 기업들은 이산화탄소 배출을 줄임으로써 돈을 벌 수 있다. 가장 적은 비용으로 이산화탄소 배출을 줄이는 방법을 발견한 기업이 배출량을 가장 많이 줄이게 될 것이다. 따라서 전체적으로 보면, 모든 기업이 가장 적은 비용을 들이면서도 배출량을 가장 많이 줄이게 될 것이다.

말은 그럴듯하다. 배출권 거래제는 오늘날 신자유주의 정치인들 사이에서 무척 인기를 끌고 있다. 유럽연합은 교토의정서의 한 부분으로 배출권 거래제를 실시하고 있다. 미국에서도 배출량을 줄이기 위해 새로 제안하는 방법들에는 기업들과 주 정부들끼리 배출권을 거래할 수 있게 하자는 제안이 꼭 포함되기 마련이다. 그러면 배출권 거래제가 실제로는 어떻게 작동하는지를 살펴보자.

시장을 통한 조절을 강조하는 해결책들은 언제나 완전시장이란 무엇이며 그 안에서 어떤 일이 벌어질지에 대해 장광설을 늘어놓지만, 그런 완전시장은 경제학 교과서에서만 찾아볼 수 있다. 배출권 거래제가 현실에서 어떻게 작동할지를 알려면 현실의 시장을 살펴봐야 한다. 그러지 않으면, 마치 로맨스 소설을 읽고서 자기 애인을 이해했다고 여기는 것과 같다.

탄소 배출권 거래제는 교토의정서에서 나온 생각이다. 앞서 그 한계를 지적한 바 있다. 영국이 필요한 만큼 배출량을 줄이지 못하면, 1990년대에 경제가 붕괴해 배출권이 남아도는 우크라이나로부터 배출권을 사는 것이다.

이것이 공평해 보일 수도 있다. 그러나 배출권을 사는 것이 아예 금지돼 있었다면, 영국은 배출량을 더 많이 줄였을 것이다. 탄소 배출권 거래제의 최종적 효과는 감축량을 줄이는 것이다. 이는 교토의정서에만 국한된 문제가 아니라, 모든 탄소 거래제가 갖고 있는 문제다. 만약 매년 5퍼센트씩 배출량을 줄이기로 했다면, 탄소 거래제가 있는 한 감축량은 결코 5퍼센트를 넘지 못하게 된다.

시장 조절 메커니즘이 실패해서 이런 일이 생기는 게 아니라는 점을 이해하는 것이 중요하다. 교토 협상 당시 미국 대표단 중 일부는 이를 알면서도 거짓말을 했고, 또 다른 일부는 시장 원리에 대해 글자 그대로 무지했다. 그렇지만 이들 중 시장 조절 메커니즘을 끝까지 강조한 기업가들은 그것이 어떤 효과가 있을지를 정확히 알고 있었다. 그들은 과거 미국에서 아황산가스를 줄이기 위해 시행했던 배출권 거래제를 여러 차례 근거로 들었다. 그런 만큼 실제 미국에서 아황산가스 배출권 거래제가 어떤 결과를 가져왔는지 볼 필요가 있겠다.

1980년대 세계 각국은, 발전소에서 내뿜는 아황산가스가 대기 중에서 황산으로 변하고, 그것이 빗물에 녹아서 떨어지는 산성비 때문에 북미와 유럽에서 숲이 죽어 간다는 사실을 알게 됐다. 환경운동가들의 압력을 받은 각국 정부는 아황산가스 배출을 규제하기 시작했다.

독일 정부는 1982~1998년에 규제 정책을 펼쳤다. 각 기업에 아황산가스 배출량을 줄이라고 명령했고, 그 결과 배출량이 90퍼센트 줄었다. 미국에서는 아황산가스 규제 정책이 1990년에 시작됐다. 그러나 2010년까지도 아황산가스 배출량이 35퍼센트만 줄어들 전망이다. 왜냐하면 미국에서는 기업에 명령을 내리는 대신 아황산가스 배출권을 거래하도록 제도화했기 때문이다.[26]

교토 협상 당시 미국 대표단에게 자문을 제공하고 배후에서 실력을 행사한 이들은 결코 호락호락한 세력이 아니었다. 이들은 석탄 기업 출신으로, 오랫동안 주 정부와 연방 정부의 정치인들, 규제 기관들과 은밀히 만나서 거래를 해 온 자들이다. 이들은 합의문을 교묘하게 작성하는 법을 알았고, 일이 어떻게 진행되는지도 알고 있었다. 그런 자들이 배출권 거래제를 주장했다면, 이는 그들이 미국에서 아황산가스 배출권 거래제가 자신들에게 유리하게 작용하고 있다는 것을 잘 알았기 때문이다. 대부분의 아황산가스가 석탄에서 나온다는 사실도 우연이 아니다.

유럽연합의 배출권 거래제

유럽연합의 배출권 거래제도 탄소 거래제의 문제점을 보여 주는 또 다른 사례다. 2006년부터 시행된 이 제도는 유럽에서 배출되는 이산화탄소의 절반만을 대상으로 했다. 배출량이 많은 대기업들과 발전소들만 포함됐기 때문이다. 각 나라 정부는 자국 기업과 발전소에 배출권을 지급했다. 경매와 같은 과정은 없었다. 기업들은 아무런 비용도 지불하지 않고 배출권을 지급 받았다. 또, 정부가 지급할 수 있는 배출권도 무제한이었다. 당연히 정부들은 자국 기업에 필요한 것보다 더 많이 지급해 줬다. 배출권 거래를 처음 시행한 2006년에는 이런 사실이 알려져 있지 않아서 유럽 탄소 시장에서 이산화탄소 가격이 1톤당 30유로였다. 그러나 이내 실제 필요한 것보다 더 많은 배출권이 지급됐다는 사실이 알려지자, 배출권 가격이 1톤 당 0.5유로로 폭락했다.

유럽연합의 담당 부처는 이런 사기극을 폭로하고 이후에는 정직한 자세로 임해 달라고 강조했다. 그러나 여전히 각국을 통제하거나 처벌할 권한이 없다. 많은 이들은 유럽연합이 조만간 경매 제도를 도입해야 하고 그러면 자의적으로 배출권을 나눠 주는 문제를 막을 수 있다고 생각한다. 그러나 이산화탄소 배출권이 얼마나 필요한지는 각국이 알아서 보고하도록 돼 있는데, 이 과정에서 그 양이 얼마든지 과장될 수 있고 이를 제어할 수단도 여전히 없는 실정이다.

더 중요하게는, 만약 어느 회사가 이산화탄소 배출권 가격으로 40유로를 지불하면, 이는 탄소세로 40유로를 지불한 것과 같은 효과를 낸다. 결국 다양한 환경세가 갖고 있는 모든 단점을 물려받는 셈이기 때문에 배출량을 줄이도록 기업을 독려할 수는 있지만 그렇게 하도록 강제하지는 못한다.

유럽연합이 시행하는 배출권 거래제의 더 큰 문제는, 실제로 배출을 줄일 수 있는 부문을 대부분 건드리지 않는다는 것이다. 대표적으로 석유, 각종 운송, 정부 사업, 공공건물과 군대에서 배출되는 이산화탄소는 제외된다. 더 치명적인 것은 가정집도 제외된다는 것이다. 그러나 앞서 말했듯이, 유럽에서 배출되는 이산화탄소의 절반가량은 가정과 공공건물에서 배출되기 때문에 가장 중요한 해결책은 단열재를 보강하고 에어컨을 끄고 조명을 바꾸고 에너지 효율이 낮은 전자 제품을 규제하는 것이다. 유럽연합의 배출권 거래제는 전력을 공급하는 전력 회사만을 대상으로 한다. 전력 회사가 풍력발전을 도입할 수는 있지만 건물의 전구를 바꾸거나 집에 단열재를 시공하고 에어컨을 끌 수는 없는 노릇이다.

문제는 여기서 그치지 않는다. 독일에서는 아황산가스 배출 규제를 통해 이미 90퍼센트나 줄이는 성과를 거둔 반면 미국에서는 여전히

35퍼센트 이상을 기대하기 어려운 데는 이유가 있다. 법으로 제약을 가하면 기업들이 혁신을 하게 되지만 세금을 매기면 어느 정도 비용을 감수하더라도 기존의 방법을 고수하게 된다. 독일에서는 아황산가스 배출을 줄이는 공정상의 혁신이 많이 일어난 반면, 미국에서는 거의 없었다.[27]

배출권 거래제에 대해서 두 가지만 더 언급하겠다. 하나는 매우 난해하다는 것이다. 배출권 거래제를 설명하는 공식 문서는 수백 쪽에 달하는데, 그마저 각종 전문용어와 약어로 가득하다. 배출권 거래제를 온전히 이해하는 사람은 거의 없을 정도다. 이 때문에 전문가가 아닌 평범한 사람들은 이 제도가 실제로 효과를 내고 있는지 여부를 알 길이 없다. 이것이 매우 중요하다는 것을 알아야만 한다. 왜냐하면 그 덕분에 정부들이 실제로는 아무것도 하지 않으면서 하는 척할 수 있기 때문이다.

마지막으로, 탄소 시장을 활용하면 기업이 이산화탄소 배출을 줄이는 대가로 돈을 벌 수 있는 것이 큰 장점이라고 말하는 사람을 종종 볼 수 있다. 이는 전혀 사실이 아니다. 배출권 중간상들은 돈을 벌겠지만, 누군가는 결국 그 비용을 지불해야 한다. 이는 마치 농수산물 시장과 같다. 시카고 선물 거래소에서는 장차 돼지고기나 옥수수 가격이 오를지 여부에 돈을 걸어 큰돈을 벌거나 잃는다. 그러나 농부들에게는 한 푼도 돌아가지 않는다. 다만 돼지고기나 옥수수의 최종 가격에 더해질 뿐이다. 탄소 시장에서도 마찬가지다. 이산화탄소 배출을 줄이는 기업은 신기술 도입을 위해서 비용을 지불하고도 배출권 중간상들에게 돈을 줘야 한다. 누군가는 돈을 벌지만, 새로운 가치가 생겨나는 것은 아니다.

탄소 상쇄와 탄소 중립

배출권 거래제보다 더 나쁜 게 있는데 바로 '탄소 상쇄'와 '탄소 중립'이다.

이산화탄소를 상쇄한다는 말은, 누군가 이산화탄소를 너무 많이 배출했을 때 이를 상쇄하겠다는 것이다. 예를 들어, 모든 밴드가 자가용 비행기를 타고 바다를 건너오는 록 콘서트를 생각해 보자. 이 경우, 콘서트 기획사는 수천 톤의 이산화탄소 배출에 책임이 있는데, 이는 홍보나 이미지 관리에 결코 좋지 않다. 그래서 이들은 브라질이나 인도네시아에서 나무를 심는 프로젝트를 찾아낸다. 그다음, 이산화탄소 회계 전문가가 나서서 나무를 심으면 얼마나 많은 이산화탄소를 흡수할 수 있는지를 산출하고, 콘서트 기획사는 자신이 책임져야 하는 배출량을 산정한다. 그러고 나서 나무 심는 프로젝트에 돈을 지급하는 대신 자신은 나무를 심은 만큼 이산화탄소를 배출할 권리가 있다고 주장하는 것이다. 이처럼 제트기 운행으로 이산화탄소가 배출됐지만 나무를 심었기 때문에 결국 '상쇄'됐다고 주장하는 것이 바로 '탄소 상쇄'다. 이제 그 록 콘서트는 '탄소 중립적'이라는 인정을 받게 된다. 즉, 대기 중에 이산화탄소를 하나도 늘리지 않았다는 것이다.

탄소 상쇄 상품의 고객층 중에는 해외여행을 한 것에 죄책감을 느끼는 여행객도 많다. 집에 돌아와서 탄소 상쇄 쇼핑몰을 검색하면, 자신이 비행기를 탄 결과로 얼마나 많은 이산화탄소가 배출됐는지를 친절히 계산해 준다. 그러면 그에 해당하는 만큼의 금액을 지불하고, 해당 업체는 그 돈으로 나무를 심겠다고 약속하는 것이다.

기업도 비슷한 일을 하는데, 특히 환경오염을 일으킨다고 비난받는 기업일수록 그런다. 배출량을 50퍼센트 줄이겠다고 공언한 뒤, 탄소 상쇄 상품을 사는 것이다. 영국은 정부 차원에서 이런 일을 하려고 한다. 2008년 현재 의회에 제출된 기후 법안에 따르면, 2050년까지 이산화탄소 배출량을 60퍼센트 줄이도록 하고 있다. 그런데 만일 목표량을 도달하지 못하면, 상쇄 상품을 사들임으로써 대신할 수 있다고 명시하고 있다. 법이 정한 목표를 도달하지 못해도 빠져나갈 구멍을 만든 것이다.

탄소 상쇄 상품은 사기극인 경우가 많다. 설령 법으로 감독한다 하더라도 여전히 이산화탄소 배출은 줄어들지 않는다. 쉽게 믿기지 않는 얘기라 다소 긴 설명이 필요하다.

우선, 탄소 상쇄 상품을 규제하는 법이 없기 때문에 돈을 받은 쪽에서 반드시 그만큼 이산화탄소를 상쇄해야 할 법적 책임이 없다. 대부분의 거래는 국경을 넘어 이뤄지는데 그런 것을 규제할 기초적 법체계조차 없다. 따라서 브라질에 있는 회사가 실제로 나무를 심었는지 확인할 길이 없는 것이다. 그렇다고 누군가가 감독하고 있는 것도 아니다. 돈만 받고 아무 일도 하지 않는 경우도 꽤 있다. 아무런 규제나 감독이 없기 때문에, 지급된 돈이 사실은 횡령되고 있는지 아닌지를 알 길이 없다.

설령 브라질에서 정말로 나무를 심는다고 하더라도 여전히 사기극으로 끝날 가능성이 큰데, 이는 앞서 말했던 문제들 때문이다. 아마도 성장이 빠르다는 이유로 유칼립투스 한 종만을 다량으로 심을 텐데, 그러면 지하수가 고갈되고, 나무 아래에는 다른 식물이 살 수 없게 되고, 그 나무들마저 10년 안에 바이오연료나 목재로 쓰이기 위해 베어질 것이다. 심지어 유칼립투스를 심을 땅을 확보하기 위해 열대우림을 밀어 버리는 일도 종종 있다. 더군다나 탄소 상쇄 상품을 팔아서 받은 돈의 일부를 이미 조성된 숲의 주인에게 지급하고 그 숲에 해당하는 '탄소 상쇄 권리'만을 사는 경우도 많다. 그 정도로 뻔뻔하지는 않은 경우라 하더라도 어차피 일어났을 일들을 놓고 돈벌이를 하는 경우가 많다. 예를 들어 인도네시아의 한 전력 회사가 연료를 석탄에서 천연가스로 바꾸는 경우를 보자. 이처럼 연료를 바꾸는 이유는 천연가스가 석탄보다 싸기 때문이다. 그런데 천연가스는 석탄보다 이산화탄소를 훨씬 덜 배출한다. 그 덕분에 이 인도네시아 전력 회사는 순전히 덤으로 이산화탄소 배출권을 중간상에게 팔 수 있게 된다. 그 결과 실질적으로는 인도네시아의 이산화탄소 배출량에 변화가 없다. 그러나 유럽의 콘서트 기획사, 여행객, 석유 기업, 교회나 도시는 탄소 상쇄 상품 덕분에 오히려 더 많은 이산화탄소를 배출할 수 있게 된다. 콘서트 기획사나 석유 기업이 애초에 탄소 상쇄 상품에 관심을 갖게 된 이유가 배출을 줄이라는 압력 때문이었음을 기억하자. 결국 그들은 상쇄 상품 덕분에 배출량을 줄이지 않으면서도 '친환경' 이미지를 얻게 된 것이다.

탄소 상쇄 상품 때문에 실제로는 이산화탄소 배출이 더 늘어난다니, 매우 이상하게 들릴 테지만 중요한 사실이다.

게다가 시장에서 거래되기 때문에 탄소 상쇄 상품의 효과가 더 줄어들 수밖에 없다. 실효성이 떨어지는 상품일수록 값이 더 싸기 때문이다. 비행기 여행을 다녀온 뒤 인터넷을 통해 탄소 상쇄 상품을 검색하는 여행객을 떠올려 보자. 조금만 생각을 한다면, 여러 웹사이트를 돌아다니면서 가격을 비교하는 게 이익이라는 것을 알게 될 것이다. 여러분이 그 여행객이라면 그중 어디서 사겠는가?

가격이 낮은 웹사이트일수록 사기와 협잡이 난무할 가능성이 크다. 당신이라면 이산화탄소 절감 효과를 실제로 발휘하는 상쇄 상품을 사기 위해 다섯 배나 더 많은 돈을 지불하겠는가?

누구나 값싼 탄소 상쇄 상품을 선택할 것이고, 콘서트 기획사, 석유 기업과 정부도 마찬가지일 것이다. 이처럼 시장 경쟁 때문에 탄소 상쇄 상품은 가격을 더 낮추라는 압력을 받을 수밖에 없다. 설령 완전한 사기는 아니더라도, 브라질이나 인도네시아에서 이미 예정돼 있는 프로젝트를 찾아내서 돈을 지불하는 게 실제로 나무를 사서 심는 것보다 언제나 더 값싼 선택일 것이다.

유엔도 교토의정서에서 탄소 상쇄를 공식 인정했다. 이는 '청정 개발 체제CDM'라고 불린다. 이 청정 개발 체제는 배출권 거래제나 탄소 상쇄 상품과 마찬가지 단점을 갖고 있다.[28] 애초 기업에 명령해야 할 일을, 선택권을 부여한 뒤 인센티브를 주겠다는 것이다. 가난한 나라들이 기후변화에 대처할 수 있도록 부유한 나라들이 돕는 것을 반대하는 게 아니다. 그것은 꼭 필요한 일이다. 그러나 가난한 나라를 돕는 대가로 기업의 배출량 감축 의무를 면제해 주는 것은 막아야 한다. 가난한 나라를 대규모로 지원해서 청정에너지를 새로 도입하고 집에 단열재를 보강하고 대중교통을 확충하고 기술력이 뛰어난 제철소를 만들 수 있도록 해 줘야 한다. 그렇게 하면 엄청난 효과를 볼 수 있을 것이다. 필요한 자금은 기업과 최고소득층에 세금을 물려서 마련해야 한다. 이렇게 하면 누구나 이해하기 쉽고 복잡하지 않게 이산화탄소 배출을 제대로 줄일 수 있다.

그러나 이것은 시장 원리를 거스른다. 왜 아니겠는가? 신자유주의는 사람들끼리 서로 돕는 것을 용납하지 않는다.

탄소 배급제

현재 논쟁이 되고 있는 마지막 시장 조절책은 '탄소 배급제'다. 앞서 소개한 시장 조절책들과는 다르게 탄소 배급제를 주장하는 것은 기업이 아니다. 오히려 지구온난화를 막고 사회정의를 지키고 싶어 하는 환경운동가들이 주장하고 있다.

탄소 배급제를 처음 제안한 사람은 영국 녹색당의 사상가 오브리 메이어다. 메이어는 '수축과 수렴'이라는 더 큰 구상의 일부로 탄소 배급제를 제안했다.[29]

많은 기후 활동가들이 '수축과 수렴'을 지지한다. 생각의 출발점은 단순하다. 전 세계 모든 나라가 동일한 1인당 이산화탄소 배출권을 가져야 한다는 것이다. 이는 당장 현실화되지는 못할 것이다. 당분간 부유한 나라에서는 배출량을 줄여야 할 것이다. 즉, '수축'돼야 한다. 반면에 가난한 나라의 배출량은 전 세계 모든 사람이 감수할 수 있을 만한 동일한 수준에 이를 때까지 조금 늘어나거나 유지돼야 할 것이다. 즉, '수렴'이 일어나야 한다. 그래야 공정할 것이다. 사람들이 수축과 수렴을 지지하는 이유는 대부분 공정한 것이 옳다고 생각하기 때문이고, 그 점은 나도 동의한다.

그렇지만 메이어의 이런 생각이 현실에서는 거의 언제나 사람들에게 희생을 강요하는 형태로 나타난다. 전 인류가 상품과 서비스를 포기하고 고통을 분담하자는 식이다. 희생을 강요해서는 운동을 건설할 수 없고 사람들이 희생을 감수할 필요도 없다는 점에 대해서는 앞에서 이미 길게 설명했다. 게다가, 모든 나라에서 이산화탄소를 공평하게 배출하도록 만들자는 얘기가 반드시 사람들에게 희생을 강요하는 것으로 이어질 필요도 없다.

메이어의 제안에서 둘째 부분이 바로 그가 '탄소 배급제'라고 부르는 것이다. 래리 로먼과 로스 겔브스펀처럼 기후변화에 관해 좀 더 급진적인 주장을 하는 저술가들도 이 부분에서 혼란에 빠진다. 탄소 배급제는 여타의 시장 조절책이 갖고 있는 약점을 다 갖고 있다.

탄소 배급제의 구상은 다음과 같다. 모든 사람에게 중앙 컴퓨터와 연결된 일종의 신용카드를 발급한 뒤 이 카드에 해마다 똑같은 양의 탄소 사용권을 지급한다. 그런 다음 이산화탄소 배출이 많은 물건이나 서비스를 구입할 때마다 카드에 기록이 되는 것이다. 예를 들어 비행기표를 끊거나 승용차 휘발유를 사거나 전기 요금을 내면 카드에 기록되는 것이다. 그리고 매년 카드에 지급되는 탄소 사용권을 3퍼센트, 5퍼센트 또는 8퍼센트씩 줄여 간다.

얼핏 보면 제2차세계대전 당시의 배급제와 무척 비슷해 보인다. 그리고 모든 사람에게 탄소 사용권이 똑같이 지급되기 때문에 공평해 보인다. 1940년대에 사람들이 배급제를 받아들인 것도 그것이 공평했기 때문이다. 게다가 자신에게 지급된 할당량을 판매하는 것이 금지돼 있었기 때문에 공정성이 훼손되지 않을 수 있었다. 비록 암시장을 통한 거래가 있기는 했지만, 전반적으로 이는 나쁜 것이라는 생각이 강했다.

탄소 배급제가 이와 주되게 다른 점은 자신에게 지급된 몫을 돈 받고 팔 수 있다는 점이다. 즉, 뉴욕 출장이 많은 런던의 사업가는 다른 이들이 배급받은 몫을 사들일 수 있다. 가족을 데리고 고향인 방글라데시에 어머니, 아버지를 보러 가고 싶은 영국의 노동자도 그러지 않을 수 없을 것이다.

이 때문에 탄소 배급제를 시행하면 탄소를 단위로 하는 새로운 통화가 생길 것이라는 전망이 많다. 그러나 탄소 배출권을 달러나 유로를 받고 팔 수 있다면, 그것은 전혀 새로운 통화가 아니다. 다만 달러나 유로일 뿐이다. 사실상 탄소 배출권이란 감세 혜택을 받는 것과 다를 바가 없을 것이고, 이는 환경세의 거울 이미지일 뿐이다. 게다가, 해마다 탄소 배출권이 줄어들 것이므로 거래 가격은 점차 오르게 될 것이다. 그 결과 부자들만 승용차나 비행기를 탈 수 있고, 큰 집을 살 수 있게 될 것이다. 반대로 가난한 사람들은 그러기가 더 어려워질 것이다.

그 밖의 시장 조절책들과 달리, 탄소 배급제는 총 에너지 사용량을 실제로 줄일 것이다. 그러나 그 과정에서 불평등이 더 커질 것이다. 이런 종류의 배급제는 부자들의 입맛에 맞는 것이다. 평범한 사람들에게는 왜 이 제도가 필요한지 설득하기가 어렵다.

또 모든 이들에게 똑같이 배급한다는 것이 과연 공평한지도 따져 봐야 한다. 뉴욕 출장이 많은 사업가와 방글라데시에 가족을 두고 온 노동자의 예로 돌아가 보자. 사업가는 화상회의로 일을 처리할 수 있지만, 고향의 부모님은 직접 손자를 만져 보고 안아 보기를 원한다는 것이 누가 봐도 분명하다. 두 경우를 똑같이 여기는 것은 온당치 못하다. 사람들에게 똑같은 돈을 나눠 준다고 공평한 것은 아니다. 어떤 사람은 남보다 더 많은 도움이 필요하다. 의료보험 제도에서 모든 환자에게 똑같이 돈을 지급하지 않듯이 말이다. 장기간 투병해야 하는 환자에게는 막대한 돈을 들이는 반면에, 곧 평온한 죽음을 맞이할 환자에게는 그만큼 돈을 들이지 않는다.

게다가 식량의 경우는 개인들 사이의 차이가 크지 않겠지만, 각자가 배출 하는 탄소는 사람마다 다를 수 있다. 지붕에 4킬로와트짜리 태양 전지판을 설치한 사람은 난방과 관련해서는 사실상 배출권 자체가 필요가 없다. 숲에 살면서 통나무로 난방을 해결하는 사람도 마찬가지다. 반면에 외풍이 심한 낡은 집에 사는 노인은 단지 춥지 않은 겨울을 보내기 위해서도 많은 탄소를 배출해야만 한다. 이런 차이를 무시하고 태양광 지붕을 가진 사람과 낡은 집에 사는 노인에게 탄소 배출권을 똑같이 지급한다면, 사실상 빈부 격차를 더 키울 따름이다.

이처럼 탄소 배급제는 탄소 시장과 똑같은 문제를 안고 있다. 파이프의 엉뚱한 끝, 즉 소비자가 문제라고 여기는 것이다. 탄소 배급제와 '수축과 수렴' 전략은, 기후변화를 막기 위해 정작 필요한 중요한 변화는 건드리지 않는다. 소비자 선택을 강조하는 것으로는 지구를 풍력발전과 태양발전으로 뒤덮을 수 없고 모든 건물에 단열재를 설치할 수도 없다. 탄소 배급제가 정부 규제와 정부 지출을 늘려야 한다는 주장을 대신할 수 없는 이유다.

5부
다른 미래

17장 기후 재앙

이번 장과 다음 장에서는 두 종류의 미래를 보여 줄 것이다. 이번 장은 기후변화에 제대로 대응하지 않았을 때 보게 될 미래에 관한 내용이다. 다음 장에서는 그와 전혀 다른 미래가 가능하다는 주장을 펼 것이다.

장차 다가올 기후변화가 어떤 모습일지 미리 알기 위해서 예지력이 필요한 것은 아니다. 그저 지금 일어나고 있는 기후 재앙들을 살펴보면 된다. 미래는 그와 같을 텐데, 다만 더 끔찍할 것이다. 이 장에서는 뉴올리언스를 강타한 허리케인 카트리나와 [아프리카] 다르푸르의 오랜 가뭄을 살펴볼 것이다. 내 주장의 요점은 단순한 기후 재앙은 없다는 것이다. 기후 재앙은 자본주의 체제의 한가운데서 일어나는 만큼, 체제에 의해 자연재해가 인재人災로 바뀌게 된다.[1]

뉴올리언스와 다르푸르를 살펴봐야 하는 이유는 또 있다. 사람들은 지구온난화의 실제 결과를 목도하면, 그 전보다 더 적극적으로 행동에 나서기도 한다. 아니면 반대로 부자들과 권력자들이 가난한 사람들에게 모든 피해를 떠넘기면서 가난한 사람들끼리 살아남기 위해 서로 물어뜯고 싸우게 될 수도 있다. 그래서 나는 뉴올리언스와 다르푸르에서 일어난 일을 서술하면서 당시 사람들이 정치적으로 어떻게 대응했는지에 집중했다. 또, 미래의 기후 재앙에 어떻게 대응해야 할지도 제시했다.

뉴올리언스

2005년 8월 29일 월요일 이른 새벽에 허리케인 카트리나가 미시시피주와 루이지애나주의 해변을 강타했다. 뉴올리언스의 80퍼센트가 물에 잠겼고 2000여 명이 사망했다. 카트리나보다 더 많은 사람을 죽인 열대 폭풍은 세계적으로 많다. 그러나 카트리나가 달랐던 점은, 세계에서 가장 부유한 나라조차 지구온난화를 피해 갈 수 없음을 보여 준 것이다.[2]

카트리나가 꼭 기후변화 때문에 생긴 것은 아닐 수도 있다. 허리케인은 그 규모에 따라 5단계로 구분하는데 5등급이 가장 강하며 1등급이 가장 약하다. 그런데 카트리나는 겨우 2등급이었다.[*] 지구온난화 때문에 앞으로는 카트리나보다 더 끔찍한 허리케인이 여럿 나타날 것이다. 열기가 허리케인을 만들기 때문이다.

강력한 열대 폭풍은 대서양 일대에서는 허리케인으로 불리며 태평양과 인도양에서는 사이클론이나 태풍이라고 불린다.[3] 허리케인 생성

---

[*] 위키피디아에 따르면 3등급이었다.

에서 가장 중요한 것은, 한 해의 가장 더운 때 특정 장소에 얼마나 많은 열기가 모이냐는 것이다. 허리케인은 바다에서 생성되고 성장한다. 바다가 뜨거운 정도와 그 열기가 바닷속으로 깊이 퍼진 정도, 그 열기가 오래 지속되는 정도에 따라 허리케인의 강도가 결정된다.

그렇지만 피해의 대부분은 폭풍해일 때문에 발생한다. 바람이 바닷물을 밀어붙이면서 해수면 위로 파도가 점차 모이게 된다.[4] 파도가 육지에 가까워지면 얕은 수심 때문에 속도가 느려지고, 그 결과 해변에 닿기 직전에 갑자기 솟아오른다. 카트리나 폭풍의 눈이 미시시피 해변에 닿았을 당시 파고는 29피트(8.7미터)였다.[5] 이처럼 높은 파도가 만들어 낸 물의 장벽은 엄청난 파괴력이 있다.

지구온난화 때문에 해수면이 상승한다는 것은 누구나 알고 있다. 따뜻해질수록 물이 팽창하기도 하고, 열기 때문에 그린란드와 남극의 거대한 빙하가 녹기 때문이다. 그러나 이처럼 해수면이 천천히 상승하는 것보다 더 무서운 것이 있다. 바로 폭풍해일이 해수면 상승과 맞물려 갑자기 육지를 덮치는 것이다. 지구온난화로 인한 열기 때문에 해수면이 높아질 뿐 아니라 폭풍도 더 자주 발생하게 된다.

벌써부터 이런 문제가 나타나고 있다. 루이지애나주의 해변은 이미 해수면이 1피트(0.3미터) 상승했다. 앞으로는 훨씬 더 많이 상승할 것이다. 그러나 루이지애나주 해변과 뉴올리언스에서는 몇 가지 다른 요소가 겹치면서 해수면 상승의 효과를 실제보다 더 증폭시켰다. 이 때문에 카트리나가 훨씬 더 강력한 폭풍들에 맞먹는 파괴력을 발휘한 것이다.

첫째, 20세기를 거치면서 해변과 뉴올리언스가 3피트(0.9미터) 가라앉았다. 이는 그 지역에 제방이 새로 생긴 것과 관련이 있다. 수천 년 동안 [루이지애나를 관통하는] 미시시피 강을 통해 실트가* 강어귀에 쌓였고 그 덕분에 도시와 해안 사이에 습지대가 유지될 수 있었다. 그런데 제방이 생기면서 더는 실트가 유입되지 못한 채 바로 바다로 빠져나가게 됐고, 그 결과 도시와 습지대가 마르기 시작하자 지반이 단단해지면서 가라앉은 것이었다.

게다가 습지대가 사라지고 있었다. 루이지애나 남부는 석유와 가스가 주요 산업인데, 석유 기업들이 습지대를 가로지르는 수천 개의 수로와 운하를 지었고 이것이 습지대를 조금씩 갉아먹었다. 2005년에는 축구 경기장 세 개만 한 넓이의 습지대가 매일 사라지고 있었다. 원래 습지대는 폭풍해일로부터 도시를 보호하는 완충지대 구실을 했는데 2005년에는 그런 구실을 거의 할 수 없었다. 카트리나가 만든 해일이 처음 해변에 닿았을 때 파고가 29피트[8.7미터]였는데 해변에서 40마일[64킬로미터]이나 북쪽에 있는 도시의 제방에 이르렀을 때도 여전히 14~18피트[4.2~5.4미터]나 됐다.

설상가상으로, 제방 자체도 신자유주의 때문에 많이 망가진 상태였다. 원래 제방은 미 육군 공병단이 관리했다. 한때 이 부대는 미국 기술자들 사이에서 가장 존경받는 곳이었다. 수백 명의 장교들이 제방을 설계하고 관리했으며, 수만 명의 병사들이 수해 방지 시설을 지었다. 그러나 신자유주의가 불어닥치면서 비용을 줄인다는 명목으로 이런 작업을 대부분 외주화했고, 그 결과 2005년에는 루이지애나 공병단에 남은 장교가 고작 세 명이었다. 300명이 넘는 나머지 핵심 직원들은 모두 민간인이거나 하청 업체 소속이었고, 모든 공사를 하청 업체가 하

---

* 실트(silt) 침적토의 일종.

게 됐다.

전 세계적으로 공공사업을 외주화하면 늘 부패가 불거졌는데 루이지애나도 예외가 아니었다. 외주화는 뇌물을 부르기 마련이다. [왜냐하면] 모든 공공 계약에서 하청 업체들은 규정대로 공사를 진행하지 않음으로써 이윤을 남기기 때문이다. 뉴올리언스에서도 마찬가지였다. 하청 업체들은 그럴듯하게 제방을 짓고 유지, 보수하는 척했다. 그러나 제방 내부에 쓰인 철골구조는 싸구려라 해일을 견뎌 낼 수 없었다. 예전에 공병대가 담당할 때는 지반이 굳건한지 살핀 뒤, 철재 구조물이 단단히 견딜 수 있도록 제방을 만들었다. 그러나 하청 업체들은 지반이 구멍투성이든 질퍽한 진흙이든 가리지 않고 그 위에 제방을 쌓았다. 뉴올리언스 기자들의 표현을 빌리자면, "마치 젤리 위에 벽돌을 얹은 것" 같았다.[6] 카트리나가 몰고 온 파도가 덮쳤을 때, 제방 수백 곳이 무너졌고 사실상 무용지물이었다.

이런 일들이 서로 맞물리면서, 카트리나는 파고가 훨씬 더 높은 허리케인과 맞먹는 위력을 발휘하게 됐다. 해수면이 1피트[0.3미터] 상승했고 땅이 3피트[0.9미터] 가라앉아서 사실상 해수면이 4피트[1.2미터] 상승한 것과 같았다. 제방 너머 뉴올리언스는 지면의 80퍼센트가 해수면보다 낮았다. 제방의 높이가 14피트[4.2미터]였으므로 그 제방이 차고 넘치자 사실상 18피트[5.4미터] 높이의 파도가 덮친 것과 같았다. 게다가 습지가 파괴돼서 해일의 파괴력이 더욱 커졌다. 이런 일들이 맞물리면서 카트리나는 실제 해수면 상승의 20~25배에 달하는 위력을 발휘했다. 카트리나가 미래의 기후 재앙을 미리 보여 준다고 말하는 것은 바로 그 때문이다.[7]

이것은 예기치 못한 비극이 아니었다. 루이지애나에 사는 모든 이들이 이런 일이 조만간 닥칠 것이라는 사실을 알고 있었다. 대부분은 제방이 부실투성이라는 것과 기후변화에 대해서는 잘 몰랐다. 그러나 지반이 가라앉고 있으며 해수면이 상승하고 있다는 것은 알았다. 지방신문과 〈뉴욕 타임스〉, 여러 다른 신문들, CBS와 PBS가 이를 보도했다.[8]

사람들은 조만간 닥칠 재난에 '빅 원(Big One, 큰놈)'이라는 이름까지 붙였다. 워싱턴의 연방재난관리청FEMA은 국가적 재난에 대처하는 정부 기구였다. 9·11 테러와 카트리나 사태가 일어나기 전인 2001년에 연방재난관리청은 미국을 위협하는 3대 재난으로 뉴욕에 대한 테러 공격, 샌프란시스코의 지진과 함께 뉴올리언스의 허리케인을 꼽았다.[9]

2004년 7월에는 루이지애나에서 가상의 '허리케인 팸'을 상대로 1주일에 걸친 모의 훈련을 했다. 연방재난관리청장 마이클 브라운은 그 과정을 공개했다. 허리케인 과학자, 해안경비대, 각급 공무원까지 총 270명이 참가했다. 컴퓨터 시뮬레이션으로 만든 가상 허리케인 '팸'은 3등급이었다. 가상훈련 결과, 뉴올리언스 전체가 물에 잠겼고 6만 명이 사망했다.

모두 어떤 조치가 필요한지 알고 있었다. 루이지애나주립대학교의 과학자들은 홍수 피해 방지 계획과 침적토 복원을 위한 수로망을 설계해서 제출했다. 이를 위해 140억 달러가 필요했는데, 이는 미국이 이라크 전쟁에서 6주 동안 쓰는 비용이었다. 공화당과 민주당 가리지 않고 루이지애나 주지사들은 연방 정부에 지원을 호소했다. 그러나 국회, 클린턴, 부시는 모두 예산 지원을 거부했다. 심지어 부시는 이라크 전쟁 비용을 충당하기 위해 홍수 방지 예산을 삭감하기까지 했다.

이것만으로도 충분치 않았던지, 뉴올리언스 시장 내긴과 루이지애나 주지사 블랑코는 폭풍 경로에 있는 수만 명의 뉴올리언스 주민을 대피시키지 않았다. 뉴올리언스를 강타하기 이틀 전인 토요일까지 카트리나는 5등급 허리케인의 위력을 유지했기 때문에, 그동안 사람들이 말해 온 '큰 놈'이 바로 카트리나가 될 것이 분명했다. 그러나 내긴 시장은 호텔 업계의 압력을 받고 있었다. 관광도시인 뉴올리언스에는 호텔이 즐비했고, 3만 명까지 수용할 수 있을 정도로 규모가 컸다. 시장이 대피 명령을 내리면 관광객이 모두 떠나서 호텔들이 수백만 달러의 손실을 입을 수밖에 없는 상황이었다.

내긴은 아프리카계 미국인이고 민주당원이었다. 그러나 기업을 대변하기 위해 시장이 된 사람이기도 했다. 결국 그는 호텔 업계에 굴복해서 '자발적 대피'를 지시했다. 떠나고 싶은 사람만 떠나라는 것이었다.

국립허리케인센터의 소장인 맥스 메이필드는 모든 사람에게 닥치는 대로 전화를 걸어 시장이 움직이도록 설득해 달라고 호소했다. 결국 메이필드는 연방재난관리청장인 마이클 브라운과 통화할 수 있었다. 브라운은 맥스의 전화를 받고 걱정이 되어 조지 부시가 있는 텍사스 목장으로 일요일 아침 일찍 전화를 걸었다. 부시가 뉴올리언스 시장 내긴에게 전화를 걸었고, 내긴은 이런 압력 때문에 일요일 아침에 '강제 대피령'을 내리게 된다.

나중에 부시는 이 통화 사실을 숨기려고 드는데 그 이유는 뒤에서 살펴볼 것이다.

그런데 내긴의 '강제 대피령'은 여전히 '떠나고 싶은 사람만 떠나라'는 것과 다를 바가 없었다. 시장은 사람들에게 승용차로 대피하라고 말했지만 뉴올리언스 가정의 4분의 1은 차가 없었다. 뉴올리언스 시는 550대의 시내버스와 264대의 스쿨버스를 보유하고 있었는데 좌석을 모두 합하면 4만 8000석이나 됐다.[10] 그런데 이 버스들은 주차장에 그대로 남아 있었다. 자산을 보호하기 위해, 민영 그레이하운드 버스들과 뉴올리언스를 떠나는 마지막 기차는 아무도 태우지 않고 뉴올리언스를 빠져나갔다. 승용차가 있는 사람들도 대피하기 어렵기는 마찬가지였다. 대피할 장소와 먹을 음식이 없었던 것이다. 마침 월말이어서 사람들은 복지수당과 실업수당, 사회보장 연금을 타기 위해 기다리고 있었다. 이 때문에 분별력이 떨어지거나 늙고 병들고 가난한 사람들은 그냥 남아 있을 수밖에 없었다.

이 모든 일은 충분히 피할 수 있었다. 뉴올리언스에서 죽은 사람의 절반가량은 로워나인스워드라는 곳에서 익사했다. 그런데 바로 그 로워나인스워드의 동물 보호소 소장인 로라 말로니는 집 잃은 개와 고양이 등 애완동물 263마리를 한 마리 한 마리 모두 챙겨서 휴스턴의 안전지대로 대피시켰다.[11] 해안가에서 가까운 라파예트패리시의 보안관은 모든 집을 일일이 찾아다니며 사람들에게 떠나라고 설득했고 그들이 대피하는 데 필요한 버스를 마련해 줬다. 그러나 만약 시 당국 차원에서 그런 일을 했다면 도심 고지대에 있는 호텔들을 비워서 사람들을 묵게 할 수도 있었을 것이다.

결국 허리케인이 강타해서 제방을 무너뜨리자, 한 시간 만에 수백 명이 익사했다. 익사하지 않은 사람들은 도끼로 천장을 뚫고 지붕으로 대피해 구조를 기다렸다. 거기서 그들은 기다리고 또 기다렸다.

그러나 아무리 기다려도 무엇 하나 제대로 되는 게 없었다. 한 세대에 걸친 신자유주의 정책이 뉴올리언스만이 아니라 모든 도시에 미친 영향 때문이었다. 지난 20년간 시와 주 정부는 복지 프로그램을 축소하고, 각종 빈민·노인·장애인 지원 예산을 삭감했다. 그 대신 지출을 줄이고 부자들과 기업들을 도심으로 재유치하는 것을 정책의 지상 목표로 삼았다. 고위 간부들은 일선 현장의 공무원들이 주민을 제대로 도울 수 없다고 불평해도 무시하는 데 익숙해져 있었다. 신자유주의 정책을 관철시키기 위해 고위 간부들은 일선 경찰관, 응급 구조대원, 교사, 사회 복지사의 의견을 무시할 수 밖에 없었다. 이 때문에 막상 재난이 닥치자 거리에서 사람들이 전화에 대고 비명을 질러도 이를 무시하는 것이 전혀 이상하지 않았다.

신자유주의적 삭감과 관리 소홀 때문에 생긴 문제들에 대해서는 일단 못 본 체하는 게 원칙이었다. 마침내 언론에 폭로되면, 그제야 부랴부랴 대책 회의를 열었다. 그런데 그 대책 회의는 잘못된 정책을 바로잡거나 사람들을 돕기 위한 것이 아니라 언론에 뭐라고 변명할지 논의하는 자리였다. 대체로 처음에는 무슨 일이 벌어지고 있는지를 숨겼다. 그것이 통하지 않으면 그다음에는 피해자들에게 문제가 있다는 식으로 책임을 떠넘기고 비난을 피하려 했다. 신자유주의 정책으로 피해를 입은 사람들을 대하던 바로 그 방식이 이재민에게 적용됐다. 1995년 시카고에서 폭염으로 700명 이상의 노인이 사망했을 때 시 당국의 태도가 그랬다. 2003년 바그다드를 함락했을 때 럼즈펠드와 연방 정부가 보인 태도도 그랬다. 뉴올리언스도 예외가 아니었다.[12]

경찰서와 소방서에는 이재민을 돕지 말라는 명령이 내려졌다. 매일같이 사람들을 구조하는 것이 주 임무인 해안경비대만이 이재민을 도왔다. 자발적으로 작은 보트를 타고 이재민을 구조하러 다닌 이들은 수천 명의 평범한 사람들이었다. 연방재난관리청은 이런 구조 행위를 금지했지만, 사람들은 이를 무시해 버렸다. 보트를 통해 구조된 사람들은 시내나 고가도로로 인도돼서, 걷거나 헤엄쳐서 고지대로 빠져나온 다른 생존자들과 합류할 수 있었다. 그곳에서 생존자들은 또다시 기다리고 또 기다렸다.

연방재난관리청은 사람들을 돕기 위해 전국에서 몰려든 수많은 의사, 소방관, 구조대원을 돌려보냈다. 해군은 병원선船인 바탄호號를 인근 해안까지 보냈으나, 부시는 바탄호에게 부상자와 환자를 대피시키라는 명령을 내리기를 거부했다. 주요 버스 회사들은 자진해서 돕겠다고 연락해 왔으나 연방재난관리청은 이들에게 아무런 응답도 하지 않았다.[13]

뉴올리언스 대부분이 물에 잠기기까지는 12시간 가까이 걸렸다. 그 12시간 동안 시와 연방 정부는 제방이 무너졌다는 사실을 숨겼다. 만약 그들이 진실을 얘기했더라면, 수백 명이 목숨을 건질 수 있었을 것이다. 현장에 있던 연방재난관리청 담당자는 론 브라운 단 한 명이었다. 그는 위성 전화로 워싱턴에 상황을 보고하기 바빴다. 워싱턴은 그의 보고를 무시해 버렸다.

다음 날인 화요일이 되자 부시와 그의 일당들은 본격적으로 일에 착수했다. 사람들을 돕기 시작했다는 뜻이 아니다. 오히려 문제를 축소하고 연방재난관리청이 너무 많은 일을 하고 있어서 일일이 말하기 힘들 정도라고 언론에 떠들면서 연출된 구조 사진을 보여 주는 게 전부였다. 부시와 브라운은 무슨 일이 일어나고 있었는지 전혀 몰랐던 것처럼 행동했다. 거짓말이었다. 브라운 자신은 '허리케인 팸'으로 6만 명이 사망할 것이라는 가상훈련을 집행한 바 있었다. 또, 카트리나가 들이닥치기 전날 아침 다급하게 부시에게 전화를 했고 같은 날 점심 때는 영상통화로 다시 보고한 바 있었다. 그러나 부시는 향후 몇 개월 동안 그런 통화 사실과 보고받은 사실이 있다는 것을 숨기기 위해 안간힘을 썼다.

이 모든 얘기를 듣고 있으면 도무지 말이 안 된다는 생각이 들 것이다. 부시가 너무 멍청한 것 같기 때문이다. 화요일이 되자 전 세계 언론이 뉴올리언스에서 일어난 일을 대서특필했고, 부시와 브라운은 정말 몰랐던 일이라고 발뺌했다. 부시와 브라운의 주된 관심사는, 이런 참사가 일어날 것을 자신들이 미리 알았다는 사실과 그런데도 수년 동안 아무런 대비를 하지 않았고 사람들을 대피시키지 않았다는 사실을 은폐하는 것이었다. 부시에게는 특별한 문제가 하나 더 있었다. 그는 기후변화가 사실이 아니라는 여론을 전 세계적으로 주도하고 지구온난화 저지 조치에 반대하는 상징적 인물이었다. 언론은 카트리나가 기후변화의 산물임을 부인했지만, 압도 다수의 사람들은 의문을 품기 시작했다. 이게 기후변화가 아니라면 진짜 기후변화는 얼마나 끔찍할까? 이 때문에 부시는 당시의 참사를 최대한 축소하고 은폐할 수밖에 없었다.

이것이 뜻대로 되지 않자, 부시는 피해자들을 도리어 비난하기 시작했다. 당시의 텔레비전 영상을 보면, 지치고 삶의 터전을 잃은 수만 명의 뉴올리언스 이재민이 대부분 아프리카계 미국인이었다는 것을 알 수 있다. 수마가 할퀴고 간 다음날, 미국 전역의 신문과 방송이 대규모 인종차별 캠페인에 돌입했다. 언론은 생존자들이 약탈꾼이자 사나운 폭도라고 매도했다. 구조대를 향해 몰래 총을 쏘는 사람도 있다고 했다. 자신이 흑인이기도 한 뉴올리언스 경찰서장은 오프라 윈프리 쇼에* 나가서 생존자들이 어린이들을 강간하고 돌아다닌다고 말했다.

강간, 저격, 폭력, 폭도, 모두 거짓말이었다. 상점이 침탈된 것은 사실

---

* 오프라 윈프리 쇼 미국의 유명한 토크쇼.

이었다. 음식·물·기저귀가 필요했는데, 문을 연 상점은 하나도 없고 구호품도 오지 않았기 때문이다. 이 과정에서 많은 사람들, 특히 경찰들이 생필품 이상의 물건을 챙긴 것도 사실이다. 그러나 언론의 메시지는 피해자들이 스스로 고통을 불러왔다는 것이었다. 피해자들에게 필요한 것은 구호가 아니라 통제라는 것이었다.

사방에서 기자들이 뉴올리언스로 몰려들었다. 흑인 생존자들이 무리를 지어 다리를 건너서 도시를 빠져나가려고 하면, 교외의 백인 지역을 지키는 무장 경찰들이 막아섰다. 경찰은 "이 깜둥이들!" 하고 모욕을 주며 생존자들 머리 위로 위협사격을 했다. 사람들이 다리에 앉아서 버티려고 하면 얼굴에 총을 들이대며 뒤로 물러나도록 했다.

이틀 동안 인종차별주의가 미국 언론을 장악했다. 그러나 약발이 먹히지 않았다. 현장에 도착한 기자들이 실상을 목도하고는 분노했고, 그들을 통해 전체 미국인이 진실을 알게 됐다. 대부분의 백인들이 백인 대통령이 아니라 절망적 처지로 내몰린 흑인들 편을 들었다.

목요일이 되자 텔레비전 뉴스 앵커들도 가차 없이 정부를 비난했다. 뉴올리언스 시장 내긴은 더는 부시나 다른 고위직의 사정을 봐줄 형편이 아니었다. 그날 밤 그는 지역 라디오 방송과의 전화 인터뷰에서 아직까지 구조대가 오지 않아서 정말 열 받았다고 말해 버렸다. 또 이라크인들은 미국 군대를 애걸할 필요가 없었는데, 어째서 자신들은 그래야만 하느냐고 따져 물었다. 금요일 밤에는 래퍼인 카니예 웨스트가 전국 방송에 출연해서 대본에 쓰인 대로 말하지 않고 인종차별, 빈곤, 이라크 전쟁에 대해 이야기한 다음 "조지 부시는 흑인들을 전혀 신경 쓰지 않는다"고 소리쳤다. [나흘째인] 금요일 아침이 돼서야 마침내 버스들이 도착해서 생존자들을 대피시키기 시작했다.

더 의미심장한 것은 바로 그 주에 조지 부시가 미국 전체의 지지를 잃게 됐다는 것이다. 여론은 이미 이라크 전쟁 반대로 돌아서 있었다. 부시는 9·11 테러 직후에는 즉시 뉴욕으로 날아가서 자신이 미국인들의 대변자이자 수호자라고 자처하며 복수를 다짐했다. 뉴올리언스 사태도 그 못지않게 큰 재난이었지만 부시는 그곳에 가서 사람들에게 연설할 생각이 없었다. 부시의 참모들은 성난 사람들이 카메라 앞에서 무슨 말을 할지 두려워했다. 그리고 미국인들은 누구나 정부가 뉴올리언스를 방치하는 것을 똑똑히 볼 수 있었다. 부시는 단지 흑인들만 버린 것이 아니라 평범한 미국인들을 헌신짝처럼 버린 것이었다. 부시의 지지율은 그 뒤로 다시는 회복되지 않았다.

허리케인 카트리나와 이를 통해 드러난 정부의 무능 때문에 기후변화에 대한 미국 대중의 인식도 바뀌었다. 사건 직후에는 카트리나가 기후변화와 무관하다는 말을 할 때에만 언론에서 기후변화라는 단어가 언급됐다. 그러나 몇 개월이 지나자 지구온난화 때문에 열대 폭풍의 강도가 두 배로 세졌다는 논문들이 차차 발표되기 시작했다. 몇 달 뒤 저명한 허리케인 과학자 케리 이매뉴얼이 800명의 과학자들을 상대로 한 강연에서, 지금부터라도 정부에서 일하는 과학자들이 기후변화의 진실을 말해야 한다고 주장하자, 청중석에서 환호가 터져 나왔다.[14] 과학계 외부에서도 뉴올리언스를 보면서 기후변화가 무엇인지 진지하게 생각하기 시작했다. 앨 고어의 열정적인 영화는 이런 분위기 덕분에 그토록 환영받을 수 있었던 것이다. 대중과 정치인들 모두 지금 당장 조치를 취해야 한다고 이야기하기 시작했다. 부시는 갈수록 고립됐고 결국 지구가 더워지는 것이 사실인 것 같다고 인정할 수밖에 없었다.

인종과 복구 사업

뉴올리언스에서 대피하는 것으로 비극이 끝난 것이 아니었다. 이재민들이 집으로 돌아가기 위해 필요한 지원은 없었고, 임시 주택도 거의 제공되지 않았다. 2년이 지나도록 이재민의 절반 정도가 여전히 돌아오지 않았다. 뉴올리언스로 돌아온 사람들은 복구 지원 계획이 사실상 없다는 것을 알게 됐다. 시 당국은 돈이 거의 없었고, 연방 정부는 그들을 사실상 외면했다. 시 공무원들은 대부분 해고됐다. 허리케인 잔해와 쓰레기를 치운 지 몇 달이 지나도 여전히 도시는 폭탄 맞은 것처럼 보였다. 정부는 제방을 복구하겠다고 약속했지만, 2008년에도 3등급 허리케인 하나 감당하지 못할 수준이었다. 모두 조만간 5등급 허리케인이 닥칠 것이라고 예상했지만, 정부는 그 정도 규모의 허리케인에 대해서는 대처 계획조차 없었다. 습지를 복원하고 도시 지반침하를 막기 위해 필요한 수해 방지 시설과 수로망 역시 비용이 많이 든다는 이유로 아무런 계획이 없었다.

뉴올리언스는 버림받았다. 우울증이 도시 전체로 퍼졌다. 사람들은 약에 의지했고 슈퍼마켓에서 장을 보다 말고 갑자기 울음을 터뜨리곤 했다. 자살률이 치솟았다. 모두들 한 맺힌 사연이 있었다. 내용은 조금씩 달랐지만 하고자 하는 말은 같았다. 아무도 자신들을 신경 쓰지 않는다는 것이었다.[15]

뉴올리언스 주민들은 물론 뉴올리언스에 살지 않는 대부분의 미국인들도 정부가 이처럼 사태를 수수방관하는 것은 그곳이 흑인 밀집 지역이기 때문이라고 생각했다. 도시에 사는 노동계급 아프리카계 미국인들은 대부분 뉴올리언스의 흑인들이 버림받은 것이, 부동산 업자들이 가난한 흑인들을 몰아내고 그 자리에 백인 전문직을 위한 고급 주택을 짓기 위해서라고 생각했다. 실제로 건설업자들이 오랫동안 이를 노려 왔고 인종차별 역시 엄연한 현실이므로 사람들이 이런 생각을 하게 된 것은 자연스러운 일이다. 그러나 인종차별의 문제로만 바라보는 것은 문제를 너무 협소하게 보는 것이다. 연방 정부는 자신들에게 지구온난화를 막을 실질적 정책이 없다는 것을 아주 잘 알고 있었다. 따라서 해수면이 상승하고 허리케인이 강해질 것이 분명했다. 뉴올리언스를 보호하려면 유례없이 큰 허리케인도 감당할 수 있도록 수해 방지 시설을 갖추고 제방을 지어야 했다. 그래서 그럴 바엔 차라리 뉴올리언스를 버리기로 사실상 결정한 것이었다.

지금까지 기후변화 저지 활동가들은 지구온난화 때문에 태평양과 인도양의 섬나라들이 가장 먼저 버려질 것이라고 생각했다. 우리가 틀렸다. 가장 먼저 버려진 곳은 바로 뉴올리언스였다.

대부분이 흑인 노동계급 출신인 뉴올리언스 사람들은 자신들의 운명이 그런 식으로 결정된 것을 알아차리지 못했다. 이는 그들이 인종차별을 주된 문제로 여겼기 때문이다. 그들뿐 아니라 전국의 좌파, 진보주의자, 아프리카계 지식인 모두가 그렇게 생각했고, 이 때문에 모두 혼란에 빠졌다. 실제로 일어난 일은 인종차별주의가 희생자들과 생존자들을 흑인과 백인으로 분열시키는 데 이용됐다는 것이다.[16]

이 대목에서, 허리케인으로 희생된 사람들의 구성을 살펴보는 것이 필요하다. 사망자는 대부분 흑인이었다. 그러나 적잖은 백인들이 주로 미시시피주와 루이지애나주의 해변과 교외 지역에서 죽었다. 흑인이든 백인이든 가난할수록 훨씬 더 사망률이 높았으며 가난한 노인들이 가장 취약했다. 여유가 있는 중간계급과 전문직에 종사하는 아프리카계 미국인들은 허리케인을 피해 빠져나갈 수 있었기 때문에 미식축구 경기장이나 길거리에서 고립돼 원조를 기다릴 필요가 없었다. 사람들은 인종이 아니라 계급에 따라 죽음을 맞이한 것이다.[17]

그러나 극빈층의 삶만 황폐화된 것은 아니었다. 루이지애나 남부를 진짜로 황폐화시킨 것은 홍수 피해는 보상하되 허리케인 피해는 보상하지 않겠다는 보험회사들의 횡포였다. 이 보험회사들은 허리케인 피해에 보상금을 지급하지 않았고, 연방 정부가 제공하는 수해 보험에는 전체 주택 소유자의 25퍼센트만 가입돼 있었다. 이 때문에 세입자든 주택 소유자든 대부분의 사람들이 모든 것을 잃었다. 은행들은 제방이 여전히 부실해서 조만간 다시 침수될 것이 뻔하다고 판단해, 주택 담보 대출을 거부했다. 이처럼 보험회사들과 은행들이 이 일대를 황폐화시켰다. 연방 정부와 법원은 이를 방조했다. 아주 부유한 사람들은 그럭저럭 살아갈 수 있었지만, 대부분의 흑인과 백인은 그럴 수가 없었다.

물론 인종차별은 엄연한 현실이다. 그러나 인종차별은 오랫동안 미국에서 사람들을 분열시키는 수단이었다. 예를 들어, 미국 정부는 복지 삭감을 정당화하기 위해 흑인 미혼모에 대한 인종차별적 비난을 늘어놓기 일쑤였다. 흑인이 극빈층으로 전락하거나 실업자가 되거나 복지수당으로 연명하게 될 위험이 더 높은 것은 사실이다. 그러나 흑인의 대다수는 극빈층이 아니며 극빈층의 대다수는 백인이라는 사실도 봐야 한다. 실업 상태이거나 복지수당을 받는 사람도 대다수가 백인이다. 더 깊이 들여다보면, 가난해져서 복지수당을 받는 사람들은 대부분 몇 개월이나 몇 년 동안 일시적으로 그럴 뿐이며, 대부분의 백인 노동자들 역시 살면서 한두 번은 정부 지원에 기대게 된다. 인종차별주의는 사회복지와 정부 지원에 대한 공격을 정당화했는데, 백인 노동자들도 그로 인한 피해를 고스란히 받게 됐다.

이런 인종차별주의는 허리케인 카트리나 사태 때도 거듭 나타났다. 허리케인이 휩쓸고 간 직후 언론은 생존자들이 위험한 흑인 폭도라고 매도하면서 정부가 인종을 불문하고 아무도 구조하지 않는 것을 정당화했다. 그 이후 국면에서는 정부·은행·보험회사가 모든 뉴올리언스 노동자들에게 저지르고 있는 만행을 숨기기 위해 인종차별주의를 사용했다.

앞으로 더 강한 허리케인이 불어닥칠 것이 분명하기 때문에 카트리나 참사의 진상을 명확히 이해하는 것이 중요하다. 가장 위험한 미국의 인구 밀집 지역은 뉴올리언스, 휴스턴, 마이애미, 뉴욕이다. 이 중 뉴욕이 가장 취약하다. 인구도 가장 많고, 맨해튼 지역은 사람들이 대피하기가 어려운 데다가, 지하철은 물에 잠길 것이고, 폭풍해일이 강을 타고 뉴욕을 덮쳐서 많은 사람이 위험한 고층 건물 안에 갇힐 것이다. 뉴올리언스에서 어떤 종류의 저항이 필요했는지를 아는 것이 중요한 이유는 그 때문이다.

대부분 흑인이었던 당시 생존자들이 무리 지어 밀집해 있었던 미식축구 경기장, 컨벤션 센터, 도심 거리에서 무엇이 필요했는지를 살펴보자. 공민권운동이 한창이었던 40년 전이었다면 사람들은 스스로를 조직했을 것이다. 2005년에는 흑인 커뮤니티의 지도자들, 정치인들, 전문직, 목사들이 그곳에 없었다. 흑인 노동계급은 스스로를 조직하는 방법을 이미 잊어버린 상태였다.

만약 그곳에 서로 연결돼 있고 사람들을 조직해 본 경험이 있는 사람이 열두 명만 있었다면 어땠을까? 그리고 그들이 사회정의를 지키고 기후변화를 막기 위해 투쟁한다는 관점을 가지고 있었다면? 경기장 여기저기서 작은 모임들을 연 다음, 이를 바탕으로 경기장에 있는 사람들이 모두 참여하는 회합을 열어서 대표를 선출하고 이들의 입을 통해 전 세계 언론에 얘기할 수 있었을 것이다. 카메라에 대고 "미국 전역의 군인과 소방관, 버스와 트럭 운전사 여러분, 하던 일을 멈추고 지금 뉴올리언스로 와 주십시오. 우리를 구해 주십시오" 하고 말했다면 수만 명이 이 호소에 응해 몰려왔을 것이고, 부시는 허둥지둥 서둘러서 뉴올리언스에 지원을 보냈을 것이다.

공민권운동이 한창이었을 때처럼 수만 명이 경찰에 가로막힌 다리까지 노래 부르며 함께 행진하는 모습을 전 세계 카메라에 보여 줄 수도 있었을 것이다. 또 기후변화를 제대로 이해하고 있었다면, 새로운 제방과 수해 방지 시설, 재건에 들어갈 돈이 필요함을 대다수 미국인들에게 직접 호소할 수 있었을 것이다. 나아가 미국만이 아니라 전 세계가 기후변화를 막기 위한 조치를 취하지 않으면 그런 노력 역시 수포로 돌아갈 것이라고 경고할 수 있었다.

당시에 이런 일이 일어나지 않았기 때문에 다소 비현실적으로 들릴 수도 있다. 그리고 이에 대해서 뉴올리언스의 생존자들을 탓할 수도 없다. 그들은 2005년 미국의 저항 세력이 갖고 있던 정치적 한계에 갇혀 있었기 때문이다. 그러나 기후 활동가들과 사회정의 운동가들이 머지않아 그런 식으로 대응해야 할 때가 올 것임을 자각하고 지금부터 네트워크를 건설하기 시작한다면, 그것은 현실이 될 수 있다. 미국만이 아니라 다른 나라에서도 마찬가지다. 기후변화 때문에 거대한 규모의 재난이 발생하리라는 점은 분명하다. 동시에 풀뿌리 운동들이 역사를 바꿀 수 있는 순간이 올 것이라는 점도 분명하다. 여기서 핵심은 사회정의와 기후정의 모두를 요구하며 투쟁하는 네트워크와 조직이다. 이

네트워크와 조직은 과감해야 하고 수많은 사람을 행동에 나서게 만들고 전 세계를 상대로 호소하는 게 가능하다는 믿음도 있어야 할 것이다. 또, 재난 지역에서 생존자들을 방어하는 동시에 전 세계에서 기후변화에 맞서 싸워야 할 것이다.

다르푸르

기후변화가 부유한 나라에 가할 수 있는 타격을 보여 준 사례가 뉴올리언스였다면, 가난한 나라에서 어떤 일이 벌어질 수 있는지 보여 주는 사례는 다르푸르다. 뉴올리언스와 마찬가지로, 순수한 자연재해는 없다는 것을 보여 주는 사례다. 다르푸르에서 일어난 일은 기후변화로 인한 재앙이었지만 수단에 매장된 석유를 둘러싼 국제 경쟁과 신자유주의의 결과이기도 했다.

먼저 경제와 석유를 살펴본 뒤에 기후변화를 짚어 보겠다. 다르푸르는 수단의 가장 서쪽에 있는 지역이다. 1956년 영국의 식민 지배로부터 독립했을 당시, 수단은 전국에 공장이 겨우 둘뿐인 가난한 저개발 국가였다. 하나는 벽돌 공장이었고 다른 하나는 맥주 양조장이었다. 독립 이래 수단에는 선거로 뽑힌 정부와 군부독재가 어지럽게 교차했다. 그러나 정부 형태를 막론하고 모두 동일한 소수 엘리트 그룹 출신들이었다. 그래서 정권이 바뀌어도 수도 하르툼의 정부 정책은 근본적으로 같았다. 그들은 경제적 곤경 속에서 세계 체제의 가난하고 낙후된 일부를 운영하려고 갖은 애를 썼지만 상황은 갈수록 절망적으로 변해 갔다.[18]

리비아　　　　이집트

사우디아라비아

홍해

북부 수단

나일강

차드

수단

하르툼　　에리트레아

다르푸르　　코르도판

청나일강

유전　　유전

중앙
아프리카
공화국

백나일강

에티오피아

남부 수단

콩고민주공화국

우간다　　케냐

독립 이후 수단 정부는 외국 은행과 정부로부터 많은 차관을 도입했고, 이를 통해 나일강 유역을 따라 커다란 목화 농장을 개발했다. 여기서 배제된 나머지 국민은 여전히 가난하게 지내야 했다. 그러다 1970년대에 세계경제가 제조업 이윤율 하락 때문에 장기간의 경기 침체에 빠지자, 수단 정부는 외채를 갚을 수 없는 지경이 됐다. 목화 가격이 떨어져서 수출을 통한 외화벌이도 줄어든 반면, 외국 은행들의 이자율은 높아졌다.

1970~1980년대 서방 정부들이 내놓은 해결책은 IMF 구제금융이었다. 그러나 전 세계 여러 나라에서 경험했듯이, IMF는 돈을 빌려주는 대가로 까다로운 조건을 내걸었다. IMF는 아프리카 전역에 걸쳐서 정부 지출과 공공서비스를 줄이고, 임금을 억제하고, 기초 식료품, 연료, 식용유에 대한 보조금을 삭감하라고 요구했다. 또, 시장과 외환에 대한 규제를 없애고, 정부가 맡던 영역을 민간 기업에 맡기고, 의료와 교육 서비스에 대해 돈을 받게 했다. 즉, 신자유주의를 통째로 이식한 것이다.

이런 정책의 결과로 수단 주민 대다수가 가난해졌다. 예컨대, 1986년에 최저임금의 실제 가치는 1970년의 17퍼센트에 불과했다.[19] 그러나 경제가 이처럼 붕괴하자 중앙정부가 세금을 걷기도 더 어려워졌다.

그러다가 1984년에 수단 정부는 이 모든 난관을 이겨 낼 방법을 발견했다. 남부 수단에서 석유가 발견된 것이다. 중앙정부는 즉시 석유를 장악하기 위한 작전에 돌입했다. 이는 내전을 의미했는데, 왜 그런지 알기 위해서는 수단의 지리와 역사를 살펴봐야 한다.

간단히 말해, 수단은 북부와 남부로 나눌 수 있다. 나일강 유역과 수도 하르툼, 대부분의 비옥한 농토가 북부에 모여 있다. 부는 나일강 유역에 집중돼 있어서 정권을 불문하고 이 지역 출신 엘리트들이 권력을 쥐고 있다. 북부 주민들은 일부는 아랍어를 사용하고 나머지는 다른 아프리카 언어를 사용하지만 대부분 무슬림이다. 다르푸르는 북부 지역에서 서쪽 끝에 있는 가장 가난한 지역이다.

남부는 수단 전체에서 가장 가난한 지역이다. 영국 식민지 시절에 남부는 북부와 달리 경제적으로 더 후퇴했고 교육도 받지 못했다. 이곳 사람들은 이슬람교가 아니라 아프리카 전통 신앙이나 기독교를 믿었고 대부분 아랍어를 할 줄 몰랐다.

독립하고 나서 북부의 정부군과 남부의 반군 사이에 긴 내전이 벌어졌는데, 1972년에 북부와 남부 사이에 평화협정이 체결되면서 내전이 끝났다. 평화는 12년간 유지됐고 이것은 남부와 북부 사이에 평화가 불가능하지 않다는 것을 보여 준다. 그런데 당시 평화협정에 따르면 남부의 천연자원은 남부의 자치 정부가 통제하기로 돼 있었다. 당시에는 남부에 석유가 있다는 사실을 몰랐기 때문에 이것이 별문제가 되지 않았다. 그러나 1984년에는 그렇지 않았다. 남부에 있는 석유를 파이프를 통해 북부로 옮겨야 했다. 세수 부족에 시달린 하르툼의 중앙정부는 남부의 자치 정부를 제거해서 유전을 장악하려고 했고, 이 때문에 남북 내전이 다시 불붙었다. 그곳에서 활동하던 주요 석유 기업은 미국계 다국적기업인 셰브런이었다. 그래서 미국은 북부를 지원했다.

기후변화와 가뭄

1984년에 수단은 가난에 시달리고 있었고 정부는 파산 상태였다. 이런 상황에서 유전을 둘러싼 내전이 시작되고 있었다. 다르푸르에 닥친 기후 재앙이 혹독한 기근과 기나긴 전쟁으로 악화된 것은 이런 정치 상황의 결과였다.

다르푸르는 사하라사막 남쪽으로 아프리카를 가로지르며 뻗어 있는 반半건조 지대인 사헬에 있으며, 300만 명이 그곳에 산다. 1960년대 말부터 다르푸르를 포함한 사헬지역 전체에 비가 전보다 훨씬 적게 내리기 시작했고, 그 이후로도 강수량이 이전 수준으로 회복되지 않고 있다. 바로 기후변화 때문이었다. 원래는 아프리카 서쪽의 대서양이 동쪽의 인도양보다 더 따뜻하기 때문에 습한 바람이 아프리카를 가로질러 불면서 이 지역에 비가 내렸다. 그런데 기후변화 때문에 인도양의 수온이 상승했다.[20] 그러자 수온 차이가 사라지면서 바람을 끌어당기지 못하게 되고 강우가 불규칙해졌다. 전체적으로 강우량이 줄었을 뿐 아니라 우기가 아닌 때에 비가 내렸다. 또 전에는 비가 고르고 일정하게 내려서 물이 땅으로 스며들어 농토가 비옥해지고 곡식과 풀이 만발했지만, 기후가 바뀌자 폭우 형태로 쏟아지는 일이 잦아져서 대부분 강으로 유실됐다. 그래서 비가 꽤 내리는 해에도 사람들은 이전의 생활수준을 유지하기가 빠듯했다. 비가 적게 내리는 해에는 기근이 엄습했다.

벌써부터 나타나는 이런 변화는 지구온난화가 장차 불러올 더 커다란 변화에 비하면 빙산의 일각에 불과하다. 현재는 비가 적당히 내리는 지역이 중위도에 위치하고 있는데, 지구가 점차 더워질수록 각각 북극(북반구)과 남극(남반구) 쪽으로 이동하게 될 것이다. 벌써부터 지중해 남부, 호주, 미국 남서부 지역에 심한 무더위와 가뭄이 나타나고 있다. 상대적으로 기후가 따뜻해질 북유럽에는 비가 더 많이 내리고, 많은 가난한 나라들에는 적게 내리게 될 가능성이 높다.

이처럼 강우 패턴이 바뀌면서 다르푸르와 인근 지역에 특정한 변화가 나타나기 시작했다. 전통적으로 다르푸르에는 주로 낙타, 소, 양, 염소를 치면서 생활하는 집단이 꽤 있었다. 이들은 매년 건기와 우기가 교차할 때마다 가축에게 먹일 풀을 따라 유목 생활을 했다. 다른 한편에는 정착해서 빗물을 이용해 농사를 짓는 주민들도 있었다. 그런데 기후변화 때문에 다르푸르 지역의 가뭄이 40년이나 지속됐다. 이제 심한 가뭄이 드는 해에는 농민도 흉작을 면치 못한다. 그나마 비가 좀 내리는 해에는 어느 정도 곡식을 수확할 수 있다. 그러나 유목민이 의존하는 목초지는 가뭄에 더 취약해서, 어느 정도 비가 내리는 해에도 충분한 풀을 찾기가 어렵다. 가뭄이 심하게 드는 해에는 가축에게 먹일 물조차 충분치 않아 가축을 잃는 경우도 생겨난다.

일부 농민도 흉년을 거치면서 죽는 경우가 있지만, 다시 비가 내리면 대부분 다시 농사를 지어서 먹고살 수 있다. 그러나 유목민은 가뭄이 들면 모든 가축을 잃고 재기가 불가능할 정도로 완전히 빈털터리가 될 위험이 있다. 유목민에게 유일한 해결책은 농민의 목초지와 밭을 침범하고 그들의 우물을 이용하는 것이다. [그런데 농민도 물이 넉넉하지 않기는 마찬가지이기 때문에] 결국 폭력을 사용해 빼앗는 수밖에 없다. 현재 다르푸르에서 벌어지고 있는 전쟁은 풀을 둘러싼 유목민과 농민 사이의 40년간의 갈등이 극단으로 치달은 것이다.

아주 오래전부터 다르푸르에는 수많은 종족이 공존하며 살아왔다.[21] 북부에는 낙타를 치고 아랍어를 사용하는 부족이 있었고, 남부에는 소를 치는 '바가라Baggara' 아랍 부족이 있었다. 중부와 남부에서 가장 큰 집단은 '푸르'어 방언을 사용하는 농민이었다. 그러나 서로 다른 종족끼리도 갖가지 관계로 엮여 있기 때문에 구체적으로 들여다보면 훨씬 더 복잡했다. '푸르족'이 유목 생활에 동참해 '아랍인'이 되는 경우도 있었고, '아랍인'이 가축을 잃고 '푸르족'이 되는 경우도 있었다. 푸르족 유목민도 있었고, 아랍계 농민과 상인도 있었다. [게다가] 모두가 무슬림이었고 피부색도 모두 검었으며 대체로 아랍어를 썼다. 또 대부분의 푸르족과 아랍인이 지지하는 정당 역시 동일한 온건 이슬람 정당이었다. '푸르족' 외에도 규모가 더 작은 '아프리카계' 유목민과 농민 집단이 여럿 있었다. 이처럼 각기 다른 사람들이 한데 섞여서 공존하며 살았다.

단지 공존한 것만이 아니다. '아랍계' 유목민은 자신의 이동 경로에 있는 푸르족 등 다양한 농민과 꽤 원만한 관계를 유지했다. 아랍인은 자신의 가축이 농민에게 피해를 주지 않도록 주의했고, 추수가 끝나고 그루터기가 남았을 때만 밭에 가축을 들여보내 풀을 뜯겼으며, 물과 풀을 먹인 대가로 농민에게 선물을 줬다. 이따금 창과 화살을 사용한 충돌이 있었지만, 정부가 마련한 회합에서 양측 부족 원로가 만나 화해하곤 했다.

이 모든 것이 1984~1985년의 기근을 거치면서 바뀌게 됐다.[22] 그보다 앞서 이미 한 세대 동안 유지된 가뭄 때문에 사하라사막 끝자락 다르푸르 북부에 있던 초원이 사라져서, 북부의 낙타 유목민은 이미 오래전부터 곤경에 빠져 있었다. 반면에 남부의 농민과 소 유목민은 1983년부터 본격적으로 피해를 입기 시작했다. 1984년에도 흉년이 들자 모두가 굶주렸고 가축이 죽기 시작했다.

그러나 1985년경에는 특정 지역에 기근이 발생해도 외국 정부들이 직접 나서지 않았다. 그 대신 구호 기관과 NGO가 나섰다. 수단에만 그런 것이 아니었다. IMF, 미국, 유럽 열강들이 모든 곳에서 정부 차원의 직접 구호를 반대했다. 수단의 경우, 미국 정부의 구호 기관인 미국국제개발처US AID가 식품 지원의 80퍼센트를 공급했다. 현대 다르푸르 역사를 연구하는 제라르 프뤼니에는 당시 상황을 다음과 같이 설명한다.

미국인들은 원조하는 식량의 수송을 수상쩍은 어느 벤처기업에 사실상 몰아주기로 결정했다. 그 기업은 루이지애나주 배턴루지 출신의 기업가와 하르툼에서 곡물 도매상을 하던 어느 레바논인이 함께 세운 것이었다. 이렇게 탄생한 아르켈-탈레브 회사는 형편없을 만큼 비효율적이었다. 매달

코르도판과 다르푸르에 원조되는 곡물이 6만 8000톤이었는데 1984년 12월부터 1985년 6월까지 겨우 12만 3000톤만이 전달됐다. 한 달 평균 2만 톤 조금 넘게 전달된 셈인데, 할당된 것의 고작 3분의 1 수준이었다. 원래는 트럭 2만 대를 동원해서 식량을 나르기로 돼 있었지만, 대부분은 너무 노후해서 쓸 수가 없었다. 사람들은 풍요 한가운데서 계속 굶주려야만 했다. … [나중에 기근을 방지할 만큼 — 지은이] 식량이 충분히 있었음을 모두가 알게 됐다.[23]

약 10만 명이 죽었다. 대부분은 아사餓死가 아니라 질병으로 죽었는데, 유목민과 농민 모두 자신들이 가진 것을 지키려 했기 때문이다. 농민은 지역공동체의 일원으로 토지에 대한 권리를 갖고 있었는데, 기근을 피해 다른 곳으로 떠나면 토지를 영영 잃게 될까 봐 두려워했다. 유목민도 기존의 이동 경로를 고수하면서 가축을 최대한 살리려고 애썼다. 두 집단 모두 빈곤의 나락으로 떨어질까 봐 두려워했고, 어차피 도시로 가더라도 식량이 거의 없었기 때문에 삶의 터전을 버릴 이유가 없었다. 그뿐 아니라, 대부분의 지역에서 야생 딸기와 같은 식량을 구할 수 있어서 사람들은 이를 먹으며 부족한 영양분을 일부 채울 수 있었다.

그 결과, 굶어 죽는 사람이 속출하는 대신, 영양실조가 광범위한 지역에 만연했고 전염병이 창궐할 수 있는 조건이 형성됐다. 또, 가뭄 때문에 많은 지역의 물이 오염됐다. 주로 노인과 어린이 같은 약자들이 병에 걸려 죽었다.[24]

많은 목초지가 글자 그대로 말라붙었다. 유목민들은 가축을 이끌고 연고도 없는 새로운 경로를 찾아 나서야 했다. 많은 경우, 유목민들 자신의 소규모 농장에서는 수확을 기대하기 어려웠으므로 유일한 희망은 가축뿐이었다. 농민은 그나마 남은 목초지를 자신들의 가축을 위해 남겨 두려 했다. 극단적인 경우, 유목민들이 농민들의 목초지를 사용하기 위해 무력으로 농민들을 내쫓기도 했다.

이렇게 발생한 분쟁은 원래의 전통과는 전혀 무관한 것이었다. 오히려 삶과 죽음이라는 양자택일로 내몰린 사람들의 극단적 선택이었다. 또, 자기 가족만이라도 비참하게 나락으로 떨어지는 것을 피하기 위해 서로를 밟고 올라서는 과정이었다.[25]

다르푸르의 가뭄은 1985년 가을에 끝났다. 비가 충분히 내렸고 풍년이 찾아 왔다. 그러나 사람들 사이에는 이미 감정의 골이 깊어진 뒤였다. 기근을 겪다 보면, 어려운 선택을 해야 할 경우가 많고 한평생 알고 지내 온 이웃의 절박한 호소를 단호하게 거부할 수밖에 없다. 이것이 거부해야 했던 사람들의 처지다. 가끔은 친부모나 친자식에게도 음식을 내주기 힘든 경우가 있다. 보통 기근이 발생하면 남자아이보다 여자아이가 더 많이 죽는다. 다르푸르에서는 남녀 관계가 비교적 평등했고 여성과 여자아이들이 음식과 요리를 좌우했기 때문에 남자아이들이 더 많이 죽었다.

다른 한편, 도움을 요청했다가 거부당한 사람들은 음식과 물이 있는데도 자신들에게는 허락되지 않는 상황을 무기력하게 지켜봐야만 했다. 이 때문에 사람들 사이에 죄책감과 증오심이 커져만 갔다.[26] 다음과 같은 상황을 상상해 보라. 1985년에 어느 농민이 자신을 찾아온 유목민에게 물과 목초지를 내주기를 거부하고 쫓아낸다. 결국 그 유목민이 기르던 가축 대부분과 자녀까지 두세 명 죽었다고 생각해 보라. 이듬해에 얼마 남지 않은 가축을 이끌고 다시 그 마을을 찾아가지만 이번에도 농민이 목초지를 가로막고 서 있다. 유목민은 그 농민이 작년에 자신을 내쫓은 바로 그 사람임을 알아본다. 동시에 자신이 끝내 지켜 주지 못한 죽은 아이들의 얼굴이 떠오른다. 그리고 작년과 달리, 이번에는 유목민이 기관총을 갖고 있다면 어떻게 될까?

1985년 이후부터 유목민들은 새로운 목초지를 차지하기 위해서 수단과 방법을 가리지 않게 됐다. 1986~1987년에는 비가 충분히 내렸지만, 유목 경로와 목초지를 둘러싼 분쟁이 기근 당시보다 오히려 더 심해졌다. 게다가 유목민들은 이제 자동소총을 갖고 있었고, 농민을 향한 분노를 정당화하는 인종적 편견까지 새로이 갖게 됐다. 무기와 인종적 편견은 두 경로를 통해 들어왔는데, 둘 다 석유를 둘러싼 갈등의 산물이었다.

총, 셰브런, 리비아

첫째, 하르툼의 중앙정부와 남부의 반군 사이에 내전이 악화되면서 다량의 총이 다르푸르로 유입됐다. 이기는 쪽이 유전을 차지할 것이었다. 유전은 대부분 남부 수단의 [북부 수단과의] 접경지대에 있었는데, 다르푸르와 그 인접 지역인 코르도판과 가까웠다. 미국 기업이자 세계에서 가장 큰 다국적기업 중 하나인 셰브런이 이 지역 계약을 따냈다.

남부의 반군은 유전 지대 이남 지역을 장악하고 있었다. 유전은 반군이나 정부군이 아니라, 그곳에 사는 이른바 '아프리카계' 농민과 유목민의 차지였다. 수단 정부는 파산했기 때문에 유전을 차지하는 데 필요한 군인과 무기를 감당할 수 없었다. 그래서 1985년 말에 수단 정부군과 셰브런이 코르도판과 다르푸르의 유목민을 찾아갔다. 유목민은 기근 때문에 대부분의 가축을 잃은 상태였다. 정부군과 셰브런은 유목민에게 돈과 기관총을 줄 테니 자신들이 꾸리는 민병대에 참가하라고 제안했다. 유목민을 이용해 유전 지대에 살고 있는 '아프리카계' 농민 마을을 약탈해서 영영 내쫓으려는 것이었다. 유목민도 가축을 먹이는 데 필요한 유전 지대의 목초지를 차지할 터였다.[27]

부족 내에서 가장 부유한 사람들이기도 했던 원로 지도자들은 대부분 그런 제안을 거부했다. 그러나 더 잃을 것이 없는 가난한 젊은이들은 민병대에 가입했다. 그리고 유전 지대에서 약탈을 자행하면서 점점 더 잔인해졌다.

1988년 12월, 북부 수단 출신의 언어학자이자 인권 운동가인 우샤리 마무드는 영국 연구원 데이비드 킨에게 다르푸르의 리제이가트 낙타 유목민이 유전 지대에서 자행하는 약탈이 경제적으로 어떤 구실을 하는지를 다음과 같이 설명했다.

리제이가트 민병대의 우두머리가 어느 [리제이가트 — 지은이] 마을에 가서 이틀이나 사흘 동안 연거푸 공중에 총을 쏴 댄다. 낙타, 당나귀, 말 따위를 타고 다양한 총을 든 리제이가트 남성들이 여러 마을에서 모여든다. 필요한 만큼 식량을 챙긴 다음 [이웃인 — 지은이] 딩카족 지역으로 향한다. 이른 새벽부터 마을을 둘러싸고 불을 질러 곡식을 불태운 다음 공격을 감행한다. 마을에 있는 남성은 대부분 제대로 싸우지도 못한 채 도망가고 여성과 아이는 포로가 된다. 그러고는 아무도 마을에 돌아와서 살 수 없도록 마을 전체를 깡그리 태워 버리고 과실나무도 모두 베어 버린다. 그런 다음 본거지인 사파하 북부로 돌아와 전리품에 해당하는 여성과 아이, 가축을 매우 복잡한 분배 체계에 따라 배분한다. 각자가 갖고 있는 총기류의 화력과 민병대 내 위계 서열, 타고 있는 동물이 말인지 당나귀인지, 전투에 얼마나 공을 세웠는지, 무엇을 얼마나 잡았는지 등이 모두 배분의 기준이 된다. 젖먹이 아이만이 어머니와 같이 '배분'되고 그 밖의 가족은 대개 생이별을 맞게 된다.[28]

약탈 뒤 그 지역에는 기근이 닥쳤고 유전 지대는 황무지로 변했다. 도망친 젊은 남성들은 곳곳에서 전투가 벌어지는 지역을 수백 킬로미터씩 걸어서 빠져나가야만 겨우 에티오피아에 도착할 수 있었다. 여성, 어린이, 노인은 풀숲에 숨어 지내는 수밖에 없었다. 그렇게 몇 달을 버티다가 결국 굶주림을 참지 못해 북부 난민촌으로 향하게 됐다. 정부군과 민병대는 그들을 그곳에 가뒀고, 수만 명이 아사했다.

한동안은 유전 지대가 '청소'된 것처럼 보였다. 그러나 마을에서 쫓겨난 남성들이 무장 반군이 돼서 돌아왔다. 셰브런은 유전을 통제할 수 없게 됐고, 다르푸르 출신 아랍 유목민 민병대도 목초지에서 물러날 수밖에 없었다. 결국 기근이 끝난 지 3년 만에 유목민들은 다르푸르로 돌아갈 수밖에 없었다. 그러나 예전과 달리 이제는 기관총과 조직적 약탈의 경험, 인종차별이라는 새로운 이데올로기를 갖고 있었다. 유전 지대에 대한 약탈과 인종 청소를 정치적으로 정당화한 것은 유전 지대 사람들은 피부색이 검은 '아프리카계'이므로 우월한 '아랍인'들이 그들을 지배하는 것이 당연하다는 이데올로기였다.

이처럼 총, 조직, 인종차별로 무장한 유목민들이 이제 다르푸르의 푸르족 농민들을 공격하기 시작했다. 가난한 젊은이들은 남부의 목초지를 차지할 수 없다면 다르푸르에서라도 차지하자는 생각이었다.

지금까지 다르푸르로 무기와 인종차별이 유입된 첫째 경로를 설명했다. 또 다른 경로도 있었는데 바로 차드* 내전이었다.[29]

다르푸르 비극의 뿌리를 설명하기 위해 지금까지 얘기한 것만으로도 독자들에게 이해하기 벅차고 복잡하다는 것을 나도 잘 알고 있다. 그러나 끈기 있게 이해하려 노력해야 한다. 바로 그 복잡함이 핵심이기 때문이다. 단순하게 보면 다르푸르의 비극은 기후변화 때문에 일어난 것이다. 그러나 좀 더 자세히 들여다보면 세계의 크고 작은 권력들이 석유를 놓고 다르푸르와 그 인근 지역에서 대리전쟁을 벌인 것이다. 목초지를 둘러싼 지역 내 갈등과 석유를 둘러싼 세계적 규모의 갈등이 맞물리면서 다르푸르 참극을 빚어냈다. 미래의 기후변화 비극도 이런 형태가 될 것이기 때문에 이 점을 제대로 이해하는 것이 중요하다. 재앙은 세계의 많은 지역을 이미 괴롭히고 있는 모든 분쟁과 갈등 한가운데서 나타날 것이기 때문이다.

차드는 다르푸르 서쪽에 있는 나라다. 1968년 이래 차드 내전은 지속적으로 다르푸르의 접경지대에 영향을 미치고 있었다. 사실 국경은 지도 위에 그은 선에 불과해서, 부족과 종족은 국경에 상관없이 퍼져 있었다. 사람들은 가축을 이끌고 새로운 땅을 찾아 이리저리 왔다 갔다 했다. 차드 내전이 극심해지면 무장한 난민이 다르푸르로 몰려들었다. 다르푸르의 비극이 극에 달하면 무장한 난민은 차드로 넘어갔다.

차드 내전은 지난 40년 동안 거의 쉬지 않고 지속됐다. 차드 내전도 부분적으로 기후변화 때문에 생겨난 전쟁이다. 차드 역시 오랜 가뭄을 겪은 것이다. 북부 차드에는 아랍계와 '아프리카계' 유목민이 많고, 남

---

* 차드(Chad) 아프리카 대륙의 가운데에 있는 공화국이며 다르푸르의 인접국.

부 차드에는 '아프리카계' 농민이 많다. 두 집단은 땅, 물, 목초지, 풀을 놓고 전쟁을 벌였다.

그러나 1968~2004년에 차드 내전은 리비아와 이에 맞선 미국과 프랑스 연합의 대리전쟁이기도 했다. 리비아의 지도자인 카다피도 자신의 권력을 더 키우고 싶어 했다. 그는 아랍민족주의라는 명분 아래 북부 차드의 유목민에게 무기와 병사를 제공했다. 한때 차드를 식민지로 뒀던 프랑스는 남부의 '아프리카계' 농민을 지원했다. 이스라엘은 아프리카인들이 아랍계가 아니라는 이유로 남부에 특수부대와 원조 물자를 보냈다. 그리고 1970년대 말부터 미국이 리비아를 견제하기 위해 남부 차드의 가장 큰 후원자가 됐다.

리비아 군인들과 무장 유목민들은 종종 차드에서 다르푸르로 도망쳤다. 미국의 식량 원조도 끊기고 기근이 최고조에 달한 1985년에 리비아 군대가 많은 곡물을 갖고 다르푸르에 들어왔다. 리비아 군대는 다르푸르의 아랍 유목민과 동맹을 맺었다. 이들은 셰브런이 했듯이 유목민에게 기관총을 줬다. 또, 수단 정부가 했듯이 유목민에게 당신들은 아랍인이므로 아프리카계 농민을 몰아내는 것이 역사적 사명이라고 강조했다.

이처럼 가난한 유목민이 무장을 갖추고 조직적으로 농민으로부터 목초지를 빼앗기 위한 준비에 돌입하자, 농민 중에서 가장 큰 집단인 푸르족 역시 남부 차드 정부에 요청해 무기를 갖추고 방어 태세에 돌입했다. 그 결과, 1988년이 되면 다르푸르 중앙 지역까지 전쟁에 휘말리게 됐다. 원래 다르푸르는 여러 종족이 복잡하게 얽혀 사는 곳이었다. 기후변화와 주변 국가들의 개입 때문에 이 복잡한 관계가 아랍계와 아프리카계 사이의 전쟁으로 단순화됐다. 앞서 인용했던 프뤼니에

의 말을 빌리자면, 다르푸르는 "인종 청소의 세계화"가 무엇인지 여실히 보여 줬다.[30]

사태가 이렇게 끝을 모르고 치닫자, 그제야 수단 정부가 개입해서 다르푸르의 평화 협상을 중재했다. 1989년에 여러 부족의 원로들이 모여 평화를 이끌어 낼 수 있었다. 아랍계와 푸르족, 민병대와 민간인 등 모두가 평화를 원했다. 이렇게 얻은 평화는 14년간 지속됐는데, 이는 다르푸르의 여러 부족이 평화롭게 함께 살 수 있다는 것을 보여 주는 가장 크고 중요한 증거다.

그러나 전쟁의 유물은 그대로 남아 있었다. 민병대는 대부분 무기를 버리지 않았다. 푸르족의 무기는 지하로 들어갔다. 말 그대로 푸르족은 무기를 땅속에 묻었다. 그런데 1990년대 초에 다시금 가뭄이 찾아왔다. 국제적 관심과 원조는 거의 없었고, 사람들이 얼마나 죽었는지 알 길조차 없다. 가뭄은 해를 거듭하며 지속됐다. 점차 줄어드는 목초지와 농지 때문에 주민들의 삶의 터전과 영혼이 황폐화됐다.

그리고 또다시 외부 세력이 다르푸르에 개입했다.

내전의 세계화

그 결과 지금 우리가 목도하고 있는 다르푸르 내전이 일어났다.[31] 흔히 다르푸르의 새로운 내전을, 인종차별과 이슬람 원리주의에 심취한 아랍인들이 아프리카인들을 상대로 대량 학살을 저지르는 것으로 묘사한다. 실제 현실은 그와 다르며 더 복잡하고 비극적이다.

여전히 기후변화가 사태의 중심에 있다. 가뭄이 계속됨에 따라 다르푸르 북부의 유목민은 그나마 남아 있던 가축의 일부를 더 잃게 됐다. 많은 이들이 목초지나 일감을 찾아 남부로 떠났다. 다르푸르 남부의 농민과 소 유목민도 갈수록 삶의 터전이 위협받고 있음을 느꼈다. 도처에서 가축과 농지를 잃은 사람들이 생겨났고, 이들은 아직 삶의 기반을 유지하고 있는 사람들에게 도움을 청했다. 그러나 그들 역시 나눌 형편이 못 되기는 마찬가지였다.

또한 다르푸르 전역에서, 기후변화와 전쟁을 피해 차드에서 피난 온 난민이 늘어났다. 이 난민은 매우 궁핍하면서도 무기를 많이 갖고 있었으며, 리비아 군대의 지원을 받고 있었다.

그 결과, 상대적으로 강도는 약하더라도 땅과 풀을 둘러싼 갈등이 끊이질 않았다. 다르푸르인들은 이 분쟁을 조절하고 관리하기 위해 최선을 다했다.

계속된 신자유주의의 지배 때문에 다르푸르는 경제적으로 매우 불안정하다. 다르푸르는 점점 더 가난해졌다. 땅 없는 사람들은 도시에서도 일자리를 구할 수가 없다. 사람들은 가뭄이 들어 기근이 닥치더라도 정부에 기대할 것이 없다는 것을 잘 안다. 기후변화 때문에 어려움을 겪더라도 도움을 청할 곳이 아무 데도 없다.

정치적으로도 불안정하다. 신자유주의 세계화를 받아들인 결과, 수단뿐 아니라 아프리카 대부분이 더 가난해졌고 이 때문에 수단 정부는 여전히 몹시 쪼들리는 처지다. 게다가 남부에서 벌어진 전쟁에 휘말리면서 많은 예산을 탕진했다. 전에는 땅이나 목초지를 놓고 부족들 간에 분쟁이 발생하면 중앙정부가 나서서 해결하곤 했다. 경찰이 와서 부족 간 전투를 중지시켰고, 중앙에서 임명한 다르푸르 주지사가 두 부족의 대표를 만나 회담을 중재했다. 1989년에도 그렇게 해결된 것이었다. 그러나 이제 중앙정부는 예산도 군대도 분쟁을 중재할 의지도 없다. 다르푸르인들은 의지할 곳 하나 없는 채로 버려진 것이다.

그리고 국제적 간섭이 시작됐다. 1991~2000년 수단의 군부독재는 미국의 적인 이슬람주의자들이 주도했다. 희망이 없다고 느낀 셰브런은 1990년대 초에 수단에서 철수했다. 그런데 2000년이 되자 군부 내 이슬람주의자들이 분열했고, 장교들의 다수파는 남부의 반군과 화해하고 미국의 동맹이 되기로 했다. 2001년부터 수단은 미국이 주도하는 테러와의 전쟁에 동참하게 된다. 남부의 반군과 화해하면서 석유 문제도 일시적으로 합의에 도달했다. 수단 북부를 관통하는 송유관을 통해 석유를 홍해까지 운반하기로 한 것이다. 하르툼의 중앙정부와 남부에 새로 수립된 반군 정부가 각각 석유 수입을 절반씩 갖기로 했다. 리비아도 미국과 화해했고, 카다피는 미국의 동맹이 됐다.

중국의 국영 석유 기업들이 수단의 신규 석유 계약을 대부분 차지했다. 중국은 빠르게 성장하는 자국 경제를 뒷받침할 자원을 확보하기 위해, 아프리카 전역에서 동맹 관계를 구축하고 있었다. 그래서 중국은 수단 정부에 가장 중요한 동맹국이자 원조국이 됐다.[32]

이처럼 주요 동맹 관계가 바뀌면서 2000년 이후 다르푸르에 또 다른 비극이 찾아왔다. 수단 군부독재를 주도하는 다수파가 2000년부터 미국과 동맹을 맺기 시작하자, 하르툼의 이슬람주의 '강경파'는 세력이 급속히 약화됐다. 그러자 이들의 지도자인 하산 알투라비는 다르푸르의 '아프리카계' 부족들의 환심을 사려고 했다. 알투라비가 이끄는 세력은 하르툼 주변 부족 출신의 엘리트들이 정부를 운영하기 때문에 모든 문제가 생겨나는 것이라고 주장했다. 이 엘리트 집단이 중앙정부를 운영하면서 모든 부를 자신들의 지역에 집중시키고 있기 때문에 다르푸르가 가난한 채로 버려졌다는 것이었다. 따라서 다르푸르 주민들은 정부에 맞서 권익을 요구하는 투쟁을 벌여야 하며 동시에 알투라비를 지지해야 한다는 것이었다.

이런 주장은 다르푸르에서 즉각적으로 커다란 호응을 불러일으켰다. 자신의 땅을 지키려는 다르푸르의 '아프리카계' 주민과 그 지역 이슬람 주의 지식인 사이의 동맹 관계가 나날이 발전했다. 푸르족 민병대는 예전에 자신들이 파묻었던 무기를 다시 꺼내 들었다. 그뿐 아니라 더 많은 무기를 새로 얻게 됐다. 새로운 무기를 산 돈이 어디서 나왔는지는 불확실하지만,[33] 중요한 것은 많은 다르푸르 주민이 자신들의 뒤를 봐주는 누군가가 있다고 여겼다는 것이다.

2003년 봄, 푸르족 민병대가 중앙정부에 대한 공격을 감행한다. 지붕 위에 기관총을 단 토요타 4륜구동 랜드크루저 등 최신식 무기를 앞세워 정부군 요새를 공격해서 1000명 이상을 사살하며 엄청난 승리를 거뒀다.[34]

수단 정부는 농민의 반란을 분쇄하기로 마음먹었다. 그러나 여전히 예산이 넉넉지 않아서 군대와 무기를 늘리는 데 필요한 비용을 마련할 수 없었다. 게다가, 많은 병사들이 다르푸르 출신이라서 그들을 완전히 믿을 수도 없었다. 그래서 수단 정부는 또다시, 이제 명칭이 '잔자위드'로 바뀐 옛 아랍 유목민 민병대에게 기대게 된다. 잔자위드의 핵심 세력은 북부 수단 출신으로 낙타를 몰고 다니는 가난한 유목민이었다. 정부군은 이들에게 푸르족 농민의 농토와 목초지를 주겠다고 약속했다.

수단군은 전형적인 반군 진압 방식대로 반군이 거점으로 사용할 만한 지역에서 모든 사람을 퇴거시키는 전략을 택했다. 이를 위해 수단

군은 농민을 삶의 터전에서 강제로 내쫓기 시작했다. 폭탄을 투하할 돈이 없어서, 오래된 러시아산 안토노프 화물 수송기에서 불붙은 기름통을 마을을 향해 떨어뜨렸다. 기름통 투하가 끝나면, 잔자위드 민병대가 픽업트럭과 말을 타고 마을로 돌진해서 남성들을 죽이고, 여성들을 강간하고 죽였다. 또 다시는 아무도 살지 못하도록 나무와 곡물을 불태웠다. 잔자위드는 자신들이 정부의 지원을 받고 있다고 밝히면서 앞으로 그 땅은 자신들의 소유라고 주민들을 향해 선포했다. 주민들은 이를 피해 다르푸르 난민촌이나, 국경을 넘어 차드까지 쫓겨나야 했다. 전쟁과 기아, 난민촌에 퍼진 질병 때문에 대략 20만에서 40만 명이 목숨을 잃었다.

그러자 미국 정부가 개입해서 중재에 나섰다. 워싱턴의 권력자들은 어느 쪽을 지지할지를 두고 분열했다. 국방부, 국무부, 조지 부시는 하르툼의 군사정권과 동맹을 유지하고 싶어 했다. 지정학적으로 수단은 테러와의 전쟁에서 중요한 동맹이기 때문이었다. 그러나 미국 정부는 수단을 비롯한 아프리카 지역의 석유와 가스 통제권을 놓고 중국과 치열한 경쟁도 벌이고 있었다.

게다가 미국 내 일부 세력은 반군을 지원하고 있었고 미국 정부가 군사적으로 개입하기를 원했다. 예를 들어 공화당의 기독교 복음주의자들은 오랫동안 북부 이슬람 진영에 맞서 남부 반군을 지원했고 같은 이유로 다르푸르의 반군을 지원했다. 흑인 의원 모임인 블랙 코커스는 흑인이라는 이유로 반군을 지원했다. 또, 이스라엘을 지지하는 시오니스트들은 수단 정부와 잔자위드의 학살 행위를 거세게 비난했다.[35]

블랙 코커스, 기독교 복음주의자들, 이스라엘 지지자들은 언론을 움직이는 데 성공해서 미국 정부에 수단에 개입하라고 압력을 넣었다. 그러나 미국의 권력은 이들에게 있지 않았다. 국방부, 석유 회사, 국무부, 부시 정부는 이라크 전쟁이라는 수렁을 겪고 있는 와중에 또 다른 전쟁을 시작하고 싶지 않았다. 부시 정부는 2006년에 평화 협상을 중재해서 수단 정부의 통제력을 강화해 줬다. 다르푸르 반군은 대부분 협상 결과를 거부했으나 미국 정부는 수단에서 손을 뗐다.

결국 다르푸르의 전쟁은 그치지 않았고 난민촌의 상황도 전혀 나아지지 않았다. 대다수의 다르푸르인, 아랍인, 아프리카인은 평화를 원했고, 수단 정부가 사람들끼리 서로 싸우도록 부추기는 것을 반대했다. 그러나 그들 자신의 힘만으로는 평화를 이룰 수 없었다. 그 결과 다르푸르는 지금까지도 비극과 공포의 땅으로 남게 됐다.

다른 대안

기후변화가 가져온 긴 가뭄 때문에 다르푸르인들은 땅과 물, 초원을 놓고 서로 싸우게 됐다. 여기에 신자유주의와 가난이 더해지면서 가뭄은 기근을 초래했고, 외국 열강들은 오히려 절망에 빠진 다르푸르 사람들끼리 전쟁을 하도록 부추겼다. 한때 다르푸르인들은 모두 평화롭게 공존했으나, 세계화가 진행되면서 인종 청소가 나타났다. 이 모든 것은 기후변화 때문에 생겨날 재앙이 어떤 형태가 될지를 단적으로 보여 주는 일종의 경고라고 할 수 있다.

게다가 다르푸르는 느리고 평범한 속도로 기후변화가 진행된 경우였다. 갑작스런 기후변화가 닥치면, 세계 여러 지역이 각각 다른 방식으로 타격을 입게 될 것이다. 결정적으로, 비가 내리는 패턴이 변하면서 곡물 가격이 치솟게 될 것이다. 그렇게 되면 많은 지역에서 사람들이 기아에 허덕일 것이고 쇠약해진 사람들 사이로 전염병이 급속히 퍼질 것이다. 그 결과 엄청난 수의 난민이 발생할 것이다. 이런 혼란은 빠르고 예측할 수 없는 방식으로 여러 지역을 휩쓸 것이고, 여기에 폭풍과 홍수, 폭염이 동반될 것이다. 순식간에 많은 사람이 절망에 빠지고, 정부가 무능력을 드러내면서 전쟁이 발발할 것이다. 기존에 쌓여 있던 갈등을 따라 편이 나뉘고 서로 싸우게 될 것이다.

더욱이 그런 상황이 되면 대부분의 정부와 권력자들이 수단과 미국 정부처럼 행동할 것이라고 쉽게 예상할 수 있다. 즉, 평범한 사람들이 서로 비난하도록 만들고, 갈수록 줄어드는 세계의 자원을 놓고 서로 싸우도록 부추길 것이다. 그렇게 되면 문제의 본질이 지구온난화라고 말하는 것조차 쉽지 않을 것이다.

그러나 수단에서 일어난 비극은 충분히 피할 수 있었다. 급격한 기후변화 때문에 예상되는 비극 역시 피할 수 있는 해결책이 존재한다. 그러나 그 해결책이 성공하려면 기후변화와 사회정의를 둘 다 이해하는 대중운동이 뒷받침돼야만 한다.

다르푸르인들은 기후변화가 일어나고 있다는 사실을 알고 있다. 1985년에 옥스퍼드 출신의 젊은 인류학자인 알렉스 드월이 다르푸르의 기아 상태를 조사하기 위해 방문했다. 농민과 유목민 모두 그에게 같은 이야기를 했다. 기후가 변했고 그 때문에 기근이 발생하고 있다는 것이었다. 비가 아예 오지 않거나, 와도 엉뚱한 시기에 한꺼번에 퍼부어서 농사에 도움이 되지 않는다고 했다. 그러나 다르푸르인들과 알렉스 드월 모두 당시에는 이것이 전 세계적 기후변화라는 것을 알지 못했다. 다르푸르인들은 대부분 신이 자신들을 벌주고 있다고만 생각했다.[36]

그들이 그렇게 생각한 것은 전혀 이상한 일이 아니다. 세계적으로 다르푸르의 기후변화를 이해하기 시작한 것이 겨우 2년 전[2006년]이기 때문이다. 그러나 이제 우리는 제대로 이해하고 있다. 수단의 가난한 농민과 유목민은 북미, 유럽, 일본과 같은 선진국이 경제를 발전시킨 대가를 치르고 있는 것이다. 그리고 바로 이 점에서 다르푸르 생태 위기의 해결책을 어디서 찾아야 하는지가 분명해진다.

첫째, 전 세계는 다르푸르에서 기근이 발생했을 때 식량 원조를 책임져야 했다. 식량은 전염병이 퍼질 대로 퍼진 난민촌[으로 전달돼 사람들을 그곳으로 불러 모을 것]이 아니라, 미국과 서방 열강들이 그토록 자랑하는 비행기와 헬리콥터를 이용해 다르푸르의 모든 마을 구석구석에 전달돼야 했다. 그러나 이것만으로는 언 발에 오줌 누는 식의 일시적 해결책일 뿐이다.

더 장기적인 해결책은 다르푸르와 사헬지역 사람들이 그동안 어떤 자구책을 썼는지를 보면 알 수 있다. 그들은 난민이 되어 부유한 나라에 들어가려고 애썼다. 지난 40년 동안 수단의 경제는 아랍 산유국으로 일을 찾아 떠난 이주민들이 고향으로 보내오는 돈에 의지해서 굴러가고 있다. 전 세계 많은 가난한 나라에서는 이런 해외 송금이 가장 큰 외화벌이가 되고 있다. 사헬지역 전체에서 기후변화 때문에 난민이 된 사람들이 일자리를 찾아 유럽으로 가려고 필사적으로 노력하고 있다. 일부는 성공했지만 나머지는 강제 송환됐으며 심지어 일부는 바다를 건너다 익사하기도 했다. 이들에게 필요한 것은 눈 가리고 아웅하는 식의 이른바 '원조' 프로그램이 아니다. 그보다는 국경을 개방해야 한다. 기후변화가 확산될수록, 전 세계 사람들은 우리 모두가 난민을 돌봐야 한다고 주장해야 한다.

또 다른 해결책도 있다. 사하라사막, 다르푸르, 수단에 내리쬐는 열과 햇빛은 앞서 소개한 태양열집중발전을 위한 최적의 조건이다. 이미 앞에서 사하라사막에 태양열집중발전소를 지어서 장거리 케이블을 이용해 송전하면 유럽에 필요한 전기를 공급할 수 있음을 보인 바 있다. 이는 사하라와 사헬에 일자리가 생긴다는 뜻이다. 다르푸르에 필요한 것은 식량, 비자, 산업이지 외국 군대가 아니다.

이 모든 것이 지금은 비현실적이고 이상주의적으로 보일 수 있다. 그러나 우리에게 주어진 선택은 전 세계가 다르푸르처럼 살든지, 아니면 다르푸르를 전에는 상상도 하지 못했던 모습으로 바꿔 놓든지 하는 것이다.

다르푸르에서 일어난 일은 이미 지나간 역사이고 되돌릴 수 없다. 그러나 수단인 스스로 역사를 바꾸려 한 순간도 있었다. 1985년 봄 기근이 한창 정점에 도달했을 때, IMF는 평범한 수단인들에게 더 많은 고통을 감수하라고 재촉하고 있었다. 그때 난민이 집중돼 있던 하르툼 주변에서 반란이 일어났다. 사람들은 곡물 창고로 몰려갔고, 며칠 만에 총파업이 벌어져 수도 전역으로 반란이 확산됐다. 신자유주의 독재자였던 니메이리 장군은 도망칠 수밖에 없었고 결국 정부가 타도됐다. 다르푸르 전역에 낙관적 기대가 퍼졌다.[37] 사람들은 이내 식량 원조가 와서 좀 더 인간다운 삶을 누리게 될 것이라고 기대했다.

그러나 당시는 1985년이었다. 전 세계적으로 우파와 신자유주의가 갈수록 더 세력을 넓히고 있었던 시기다. 수단의 양대 부자 가문 중 하나 출신으로 옥스퍼드를 나온 엘리트인 사디크 알마흐디가 이끄는 정부가 선출되면서 군부독재를 대체했다. 기업들은 전과 똑같이 행세했고, 거의 아무것도 변하지 않았다.

앞으로 끔찍한 재앙이 닥치면 이와 같은 반란도 더 많아질 것이다. 유일한 희망은 절망에 빠진 사람들을 지도할 용기 있고 잘 조직된 네트워크, 정당, 운동을 지금부터 준비하는 것이다. 위기의 순간이 닥쳤을 때, 그런 네트워크, 정당, 운동이 전 세계에 도움을 요청하고 자국 내에 사회정의를 실현하고 기후변화에 맞서 싸울 수 있기 때문이다.

18장 다른 세계는 가능하다

우리가 행동하지 않으면 미래는 난민, 기근, 전쟁, 고통의 도가니가 될 것이다. 많은 사람들이 다음과 같이 말한다. '시간이 없고 지구가 위기에 빠졌으니 지금 당장 행동에 나서야만 한다. 세상이 이렇게 생겨 먹은 것을 탓하기보다는 그 안에서 최대한 할 수 있는 것을 찾고 권력 꼭대기에 있는 사람들을 설득할 방법을 찾아보자.'

시간이 없다는 것과 기후변화 문제가 심각하다는 것은 사실이다. 정말이지 우리는 현실적이어야 한다. 그러나 과연 어떤 것이 진정한 현실주의인가? 진실은 권력 꼭대기에 있는 사람들이 문제를 해결할 수도 없고 해결할 의지도 없다는 것이다.

어떤 점에서 대부분의 평범한 사람들에게 '권력자들을 믿지 말라'는 말은 당연한 얘기다. 그러나 지난 30년 동안 대중매체와 토론을 권력자들이 통제했기 때문에 그들을 강제하거나 갈아 치운다는 생각은 사실상 금기시돼 왔다. 그런 주장은 너무 극단적이거나 충격적으로 여겨져서 진지하게 고려하는 것조차 겁이 날 정도다. 이 두려움 때문에 사람들은 지구온난화도 어쩔 수 없는 일이라고 느낀다.

사람들이 때때로 기후변화에 냉소적인 것처럼 보이는 것은 바로 이 두려움 때문이다. 흔히 사람들이 지구온난화의 실상을 제대로 알지 못한다고들 한다. 따라서 활동가들이 사람들에게 혼이 쏙 빠질 정도로 겁을 주면 행동에 나설 거라는 얘기다. 이런 전략에 일말의 진실이 있기는 하다. 기후변화라는 문제가 얼마나 중요한지 알지 못하면 사람들은 행동에 나서지 않을 것이기 때문이다. 정보를 제공하는 것은 분명히 필요한 일이다. 그러나 이런 전략에는 근본적 문제가 있다. 정치에 냉소적 반응을 보이는 것이 즐거운 일은 아니다. 오히려 개인이 우울증에 걸리는 것과 비슷하다. 사람이 우울증에 걸리는 이유는 자신의 삶이 어떻게 되든 상관하지 않아서가 아니다. 오히려 작은 것 하나까지 모두 소중하지만 도저히 자신의 세계를 바꿀 수 없을 것 같다고 느끼기 때문이다. 그래서 우울증에 걸리면 **고통스럽다**. 정치에 냉소적이라는 것은 세상이 무언가 심각하게 잘못된 것을 알지만 그것을 바꿀 수는 없다고 느끼는 상태를 말한다.

오늘날 평범한 사람들이 지구온난화에 대해서 무지한 것은 아니다. 그보다는 자신들이 어찌할 수 없다고 여기는 끔찍한 미래에 대해 자꾸 듣거나 생각하기 싫은 것이다. 사람들은 이런저런 경로를 통해 기후 재앙을 막으려면 엄청나게 큰 변화가 필요하다는 것을 아주 잘 알고 있다. 다만 자신과 같은 평범한 사람들이 그런 변화를 이뤄 낼 수 있다고 생각하지 않는 것이다.

그래서 오늘날 사람들의 의식에는 일종의 모순이 자리 잡고 있다. 겉으로는 정치인들에게 문제를 맡기면 된다고 말하면서 스스로도 그렇게 믿으려고 노력한다. 시장이 제대로 작동하기를 바라면서 말이다.

그러나 동시에 마음과 머릿속 한구석에서는 사회 꼭대기에 있는 사람들이 문제를 해결할 리가 없다고 생각한다. 그러나 정치와 정치인에 대한 이 비관적 생각 때문에 사람들은 기성 정치인에게 기대게 된다. 우리가 문제를 해결할 수 없다면 그들이 해결해 줄 것이라고 믿는 편이 낫기 때문이다.

따라서 기후변화에 대한 사람들의 냉소적 태도를 극복하기 위해 필요한 것은 공포심을 조장하는 것이 아니다. 평범한 사람들이 세상에 영향을 미칠수 있다고 설득하는 것이 필요하다. 심오한 변화가 필요하다고 믿는 사람들에게 이것이 뜻하는 바는, 세상이 근본적으로 바뀔 수는 없다고 생각하면서도 무언가 진지한 대책이 필요하다고 느끼는 모든 사람과 정치적 동맹을 맺는 것이다.

지구온난화를 막기 위해 전 세계적으로 수많은 시위가 필요한 이유도 그 때문이다. 지구온난화 때문에 분노해 있지만 자기 혼자만 그렇다고 느끼던 사람들이 시위를 통해 만나서 함께 행진하고 자신과 생각이 비슷한 사람이 많다는 사실을 알게 된다. 따라서 시위는 성가대에게 설교하는 것처럼 쓸모없는 일이라는 생각은 잘못이다. 교회의 성가대는 함께 소리 내 노래하면서 같은 신앙을 공유한다는 사실을 느낄 수 있다. 시위는 사람들에게 혼자가 아니라는 사실을 깨닫게 해 주고, 자신들의 잠재력을 느끼게 해 주며 자신감을 높여 준다. 이 때문에 집회의 규모가 그토록 중요한 것이다. 더 많은 사람과 같이 행진할수록 더 많은 자신감이 생기기 때문이다. 국제적 시위가 중요한 이유도 바로 이 때문이다. 2007년 세네갈의 한 도시에서 열린 집회의 참가자는 500명밖에 안 됐지만, 그들은 자신들이 세계적 운동의 일부라는 것을 알고 있었으므로 자신감을 얻을 수 있었다.

국제적 시위가 필요한 이유는 또 있다. 지구온난화를 멈추려면 거의 모든 나라 정부가 참가하는 국제적 공조가 필요하다. 반드시 모든 정부가 참가할 필요는 없다. 만약 미국이나 중국, 인도, 일본 중 어느 한 나라가 불참하면 그 나라에 불이익을 주면 된다. 다른 나라들이 그 나라와 교역을 거부해 버리면, 동참할 수밖에 없게 될 것이다. 그러나 이를 위해서는 대부분의 주요 국가를 끌어들여야 한다.

그러나 모든 나라가 감축 목표에 합의하는 것만으로는 문제를 해결할 수 없을 것이다. 무언가 줄이고 제거하는 목표만으로는 안 된다. 새로운 에너지를 만드는 것이 포함되지 않으면 그나마 갖고 있던 것을 줄이라는 얘기가 될 것이기 때문이다. 새로운 대안 없이 감축 목표만 있으면 사람들에게 더 많은 희생을 강요하게 되는 셈이고 따라서 성공할 수 없다.

앞에서 500만 개의 태양광 지붕과 1000만 호의 단열 공사, 열대우림 보호, 승용차 없는 도시 만들기, 철도 건설 등의 캠페인을 제안한 이유가 바로 이것이다. 그러나 이런 캠페인도 그 자체만으로는 충분하지 않다. 그와 함께 세계적, 일국적으로 배출량을 엄격하게 제한하는 것도 필요하다. 배출량 제한이 없다면 승용차를 금지하더라도 다른 곳에서 이산화탄소 배출이 늘어날 것이기 때문이다.

그렇지만 지역에서 캠페인을 벌여야 하는 가장 중요한 이유는, 시위와 마찬가지로 이를 통해 사람들이 기후변화에 대한 냉소적 태도를 바꾸기 시작할 수 있다는 것이다. 이때 핵심은 이런 캠페인의 요구가, 실질적 변화를 이끌어 낼 수 있을 만큼 원대하고 사람들의 열정을 자극할 만큼 과감하면서도 동시에 승리할 수 있을 만큼 현실적이어야 한다는 것이다. 그렇다고 당장 승리할 수 있는 캠페인만 해야 한다는 뜻은 아니다. 오히려 요구가 과감하고 원대하다는 바로 그 점 때문에 승리를 얻기까지는 시간이 걸릴 것이다. 그러나 사람들이 성취할 수 있다고 여기는 것을 캠페인의 요구로 채택하는 것은 필요하다.

과거의 역사와 패배의 경험은 산 자의 정신을 짓누르기 마련이다. 새로운 사회운동이 출현해 흐름을 바꾸기 시작했지만 이제 겨우 시작일 뿐이다. 승리할 수 있는 요구를 걸고 투쟁하는 것이 그토록 중요한 이유다. 승리를 경험하면 사람들도 더 원대한 요구를 상상하기 시작할 것이다.

다른 사회운동들이 그토록 중요한 것도 이 때문이다. 때때로 기후활동가들이 왜 모두들 다른 쟁점을 집어치우고 기후변화 문제에 집중하지 않는지 이해할 수 없다며 화를 내는 경우가 있다. 결국 기후변화야말로 오늘날 세계가 직면한 가장 큰 위협이라는 것이다. 기후변화 때문에 수십억 명이 빈곤의 나락으로 떨어질 판국에 세계의 빈곤 문제와 씨름하는 것이 무슨 의미가 있느냐는 것이다.

그렇게 느끼는 이유를 이해할 수는 있지만, 이런 생각은 잘못이다. 기후활동가들은 자신들이 직면한 근본적 난관이 무엇인지 오해해선 안 된다. 사람들은 지구가 어떻게 되든 관심 없는 게 아니라 싸워서 이길 수 있다고 생각하지 않는 것이다. 어떤 사회정의 운동이든 투쟁해서 승리를 거두면 사람들의 의식이 바뀌는 데 도움이 된다. 운동의 규모가 클수록 이를 지켜보는 수만 명, 아니 심지어 수백만 명의 생각이 바뀌어서 저항하면 승리할 수 있다고 생각하게 될 것이다.

나는 앞에서, 반자본주의 운동이 새롭게 등장한 것만으로도 사람들은 전 세계적 기후 운동을 상상할 수 있게 됐다고 설명했다. 훨씬 더 중요한 것은, 지구 상에서 가장 강력하다는 미군이 이라크와 아프가니스탄에서 서서히 패배하고 있다는 사실이다. 미군이 이라크와 아프가니스탄에서 철수하는 날, 아무에게도 지지 않을 것 같던 세계 최강대국의 치욕적 패배를 전 세계가 지켜보게 될 것이다.

미군이 패배하기 시작하면서 단지 조지 부시와 엑슨모빌만이 아니라 기후변화를 부정하던 사람들이 세계적으로 약화되고 있다. 이전 같았으면 잠자코 있었을 다른 나라 정부들이 기후 문제와 관련해 미국에 대들기 시작한 것이다. 또, 미국을 전쟁으로 끌고 간 네오콘과 기업들에 반대하는 미국인이 늘어나면서 진정한 기후변화 대책을 받아들이는 미국인도 늘어나기 시작했다.

그러나 우리가 보고 있는 것은 겨우 시작에 불과하다. 미군의 패배가 현실이 돼서 미군 병사들이 이라크와 아프가니스탄을 떠나는 헬리콥터에 타려고 앞다퉈 몰려드는 광경을 보게 되면, 사람들은 더 많은 것이 가능하다고 여기게 될 것이다. 어느 정부든 전쟁에 패하면 국내에서 저항과 반대가 터져 나올 공간이 열리기 마련이다. 그런데 미국 정부는 단지 미국인들만이 아니라 전 세계를 지배해 왔다.

미국의 패배는 전 세계 기후 활동가들의 자신감을 높여 줄 것이다. 그뿐 아니라 세계 도처에서 사람들은 수많은 크고 작은 쟁점을 놓고 저항할 수 있다는 자신감을 얻게 될 것이다. [영국] 리버풀의 중고등학교 교사들은 교장이 자신들을 함부로 대하는 것에 항의해 무엇을 할 수 있을지 얘기하기 시작할 것이다. [인도의] 벵골 주민들도 용기를 얻어 주 정부가 자신들의 땅을 몰수해서 기업들에 넘겨주는 것을 막는 싸움에 나설 수 있을 것이다. 이처럼 크고 작은 수많은 투쟁이 다시금 전 세계의 분위기에 영향을 줘서 세상을 바꿀 수 있다는 자신감을 퍼뜨릴 것이다.

그러나 이 모든 일은 미국이 이라크와 아프가니스탄에서 실제로 철수해야만, 바로 그때에만 일어나게 될 것이다. 전 세계적 평화운동, 특히 미국의 평화운동이 기후 문제에 중요한 이유다. 전쟁을 멈출 수 있다면 기후변화도 멈출 수 있다. 반대로 자국 정부가 전쟁을 멈추도록 할 수 없다면, 기후변화를 막을 용기와 자신감도 좀처럼 생겨나지 않을 것이다.

신자유주의 정책에 반대하는 모든 사회정의 운동이 특히 기후 정치에 중요한 이유는 또 있다. 정부 지출, 공공사업, 정부 규제 등 배출량을 줄이기 위해 필요한 정책들은 모두 신자유주의와 정면으로 충돌한다. 사람들은 기존의 공공서비스를 지키고 새로운 것을 싸워서 얻기 시작해야만 이런 기후변화 저지 정책들을 성취할 수 있다고 생각할 것이다. 볼리비아의 새 정부가 외국자본이 운영하던 가스전을 국유화하는 모습을 나는 영국에서 텔레비전을 통해 봤다. 에보 모랄레스 대통령이 포고령을 발표했고, 바로 그날 밤 찬란한 조명을 받으며 무장한 군인들을 이끌고 가스전으로 걸어 들어갔다. [그 순간] 나는 인간이 지금 당장 스스로 경제를 운용할 능력이 있다는 것을 봤다. 수백만 명의 볼리비아인과 전 세계의 더 많은 사람들이 같은 모습을 봤다. 그런 식으로 더 많은 곳에서 더 많이 승리한다면, 사람들은 지구를 살리는 데 필요한 용기를 얻을 수 있을 것이다. 그러나 그러려면 투쟁이 벌어지고 또 승리해야만 한다. 따라서 신자유주의에 맞선 무수한 싸움들은 기후 문제에 중요한 영향을 미친다. 협소하게 기후변화 캠페인만 강조하는 것이 어리석은 이유다.

그렇다고 내가, 사회정의 활동가들은 자신들의 쟁점에 몰두하고 기후 문제는 환경운동가들이 책임지면 된다고 주장하는 것은 아니다. 사회운동 활동가들, 노동조합원들, 좌파들 그리고 더 많은 세력이 함께 하지 않으면 정말이지 기후변화를 막을 수 없다. 우리가 건설해야 하는 운동은 규모가 엄청나게 커야 하기 때문에 환경운동가들만으로는 도저히 해낼 수 없다. 기후변화 문제로 대중운동을 건설하려면 수많은 노동계급 사람들을 끌어들여야 한다. 모든 노동자들이 노동조합에 가입하는 것은 아니지만, 여전히 노동조합은 노동자들을 운동에 끌어들이는 가장 손쉬운 통로다.

게다가 기후 운동이 승리하려면 사회정의라는 개념이 매우 중요하다. 따라서 좌파는 기후 캠페인에 참가해야 한다. 옆으로 비켜서서 기후변화로 인한 혼란이 자본주의 때문이며 혁명만이 지구를 구할 수 있다고 말하기는 쉽다. 그 말들은 사실일 수도 있다. 그러나 사람들과 떨어져서 틀에 박힌 주장만 하는 것은 좌파로서 아무런 구실도 하지 않는 것과 같다.

반대의 경우도 마찬가지다. 사회정의를 함께 추구하지 않는 환경운동은 환경을 지킬 수 없다. 좌파와 노동조합은 기후변화 저지 투쟁에 동참해야 한다. 그러나 그러려면 환경운동가들도 그들에게 다가가서 함께 투쟁하자고 설득해야 한다.

이런 쌍방향 소통은 이미 여러 나라에서 시작되고 있다. 사실 이 책을 쓸 수 있게 된 것도 바로 그런 소통 덕분이다.

우리가 할 수 있을까?

그렇다고 기후변화를 막는 것이 쉽다는 얘기는 아니다. 그러나 사람들은 전에도 세상을 바꾼 경험이 있다. 한때는 왕과 봉건영주들이 세상을 지배했다. 지금은 기업가들이 세상을 지배한다. 이른바 '부르주아지'는 세상을 조금씩 바꾸지 않았다. 그들은 전체 주민을 이끌고 반란을 일으켰다. 이런 반란은 당시 세계의 주변부였던 미국에서 1776년 미국독립혁명으로 시작됐고, 세계의 중심부였던 프랑스에서 일어난 1789년 혁명이 쐐기를 박았다. 그 뒤 유럽 대부분과 라틴아메리카 전역으로 퍼져 나갔다.

1919년 인도에서는 국민회의가 이끄는 식민지 독립운동이 폭발했고 같은 해 중국에서는 5·4 운동이 터져 나왔다. 1948년 인도는 독립을 쟁취했고, 1949년에는 중국 혁명이 승리를 거뒀다. 오늘날에는 팔레스타인과 티베트 같은 일부 예외를 빼면, 전 세계 거의 모든 곳에서 식민지들이 독립했다.

한때 평범한 사람들은 투표를 할 수 없던 시절도 있었다. 20세기에 거대한 운동들이 일어나 투표권을 위해 투쟁했다. 오늘날 대부분의 나라에는 평범한 사람들에게 투표권이 있으며, 민주주의를 유달리 소중히 여기지 않는 사람들조차 독재자는 무너지기 마련이라는 사실을 안다. 사람들은 노동조합을 만들기 위해 싸웠고, 그 결과 이제 대부분의 나라에서 대공업과 공공 부문에는 노동조합이 있다. 또, 사람들은 무상교육, 무상의료, 실업수당, 장애수당, 연금제도 등 복지국가를 만들기 위해 싸웠다. 그 결과 이제 부유한 나라 사람들은 대부분 이를 누리고 있다. 물론 이 복지 제도들은 허점이 많고, 각국 정부는 최근 이 복지 혜택들을 다시 빼앗아 가려고 한다. 그러나 사람들이 의료, 교육, 연금 등의 복지 제도를 얻기 위해 투쟁해서 쟁취했으며 이를 통해 전 세계 수십억 명의 삶이 크게 개선됐다는 사실이 바뀌는 것은 아니다.

나는 거대한 운동이 일어나 세상을 바꾸는 게 가능하다는 것을 안다. 나는 1950년대와 1960년대에 텍사스에서 자랐는데, 당시에 활발했던 공민권운동에 참가했고 그 결과 내가 사는 세계를 바꿀 수 있었다. 나는 베트남 전쟁을 멈추게 만든 반전운동에도 참가했다. 여성해방운동과 동성애자해방운동은 여성과 동성애자에게 완벽한 평등을 가져다주지는 못했지만, 모든 여성, 모든 게이와 레즈비언의 삶이 바뀌었다.

우리 앞에 놓인 과제는, 지구를 구하는 것이므로 그 규모가 거대하다. 따라서 그만큼 거대한 사회운동이 필요하다. 우리가 치러야 할 전투의 규모는 프랑스 혁명과 복지국가를 위한 투쟁의 중간 어디쯤이라고 할 수 있다.

우리는 우리 자신이 세상을 바꿀 수 있다는 걸 알고 있다. 전에도 우리처럼 평범한 사람들이 세상을 바꾼 적이 있지 않은가. 우리는 우리 부모, 조부모 그보다 앞선 조상들과 유전적으로 다르지 않다. 세상은 바뀔 수 있다.

자본주의

그렇다면 어떤 투쟁이 될 것인가? 기후변화를 막기 위한 투쟁은 복지국가를 요구하는 투쟁과 비슷할 것인가? 아니면 프랑스 혁명과 비슷할 것인가?

이 질문에 답하기 위해서는 좀 더 근본적인 문제, 즉 자본주의에서 출발해야 한다. 결국 산업자본주의는 탄소 경제와 나란히 성장해 왔다. 초기 산업자본주의는 석탄과 증기기관에 의존했다. 나중에는 산업은 석탄으로 만든 전기에 의존했고, 운송은 석유를 기반으로 했으며, 난방은 가스를 태워 해결했다. 이처럼 석탄, 석유, 가스를 채굴하면서 부터 인간은 전례 없이 많은 에너지를 사용할 수 있게 됐다. 지난 200 년간 인간의 평균수명은 두 배로 늘어났으며, 세계 인구는 여섯 배로 늘어났고, 세계 총생산량은 그보다 더 많이 늘어났다. 자본주의는 지금 세계를 지배하고 있으며, 세계를 구성하는 것 어느 하나도 탄소 연료로부터 자유로운 것이 없다.

자본주의가 지구온난화의 원인인 이유는 이처럼 매우 단순하다. 그렇다고 자본가들과 기업 총수들이 일부러 지구온난화를 일으켰다는 얘기는 아니다. 그들 역시 이런 일이 일어날 줄은 몰랐다. 지구온난화는 체제 깊숙이 편입된 기술이 가져온 의도치 않았고 원치도 않았던 일종의 부작용이다. 그러나 자본주의 체제가 지구온난화를 막기 위해 우리가 가야 할 길을 가로막고 있는 것만큼은 분명하다.

앞에서 나는 그 이유를 설명했다. 첫째, 신자유주의 정책은 기후변화를 막는 데 필요한 대규모 공공사업과 정부 규제를 배제한다. 둘째, 지구 상에서 가장 강력한 기업들은 대부분 탄소 에너지와 떼려야 뗄 수 없는 관계를 맺고 있다.

물론 신자유주의나 탄소 기업이 없는 자본주의 체제도 가능하다. 사실 40년 전만 해도 자본가들은 국유화와 정부 개입과 규제를 기꺼이 받아들였다. 당시 기업가들과 정치인들은 케인스주의 정책을 선호했고, 다시 그러지 말라는 법은 없다. 그러나 그러기엔 경제 현실이 만만치 않다. 애초에 자본가들이 케인스주의 정책으로부터 등을 돌린 이유는 1960년대 이래로 산업 이윤이 급격하게 떨어졌기 때문이다. 그 이후로도 산업 이윤율은 부분적으로만 회복됐다. 기업 총수들과 주류 정치인들이 기후 재앙의 위협에도 아랑곳 않고 노동자들을 쥐어짜는 데만 혈안이 돼 있는 것은 바로 이 때문이다.

대중교통, 풍력 터빈, 태양발전을 통해 건전한 이윤을 창출하는 자본주의를 상상해 보는 것도 가능하다. 그러나 탄소 기업들은 매우 강력하고, 우리에게 주어진 시간은 많지 않다. 자동차와 석유 기업들이 시간을 끌다가 지구를 파괴하도록 내버려 둘 수도 없다.

요컨대, 신자유주의와 탄소 기업들이 핵심적 구실을 하지 않는 자본주의 체제도 가능하다. 그러나 그들이 너무나 강력하고 굳건해서 체제 전체를 바꾸지 않고는 도저히 주어진 시간 안에 기후변화를 막기 위해 필요한 조치를 취할 수 없을 것이다.

게다가, 자본주의에는 기후변화 해결책들과 양립하기 어려운 두 가지 특징이 있다. 즉, 국제 경쟁과 끊임없는 성장의 압력이다. 지금까지는 고집불통인 미국 정부 때문에 새로운 기후 협약을 위한 국제 협상이 제대로 진척되지 못하고 있는 것으로 보이지만, 미국은 국제 경쟁이 보일 수 있는 여러 모습 중 하나일 뿐이다. 미국의 패권이 약화되거나 미국인들이 자국 정부를 상대로 승리를 거둔다고 해도 자본주의 체제가 가하는 국제 경쟁의 압력은 여전할 것이다. 즉, 다른 국가들이 다른 방식으로 결합해서 기후변화를 막기 위해 필요한 조치를 방해할 것이다.

더 중요한 특징은 자본주의 체제의 구석구석까지 가해지는 끊임없는 성장을 향한 압력이다. 이윤을 창출하고 그 이윤을 투자해서 성장하는 기업과 나라만 살아남는다. 자본주의 체제에서는 성장하지 못하면 단지 현 상태를 유지하는 것이 아니라, 경쟁에서 뒤처져서 점차 주변부로 밀려나 사라지게 된다. 이것이 바로 자본주의 체제의 논리다.

영국과 같은 나라에서 정부가 최근에 그토록 위선적으로 행동하는 이유이기도 하다. 신노동당 정부는 전 세계 배출량을 줄여야 한다고 큰소리로 요구한다. 해마다 배출량을 감축하도록 하는 법안도 통과시킬 것이다. 그러면서 배출량을 줄이고 있다고 자랑스레 떠든다. 그러나 영국의 배출량은 대부분의 다른 나라와 마찬가지로 계속해서 증가하고 있다. 그리고 신노동당 정부는 대규모 도로 공사, 새로운 공항과 활주로 건설, 새로운 석탄 화력발전소 건설을 정책적으로 추진하고 있으며, 에너지 소비를 끊임없이 늘리는 계획들을 내놓고 있다. 그야말로 거짓이고 위선이다. 그러나 이것만 봐서는 안 된다. 영국의 사례는 기후변화를 멈춰야 한다는 인간의 필요와 끊임없이 성장해야 한다는 자본주의 체제의 필요가 충돌해 나타나는 현실의 모순을 보여 준다.

이런 성장의 압력은 더 큰 문제로 이어진다. 즉, 계속 성장하지 않으면 체제는 쇠퇴할 수밖에 없다. 그러나 현재의 세계 성장률인 3.5퍼센트만 유지해도 20년 뒤에는 세계 총생산량이 두 배로 늘어나고 40년 뒤에는 네 배가 될 것이다. 이렇듯 장기적으로 생산물은 끊임없이 늘어날 수밖에 없으며 이와 함께 온실가스 배출도 증가하게 된다.

반가운, 그리고 중요한 소식 하나는, 앞으로 한 세대 동안은 성장하기 위해 반드시 온실가스 배출이 늘어날 필요는 없다는 것이다. 자본주의 체제는 투자와 생산이 확대돼야 하기 때문에 국민총생산이 끊임없이 늘어나야 한다. 그러나 국민총생산은 경제활동을 측정한 것일 뿐이다. 즉 임금과 재화의 가격을 모두 합친 것이다. 만약 전 세계 도처에 풍력 터빈, 태양전지판, 태양열집중발전소와 조력발전소를 건설한다면 그 모든 것이 경제성장으로 간주될 것이다. 건물을 단열하고 새로운 전철 노선을 까는 것도 마찬가지다. 앞으로 한 세대 동안은 이런 종류의 경제성장을 통해 탄소 배출을 급격하게 줄일 수 있을 것이다. 따라서 경제를 계속 성장시켜야 한다는 사실이 한동안은 큰 문제가 되지 않을 것이다.

그러나 우리는 현실을 직시해야 한다. 세계 자본주의의 수호자들과 지배자들은 기후 재앙을 막기 위해 필요한 조치들을 방해해야 한다는 압력에 엄청나게 시달리게 될 것이다. 지구를 구하기 위해 행동에 나서라는 대중적 압력이 광범위해지더라도 마찬가지일 것이다.

이처럼 두 압력이 충돌하면서 나타날 수 있는 결과는 네 가지다. 하나는 자본주의 수호자들이 성공적으로 방해 공작을 펼쳐 우리에게 허락된 시간을 허비하게 만들고 결국 기후 재앙이 우리 모두를 덮치는 것이다. 이럴 가능성은 결코 낮지 않다.

둘째는 전 세계 지배자들이 마침내 정신을 차리고 부분적으로나마 자신들의 체제를 조절하는 것이다. 이렇게만 된다면야 좋겠지만, 넷 중 가장 가능성이 낮다.

셋째는 대중운동이 매우 강력하고 단호해서 지배자들이 마지못해 행동에 나서도록 강제하는 것이다. 그렇게 되면 지금의 자본주의 현실과 [지구를 구해야 한다는] 인간의 필요 사이에 거대한 타협이 이뤄져서 사회와 경제가 쉽게 되돌릴 수 없을 정도로 획기적으로 변화할 것이다. 자본주의 권력자들이 본의 아니게 행동에 나서게 되는 셈이다. 지배자들이 스스로 마음을 고쳐먹을 가능성보다는 좀 더 그럴듯한 시나리오다. 20세기 유럽에서 복지국가를 건설하기 위해 투쟁한 경험이 이와 매우 비슷했다. 사회주의자들은 대부분 복지국가가 자본주의와 양립할 수 없다고 생각하면서도 어쨌든 복지국가를 위해 싸웠다. [그 결과] 많은 한계가 있지만 연금, 실업수당, 장애인 보조, 공공부조, 공영

주택, 국영 대중교통, 국민건강보험을 얻어 낼 수 있었다. 이 모든 것을 자본주의 체제 아래에서 얻어 냈다.

이런 종류의 타협은 쉽게 얻어 낼 수 없다. 재생 가능한 [에너지에 기반을 두는] 경제로 전환하기 위해서는 복지국가로 전환하기 위해 필요했던 것보다 더 많은 변화가 필요하다. 나는 그런 타협이 이뤄질 거라고 생각하지 않지만, 가능성조차 없다고 말하는 우를 범하지는 않겠다. 그러나 이것 한 가지는 분명한데, 지구를 구하기 위해 필요하다면 모든 것을 바꿀 각오가 돼 있는 대중운동이 전 세계적으로 등장하지 않는 한, 사회와 경제를 쉽게 되돌릴 수 없을 정도로 획기적으로 변화시키는 타협은 이뤄지지 않을 것이다.

넷째 가능성은 전 세계의 평범한 사람들이 자신들의 사회와 경제를 장악하는 것이다. 이는 혁명을 뜻한다. 단지 인간의 생각과 마음속 변화만이 아니라, 세계를 주름잡는 기업 권력을 뒤엎는 것을 뜻한다. 완전히 새로운 세계가 될 것이며 진정한 지구적 민주주의가 실현될 것이다. 이 넷째 시나리오가 가능성이 가장 높다고는 말할 수 없다. 그러나 충분히 가능한 시나리오이고, 지구도 살릴 수 있다.

인간 본성 때문에 그게 될까?

어느 모임에서든 내가 세상을 바꿔야 한다고 말하면, 흔히 누군가 손을 들어서 인간은 본성상 탐욕스럽고 이기적이어서 세상을 구할 수 없다고 말한다.

그런데 그 말이 사실일까? 상반된 증거가 많다는 것이 올바른 답변이 될 것이다. 우리는 도처에서 탐욕스럽고 잔혹하고 자기 강박에 시달리는 사람들을 지겹도록 많이 본다. 이는 분명 인간 본성의 일부다.

그러나 다른 측면도 있다. 탐욕과 개인주의가 자연스러워 보이는 것은 우리가 경쟁을 부추기는 자본주의 사회에 살기 때문이다. 우리는 모든 것이 상품으로 취급되는 세상에 살고 있고, 개인주의는 그것이 내면화된 것이다. 자본주의는 끊임없는 이윤 축적을 위해 쉬지 않고 움직이는데, 그것이 개인에게 투영된 것이 탐욕이다. 경쟁은 자본주의를 지배하는 원칙이고, 우리는 성공과 승자를 떠받든다. 이처럼 우리 사회에서 지배적 덕목은 기업가들이 추구하는 덕목이다.

[역사적으로] 다른 시기와 장소에서는 다른 본성이 더 정상적이고 바람직하다고 여겨졌다. 중세 시대 유럽에서는 말 탄 폭력배라 할 수 있는 기사들과 영주들이 권력을 갖고 있었다. 당시에는 용기, 충성심, 근력 같은 전사의 덕목이 자연스럽고 지배적인 덕목으로 여겨졌다.

1960년대에 인류학자 리처드 리는 보츠와나의 칼라하리사막에서 사냥과 채집을 하는 쿵산족과 함께 지냈다. 그들은 전혀 다른 덕목을 높이 샀다. 이는 아마도 그들이 사냥과 채집을 위해 끊임없이 이동해야 했기 때문에 등에 짊어질 수 있는 것 이상을 소유하지 않았기 때문일 것이다. 아니면 쿵산족 역시 현대인으로서 보츠와나 사회의 위계질서에서 맨 아래층을 이루고 있기 때문에 그런 것일 수도 있다. 이유가 무엇이든 그들은 나눔을 중요한 덕목으로 강조했는데, 이는 그들이 살아남기 위해서는 나눠야 했기 때문이다. 그들은 평등을 강조했고, 자신을 내세우지 않는 사람을 높이 샀다. 또 가족이나 무리 안에서 긴장이 발생하면, 잠시 다른 곳으로 가서 떨어져 지내면 그만이었다.[38]

모든 현대 산업사회에서도 이처럼 여러 가치가 섞여 있는 것을 볼 수 있다. 가장 꼭대기에 있는 기업가들의 세계는 경쟁과 탐욕으로 가득하다. 그러나 대부분의 사람들은 사랑과 이해심으로 자녀를 키우려고 노력한다. 사실 배려와 나눔이 없다면 젖을 먹이고 가르치고 아이를 따라다니며 치우는 등의 일이 절대로 불가능할 것이다. 동료들 사이의 말 없는 배려가 없다면, 일터는 지옥과 다름없을 것이다. 협동심과 경쟁심 중 어느 하나가 더 인간 본성에 가깝다는 말을 하려는 것이 아니다. 모든 부모가 아이들을 시종일관 사랑하고 존중하는 것은 아니기 때문이다. 사실 부모라면 누구나 너무 화가 나서 아이에게 손찌검을 하려 하거나 마음속 깊이 사랑과 분노 사이에서 갈등하는 순간을 경험한다.

정리하자면, 인간의 본성은 어느 하나로 규정할 수 없다. 인간 본성을 뭐라고 정의하든 그에 해당하는 증거는 꼭 하나씩 있기 마련이다.

다른 세계

내가 만나는 사람들 중에는 자기 나름의 고민을 통해 기후변화를 막으려면 세상을 바꿔야 한다는 결론에 도달한 사람도 많다. 즉 혁명이 필요하다는 것이다. 그러나 때때로 그들은 거기서 멈추고 마는데, 왜냐하면 혁명이 어떤 것이고 다른 세계가 어떤 것인지 상상하기 어렵기 때문이다.

나도 확실히 알지는 못한다. 미래는 아직 오지 않았고 따라서 미지의 영역이다. 단순히 과거가 반복되는 것도 아닐 것이다. 그러나 몇 가지 추측은 할 수 있다.

먼저 '혁명'이라는 개념부터 살펴보자. 혁명이라는 단어가 사전에 있는 이유는 사람들이 과거에 혁명을 일으켰기 때문이다. 역사상 다양한 혁명이 있었다. 1776년 미국 혁명, 1789년과 1848년의 프랑스 혁명, 1917년 러시아 혁명, 1910년과 1949년의 중국 혁명, 1906년과 1979년의 이란 혁명, 1910년 멕시코 혁명, 1990년 네팔 혁명 등등 많은 혁명이 있었다. 그러나 이 모든 혁명에는 몇 가지 공통점이 있다. 때때로 혁명은 내전으로 이어지기도 했다. 그러나 언제나 대중행동이 벌어졌다. 파업, 격렬한 회의, 권력의 총부리를 두려워하지 않는 거리 행진이 어김없이 등장했다. 소책자, 연설, 열정, 끝없는 토론과 희망이 있었다. 언제나 처음에는 왕에게 작은 변화나 정의를 요구하는 소박한 포부로 출발했다. 그런데 이것이 왕정을 무너뜨리고 세상을 바꾸는 것으로 끝났다.

혁명이 승리한 경우를 살펴보면, 결정적 선택의 순간이 왔을 때 압도 다수의 사람들이 구질서보다 혁명을 선택했기 때문에 승리할 수 있었다는 것을 알 수 있다. 사실 혁명이란 그 다수가 행동하는 것을 말한다. 그러나 최초의 반란은 이야기의 절반일 뿐이다. 그다음부터 나머지 절반이 시작된다. 확실히 지난 20년간 세계 도처에서 봉기가 더 많이 일어났다. [그러나] 네팔, 수단, 동독, 체코슬로바키아, 니카라과, 태국, 소말리아, 아프가니스탄, 필리핀, 이란 등 수많은 나라에서 구질서를 대체한 정권들[의 경험]은 비극적이었다.

진정한 문제는 세상을 바꾼다는 것의 의미다. 이에 답하기 위해서, 나는 기후변화를 막기 위해서 무엇을 해야 하는지부터 살펴보겠다.

첫째, 모든 혁명은 반드시 세계적이어야 한다. 이는 우리가 단일한 세계경제로 묶여 있기 때문이다. 고립된 혁명은 반드시 사그라지거나 군사독재로 변질된다. 그러나 고립이 필연적인 것은 아니다. 모든 변화는 특정한 장소에서 시작되기 마련이다. 그러나 오늘날 세계는 전체적으로 매우 비슷하다. 정치사상, 논쟁, 패션, 감정 구조가 역사상 그 어느 때보다 더 동질성을 띠고 있다. 만약 어느 중요한 나라에서 진정한 변화가 일어난다면 모두가 알게 될 것이고 그 파장이 산불처럼 번져 나갈 것이다.

기후변화를 막으려면 이런 과정이 특히 중요하다. 세계가 단일한 대기를 공유하기 때문이다. 변화는 한 나라에서 시작되겠지만 나머지 세계로 확산되지 않는다면 의미가 없다.

둘째, 평범한 사람들이 경제를 통제해야 한다. 이윤만을 위한 생산 논리를 타파해야 한다. 이것은 생각보다 어렵지 않다. 초등학교를 생각해 보자. 사립학교는 이윤을 뽑아내기 위해 운영되지만 공립학교는 아이들을 가르치기 위해 운영된다. 사실 학교란 가르치기 위해 있는 것이다. 심지어 지금도 정부는 어느 학교에 얼마나 돈을 쓸지, 학교에서 어떻게 가르칠지를 결정한다.

물론 신자유주의 정부들은 학교를 민영화해서 서로 경쟁하게 하고 서류상의 '이윤'을 뽑아내기 위해서 미친 듯이 노력하고 있다. 그러나 그들이 이것을 강요하고 있다는 것은 학교가 그동안 시장 원리와는 다른 방식으로 운영돼 왔음을 보여 주는 것이다.

혁명이 일어나면 전체 경제를 그런 식으로 운영할 수 있을 것이다. 생산의 목적은 이윤이 아니라 인간의 필요가 될 것이고, 우리는 다음과 같은 문제들을 놓고 집단적으로 결정할 수 있게 될 것이다. 태양발전을 늘려야 할까? 노인들을 위한 집을 더 지어야 할까? 강철을 더 생산해야 할까? 휴일은 늘리고 가구 생산은 줄일까? 포장재 생산을 줄일까? 고기는 더 많이 필요할까 아니면 줄여야 할까? 꽃을 더 재배할까 아니면 물을 보존할까? 광고를 늘릴까 아니면 생방송 음악 프로그램을 늘릴까?

세계의 부_富를 어떻게 나눌지도 집단적으로 결정할 수 있게 될 것이다. 의사와 도축장 노동자 중 누구에게 더 많은 임금을 줘야 할까? 더 많은 교육을 받았으니 의사에게 더 많이 줘야 할까? 아니면 공평하게 둘 다 똑같이 줘야 할까? 아니면 의사는 일 자체에서 느끼는 만족이 더 크니까 도축장 노동자에게 더 줘야 할까?

지역과 나라 간 불평등 문제도 있다. 전 세계 사람들의 임금과 소득을 지금 당장 똑같게 만들기 위해 노력해야 할까? 아니면 일본과 미국의 임금은 그대로 유지한 채 벵골과 수단의 임금이 오르기를 기다려야 할까?

이윤 지상주의라는 권력을 무너뜨리면 인간의 필요를 위해 생산할 수 있다. 그러나 단지 인간만이 아니라 대기와 환경도 돌볼 수 있다는 뜻이다. 아이와 노인뿐 아니라 떡갈나무와 도마뱀도 보살필 수 있는 것이다. 현재 인류는 자연을 지배하고 사용하고 착취하고 '정복'하려 한다. 우리는 우리 자신이 자연의 일부라는 태도로 돌아갈 수 있다.

이윤 지상주의를 무너뜨리면, 끝없이 무엇인가를 소유해야만 하는 상태도 벗어날 수 있다. 앞서 나는 사람들이 왜 텔레비전이나 휴대전화 같은 상품을 갖고 싶어 하는지 설명한 바 있다. 그 물건들이 사람을 더 건강하게 만들어 주거나 편안하게 해 주기 때문이 아니다. 그보다는 사회에서 자신의 지위를 보여 주기 때문이다. 단지 사회적 지위를 나타내는 척도이자 표시일 뿐이지만, 그것으로 지위가 판단되기 때문에 사람들은 그것들에 집착하게 된다.

그러나 광고를 동원해 억지로 소비를 만들어 낼 필요가 없는 세계

경제를 상상해 보자. 스스로를 표현하기 위해 자신이 소유한 물건을 세어 보고 진열할 필요가 없는 그런 세상 말이다. 사람을 판단하거나 사람과 관계를 맺을 때 물질이 주요 기준이 되지 않는 세상. 모두가 넉넉히 누리는 세상. 사회 안전망 덕분에 아무도 집이나 직장에서 쫓겨날 걱정이 없고 모든 것을 빼앗겨서 절망에 빠질 염려가 없는 세상. 사치 아니면 가난이라는 양자택일을 강요받지 않는 세상.

세계경제는 현재 낭비로 가득 차 있다. 단지 비닐봉지와 버려진 깡통만이 아니라 전체 산업이 문제다. 광고계에서는 예술적 재능이 있는 수백만 명이 삶을 허비한다. 따분하기 그지없는 보안과 검표 업무는 불평등을 유지하기 위해 필요할 뿐이다. 공공 기관에 겹겹이 층을 이루고 있는 관리자들은 양식에 맞게 서류를 작성할 뿐이다.

이윤과 성장의 독재가 끝나면 사람들은 함께 질문을 던질 수 있다. 이게 정말 필요할까? 그때가 되면 지금 우리 사회에 존재하는 많은 것들이 실제로는 불필요한 것임을 깨닫게 될 것이다.

이 중 어느 것도 희생을 뜻하지 않는다. 지금 우리는 두려움으로 가득 찬 시대를 살고 있다. 군인들의 폭력적 위협을 겪으며 사는 사람들에게는 그것이 주된 두려움의 대상일 것이다. 그러나 대부분의 사람들에게는 노년의 외로움, 학교에서 당하는 따돌림, 직장 상사나 문을 지키는 보안 요원(보통 일상생활이 지루하고 늘 짜증이 나 있다)에게 모욕당하는 것이 두려움의 대상이다. 우리가 사는 세계에서 사람들은 시키는 대로 해야 하고 이윤을 뽑아내기 위한 수단으로 이용당한다.

이윤 지상주의의 독재를 끝장낸다면 이 모든 것이 사라지고 누구나 충분히 누리면서 살 수 있을 것이다. 또, 그런 독재가 사라지면 우리는 좀 더 자연 친화적으로 살 수 있게 될 것이다.

권력과 민주주의

내가 이렇게 말하면 어떤 이들은 다음과 같이 말하곤 한다. '좋아요. 그럴듯하군요. 그렇지만 실제로는 그렇지 않다는 걸 당신도 알잖아요? 모든 게 공동소유라면 자유가 없어질 거예요. 옛 공산주의 국가들처럼 모든 게 억압적으로 바뀌겠죠.'

그러나 지금의 세계를 둘러보자. 불타는 바그다드를 보라. 머리에 두건을 쓴 채로 양손에 전극을 쥐고 있던 남성을 기억하는가?* 그것은 빙산의 일각에 불과하다. 콩고에서 들려오는 비명을 들어 보라. 그곳에서는 플레이스테이션의 핵심 부품을 만드는 데 쓰이는 희귀 광물 때문에 전쟁이 벌어져서 300만 명이 죽었다. 우리는 이미 억압적인 세계에 살고 있다.

그렇다고 해서 탱크, 비밀경찰, 정치범 수용소로 악명 높은 옛 공산주의 국가들이 정당화되는 것은 아니다. 이 역겨운 정권들은 한때 가장 고귀한 이상에서 출발했다. 러시아 혁명이 일어난 1917년에는, 전세계에서 그 혁명을 지지한 사람들과 반대한 사람들 모두 러시아에서 노동자들이 권력을 차지했다는 것을 알고 있었다. 그러자 세계 대부분의 열강들이 러시아를 침공했고, 경제를 봉쇄했으며, 반혁명군에 무기와 물자를 제공했다. 그 뒤에도 혁명은 일부 살아남았으나 러시아는 극도로 가난한 상태에 빠졌다. 또, 적대적인 강대국들이 무장을 하고 둘러싸고 있었다. 고립된 러시아 국가는 독일의 침공에 맞설 만한 군수산업을 건설하려고 노동자와 농민을 최대한 쥐어짰다. 이 과정은 극

---

* 2004년에 벌어진 미군의 아부그라이브 교도소 포로 학대 사건을 말한다.

악무도했으며, 정부는 혁명에 참가했던 활동가를 거의 모두 죽여야 했다. 왜냐하면 이 혁명가들이야말로 이 새로운 야만을 결코 용납하지 않을 사람들이었기 때문이다.[39]

그런 일이 반복될 염려는 없을까? 물론 있다. 아무리 부푼 희망을 안고 시작했더라도 혁명이 고립되고 궁핍에 처하게 된다면 말이다. 그러나 혁명이 한 나라에 고립되지 않고 전 세계로 확산된다면 결말이 사뭇 다를 수 있다.

셋째로 덧붙이고 싶은 말은, 우리가 세상을 바꾸지 않으면 갑작스러운 기후변화를 맞이하게 된다는 것이다. 종잡을 수 없는 재난 속에서 수많은 인명, 가정, 사회가 완전히 파괴될 것이다. 부자들과 기업들은 누군가 희생해야 한다는 것을 알고, 그것이 자신들이 되지 않기 위해서 필요하다면 누구라도 죽일 것이다. 불평등과 사회 안전망 결핍 때문에, 오늘날에는 최악의 지역에서만 경험하는 일상적 억압이 모두에게 닥칠 것이다. 이내 전쟁이 일어날 것이다.

마지막으로 하고 싶은 말은, 민주주의만이 유일한 보호막이 돼 줄 것이라는 점이다. 투표를 말하는 것이냐고? 맞다. 그러나 단순히 5년에 한 번씩 여러분을 배신할 변호사들 중 한 명을 뽑는 것이어선 안 된다. 직장의 상사를 포함해 지역, 학교, 양로원, 유치원, 열차에서도 우리가 원하는 사람을 뽑을 수 있어야 한다. 무엇을 어떻게 생산할지, 무엇을 소비할지를 세계 곳곳에서 함께 결정할 수 있어야 한다.

이런 민주주의를 가능하게 해 줄 희망은 단 하나뿐이다. 바로 우리 자신 말이다. 결정적 순간에 절대 다수의 사람들이 함께하겠다고 마음먹지 않으면 세상을 바꿀 수 없다. 당신과 나, 우리가 알고 있는 평범한 사람들이 그런 일을 할 수 있다고 상상하기란 쉽지 않다. 혁명이란 단지 사회구조만이 아니라 인간의 영혼이 변화하는 것이기도 하기 때문이다. 또, 모든 사회관계가 변화하는 것이기도 하다. 사람들이 더는 당하고 살 수 없다며 일어서서 서로를 지켜 주기로 하는 것이 바로 혁명이다.

기후정의와 사회정의

정말 그 모든 것이 가능할까? 그렇다. 우리는 할 수 있다. 과연 성공할까? 그 질문은 내가 답할 수 없다. 그것은 여러분에게 달려 있기 때문이다.

어쩌면 굳이 모든 것을 바꿀 필요가 없을지도 모른다. 어쩌면 통찰력 있는 거대한 사회운동을 통해 권력자들이 타협에 나서도록 강제할 수 있을지도 모른다. [꼭 혁명까지는 아니어도] 지구를 구할 수 있을지도 모른다.

나도 그러기를 바란다.

당분간 그리고 앞으로 한동안은, 아무리 진지한 기후변화 운동이라도 그 참가자의 대다수는 혁명이 가능하지 않다고 여길 것이다. 만약당신 주변의 대다수가 혁명가라면, 그건 당신이 그만큼 사회 전체로부터 고립돼 있다는 증거일 뿐이다.

그러나 어떤 것이 불가능하다고 생각하면서도 그것에 대해 꿈꾸는것을 멈추지 않는 사람들이 세상에는 훨씬 더 많다. 사람들의 상상력을 절대로 과소평가해서는 안 된다. 바로 그런 상상력으로부터 사람들은 힘든 세상을 헤쳐 나갈 용기를 얻는다.

마지막으로 두 가지만 지적하고 싶다. 첫째는 기후변화를 멈추는 것과 우리 사회의 세력 관계 사이의 관련성이다. 흔히 사회가 정해 놓은 한계를 받아들이는 것과 그것에 도전하는 것 사이에 엄청난 차이가 있는 것처럼 생각한다. 사실 그렇지 않다. 혁명은 어느 날 갑자기 사람들이 모든 것을 바꿔야겠다고 마음먹어서 시작되는 게 아니다. 오히려 수많은 평범한 사람들이 자신들이 그나마 갖고 있던 것을 지키려 하기 때문에 혁명이 시작된다. 기존의 것을 지키려고 완고하게 버티다가 세상을 바꿔야 한다는 것을 깨닫게 된다.

세상을 바꾸려고 노력하다 보면, 아무리 사소해 보이는 변화라 할지라도 그것을 위해 투쟁해야 한다는 것을 알게 된다. 수년 동안 나는 임금 문제로 파업을 벌이는 노동자들의 피켓라인을 여럿 방문했다. 나는 그들에게 질문도 하고 얘기도 들었다. 언제나 파업 쟁점은 임금이었지만 사람들의 주된 관심사는 현장 주임이나 관리자의 태도 문제였다. 파업이 패배할 것 같으면, 사람들은 앞으로 복귀해서 얼마나 일하기가 고달파질지, 관리자들에게 얼마나 시달릴지 걱정했다. 파업이 승리하면, 얼마나 당당하게 일터로 돌아가게 될지, 관리자들이 얼마나 난처해할지를 얘기하며 즐거워했다.

사회에서 벌어지는 모든 투쟁은 조금이나마 세력 관계에 영향을 미친다. 기후 정책을 둘러싼 논쟁은 쉽게 합의에 도달하지 못할 것이다. 만약 우리가 배출량의 대폭 감축, 도시에서 승용차 운행 금지, 1000만 개의 태양광 지붕을 요구하며 싸워서 승리한다면, 그것은 단순한 정책의 변화만이 아닐 것이다. 사회 전체의 세력 관계와 사람들의 자신감에도 영향을 미칠 것이다. 기업과 지배계급 정치인은 약화되고 활동가와 대중은 강해질 것이다.

따라서 기존 사회를 대부분 그대로 둔 채 단순히 기후 정책만 바꾸면 된다는 생각은 비현실적이다. 사람들에게 지구의 대기를 바꿀 힘이 생긴다면, 자신들의 삶을 통째로 바꿀 더 많은 힘을 가지려고 할 것이다. 부자들과 권력자들은 이것을 알고 있다. 우리가 자본주의 체제의 우선순위만 바꾸려 해도, 부자들과 권력자들이 민중 권력을 저지해야 한다고 느끼는 때가 올 것이다. 그들은 설령 세계 전체가 불탄다 하더라도 그렇게 할 것이다.

우리가 투쟁해야 하는 이유

끝으로, 우리가 투쟁해야 할 이유를 설명하겠다. 지금 우리 세대는 역사의 전환점을 맞이하고 있다.

인류는 수십만 년 동안 사냥, 낚시, 채집, 벌목으로 살았다. 사회적 동물이라는 특징 덕분에 서로 협력하며 살았다. 소수로 무리를 지어 끊임없이 이동해야 했기 때문에 등에 쉽게 짊어질 수 있는 것 이상의 물건을 소유하지 않았다. 연인이나 이웃, 부모와 관계가 틀어지면 친척들이 있는 다른 무리로 가 버리면 그만이었다. 그때도 살인이 있었고 사냥터를 둘러싼 전쟁도 있었을 것이다. 그렇지만 무리 안에 식량이나 그 밖의 자원을 둘러싼 불평등은 없었다. 인간은 대체로 서로 돌보며 살았다.[40]

그러다 약 1만 2000년 전부터 농사를 짓기 시작했다. 그 덕분에 식량과 인구가 폭발적으로 늘어났다. 우리 손과 두뇌로 이룩한 이 쾌거 덕분에 많은 가능성이 생겨났다. 그 대신 이제는 수확을 기다려야 했으므로 토지에 얽매이게 됐다. 토지가 재산이 됐다. 불평등이 생겨났고 뒤이어 노예, 귀족, 왕, 폭력, 전쟁이 생겨났다. 평범한 사람들은 평등한 세상을 꿈꿨고, 신은 가난한 이들을 사랑한다고 믿었다. 농민과 노예는 지배자들에 맞서 끊임없이 반란을 일으켰다.

그러다 200년 전에 산업혁명과 함께 또 한 번의 거대한 변화가 일어났다. 변화의 기초는 과학과 공장이었다. 새로운 체제는 석유, 가스, 석탄을 태워 운영됐다. 또다시 식량과 인구가 폭발적으로 늘어났다. 사람들은 전보다 더 오래 살게 됐고, 유아 사망률도 낮아졌다. 교육이 발달하면서 문맹률이 낮아졌다. 더는 궁핍하거나 두려움에 떨면서 살 이유가 없었다. 또다시 사람들은 모두가 공평하게 누릴 수 있는 사회체제를 만들기 위해 싸웠다. 그렇지만 오히려 불평등과 전쟁의 규모가 전에는 상상도 할 수 없었던 수준으로 커졌고, 세상은 훨씬 더 잔인해졌다. 현재의 경제·사회 체제인 자본주의는 온 세계 모두가 먹어도 남을 만한 식량과 의약품을 가져다줬고 세계를 하나의 문화권으로 묶어 줬다. 그러나 동시에 아우슈비츠, 히로시마, 에티오피아 기근도 가져다줬다. 자본주의라는 새로운 체제에서 사람들은 또다시 지배자들에 맞서 싸웠다(반면에 종교의 영향력은 줄어들었다). 사람들은 투표권을 쟁취했고, 일부 부유한 나라에서는 복지 제도까지 얻어 냈다. 러시아나 중국에서는 완전히 승리했다고 생각했지만, 옛 지배자를 새 지배자로 바꾼 것일 뿐임이 드러났다. 그래도 사람들은 여전히 꿈을 꿨다.

우리는 동물이지만, 새로운 종류의 동물이다. 우리가 선택한 것은 아니지만, 손과 두뇌 덕분에 우리는 지구 상의 모든 생명체를 책임져야 하는 자리에 서게 됐다. 선택의 순간이 우리 앞에 놓여 있다. 농업혁명과 산업혁명 이래, 우리의 손과 두뇌의 노동은 새로운 기술에 걸맞은 사회를 만드는 능력을 한참 앞질러 왔다. 이제 우리는 동물 중에 유일하게 핵무기를 갖고 있는 종이다. 문제는 우리가 어떤 선택을 하느냐다. 지구온난화 때문에 그 선택은 첨예하고 다급해졌다.

후주

옮긴이 머리말

1 Rainforest Action Network and others, "Banking on Climate Change: Fossil Fuel Finance Report Card 2019"(20 March 2019). Alex Callinicos, "Betting on infinite loss", *International Socialism*, 163(2019)에서 재인용.

2 나오미 클라인, 《이것이 모든 것을 바꾼다: 자본주의 대 기후》, 열린책들, 2016.

3 Susan Q Stranahan, "Why don't U.S. nuclear regulators acknowledge the dangers of climate change?", *The Washington Post*, 14 March 2019.

4 Stratfor, "How Renewable Energy Will Change Geopolitics"(27 June 2018). Alex Callinicos, "Betting on infinite loss", *International Socialism*, 163(2019)에서 재인용.

5 2009년 코펜하겐 시위와 2014년 뉴욕 시위를 다룬 기사들은 각각 다음과 같다. 조너선 닐, "코펜하겐 — 전 세계적 기후정의 운동의 탄생", 〈노동자 연대〉(2009년 12월 31일). 김종환, "9월 21일 30여 만 명이 모인 기후민중행진 '말이 아니라 행동이 필요하다'", 〈노동자 연대〉(2014년 9월 23일).

머리말

1 이 순위의 출처는 〈포천〉이 작성한 500대 기업 목록이다. www.money.com/

magazines/fortune/global500을 보라. 이 10대 기업은 매출 순위 기준인데, 이들의 정치적·경제적 힘과 국민총생산에서 차지하는 비중을 추정하는 가장 좋은 지표다.

2 남반구[제3세계]의 기후 재난으로 인한 사망자 수와 피해 규모를 확인하려면 Timmons Roberts and Parks, 2007을 참조하라.

1부 문제의 규모

1 갑작스런 기후변화로 얼마나 많은 종이 사라질지는 추정치마다 큰 차이를 보인다. 정확한 예측을 아무도 못 하기 때문이다.

2 기후변화에 대한 가장 좋은 두 입문서는 Pearce, 2006과 Flannery, 2005다. 갑작스러운 기후변화를 잘 설명한 글로는 Pearce, 2006; Flannery, 2006, pp189~205; Alley, 2000이 있다. Cox, 2005와 Mayewski and White, 2002도 매우 유용하다.

3 이 중요한 대목은 Pearce, 2006, pp300~301에서 인용했다.

4 메탄 배출이 살짝 줄어들고 있다는 것은 대기 중 메탄 농도가 그만큼 줄었기 때문에 그렇다고 추정하는 것이다. 그 외의 방법으론 메탄 배출을 측정할 수가 없다. 이산화탄소 배출은 주되게 석탄, 석유, 가스를 태우는 것으로부터 나온다. 이런 연료를 얼마나 사용했는지는 모든 정부가 통계를 내고 있다. 그러나 메탄은 배출원이 다양하기 때문에 측정하기가 더 어렵고, 따라서 추정치 간 차이가 크다. 인간의 메탄 배출에 관한 추정의 최대치는 최소치의 다섯 배나 된다.

5 Pearce, 2006, p192; Cox, 2005, pp113~120; and Alley, 2000, pp111~112.

6 Cox, 2005, pp129~144.

7 Flannery, 2005, pp196~199.

8 Hansen and others, 2007부터 읽어 보라.

9 Pearce, 2006, pp62~81.

10 Pearce, 2006, pp109~112.

11 Benton, 2003, p272.

12 Stern, 2007.

13 Bows and others, 2006, pp163~166; Stern, 2007, pp228; IPCC, *Climate Change*

2007: The Physical Science Basis, 2007(Technical Summary의 TS.5절을 보라).

14 여러 종류의 온실가스를 함께 언급할 때 과학자들은 '이산화탄소 당량'이라는 개념을 사용한다. 예를 들어 현재 대기 중엔 이산화탄소가 385피피엠 있지만, 다른 온실가스의 효과를 이산화탄소로 환산하면 435피피엠만큼 있다. 앞으로 이 책에선 간단히 하기 위해, 이산화탄소 농도에만 초점을 맞추겠다.

15 이 값들의 출처는 미국 에너지정보국(EIA)의 《국제 에너지 연감》(International Energy Annual)과 www.eia.doe.gov/pub/international/carbondioxide.html에서 볼 수 있는 스프레드시트들이다. 유럽에 관한 수치에는 오류가 있는데, 옛 소련은 포함돼 있지 않고 그 대신에 동유럽의 작은 나라들이 포함돼 전반적으로 수치를 끌어내리는 효과가 있기 때문이다. 서유럽 평균은 1인당 8.7톤이다.

16 Wen and Li, 2006, pp140~142.

17 출생률에 관한 자료의 출처는 www.prb.org에서 받을 수 있는, 인구통계사무국(Population Reference Bureau)의 2006년 세계 인구 자료다.

18 인구통계사무국은 공식적으로 중국의 1인당 자녀 수를 1.6명으로 제시하고 있다. 정부의 억압적 한 자녀 정책과 출산 한두 달 전에 자행되는 강요된 낙태가 수억 명에 달하기 때문에 이처럼 낮은 것이다. 그러나 이에 대한 저항이 전국적으로 광범위하기 때문에 많은 중국 어린이들, 특히 여아들이 공식 통계에서는 누락돼 있다. 중국 정부는 이를 감안했을 때의 진짜 수치가 1.8일 것으로 보고 있다. 신뢰할 만한 인구통계학자들은 그보다도 많을 것이라고 생각한다. 또, 한 자녀 정책은 대중적 저항 때문에 서서히 무너지고 있는데, 이는 특히 어떤 비용이라도 지불할 경제적 여유와 의지가 있는 부자들 사이에서 그렇다. 따라서 진짜 수치는 대략 여성 1인당 2.0명 정도가 될 것이다. 이것은 추정치다. 약간 더 적을 수도 있고 많을 수도 있다. 실제로 진행되는 한 자녀 정책에 대해서는 White, 2006과 Greenhalgh and Winkler, 2005를 보라.

19 이 점에 대해선 Krause, 2006이 흥미롭다.

20 인구에 관해선 Rao, 2004, Foster, 2000 그리고 Mamdani, 1975를 보라.

21 높은 증가율과 중간 증가율은 비현실적 가정에 바탕을 두고 있다. 중간 증가율의 경우, 가난한 나라의 인구 증가가 다른 나라들이 겪은 것처럼 감소할 것이라고 가정한다. 이는 그럴듯해 보인다. 그러나 동시에, 전 세계 모든 나라에서 여성 1인당 출

산 자녀의 수가 1.85명 이하로는 내려가지 않을 것이라고 가정한다. 그러나 이런 가정이 필요한 마땅한 이유가 없고 이 때문에 높은 증가율의 값은 말할 것도 없고 중간 증가율의 추정치 역시 과도하게 높다. 높은 증가율 추정치를 제외한 또 다른 이유는, 지난 25년간 공식 인구 추정치들이 너무 높게 잡혀 있어서 모두 하향 조정됐기 때문이다.

22 제시된 인구 예측들은 유엔 사무국 산하의 경제사회부 인구과가 발행하는 《세계 인구 전망 2006년 개정판》(World Population Prospects: The 2006 Revision)에서 가져온 것으로 http://esa.un.org/unpp에서 받을 수 있다.

23 2004년 배출량은 270억 톤이었다. 이탈리아 수준으로 경제가 발전한 세계에선 두 배가 되어 540억 톤이 될 것이다. 인구 증가로 인해 15퍼센트 늘어나면 620억 톤이다. 이를 110억 톤으로 줄이려면 83퍼센트를 줄여야 한다. 80억 톤으로 줄이려면 87퍼센트를 줄여야 한다.

24 인도 농업 노동자의 삶을 알아보려면, Breman, 1996과 2003을 보라.

25 문화대혁명 당시와 현재의 중국 노동자들에 대해서는 Perry, 1995와 Ngai, 2005부터 읽는 것이 좋다.

26 www.cecc.gov/pages/annualRpt/annualRpt05에 있는 '미 의회-행정부 중국 위원회(US Congressional-Executive Commission on China)'의 2005년 《연차 보고서》를 보라. 통계치들은 매년 중국 정부의 공식 군사 전망 보고서(중국어)로 출판된다. 시위와 파업에 관한 훌륭한 분석으로는 www.isj.org.uk에 올라온 Gilbert, 2005를 보라.

27 2007년 6월 27일 자 www.pewglobal.org/reports를 보라.

28 McGregor, 2007.

29 Navarro, 2006.

2부 당장 실현 가능한 해결책

1 Koistinen, 2004, p276~277. 이 절은 Koistinen의 연구에 바탕을 두고 있다.

2 Lankton, 1991, p42; and Koistinen, 2004, p254.

3 Koistinen, 2004, p288. 코이스티넌(Koistinen)에 따르면 이는 보정되지 않은 값들

이다. 계산에 사용된 수치들은 전쟁이 끝난 다음에는 적용할 수 없는 것들이라고 한다. 그는 장기적으로 봤을 때 공장들의 가치가 4분의 1에서 3분의 1 증가했다고 추정한다.

4 Koistnen, 2004, p430. 코이스티넌의 글만 읽어서는 법인세의 인상이 기준율의 인상을 말하는 것인지 실제 세금으로 징수되는 이윤 비율의 인상을 말하는 것인지 알 수가 없다.

5 Koistinen, 2004, 이윤에 관해서는 p477, 소득에 관해서는 p438 참조. 전쟁이 끝난 직후, 가구당 세후 소득은 4퍼센트 감소했으나, 여전히 7년 동안 43퍼센트 성장한 것이었다.

6 Koistinen, 2004, pp344~345.

7 Koistinen, 2004, p251. 실제 이용한 거리 또한 증가했기 때문에 사실 네 배 이상 증가한 것이다. 화물열차의 수송 분담률도 두 배 증가했다.

8 어니 로버츠(Ernie Roberts)와의 개인적 대화.

9 Zweiniger-Bargielowski, 2000, pp137~140 and Burnett, 1979, p330.

10 전기 자동차에 관해서는 Paine, 2006을 보라.

11 이후에 제시할 청정에너지에 대한 논의는 Monbiot, 2006, pp79~141에서 많은 도움을 얻었다.

12 풍력발전에 대한 교과서이면서도 이해하기 쉬운 좋은 책으로 Gipe, 2004가 있다.

13 풍속을 세제곱한다는 말은, 풍속에 자기 자신을 두 번 더 곱해야 생산되는 전력에 해당하는 값을 얻을 수 있다는 것이다. 예를 들어 풍속이 시속 10마일이라고 해 보자. 그 경우 전력 생산량은 10 곱하기 10 곱하기 10만큼 된다. 즉, 시속 10마일의 바람에서 1000만큼의 전력을 얻는 것이다. 이제 풍속을 두 배로 늘려 보자. 그 경우 20 곱하기 20 곱하기 20이 되어 8000만큼의 전력을 얻게 된다. 그러니까 풍속이 두 배가 되면 전력 생산은 여덟 배가 되는 것이다. 전력 생산량은 또한 프로펠러 날이 회전하는 원의 크기에 따라서도 달라진다. 전문용어로 말하자면, 프로펠러 날의 제곱만큼 전력은 증가한다. 제곱이란 말은 어떤 숫자를 그 자신에게 한 번 곱한다는 뜻이다. 따라서 만약 프로펠러 날이 10미터라면, 전력 생산량은 10 곱하기 10 해서 100만큼이 된다. 만약 프로펠러 날의 길이를 50m로 늘린다면, 50 곱하기 50이 되어 2500만큼의 전력을 얻을 수 있다. 전력 생산량은 스물다섯 배가 된 것이다.

프로펠러 날개가 길다는 것은 풍력 터빈을 더 높은 곳에 설치해야 함을 의미한다. 이를 통해 바람이 많은 부는 곳에 거대한 풍력 터빈을 설치하는 것이 훨씬 더 효과적이라는 것을 알 수 있다. 만약 풍속이 두 배가 되고 터빈의 프로펠러 날의 길이가 다섯 배라면, 8 곱하기 25, 즉 200배나 되는 전력을 생산하게 될 것이다.

14 Monbiot, 2006, p131.

15 이런 갈등에 대해서는 Williams and Whitcomb, 2007이 매우 잘 기술하고 있다.

16 풍력 단지를 아름답게 짓는 방법에 대해서는 Pasqualetti, Gipe and Richter, 2002를 보라. 특히 Gipe, Pasqualetti, Nielsen이 쓴 장들이 좋다.

17 풍력 단지를 반대한 부동산 소유주들은 또한 터빈의 프로펠러 날이 새들을 죽인다고 주장했다. 이들은 이것도 하나의 환경문제로 여긴 듯하다. 물론 이것은 사실이다. 일부 지역에서 새와 박쥐가 풍력 터빈에 죽기도 했다. 그러나 대부분 철새들이었지 해당 지역의 새들이 아니었다. 또 전기에 감전사하는 새들보다는 적다. 더 중요하게는, 지구온난화는 단지 새 몇 마리를 죽이는 데 그치지 않고 그 종을 통째로 멸종시킬 것이다. 새와 박쥐의 문제에 관해선 Gipe, 2004, pp298~301과 Sustainable Development Commission, 2005, pp65~71과 153~166을 보라.

18 Archer and Jacobsen, 2005.

19 태양발전에 대해서는 Bradford, 2006; Scheer, 2002; Scheer, 2005; Leggett, 2005; Monbiot, 2006, pp100~142를 보라.

20 Bradford, 2006, p9.

21 Scheer, 2002, p99.

22 일본과 독일의 광전지 사용에 대한 설명은 Bradford, 2006, pp99~109 and 178~181에 기반하고 있다.

23 Rabe, 2003과 www.seco.cpa.state.tx.us/re_wind.htm에 있는 State Energy Conservative Office, "Texas Wind Energy"를 보라.

24 현재 광전지에 주되게 쓰이는 광물은 실리콘이나 다른 종류도 가능하다. 일본의 광전지 제조업체들은 자신들이 개선하려는 공정상의 문제가 컴퓨터 제조업체들이 실리콘 칩을 향상시키려는 노력과 유사하다는 것을 깨달았다. 컴퓨터와 전자 회사들이 일본의 태양발전 산업을 빠르게 지배했다.

25 워싱턴주에서는 독일 방식의 발전차액제도를 사용했다.

26 Bradford, 2006, pp180~182.

27 Monbiot, 2006, pp106~106.

28 Monbiot, 2006, p106.

29 Monbiot, 2006, p104.

30 German Aerospace Center(DLR), 2005 and 2006.

31 German Aerospace Center(DLR), 2005, p157.

32 German Aerospace Center(DLR), 2005, p55.

33 Monbiot, 2006, p108.

34 Barrett, 2006.

35 "세계를 다시 연결한다(rewire the world)"는 표현은 Gelbspan, 2004에서 인용했다.

36 캘리포니아 법안은 2007년 1월 1일부터 강제력을 띠게 됐으며, 2018년까지 100만 개의 지붕을 짓기 위해 총 33억 달러의 예산이 책정됐다.

37 Hickman, 2007.

38 여기 제시된 수치들은 Intergovernmental Panel on Climate Change, *Climate Change 2007: Mitigation*, 2007, Chapters 5, 6 and 7에서 가져온 것이다. 정확한 수치는 아니지만, 최종 소비 형태별 전체적 비율을 제시하고 있다. [그중] 난방, 조명, 전자 제품 형태로 소비되는 에너지에 관한 수치가 가장 불확실하다. 나는 최종 소비 형태별 에너지 소비 비율이 모든 선진국은 미국과 같고, 모든 개발도상국은 중국과 같다고 가정했는데 이는 사실이 아니다. 그러나 건물에서 난방이 가장 큰 에너지 소비 부문이라는 것과 조명과 전자 제품이 그다음을 차지한다는 것은 여전히 사실이다.

39 미국에 대해서는 미국 에너지정보국의 웹사이트 www.eia.doe.gov에서 "최종 소비 단계에 에너지와 관련해 발생하는 이산화탄소(Total energy-related carbon dioxide emissions by end-use sector)"라는 제목의 도표를 보길 바란다. 영국에 관해서는 *Decarbonising the UK*, p31을 보라.

40 Intergovernmental Panel on Climate Change, *Climate Change 2007: Mitigation*, 2007, Chapters 5, 6 and 7.

41 여기서 제시된 수치들은 대략적인 것들이다. 미국의 경우, 미국 에너지정보국의 "최종 소비 단계에 에너지와 관련해 발생하는 이산화탄소"에 따르면(후주 39 참조) 2005년에는 비율이 56 대 44였는데 미국의 경우는 아마 상업 부문이 더 크기 때문일 것이다.

42 Monbiot, 2006, p65.

43 에어컨에 대한 논의는 Roaf, Crichton and Nicol, 2005을 인용했으며 특히 pp217~268을 보라.

44 세계적으로 에어컨에 관해 급진적 연구를 하는 런던 메트로폴리탄대학교의 건축물리학자 퍼거스 니콜(Fergus Nicol)에게서 이메일로 받은 답변.

45 Roaf, Crichton and Nicol, 2005, pp247~249.

46 그러나 이를 갑자기 시행하기는 어려울 것이다. 영국의 가정집 조명 시설을 검토한 한 연구에 따르면 여러 가지 사유로 전구를 바로 교체하는 것이 불가능한 경우가 60퍼센트였다(퍼거스 니콜의 이메일). 따라서 건물주와 사람들에게 조명 시설을 교체하도록 시간을 줘야 한다. 이후에는 형광등에 맞지 않는 조명 시설의 생산을 금지할 수 있을 것이다.

47 300톤의 이산화탄소를 배출하면서 전기로 만든 열이, 100톤의 이산화탄소를 배출하면서 석유를 태워서 얻은 열과 같다고 생각해 보자. 그런데 이 중 전기의 3분의 2를 청정에너지로부터 얻도록 한다면, 전기로 열을 만들 경우 이산화탄소 배출량이 100톤으로 줄어든다. 이는 석유를 태우는 것과 같으므로 여전히 큰 이득은 없는 셈이다. 그렇지만 90퍼센트의 전기를 청정에너지로부터 만든다면, 이산화탄소 배출량은 300톤에서 30톤으로 줄어들게 된다. 이는 석유를 태우는 것보다 70퍼센트나 낮은 수치다.

48 Intergovernmental Panel on Climate Change, *Climate Change 2007: Mitigation*, 2007, Chapter 5.

49 World Business Council for Sustainable Development, 2004b, Intergovernmental Panel on Climate Change, *Climate Change 2007: Mitigation*, 2007에서 재인용. 여기 제시된 수치는 탄소 배출량이 아닌 연료 사용량 기준이다. 대부분의 연료는 석유다. 여기서 내가 승용차라고 분류한 것은 이 자료에서는 '경량 자동차'로 분류돼 있다.

50 다양한 자료를 기반으로 분석해 볼 때, 대중교통으로의 전환을 통해 줄일 수 있는 이산화탄소 배출량을 다음과 같이 추정해 볼 수 있다.

다니엘 스펄링(Daniel Sperling)과 데버러 살롱(Deborah Salon)은 2004년 기준으로 개발도상국에서 승객 1인 1킬로미터당 배출되는 '이산화탄소 등가배출량(CO_2e)'을 계산했다(Sperling and Salon, 2002, p15). 이들이 내린 결론 중 중간 추정치를 사용했을 때, 대중교통 전환을 통해 줄일 수 있는 배출량은 획기적이었다.

2004년 개발도상국에서 승객 1인 1마일당 이산화탄소 등가배출량(그램)

1인 승객 승용차	375
2.5인 승객 승용차	150
12인 승객 미니버스	55
75퍼센트가 찬 기차	35
40명이 탄 버스	25

이런 계산에 기반을 뒀을 때, 2.5명이 탄 승용차를 버스와 기차로 대체하면 이산화탄소 배출량을 80퍼센트 줄일 수 있다.

영국 정부의 통계치를 결합하면 또 다른 추정치를 계산해 볼 수 있다(Bows and others, 2006, p39을 보라). 다음은 2004년 영국의 평균 수송 인원을 기준으로 승객 1인 1킬로미터당 이산화탄소 배출량을 계산한 것이다(배출량은 1인 1000킬로미터당 연료 사용량으로부터 계산한 것이다).

2004년 영국의 승객 배출량 비교(톤)

	평균 수송 승객	1인당 배출량
승용차	1.6	37
버스	9	28
기차	93	10

이런 수치를 기준으로 계산하면, 버스는 25퍼센트, 기차는 73퍼센트의 배출량을 줄이도록 해 준다. 그러나 영국은 버스 점유율이 다른 유럽 국가들에 비해 매우 낮다. 영국의 버스는 평균 9명의 승객을 태우고 다니는데 벨기에의 경우 평균 32명이

다. 영국의 기차는 93명을 태운 채 달리지만, 프랑스는 183명을 태운다. 영국이 외국과 비슷한 수준으로 승객을 태운다면 버스는 79퍼센트, 기차는 86퍼센트의 배출량을 줄일 수 있을 것이다.

폴란드의 또 다른 연구에 따르면, 승용차를 이용한 이동이 미니버스의 세 배, 기차나 장거리 버스의 네 배, 시내버스의 여덟 배나 되는 이산화탄소를 배출한다 (Mieszkowicz를 보라). 이런 계산을 기초로 하면, 폴란드에서 버스와 기차로 전환하면 배출량을 80퍼센트 줄일 수 있다.

대중교통에 대해 내가 마지막으로 제시하고자 하는 연구는 1990년대 캐나다 정부의 것이다.

1990년대 캐나다의 1인 1킬로미터당 이산화탄소 배출

승용차(실제 승객 기준)	146
기차(실제 승객 기준)	92
버스(실제 승객 기준)	76
기차(승객을 가득 채운 경우)	47
버스(승객을 가득 채운 경우)	23

(캐나다 환경부, National Environmental Indicator Series. www.ec.gc.ca/soerree/English/Indicators/Issues/Transpo/Tabless/pttb04_e.cfm에서 찾을 수 있다.)

이와 같은 캐나다 정부의 계산 결과에 따르면, 승용차에서 버스와 기차로 전환하면 배출량을 40퍼센트 정도 줄일 수 있다. 승객이 가득 탄 버스의 경우는 85퍼센트를 줄일 수 있다.

51 매우 유용한 '자동차 없는 세계 네트워크(World Carfree Network)'의 웹사이트를 보라. www.worldcarfree.net.

52 이런 아이디어의 구체적 모습을 보려면 Monbiot, 2006, pp146~154를 보라.

53 트럭의 차체를 무거운 철 대신 탄소섬유로 만들 수 있다. 그 밖의 변화로 개선된 타이어와 브레이크, 그리고 일부 차량에 이미 적용된 하이브리드 엔진을 들 수 있다. 또한 트럭은 다른 차들보다 높게 떠서 달리기 때문에 공기역학을 이용한 디자인상의 개선도 중요하다. 즉 트럭 차체가 비행기를 닮도록 차체의 곡선을 바꾸는 것이다. 공학적 이유 때문에 최고 속도를 낮추는 것도 도움이 된다. 비행기, 승용차, 트

력을 막론하고 공기저항은 속도의 제곱에 비례한다. 그 말은 시속 70마일로 달리는 차는 시속 50마일로 달리는 차보다 저항을 두 배나 더 받는다는 뜻이고, 이는 다시 더 느리게 달릴수록 연료를 적게 사용한다는 뜻이다. 속도를 시속 50마일[시속 80킬로미터]로 제한하는 것은 다른 좋은 효과도 있다. 엔진의 크기와 힘은 최고 속도에 도달하기 전 마지막 시속 20마일을 가속할 때 결정적으로 중요해진다. 트럭의 최고 속도를 낮추면, 더 작은 엔진과 작은 브레이크만으로도 충분해지고, 그 결과 트럭은 더 가벼워질 수 있다.

54 Penner and others, 1999.

55 비행기 몸체에 알루미늄 대신 플라스틱을 사용함으로써 이런 절감을 실현할 수 있다. 에어버스도 비슷한 기술을 개발 중이다(Clark, 2007).

56 Bows and others, 2006, p40. 비행기 수명이 30년임을 감안할 때, 이를 실현하려면 기존의 비행기를 폐기하고 새로운 것들로 대체해야 한다. 이는 매우 비용이 많이 들 것이다.

57 이런 싸움은 이미 전 세계 수백 개의 마을과 도시에서 진행 중인 월마트에 반대하는 투쟁과도 연계될 수 있을 것이다. Greenwald, 2006을 보라.

58 더 많은 정보를 얻으려면 www.climatecamp.org.uk를 방문하라.

59 Murray, 2001, and Wolmar, 2005.

60 Intergovernmental Panel on Climate Change, *Climate Change 2007: Mitigation*, 2007을 보면 37퍼센트라는 것을 알 수 있다.

61 이 수치들은 Intergovernmental Panel on Climate Change, *Climate Change 2007: Mitigation*, 2007에서 인용한 것이다. 석유 정제에 해당하는 수치가 가장 불확실하다. 원래 추정치는 석유를 정제하는 것과 그 후속 과정이 전 세계 1차 에너지의 5~7퍼센트를 사용한다는 것이다. 나는 이 추정치를 임의로 6퍼센트라고 가정했다.

62 Intergovernmental Panel on Climate Change, *Climate Change 2007: Mitigation*, 2007, Chapter 7, p461.

63 예를 들어 Lovins and others, 2004; Hawken, Lovins and Lovins, 2000; 그리고 Weizsacker, Lovins and Lovins, 2001을 보라.

64 Intergovernmental Panel on Climate Change, *Climate Change 2007: Mitigation*,

2007, Chapter 7을 보면 유럽연합 25개국의 경우 65퍼센트, 미국의 경우 63퍼센트라는 것을 확인할 수 있다.

65 Tilman and Hill, 2007.

66 Tilman and Hill, 2007.

67 Hooijer and others, 2006.

68 이 부분은 Monbiot, 2007에서 인용했다.

69 이하의 내용은 Monbiot, 2007에서 인용했다. Food and Agriculture Organisation, 2006; Tilman and Hill, 2007; 그리고 Hooijer and others, 2006.

70 Malking, 2007.

71 이하의 논의는 Romm, 2004에게 크게 영향을 받았다.

72 German Aerospace Center(DLR), 2006, p13.

73 Romm, 2004, p76.

74 탄소 포집·저장 기술에 반대하는 주장들에 대해서는 Rochon and others, 2008을 보라.

75 Rochon and others, 2008, p27.

76 석유 정점에 관한 최고의 책은 Simmons, 2005이다. 그 밖에도 Leggett, 2005; Deffeyes, 2001; McKillop, ed., 2005가 유용하다. 천연가스의 생산 급감에 대해서는 Darley, 2004를 보라.

77 Leggett, 2005, p45.

78 Lima and others, 2007, and McCully, 2006a를 보라.

79 McCully, 2006b; World Commission on Dams, 2000; and Roy, 1999.

80 Christian Aid, 2007.

81 핵 발전의 위험에 관한 세부적 주장들은 Empson, 2006과 Caldicott, 2006을 보라.

82 Greenpeace, 2006.

83 산소의 다른 형태인 오존이 메탄을 파괴하면 그만큼에 해당하는 이산화탄소가 생성된다는 것을 염두에 두자.

84 Stephens and others, 2007.

85 Hooijer and others, 2006, pp17~24.

86 Rodrigues, 2004.

3부 왜 부자들과 권력자들은 아무것도 하지 않는가

1 이후에 제시할 이유에 대한 논의는 Neale, 2004, pp7~23, Brenner 2002와 2006, 그리고 Harman 1999a를 따르고 있다.

2 Brenner, 2002, p21. 여기서 나는 숫자들을 반올림했다. 여러 나라가 저마다 다른 회계 체계를 사용해서 이윤을 계산하기 때문에 여기서 제시한 통계를 나라끼리 직접 비교할 수는 없다. 내가 말하고자 하는 바는 각 나라마다 이윤이 떨어지는 정도가 광범위하게 비슷하다는 것이다.

3 Brenner, 2006, p7.

4 Brenner, 2002, p33.

5 이후 계속 언급될 신자유주의에 대한 분석은 Neale, 2004에 더 자세하게 제시돼 있다. 이 밖에도 Klein, 2007; Harvey, 2005; Whitfield, 2001; Jain, 2001; Bond, 2000; Green, 2003; 그리고 Allen, 2007이 특히 유용하다.

6 민영화와 하청 계약에 대한 좋은 연구로는 Monbiot, 2000; Murray, 2001; Wolmar, 2005; Turshen, 1999; 그리고 Pollack, 2004를 보라.

7 보건 분야의 변화에 대한 좋은 연구로 Pollock, 2004; Turshen, 1999; Abraham, 1993; 그리고 Neale, 1983을 보라.

8 Pollock, 2004를 보라.

9 미국의 감옥과 인종 문제에 대해서는 Neale, 2004, pp87~111을 보라.

10 바로 이 점 때문에 토니 클리프는 스탈린주의 국가들을 관료적 국가자본주의로 규정했다. 나는 이 견해에 완전히 동의한다. Cliff, 1996을 보라.

11 나는 이 통찰을 Miller, 2005에서 가져왔다.

12 Wallace, 2005, pp188~189.

13 노동운동을 분쇄하고 신자유주의를 확장하는 과정에 대해서는 Klein, 2007이 잘 설명하고 있다.

14 Nordlund, 1998.

15 Van Wersch, 1992.

16 Callinicos and Simons, 1985.

17 산디니스타가 패배한 이유는 Gonzales, 1990과 Lancaster, 1994를 보라.

18 과잉생산에 대해서는 David Harvey, 1982를 보라. 국제 경쟁에 대해서는 Brenner, 2002와 2006을 보라. 이윤율 저하 경향에 대한 고전 마르크스 이론을 보려면 Harman, 1999a와 Marx, 1981을 보라.

19 Neale, 2004, pp73~75 and 113~115; Mishel, Bernstein and Bushey, 2003.

20 Brenner, 2006, p7; Neale, 2004, pp19~20; and Harman, 2007을 보라.

21 머리말의 후주 1을 보라.

22 이 표는 Bradford, 2006, p105에서 인용한 것인데, 내가 수치를 반올림했다.

23 Cameron and de Vries, 2006. 뒤이은 특정 기업들의 세부 사항도 이 글에서 가져온 것이다.

24 이 부분은 Bradsher, 2003의 내용에 근거한 것이다. 나는 이처럼 재미있는 책을 본 적이 없다. Doyle, 2000도 유용하다.

25 영국 독자는 다음과 같은 차이를 유념해야 한다. 미국의 갤런은 영국의 갤런보다 20퍼센트 적다. 또 미국 정부가 시행하는 연비 테스트는 다른 나라와 달리 실제 도로 상황이 아니라 실험실에서 진행된다는 점에서 더 관대하다.

26 Bradsher, 2003, p96.

27 Bradsher, 2003, pp101~102.

28 Bradsher, 2003, pp95~97

29 Bradsher, 2003, pp76~80 and 264~265.

30 석유산업의 역사에 관한 논의의 출처는 주되게 McQuaig, 2004와 Shah, 2006 그리고 Yeomans, 2005이다.

31 McQuaig, 2004, pp208~209.

32 McQuaig, 2004, p215.

33 엄밀하게 말하자면 두 배 반이다. 중국에서는 외국인 투자가 더 우대받기 때문에, 중국 자본이 외국을 거쳐서 바로 중국으로 재투자되는 경우가 많고, 이 때문에 중국의 외국인 투자는 매우 과장돼 있다.

4부 기후변화의 정치학

1 IPCC가 발간한 보고서들은 책과 인터넷으로 모두 볼 수 있다. 케임브리지 대학교 출판부가 책으로 냈으며 모두 이 책의 참고 문헌 목록에 있다. 인터넷에서는 www. ipcc.ch/ipccreports/index.htm에서 볼 수 있다.

2 '탄소 클럽'이란 표현은 Legget, 1999에서 차용했다.

3 탄소 기업과 그들이 지구온난화를 부정한 일, 그리고 언론의 행태에 대해서는 Gelbspan, 1998; Gelbspan, 2004, pp37~86; Monbiot, 2006, pp20~42를 보라.

4 Gelbspan, 2004, p53.

5 Leggett, 1999.

6 돈, 정치, 목표치 사이의 긴장 관계에 대해서는 Wyler, 2004를 보라.

7 Foster, 2002에는 태평양 북서부 고목림을 둘러싼 환경 NGO와 노동조합 사이의 갈등에 대한 자세하고 복잡한 분석이 포함된 장이 있다. Wohlforth, 2004는 알래 스카 에스키모를 둘러싼 비슷한 종류의 모순과 의식 변화를 꼼꼼하게 묘사하고 있 다.

8 이에 대한 감동적이거나 우스꽝스럽거나 분노에 찬 사례들은 Geoghegan, 1991을 보라.

9 예컨대, Lovelock, 2006을 보라.

10 반자본주의 운동에 관한 좋은 설명으로 Thomas, 2000(시애틀), Desai, 2002(더 반), Neale, 2002(제노바)를 보라.

11 반전운동에 관해서는 Murray and German, 2005를 보라.

12 Bows and others, 2006, pp163~166.

13 "Big Business urges G8 global warming action", *Financial Times*, 10 June 2005.

14 이 문단과 아래 두 문단은 Woodward, 1994, pp91~93 and 141~143의 내용에 기 반하고 있다.

15 Kennedy, 2004.

16 케네디의 연설문은 요즘 널리 회자되는 이메일에서 인용했다.

17 전 세계 기후 시위에 대해 더 자세히 알고 싶거나 참여하고 싶으면 www.global climatecampaign.org를 방문하라. 이하의 내용은 내가 시위를 조직하면서 개인적으로 느낀 것으로, 세계기후운동(Global Climate Campaign)의 공식 견해는 아니다. 세계기후운동에는 매우 다양한 사람들이 함께하고 있기 때문이다.

18 스텝잇업에 대해서 더 알고 싶으면, McKibben, 2007을 보라.

19 Rogers, 2005. 특히 129~182쪽에 잘 나와 있다. Rogers, 2006에서는 더 짧게 서술된 내용을 볼 수 있다.

20 Rogers, 2005, pp141~142.

21 Rogers, 2005, p144.

22 Rogers, 2005, pp144~145.

23 Rogers, 2005, p4.

24 전문 용어로는 돈은 '대체 가능(fungible)'하다고 한다.

25 탄소 배출권 거래제의 문제점은 Lohman, 2006에 가장 잘 나와 있다.

26 Lohman, 2006, pp108~109.

27 Lohman, 2006, pp108~109.

28 청정 개발 체제는 유엔에서 엄격하게 관할하고 있다. 사기 치는 것이 너무 쉽기 때문에 나무를 심는 것은 인정하지 않는다. 원래 청정 개발 체제는, 가난한 나라들을 끌어들이기 위해 교토의정서에 추가됐다. 부유한 나라들이 재생 가능 에너지 도입을 도와주겠다는 것이었다. 부유한 나라의 기업과 정부가 교토의정서에 약속한 만큼 이산화탄소 배출을 줄이지 못하면 청정 개발 체제의 탄소 상쇄를 통해 갚는다는 것이었다.

그러나 2006년 8월 현재, 전체 청정 개발 체제의 2퍼센트만이 재생 가능 에너지 발전시설을 짓는 데 쓰였다. 청정 개발 체제의 프로젝트 265개 중 겨우 7개가 전체 탄소 상쇄의 4분의 3을 차지하는데, 그 7개는 모두 인도와 중국의 에어컨, 냉장고, 나일론 공장과 관계된 것들이다. 이 공장들은 아주 희귀하면서도 온실효과가 매우 큰 HFC-23나 N_2O과 같은 온실가스들을 만들어 낸다. HFC-23은 온실효과가 이산화탄소의 1만 1700배나 된다.

이 7개 공장에서 한 일이라곤 가스 누출을 막기 위해 추가로 장비를 설치한 것이 전부다. 여기에 들어간 비용이 거의 없었는데도 그들은 그 대가로 유엔과 교토의정서에 의해 엄청나게 많은 탄소 배출권을 갖게 됐다. 물론 그렇게 가스 누출을 막은 것은 잘한 일이다. 그러나 원래부터 공장들은 그런 가스를 내뿜어서는 안 되는 것이다. 인도와 중국 정부가 그런 가스 배출을 원천적으로 금지하는 것만큼 단순한 해결책도 없다. 또 부유한 나라들이 그런 공장에서 만들어진 제품의 수입을 거부해도 배출량은 줄기 마련이다. Lohman, 2006, p164 참조.

29 '수축과 수렴'이라는 접근 방식에 대해서는 Mayer, 2000; Hillman, 2004이 잘 설명하고 있고, 좀 더 좌파적인 글로는 Sims, 2005가 있다.

5부 다른 미래

1 내가 자본주의, 신자유주의, 기후변화의 관계를 이해하는 데 Klinenberg, 2002와 Klein, 2007가 아주 유용했다.

2 카트리나에 대한 내용은 Horne, 2006; Brinkley, 2006; Tidwell, 2003; Tidwell, 2006; Reed, 2006; McQuaid와 Schleifstein, 2006; Dyson, 2006; Troutt, 2006; van Heerden과 Bryan, 2006; 스파이크 리(Spike Lee)의 2006년 BBC4 다큐멘터리 〈제방이 무너졌을 때〉(When the Levees Broke)에 기반하고 있다.

3 허리케인과 기후변화의 관계에 대한 과학적 이해가 변화해 온 것에 대해서는 Mooney, 2007; McQuaid and Schleifstein, 2006를 참조하라. 폭풍 강도가 점차 세지고 있는 것은 Emmanuel, 2005와 Webster and others, 2005를 보라.

4 공기가 따뜻해지면서 태풍의 눈 부근의 기압이 떨어진다. 이 때문에 해수면이 몇 피트 상승해서 파고를 높이게 된다.

5 McQuaid and Schleifstein, 2006, p350.

6 McQuaid and Schleifstein, 2006, p85.

7 Tidwell, 2006, p25.

8 Dyson, 2006, pp72 and 82~83, and Tidwell, 2003. 실제로 〈뉴올리언스 타임스-피카윤〉의 존 매퀘이드(John McQuaid)와 마크 슐라이프슈타인(Mark Schleifstein)이 2002년에 연재한 "물에 휩쓸려 가다(Washing away)"는 미국 저널리즘 최고의 상인 퓰리처상을 받았다.

9 Dyson, 2006, p78.

10 Dyson, 2006, pp58~59.

11 Brinkley, 2006, pp1~3.

12 시카고에 대해서는 Klinenberg, 2002, 이라크에 대해서는 Klein, 2007을 보라.

13 Dyson, 2006, pp118 and 120~121.

14 Mooney, 2007, pp9~10.

15 허리케인이 지나간 후 2년 동안 뉴올리언스의 삶이 어땠는지를 자세히 알고 싶으면 Rose, 2007을 보라.

16 Adolf Reed, Jnr(2006a and 2006b)에 잘 나와 있다. 스파이크 리의 다큐멘터리 〈제방이 무너졌을 때〉의 여러 장점 중 하나는 노동계급 흑인과 백인 모두의 삶이 어떻게 황폐화됐는지를 보였다는 것이다.

17 Adolf Reed, Jnr, in Troutt, 2006, p30.

18 이 책의 1955~1990년 수단 국민경제에 관한 설명은 특히 Brown, 1988; Brown, 1992; Hussein, 1988; Karim, 1988에 의지하고 있다. 내전의 기원에 대해서는 Alier, 1992에 기반하고 있는데 특히 236~245쪽의 석유에 대한 부분이 그렇다.

19 Brown, 1992, p211. 브라운은, 1984년까지는 하르툼의 수단 정부가 미국과 동맹이었기 때문에 IMF가 수단에 덜 가혹했다고 올바르게 지적한다. 그러나 1984년에는 동맹 관계가 바뀌었고, 게다가 덜 가혹했다는 것도 상대적으로 그랬다는 것이지 여전히 가혹했다. Hussein, 1988과 Karim, 1988을 보라.

20 과학적 내용에 대해서는 Zeng, 2003; Gianni, Sanavan and Chung, 2003; Flannery, 2005 pp124~127을 보라.

21 다르푸르의 정치적·인종적 복잡함에 대해서는 Daley, 2007; De Waal 2005; Holy, 1980; Barth, 1967; Haaland, 1969를 보라.

22 기근에 대한 내용은 De Waal, 2005에 많이 빚졌다. 기근을 둘러싼 정치와 1984~1989년 상황에 대해서는 Daley, 2007; Prunier, 2005; Prunier, 2007; Keen, 1994도 함께 참고했다.

23 Prunier, 2005, pp54~56.

24 기근에 대한 이해는 De Waal, 2005에 기반하고 있다.

25 유목민에게 가축을 잃는다는 것이 어떤 의미인지 알려면, 인근 지역인 코르도판에

서 1960년대에 있었던 가난한 유목민들의 고통과 가축 소유주들에 의한 억압을 묘사한 Asad, 1970을 보라.

26 다르푸르 농민과 유목민에 대한 논의는 Daley, 2007; De Waal, 2005; Keen, 1994; Holy, 1980 위주로 참조했다. 또 주변 민족들에 대해서는 다음 세 편의 뛰어난 민족지학 연구들 — 코르도판의 바가라 아랍인에 대해서는 Cunnison, 1966, 코르도판에서 낙타를 치는 아랍인에 대해서는 Asad, 1970, 차드의 자가와(Zaghawa)족에 대해서는 Tubiana and Tubiana, 1977 — 을 참고했다. 또한 내가 1971~1973년에 아프가니스탄 유목민을 연구하면서 읽은 폭넓은 목축 유목민에 관한 문헌과 1968년에 코르도판을 두 달 동안 여행하면서 경험한 것도 반영돼 있다. 중동의 목축 유목민에 관한 많은 문헌들은 유목민들 사이의 계급 관계에 대해 지나치게 관대하다는 오류를 범하고 있다. 이런 오류가 없는 문헌으로는 수단에 대해서는 Asad, 1970, 이란에 대해서는 Black-Michaud, 1986과 Bradburd, 1980, 아프가니스탄에 대해서는 Bradburd, 1980을 들 수 있다. 북부 수단 목축인에 대한 한 연구에 따르면 그들도 큰 차이가 없다고 한다. 남부 수단의 유목민은 다른 체계를 갖고 있었는데 민족지학자들이 그들 내의 평등을 과장했을 수도 있다. Hutchinson, 1996에 따르면 1980년대가 되면 누에르(Nuer)족 사이에 소를 사고팔기 위한 현금 시장이 광범위하게 존재했다고 한다.

27 유전 지대에서 농민을 몰아낸 것에 대해서는 Keen, 1994를 참조했다.

28 Keen, 1994, pp99~100.

29 차드 내전에 대해서는 Nolutshungu, 1996; Burr과 Collins, 1994를 보라

30 "인종 청소의 세계화"라는 표현은 Prunier, 2005에서 빌려 왔다.

31 현재의 전쟁을 이해할 때 나는 Prunier, 2005; Prunier, 2007; Daley, 2007; Flint and De Waal, 2005; Haggar, 2007; Marchal, 2007; Joseph Tubiana, 2007; Fadul and Tanner, 2007을 참고했다.

32 단순화를 위해 그 밖에 연루돼 있던 에티오피아, 에리트레아, 영국, 우간다, 나이지리아, 이스라엘, 중앙아프리카공화국 정부는 제외했다.

33 일부는 중동 전역에서 일하는 다르푸르 이주민들을 통해서 유입된 것이 분명하다. 일부는 차드를 통해서 유입됐다. 프랑스, 이스라엘, 기독교 복음주의자들 역시 적어도 정치적으로 그럴 의사가 있었다는 것은 분명하다.

34 Prunier, 2005, pp95~96.

35 다르푸르에서 있었던 인종 청소는 나치가 모든 유대인을 죽이려 한 것과 같은 종류의 인종 청소는 아니었다. 그보다는 미국이 베트남에서 베트콩 게릴라들을 쫓아내기 위해 폭격으로 100만 명이 넘는 베트남 주민을 죽인 것과 비슷했다.

36 De Waal, 2005, pp78~104.

37 De Waal, 2005, p80.

38 Lee, 1979.

39 러시아 혁명과 그것이 변질되는 과정에 대해서는 Haynes, 2002와 Rees, 1997를 보라. 둘 다 스탈린 독재정치의 기반을 레닌이 놓았다는 생각을 반박한다.

40 원시사회의 평등과 나눔에 대한 주장은 Lee, 1979; Sahlin, 1972; Leacock, 1981을 보라. 이 주장들은 두 가지 점에서 비판받았는데, 하나는 그들이 20세기의 사냥 부족들을 지나치게 낭만적으로 다뤘다는 것이다. 실제로는 세계와 지역 경제에 깊숙이 편입돼 있고, 자신들의 거주 지역에서 가장 천대받고 힘이 없는 집단이라는 것이다(Gordon, 1991을 보라). 또 다른 비판으로는 원시 채집 사회에서 전쟁과 살인이 일어났다는 증거가 있다는 것이다. 둘 다 정당한 비판들이다. 그러나 내가 보기에는 그렇다고 해서 Lee, Sahlin, Leacock가 농경 이전 사회에 대해 핵심적으로 주장하는 내용들과 모순이 생기는 것은 아니다. 농경 이후 인류 역사가 발전해 온 경로에 대한 입문서로는 Harman, 1999b만 한 것이 없다.

참고 문헌

웹사이트 자료 등을 참조한 경우에는 주로 자료의 세부 주소가 아니라 웹사이트의 주소만 적었다. 웹사이트의 구성이 수시로 바뀌기 때문이다.

Abraham, Laura Kaye, *Mama Might Be Better off Dead: the Failure of Urban Health Care in America* (University of Chicago Press, Chicago, 1993).

Alier, Abel, *Southern Sudan: Too Many Agreements Dishonoured* (Ithaca Press, Reading, 1992).

Allen, Kieran, *The Corporate Takeover of Ireland* (Irish Academic Press, Dublin, 2007).

Alley, Richard B, *The Two-Mile Time Machine: Ice Cores, Abrupt Climate Change and our Future* (Princeton University Press, Princeton, 2000).

Archer, Christina L, and Jacobsen, Mark Z, "Evaluation of Global Wind Power", *Journal of Geophysical Research — Atmospheres*, vol 110 (2005).

Asad, Talal, *The Kababish Arabs* (Hurst, London, 1970).

Barnett, Tony, and Abdelkarim, Abbas (eds), *Sudan: State, Capital and Transformation* (Croom Helm, London, 1988).

Barrett, Mark, *A Renewable Electricity System for the UK* (University College

London, 2006), www.cbes.ucl.ac.uk.

Barry, John, *Rising Tide: The Great Mississippi Flood of 1927 and How it Changed America* (Simon and Schuster, New York, 1997).

Barth, Fredrik, "Economic Spheres in Darfur", in Raymond Firth, ed, *Themes in Economic Anthropology* (Tavistock, London, 1967).

Beatty, Jack, *Age of Betrayal: The Triumph of Money in America, 1865~1900* (Alfred A Knopf, New York, 2007).

Benton, Michael J, *When Life Nearly Died: The Greatest Mass Extinction of All Time* (Thames and Hudson, London, 2003)[국역: 《대멸종: 페름기 말을 뒤흔든 진화사 최대의 도전》, 뿌리와 이파리, 2007].

"Big Business urges G8 global warming action", *Financial Times*, 10 June 2005.

Black-Michaud, Jacob, *Sheep and Land* (Cambridge University Press, Cambridge, 1986).

Bond, Patrick, *Against Global Apartheid: South Africa Meets the World Bank, IMF and International Finance* (University of Cape Town Press, Cape Town, 2000).

Bows, Alice; Mander, Sarah; Starkey, Richard; Bleda, Mercedes, and Anderson, Kevin, *Living within a Carbon Budget* (Tyndall Centre, Manchester, 2006).

Bradburd, Daniel, "Never Give a Shepherd an Even Break: Class and Labour among the Komachi", *American Ethnologist*, 1980, 7: 603~620.

Bradford, Travis, *Solar Revolution* (MIT Press, Cambridge MA, 2006)[국역: 《태양에너지 혁명: 미래 비즈니스를 위한 대체에너지 시대의 성장동력》, 네모북스, 2008].

Bradsher, Keith, *High and Mighty: The Dangerous Rise of the SUV* (second edition, Public Affairs, New York, 2003).

Breman, Jan, *Footloose Labour: Working in India's Informal Economy* (Cambridge University Press, Cambridge, 1996).

Breman, Jan, *The Labouring Poor in India* (Oxford University Press, Delhi, 2003).

Brenner, Robert, *The Boom and the Bubble: The USA in the World Economy* (second edition, Verso, London, 2002)[국역: 《붐 앤 버블: 호황 그 이후, 세계 경제의 그늘과 미래》, 아침이슬, 2002].

Brenner, Robert, *The Economics of Global Turbulence* (Verso, London, 2006)[국역: 《혼돈의 기원: 세계 경제 위기의 역사 1950~1998》, 이후, 2001].

Brinkley, Douglas, *The Great Deluge: Hurricane Katrina, New Orleans, and the Mississippi Gulf Coast* (William Morrow, New York, 2006).

Brown, Richard, "A Background Note on the Final Round of Economic Austerity Measures Imposed by the Numeiry Regime: June 1984–March 1985", in Barnett and Abdulkarim, 1988.

Brown, Richard, *Public Debt and Private Wealth: Debt, Capital Flight and the IMF in Sudan* (Macmillan, London, 1992).

Burnett, John, *Plenty and Want: A Social History of Diet in England from 1815 to the Present Day* (Scolar, London, 1979).

Burr, J, and Collins, R O, *Africa's Thirty Years War: Libya, Chad, and the Sudan, 1963~1993* (Westview, Boulder, 1994).

Caldicott, Helen, *Nuclear Power is Not the Answer* (The New Press, New York, 2006)[국역: 《원자력은 아니다》, 양문, 2007].

Callinicos, Alex, and Simons, Mike, *The Great Strike: The Miners' Strike 1984~5 and its Lessons* (Bookmarks, London, 1985).

Cameron, Alisdair and De Vries, Eize, "Top of the List", *Renewable Energy World*, February 2006.

Caulfield, Catherine, *Masters of Illusion: The World Bank and the Poverty of Nations* (Macmillan, London, 1997).

Christian Aid, *Human Tide: The Real Migration Crisis* (2007), www.christianaid.org.uk.

Clark, Nicola, "Boeing Scores with Dreamliner Order", *New York Times*, 20 June 2007.

Cliff, Tony, *State Capitalism in Russia* (Bookmarks, London, 1996[1948])[국역: 《소련은 과연 사회주의였는가》, 책갈피, 2011].

Cox, John D, *Abrupt Climate Change and What It Means for Our Future* (Joseph Henry Press, Washington DC, 2005).

Cunnison, Ian, *Baggara Arabs: Power and Lineage in a Sudanese Tribe* (Clarendon Press, Oxford, 1966).

Daley, M W, *Darfur's Sorrow* (Cambridge University Press, Cambridge, 2007).

Darley, Julian, *High Noon for Natural Gas* (Chelsea Green, White River Junction, 2004).

De Waal, Alex (ed), *War in Darfur and the Search for Peace* (Global Equity Initiative, Harvard, Cambridge MA, 2007).

De Waal, Alex, *Famine that Kills: Darfur, Sudan* (revised edition, Oxford University Press, Oxford, 2005).

Deffeyes, Kenneth, *Hubbert's Peak: The Impending World Oil Shortage* (Princeton University Press, Princeton, 2001)[국역: 《파국적인 석유 위기가 닥쳐오고 있다》, 중심, 2002].

Desai, Ashwin, *We are the Poors: Community Struggles in Post-Apartheid South Africa* (Monthly Review Press, New York, 2002).

Doyle, Jack, *Taken for a Ride: Detroit's Big Three and the Politics of Pollution* (Four Walls Eight Windows, New York, 2000).

Dyson, Michael Eric, *Come Hell or High Water: Hurricane Katrina and the Color of Disaster* (Basic Books, New York, 2006).

Emmanuel, Kerry, "Increasing Destructiveness of Tropical Cyclones over the Past Thirty Years", *Nature* 436 (2005), pp686~688.

Empson, Martin, *Climate Change: Why Nuclear Power is Not the Answer* (Socialist Worker, London, 2006)[국역: 《기후 변화: 왜 핵발전은 대안이 아닌

가》, 다함께, 2006].

Fadul, Abdul Jaffar, and Tanner, Victor, "Darfur after Abuja, A View from the Ground", in De Waal, 2007, pp284~313.

Flannery, Tim, *The Weather Makers* (London, 2005)[국역: 《기후 창조자: 인류가 기후를 만들고, 기후가 지구의 미래를 바꾼다》, 황금나침반, 2006].

Flint, Julie, and De Waal, Alex, *Darfur: A Short History of a Long War* (Zed, London, 2005).

Food and Agriculture Oranization, "Overview" and "Coarse Grains", *Food Outlook* No 2, December 2006, www.fao.org.

Foster, John Bellamy, *Ecology against Capitalism* (Monthly Review Press, New York, 2002)[국역: 《생태계의 파괴자 자본주의》, 책갈피, 2007].

Foster, John Bellamy, *Marx's Ecology: Materialism and Nature* (Monthly Review Press, New York, 2000)[국역: 《마르크스의 생태학: 유물론과 자연》, 인간사랑, 2016].

Gelbspan, Ross, *Boiling Point* (Basic Books, New York, 2004).

Gelbspan, Ross, *The Heat is On* (Perseus, Cambridge MA, 1998).

Geoghegan, Thomas, *Which Side Are You On?: Trying to Be for Labor When It's Flat on its Back* (Farrar Strauss and Giroux, New York, 1991).

German Aerospace Center (DLR), *Concentrating Solar Power for the Mediterranean Region* (2005), www.dlr.de/tt/trans-med 또는 www.trec-uk.org.uk.

German Aerospace Center (DLR), *Trans-Mediterranean Interconnection for Concentrating Solar Power for the Mediterranean Region* (2006), www.dlr.de/tt/med-csp 또는 www.trec-uk.org.uk.

Gianni, A; Sanavan, R, and Chung, P, "Oceanic Forcing of Sahel Rainfall on Interannual to Interdecadal Timescales", *Science*, 2003, 302: 1027~1030.

Gilbert, Simon, "China's Strike Wave", *International Socialism*, 107 (2005).

Gipe, Paul, "Design as if People Matter: Aesthetic Guidelines for a Wind

Power Future", Pasqualetti, Gipe and Richter, 2002, pp173~212.

Gipe, Paul, *Wind Power* (second edition, Chelsea Green, White River Junction, 2004).

Gonzales, Mike, *Nicaragua: What Went Wrong?* (Bookmarks, London, 1990).

Gordon, Robert, *The Bushman Myth: Making of a Namibian Underclass* (Westview, Boulder, 1991).

Green, Duncan, *Silent Revolution: The Rise and Crisis of Market Economies in Latin America* (Monthly Review Press, New York, 2003).

Greenhalgh, Susan, and Winkler, Edwin, *Governing China's Population: from Leninist to Neoliberal Biopolitics* (Stanford University Press, Stanford, 2005).

Greenpeace, *The Chernobyl Catastrophe: Consequences on Human Health* (Greenpeace International, Amsterdam, 2006).

Greenwald, Robert (director), *Wal-Mart: The High Cost of Prices* (DVD, TartanVideo, 2006).

Haaland, Gunnar, "Economic Determinants of Ethnic Processes", in Barth, Fredrik(ed), *Ethnic Groups and Boundaries* (Allen Unwin, London, 1969).

Haggar, Ali, "The Origins and Organization of the Janjawid in Darfur," in De Waal, 2007, pp113~139.

Hansen, J; Sato, Mki; Kharocha, P; Russell, G; Lea, D W, and Siddall, M, "Climate Change and Trace Gases", *Philosophical Transactions of the Royal Society A*, 2007, 365: 1925~1954.

Hansen, James, "Why We Can't Wait", *The Nation*, 7 May 2007.

Harman, Chris, "Snapshots of Capitalism Today and Tomorrow", *International Socialism*, 113 (2007)[국역: "스냅사진으로 보는 자본주의의 오늘과 내일", 《21세기 대공황과 마르크스주의》, 책갈피, 2009].

Harman, Chris, *A People's History of the World* (Bookmarks, London, 1999b) [국역: 《민중의 세계사》, 책갈피, 2004].

Harman, Chris, *Explaining the Crisis: A Marxist Reappraisal* (Bookmarks, London, 1999a)[국역: 《마르크스주의와 공황론》, 풀무질, 1995].

Harvey, David, *A Brief History of Neoliberalism* (Oxford University Press, Oxford, 2005)[국역: 《신자유주의: 간략한 역사》, 한울, 2017].

Harvey, David, *The Limits to Capital* (Basil Blackwell, Oxford, 1982)[국역: 《자본의 한계: 공간의 정치경제학》, 한울, 2007].

Hawken, Paul; Lovins, Amory, and Lovins, L Hunter, *Natural Capitalism: Creating the Next Industrial Revolution* (Back Bay Books, New York, 2000)[국역: 《자연자본주의: 지속가능한 발전을 창조하는 新 산업 혁명의 패러다임》, 공존, 2011].

Haynes, Mike, *Russia: Class and Power 1917~2000* (Bookmarks, London, 2002)

Heerden, Ivor Van, and Bryan, Mike, *The Storm: What Went Wrong and Why During Hurricane Katrina — The Inside Story from One Louisiana Scientist* (New York, 2006).

Hickman, Martin, "Only Wealthiest will be able to Afford Solar Panels", *Independent*, 10 May 2007.

Hillman, Mayer with Fawcett, Tina, *How We Can Save the Planet* (Penguin, London, 2004).

Holy, Ladislav, "Drought and Change in a Tribal Economy: the Berti of Northern Darfur", *Disasters*, 1980, 4: 65~72.

Holy, Ladislav, *Neighbours and Kinsmen: A Study of the Berti People of Darfur* (Hurst, London, 1974).

Hooijer, A; Silvius, M; Woosten, H; Page, S, *PEAT-CO$_2$, Assessment of CO$_2$ Emissions from Drained Peatlands in SE Asia* (Dreft Hyraulics report Q343, 2006), www.wetlands.org.

Horne, Jed, *Breach of Faith: Hurricane Katrina and the Near Death of a Great American City* (Random House, New York, 2006).

Hussein, Mohammed Nureldin, "The IMF and Sudanese Economic Policy", in

Barnett and Abdulkarim, 1988, pp55~72.

Hutchinson, Sharon, *Nuer Dilemmas: Coping with Money, War, and the State* (Uiversity of California Press, Berkeley, 1996).

Intergovernmental Panel on Climate Change, *Climate Change 1995: Impacts, Adaptation and Mitigationof Climate Change* (Cambridge University Press, Cambridge, 1995).

Intergovernmental Panel on Climate Change, *Climate Change 1995: Economic and Social Dimensions of Climate Change* (Cambridge University Press, Cambridge, 1995).

Intergovernmental Panel on Climate Change, *Climate Change 1995: The Science of Climate Change* (Cambridge University Press,Cambridge, 1995).

Intergovernmental Panel on Climate Change, *Climate Change 2001: Impacts, Adaptation and Vulnerability* (Cambridge University Press, Cambridge, 2001).

Intergovernmental Panel on Climate Change, *Climate Change 2001: Mitigation* (Cambridge University Press, Cambridge, 2001).

Intergovernmental Panel on Climate Change, *Climate Change 2001: The Scientific Basis* (Cambridge University Press, Cambridge, 2001).

Intergovernmental Panel on Climate Change, *Climate Change 2007: Impacts, Adaptation and Vulnerability* (Cambridge University Press, Cambridge, 2007).

Intergovernmental Panel on Climate Change, *Climate Change 2007: Mitigation of Climate Change* (Cambridge University Press, Cambridge, 2007)[국역: 《기후변화 2007: 기후변화의 완화》, 환경부, 2008].

Intergovernmental Panel on Climate Change, *Climate Change 2007: The Physical Science Basis* (Cambridge University Press, Cambridge, 2007)[국역: 《기후변화 2007: 과학적 근거》, 기상청, 2008].

Intergovernmental Panel on Climate Change, *Impacts Assessment of Climate*

Change (CambridgeUniversity Press, Cambridge, 1990).

Intergovernmental Panel on Climate Change, *Scientific Assessment of Climate Change* (Cambridge University Press, Cambridge, 1990).

Intergovernmental Panel on Climate Change, *The IPCC Response Strategies* (Cambridge UniversityPress, Cambridge, 1990).

Jain, Neerai, *Globalisation or Recolonisation* (Alaka Joshi, Pune, 2001).

Karim, Hassan Gad, "Sudanese Government Attitudes Towards Foreign Investment — Theory and Practice", in Barnett and Abdulkarim, 1988, pp37~44.

Keen, David, *The Benefits of Famine: A Political Economy of Famine and Relief in Southwestern Sudan, 1983~1989* (Princeton University Press, Princeton, 1994).

Kennedy, Robert F Jr, *Crimes Against Nature; How George W Bush and His Corporate Pals Are Plundering the Country and Hijacking Our Democracy* (HarperCollins, New York, 2004).

Klein, Naomi, *The Shock Doctrine: The Rise of Disaster Capitalism* (Allen Lane, London, 2007)[국역: 《쇼크 독트린: 자본주의 재앙의 도래》, 살림, 2008].

Klinenberg, Eric, *Heat Wave* (Chicago University Press, Chicago, 2002).

Koistinen, Paul, *Arsenal of World War II: The Political Economy of American Warfare* (University Press of Kansas, Lawrence, 2004).

Krause, Elizabeth, *Dangerous Demographies: The Scientific Manufacture of Fear* (Corner House, Sturminster Newton, Dorset, 2006).

Lancaster, Roger, *Life is Hard: Machismo, Danger and the Intimacy of Power in Nicaragua* (University of California Press, Berkeley, 1994).

Lankton, Larry, "Autos to Armaments: Detroit becomes the Arsenal of Democracy", *Michigan History* (November/December 1991), pp42~49.

Leacock, Eleanor, *Myths of Male Dominance* (Monthly Review Press, New

York, 1981).

Lee, Richard, *The !Kung San: Men, Women and Work in a Foraging Society* (Cambridge University Press, Cambridge, 1979).

Lee, Spike (director), *When the Levees Broke* (BBC4, 2006).

Leggett, Jeremy, *Half Gone: Oil, Gas, Hot Air and the Global Energy Crisis* (Portobello, London, 2005).

Leggget, Jeremy, *The Carbon War: Global Warming and the End of the Oil Era* (Penguin, London, 1999).

Lima, Ian; Ramos, Fernando; Bambace, Luis, and Rosa, Reinaldo, "Methane Emissions from Large Dams as Renewable Energy Resources: A Developing Nations Perspective", *Mitigation and Adaptation Strategies in Global Change* (2007).

Lohman, Larry, *Carbon Trading: A Critical Conversation on Climate Change, Privatisation and Power* (Special Issue of *Development Dialogue*, no 48, Stockholm, 2006).

Lovelock, James, *The Revenge of Gaia: Earth's Climate Crisis and the Fate of Humanity* (Basic Books, New York, 2006)[국역: 《가이아의 복수: 가이아 이론의 창시자가 경고하는 인류 최악의 위기와 그 처방전》, 세종서적, 2008].

Lovins, Amory; Datta, E Kyle; Bustnes, Odd-Even, and Koomy, Jonathan, *Winning the Oil Endgame: Innovation for Profit, Jobs and Security* (Rocky Mountain Institute, Snowmass CO, 2004).

Malking, Elisabeth, "Thousands in Mexico City Protest Rising Food Prices", *New York Times*, 1 February 2007.

Mamdani, Mahmood, *The Myth of Population Control* (Monthly Review Press, New York, 1975).

Marchal, Roland, "The Unseen Regional Implications of the Crisis in Darfur", in De Waal, 2007, pp173~198.

Marx, Karl, *Capital: Volume Three* (Penguin, London, 1981)[국역: 《자본론》 3권 상/하, 비봉출판사, 2015].

Mayer, Aubrey, *Contraction and Convergence: The Global Solution to Climate Change* (Green Books, Dartington, 2000).

Mayewski, Paul, and White, Frank, *The Ice Chronicles* (University Press of New England, Hanover, 2002).

McCully, Patrick, *Fizzy Science: Loosening the Hydro Industry's Grip on Reservoir Greenhouse Gas Emissions Research* (International Rivers Network, Berkley, 2006a), www.irn.org.

McCully, Patrick, *Silenced Rivers: The Ecology and Politics of Large Dams* (Zed, London, 2006b)[국역: 《소리 잃은 강: 대형 댐의 생태와 정치 사회학》, 지식공작소, 2001].

McGregor, Richard, "Beijing Censored Pollution Report", *Financial Times*, 3 July 2007.

McKibben, Bill, and the Step-It-Up Team, *Fight Global Warming Now: The Handbook for Taking Action in your Community* (Holt, New York, 2007).

McKillop, Andrew (ed), *The Final Energy Crisis* (Pluto, London, 2005).

McQuaid, John, and Schleifstein, Mark, *Path of Destruction: The Devastation of New Orleans and the Coming Age of Superstorms* (Little Brown, New York, 2006);

McQuaig, Linda, *It's the Crude, Dude: War, Big Oil and the Fight for the Planet* (Doubleday Canada, Toronto, 2004).

Mieszkowicz, Joanna, "Methodology of Carbon Dioxide Emission from Transport", Aeris Futoro Foundation, www.aeris.eko.org.p/ang'kaljulator/methodology_transport.pdf.

Miller, David, "Propaganda-Managed Democracy: the UK and the Lessons of Iraq", in Panitch and Leys, *Telling the Truth: Socialist Register 2006* (Merlin, London, 2005), pp134~145.

Mishel, Lawrence; Bernstein, Jared, and Bushey, Heather, *The State of Working America, 2002/2003* (Cornell University Press, Ithica, 2003).

Monbiot, George, "A Lethal Solution", 27 March 2007, www.monbiot.com.

Monbiot, George, *Captive State: The Corporate Takeover of Britain* (Macmillan, London, 2000).

Monbiot, George, *Heat: How to Stop the Planet Burning* (Allen Lane, London, 2006)[국역:《CO₂와의 위험한 동거: 저탄소 녹색 지구를 위한 특별한 제안》, 홍익출판사, 2008].

Mooney, Chris, *Storm World: Hurricanes, Politics and the Battle over Global Warming* (Harcourt, London, 2007).

Murray, Andrew, and German, Lindsey, *Stop the War: the Story of Britain's Biggest Mass Movement* (Bookmarks, London, 2005).

Murray, Andrew, *Off the Rails: The Crisis on Britain's Railways* (Verso, London, 2001)[국역:《탈선: 영국 철도 대란의 원인, 경과 그리고 해법》, 이소출판사, 2003].

Navarro, Vincent , "The Worldwide Class Struggle", *Monthly Review*, 58:4, 2006.

Neale, Jonathan, *Memoirs of a Callous Picket: Working for the NHS* (Pluto, London, 1983).

Neale, Jonathan, *What's Wrong with America?: How the Rich and Powerful Have Changed America and Now Want to Change the World* (Vision, London, 2004)[국역:《두 개의 미국: 어떻게 부자들과 권력자들은 미국을 망쳤고 이제는 세계를 망치려 하는가》, 책갈피, 2009].

Neale, Jonathan, *You are G8, We are 6 Billion* (Vision, London, 2002).

Ngai, Pun, *Made in China: Women Factory Workers in a Global Marketplace* (Duke University Press, Durham, 2005).

Nielsen, Frode, "A Formula for Success in Denmark", in Pasqualetti, Gipe and Richter, 2002, pp115~132.

Nolutshungu, Sam, *Limits of Anarchy: Intervention and State Formation in Chad* (University Press of Virginia, Charlottesville, 1996).

Nordlund, Willis, *Silent Skies: the Air Traffic Controllers' Strike* (Praeger, Westport, 1998).

Paine, Chris (director), *Who Killed the Electric Car?* (DVD, Sony, 2006).

Panitch, Leo, and Colin Leys, Colin (eds), *Socialist Register 2007: Coming to Terms with Nature* (Merlin, London, 2006)[국역: 《자연과 타협하기》, 필맥, 2007].

Pasqualetti, Martin, "Living with Wind Power in a Hostile Landscape", in Pasqualetti, Gipe and Richter, 2002, pp153~172.

Pasqualetti, Martin; Gipe, Paul, and Richter, Robert (eds), *Wind Power in View: Energy Landscapes in a Crowded World* (Academic Press, San Diego, 2002).

Pearce, Fred, *The Last Generation* (Eden Project Books, London, 2006). *With Speed and Violence* (Beacon Press, Boston, 2007)로도 출간됐다[국역: 《데드라인에 선 기후: 과학자들은 왜 기후변화의 티핑 포인트를 두려워하는가》, 에코리브르, 2009].

Penner, J; Lister, D; Griggs, D; Dokken, D, and McFarland, M, *Aviation and the Global Atmosphere* (Cambridge University Press, Cambridge, 1999).

Perry, Elizabeth, *Shanghai on Strike* (Stanford University Press, Palo Alto, 1995).

Pollock, Allyson, *NHS Plc: The Privatisation of our Health Care* (Verso, London, 2004).

Population Division of the Department of Economic and Social Affairs of the United Nations Secretariat, *World Population Prospects: the 2006 Revisions*, http://esa.un.org/unpp.

Prunier, Gerard, *Darfur: The Ambiguous Genocide* (Hurst, London, 2005).

Prunier, Gerard, *Darfur: The Ambiguous Genocide* (second edition, Cornell University Press, Ithica, 2007).

Rabe, Barry, *Statehouse and Greenhouse: The Stealth Politics of American Climate Change Policy* (Brookings, Washington, 2003).

Rao, Mohan, *From Population Control to Reproductive Health: Malthusian Arithmetic* (Sage, London, 2004).

Reed, Adolf Jr, "Class-ifying the Hurricane", in Betsy Reed, 2006b, pp27~32.

Reed, Adolf Jr, "The Real Divide", in Troutt, 2006, pp63~70.

Reed, Betsy (ed), *Unnatural Disaster: The Nation on Hurricane Katrina* (Nation Books, New York, 2006).

Rees, John, *In Defence of October* (Bookmarks, London, 1997).

Roaf, Sue; Crichton, David, and Nicol, Fergus, *Adapting Buildings and Cities for Climate Change: A 21st Century Survival Guide* (Architectural Press, Oxford, 2005).

Rochon, Emily, and others, *False Hope: Why Carbon Capture and Storage Won't Save the Climate* (Greenpeace International, Amsterdam, 2008).

Rodrigues, Moog, and Gaudalupe, Maria, *Global Environmentalism and Local Politics: Transnational Advocacy Networks in Brazil, Ecuador and India* (State University of New York Press, Albany, 2004).

Rogers, Heather, "Garbage Capitalism's Green Commerce", in Panitch and Leys, 2006.

Rogers, Heather, *Gone Tomorrow: The Hidden Life of Garbage* (The New Press, New York, 2005)[국역: 《사라진 내일: 쓰레기는 어디로 갔을까》, 삼인, 2009].

Romm, Joseph, *The Hype about Hydrogen: Fact and Fiction in the Race to Save the Climate* (Island Press, Washington, 2004).

Rose, Chris, *1 Dead in Attic* (Simon and Schuster, New York, 2007).

Roy, Arundathi, *The Cost of Living* (Flamingo, London, 1999)[국역: 《생존의 비용》, 문학과지성사, 2003].

Sahlins, Marshall, *Stone Age Economics* (Aldine-Atherton, Chicago, 1972)[국역: 《석기시대 경제학: 인간의 경제를 향한 인류학적 상상력》, 한울아카데미, 2014].

Scheer, Hermann, *A Solar Manifesto* (second edition, James and James, London, 2005).

Scheer, Hermann, *The Solar Economy* (Earthscan, London, 2002).

Shah, Sonia, *Crude: The Story of Oil* (Seven Stories, New York, 2006).

Simmons, Matthew, *Twilight in the Desert: The Coming Saudi Oil Shock and the World Economy* (Wiley, Hoboken, 2005)[국역: 《사우디아라비아 석유의 비밀》, 동양문고, 2007].

Sims, Andrew, *Ecological Debt: The Health of the Planet and the Wealth of Nations* (Pluto, London, 2005).

Sperling, Daniel, and Salon, Deborah, *Transportation in Developing Countries: An Overview of Greenhouse Gas Reduction Strategies* (Pew Center on Global Climate Change, 2002), www.pewclimate.org.

Stephens, Britton and others, "Weak Northern and Strong Tropical Land Carbon Uptake from Vertical Profiles of Atmospheric CO_2", *Science*, 2007, 316: 1732~1735.

Stern, Nicholas, *The Economics of Climate Change: The Stern Review* (Cambridge University Press, Cambridge, 2007).

Tapper, Nancy, *Bartered Brides: Marriage and Politics in Northern Afghanistan* (Cambridge University Press, Cambridge, 1991).

Thomas, Janet, *The Battle in Seattle* (Fulcrum, Golden CO, 2000).

Tidwell, Mike, *Bayou Farewell: The Rich Life and Tragic death of Louisiana's Cajun Coast* (Vintage, New York, 2003).

Tidwell, Mike, *The Ravaging Tide: Strange Weather, Future Katrinas, and the Coming Death of America's Coastal Cities* (Free Press, New York, 2006).

Tilman, David, and Hill, Jason, "Corn Can't Solve Our Problem", *Washington Post*, 25 March 2007.

Timmons Roberts, J, and Parks, Bradley C, *A Climate of Injustice: Global Inequality, North-South Politics, and Climate Poverty* (MIT Press, Cambridge, 2007).

Troutt, David Dante (ed), *After the Storm: Black Intellectuals Explore the*

Meaning of Katrina (The New Press, New York; 2006).

Tubiana, Jerome, "Darfur: A War for Land?" in De Waal, 2007, pp68~91.

Tubiana, M J, and Tubiana, Jerome, *The Zaghawa from an Ecological Perspective* (Balkena, Rotterdam, 1977).

Turshen, Meredith, *Privatizing Health Services in Africa* (Rutgers University Press, New Brunswick, 1999).

Tyndall Centre, *Decarbonising the UK: Energy for a Climate Conscious Future*, www.tyndall.ac.uk.

Wallace, David Foster, "Up Simba", *Consider the Lobster and Other Essays* (Abacus, London, 2005), pp156~234.

Webster, Peter; Holland, Greg; Curry, Judith and Chung, Hai-Ru, "Changes in Tropical Cyclone Number, Duration and Intensity in a Warming Environment", *Science*, 2005, 309: 1844~1846.

Weizsacker, Ernst von; Lovins, Amory, and Lovins, L Hunter, *Factor Four: Doubling Wealth, Halving Resource Use* (Earthscan, London, 2001).

Wen, Dale, and Li, Minqi, "China: Hyper-Development and Environmental Crisis", in Panitch and Leys, 2006, pp130~146.

Wersch, Hubert van, *Bombay Textile Strike, 1982~83* (Oxford University Press, Delhi, 1992).

White, Tyrene, *China's Longest Campaign: Birth Planning in the People's Republic, 1949-2005* (Cornell University Press, Ithaca, 2006).

Whitfield, Dexter, *Public Service or Corporate Welfare: Rethinking the Nation State in the Global Economy* (Pluto, London, 2001).

Williams, Wendy, and Whitcomb, Robert, *Cape Wind: Money, Celebrity, Class, Politics and the Battle for Our Energy Future on Nantucket Sound* (Public Affairs, New York, 2007).

Wohlforth, Charles, *The Whale and the Supercomputer: On the Northern Front of Climate Change* (North Point Press, New York, 2004).

Wolmar, Christian, *On the Wrong Line: How Ideology and Incompetence Wrecked Britain's Railways* (Aurum, London, 2005).

Woodward, Bob, *The Agenda: Inside the Clinton White House* (Simon and Schuster, New York, 1994).

World Commission on Dams, *Dams and Development* (Earthscan, London, 2000).

Wyler, Rex, *Greenpeace* (Rodale, Emmaus PA, 2004).

Yeomans, Mathew, *Oil: A Concise Guide to the Most Important Product on Earth* (The New Press, New York, 2005).

Zeng, N, "Drought in the Sahel", *Science*, 2003, 303: 1124~1127.

Zweiniger-Bargielowska, Ina, *Austerity in Britain: Rationing, Controls and Consumption, 1939~1955* (Oxford University Press, Oxford, 2000).

감사의 말

내가 환경문제를 이해하는 데 두 사람이 큰 영향을 끼쳤다. 그들이 없었다면 이 책이 나올 수 없었을 것이다. 린다 마어는 1980년대 내내 환경주의와 사회주의를 결합해야 할 필요성과 가능성을 주장했다. 또, 필 손힐의 세계적 풀뿌리 기후 운동이라는 비전은 내게 깊은 영감을 줬다. 이 책을 그들에게 바친다.

낸시 린디스판과 루아드 애브사러카가 초기부터 이 책을 쓰라고 용기를 줬다. 낸시는 모든 원고를 꼼꼼히 편집하며 나와 논쟁해 줬고 이는 나에게 큰 기쁨이었다.

원고들을 검토하며 내가 큰 실수를 하지 않도록 중요한 조언을 해 준 예른 안데르센, 마틴 엠프슨, 크리스 하먼, 찰리 호어, 찰리 킴버, 퍼거스 니콜, 시오반 닐, 이언 라펠, 피터 로빈슨, 짐 러실, 존 신하에게 감사를 표한다. 현명하고도 섬세하고 꾸준하게 교정을 봐준 크리스 나인햄과 마크 토머스에게 특히 감사를 드린다. 이들 덕분에 훨씬 좋은 책이 될 수 있었다.

이 책을 쓰는 동안 나는 테리 닐과 마지 러실의 영향력을 느낄 수 있었고 그들에게 이 책을 보여 줄 수 있었다면 정말 기뻤을 것이다. 끝으로 투쟁 속에서 나를 가르쳐 준 수많은 나라의 모든 기후 활동가들에게 감사를 표한다.

조너선 닐

찾아보기